AF465378

COLLECTION

DES

INVENTAIRES-SOMMAIRES

DES

ARCHIVES COMMUNALES ANTÉRIEURES A 1790

PUBLIÉE PAR ORDRE DE

SON EXCELLENCE LE COMTE DE PERSIGNY, MINISTRE DE L'INTÉRIEUR

HAUTE-VIENNE

VILLE DE LIMOGES

ARCHIVES COMMUNALES

INVENTAIRE-SOMMAIRE

DES

ARCHIVES COMMUNALES

DE LIMOGES

ANTÉRIEURES A 1790

RÉDIGÉ PAR

M. ANTOINE THOMAS, ARCHIVISTE MUNICIPAL

LIMOGES

IMPRIMERIE J.-B. CHATRAS ET Cie, RUE TURGOT, 18.

1882

ARCHIVES DE LA VILLE DE LIMOGES

INTRODUCTION

Les Archives de la ville de Limoges, dans leur état actuel, sont loin de répondre à ce qu'on pourrait en attendre si l'on se rappelle l'importance de cette ville au moyen-âge comme aujourd'hui, et le rôle qu'elle a joué, particulièrement du milieu du XIIe siècle au milieu du XVe. Ces Archives ont donc dû faire des pertes considérables (1). Mais comment et quand, c'est ce qu'il est difficile de dire avec une certitude absolue. Bien que Limoges soit la ville des incendies, l'Hôtel-de-Ville semble avoir toujours échappé à ce fléau; d'autre part, le prétendu vandalisme de la Révolution en matière d'Archives, sur le compte duquel on a mis bien des méfaits dont il était innocent, n'a rien à voir ici. Ce qui manque n'a été ni brûlé, ni détruit, mais perdu, du moins pour les Archives. Comme nous avons un Inventaire de la fin du XVIIIe siècle où figurent de nombreux documents qui font défaut aujourd'hui (2), ces pertes nous paraissent s'être produites sous la Révolution ou sous l'Empire. Sortis des Archives par une voie ou par une autre, maints documents ont pu être rachetés par des collectionneurs intelligents qui en ont ainsi empêché la destruction ou la perte complète. Nous souhaitons que cela soit arrivé pour beaucoup; mais ce que nous souhaiterions plus vivement encore, c'est que les Archives communales puissent, d'une façon ou d'une autre, rentrer en possession du plus grand nombre possible des documents qu'elles ont perdus.

Si nous manquons de renseignements précis sur la façon dont les Archives communales ont été dépouillées, nous pouvons du moins, grâce à l'Inventaire dont nous parlions tout à l'heure, mesurer l'étendue de la perte qu'elles ont faite. Ce précieux document ne porte aucune indication d'année, et il est difficile de le dater avec quelque rigueur. Nous remarquons cependant que la plus grande partie de son contenu est d'une écriture que l'on retrouve dans le troisième Registre consulaire, fos 303 et suivants; et que la dernière partie semble bien être de la main de J.-B. Lingaud, syndic-receveur de la municipalité en 1790 et déjà quelques années auparavant. On ne se trompera donc pas de beaucoup

(1) Elles sont mentionnées simplement dans l'*État des dépôts publics et particuliers d'actes et de titres de la Généralité de Limoges*, rédigé vers 1769 par M. de l'Épine. Voy. *Bull. Soc. Arch.*, t. V, 271.

(2) Voy. *Invent.* II, 3.

en affirmant que cet Inventaire a été rédigé vers 1780. Il est divisé par séries de pièces concernant le même sujet ; chaque série porte une lettre pour cote, et l'on va ainsi de A à Z, de AA à ZZ et de AAA à CCC, soit un total de cinquante-trois séries, dont chacune embrasse un nombre plus ou moins considérable de pièces. La publication de cet Inventaire serait d'autant plus utile que presque toutes les pièces qu'il mentionne étant perdues pour nos Archives, les cotes plus ou moins développées qu'il en donne suppléeraient un peu à l'absence des originaux. Malheureusement la publication intégrale de ce document serait un peu disproportionnée à l'étendue que nous pouvons raisonnablement assigner à notre propre travail : il se trouve d'ailleurs, en tant que manuscrit, à la disposition des érudits qui voudraient le consulter, et l'écriture en est facile à lire. Il nous suffira donc d'en avoir signalé l'intérêt (1).

Il n'en est pas de même d'un Inventaire beaucoup plus ancien contenu dans le registre coté GG. 208. C'est un registre de 48 f^os en papier, sans titre, contenant l'analyse d'un grand nombre de pièces, dont beaucoup se rapportent aux ***Aumônes Sainte-Croix*** et ***Pains de Noël*** (2) ; mais beaucoup aussi sont étrangères à ce fonds particulier et intéressent au plus haut point l'histoire politique de la ville de Limoges. Si nous ajoutons que cet inventaire a été rédigé sous le règne de François Ier, on comprendra quel en est l'intérêt : on s'en convaincra mieux encore en lisant les soixante-dix-neuf articles qu'il comporte. Nous les avons reproduits intégralement sous la cote indiquée.

Nous essaierons maintenant de faire ressortir l'intérêt qu'offrent, à différents points de vue, les principaux articles du dépôt que nous avons inventorié. — Le registre AA. 1, qui ouvre notre Inventaire, est, par la date des documents qu'il renferme, le plus important de nos Archives. Longtemps, il fut appelé ***Premier Registre Consulaire*** ; mais la commission chargée par la ***Société archéologique et historique du Limousin*** de publier les Registres consulaires, reconnut que ce registre n'était pas en réalité la tête de la série BB, et elle commença sa publication avec le registre actuellement coté BB. 1 (3). Une découverte que nous avons faite au cours de notre classement (4) confirme l'opinion de la commission en relevant l'existence d'un registre en papier, depuis longtemps perdu, auquel le registre BB. 1 actuel faisait suite. Le registre AA. 1 paraît avoir été relié à la fin du XVIIIe siècle ; c'est à ce moment peut-être qu'on y a inséré certains documents qui n'ont aucun rapport avec le reste du volume, comme par exemple ***Las rendas de las Cheiras*** (f°s 14-21). Il faut signaler dans ce registre deux parties comme particulièrement importantes : les nombreux textes provençaux qui vont du f° 4 au f° 89, et les franchises accordées à la ville de Limoges par les rois d'Angleterre. Les chartes disséminées entre les f°s 4 et 89 embrassent les trois premiers quarts du XIIIe siècle ; beaucoup ne sont pas datées ; la plus ancienne qui le soit est de 1212 ; elles ont une grande valeur pour l'étude de la langue et des institutions municipales de Limoges à cette époque. Toutes émanent de l'autorité consulaire, et pour

(1) Cet Inventaire avait été rédigé sur un fort registre dont les 8/10es environ étaient restés blancs. Emile Ruben eut l'idée assez bizarre d'utiliser ces blancs en copiant à la suite divers documents sur les assemblées de 1789, qui lui avaient été communiqués par M. Nivet-Fontaubert. Le volume fut déposé à la Bibliothèque communale en même temps que les Registres consulaires et cotés au dos et sur le catalogue : *Assemblées de 1789*. C'est ce qui explique que cet important inventaire soit demeuré longtemps inconnu. Les pièces copiées par Ruben viennent d'être reliées à part et forment actuellement le n° AA 5.

(2) En 1609 seulement, tous les titres relatifs à ces Aumônes furent soigneusement inventoriés et mis à part « dans le second coffre du costé des fenestres du jardin de la maison du Consulat. » (Voy. *Inv.* GG. 221.)

(3) Cette commission était composée de MM. Emile Ruben, E. Hervy, Joseph Garrigou-Lagrange, Gabriel Debort et Alfred Chapoulaud. Les deux volumes qui ont été publiés en 1867 et 1869 correspondent au Registre BB. 1. Mais il semble malheureusement qu'on ait abandonné cette publication.

(4) Voy. plus loin. — Il y aurait avantage à rejeter pour toujours cette fausse appellation de premier registre consulaire, appliquée au registre AA. 1.

presque toutes il a dû exister des originaux scellés du sceau des consuls. Le texte que nous avons dans le registre AA. 1 a-t-il été copié sur ces originaux, ou au contraire a-t-il servi de minute pour leur rédaction ? Cette question doit être résolue isolément pour chaque pièce, et nous pensons que les deux cas doivent se rencontrer. — Les franchises de la ville de Limoges [1] forment un cahier distinct de 43 f^os (plus 4 f^os en tête pour les rubriques), transcrits un peu avant 1380, et numérotés, vers la même époque, à l'encre rouge de I à XLIII. C'est sans doute au moment de la reliure du registre AA. 1, au XVIIIe siècle, qu'on y a annexé ce cahier, maladroitement divisé lui-même en deux parties, par l'insertion entre les f°s XXX et XXXI de 7 feuillets étrangers. Considéré isolément, ce cahier offre la plus grande ressemblance avec un manuscrit de la Bibliothèque nationale, fonds français, n° 25219. Ce manuscrit 25219 a été exécuté à peu près à la même époque que le nôtre ; les quatre premiers feuillets contiennent un calendrier et le début de l'évangile de saint Jean ; puis viennent les franchises de Limoges avec ce titre : « *Eysso son las cosdumas, franchesas e libertat deu chasteu de Lemotges outreadas e aproadas per Charle per la gracia de Dieu rey de Franssa, e per Anrri jadis reys d'Anglaterra, senher d'Irlanda e duc de Guiana, e per Oudoart reys d'Anglaterra e per Oudoart prince de Galas et de Guyana filli annat deu dich Oudoart.* » Ce manuscrit est beaucoup moins complet que le nôtre, car il n'a que 19 f^os en tout, et la dernière pièce qu'il contient est le règlement sur le mesurage du sel fait par les consuls de l'an 1377. Avant d'entrer à la Bibliothèque nationale, il avait appartenu à Gaignières, qui l'avait lui-même reçu en don de M. de La Bastide, trésorier de France à Limoges, le 22 février 1709, ainsi que le constate une note écrite à la fin [2].

Les autres articles de la série AA (qui d'ailleurs n'en comprend que neuf) sont loin d'avoir le même intérêt. La pièce la plus ancienne (1544-1566) n'est qu'une copie très postérieure d'un texte qui se retrouve dans le premier Registre consulaire. La correspondance des rois, des ministres, etc., ne remonte qu'à 1715 et est fort pauvre. Nous noterons comme plus intéressants, bien que plus récents encore, les quatre derniers articles relatifs à la convocation des Etats généraux de 1789.

Tout l'intérêt de la série BB est dans les Registres consulaires ; mais le public a pu depuis longtemps l'apprécier par la publication du premier de ces registres qui est, comme on doit s'y attendre, de beaucoup le plus important. A ce premier registre manquait le premier feuillet ; nous avons eu la bonne fortune de retrouver ce feuillet [3], et par suite le préambule de tout le registre. Ce préambule est curieux ; il faut surtout en retenir deux choses : 1° le registre BB. 1 a réellement été commencé en 1508 et non en 1504, date de la première pièce qui s'y trouve transcrite ; 2° antérieurement au XVIe siècle, il était tenu un registre analogue également sur papier; mais déjà en 1508 ce registre était en mauvais état : *vielh, caduc et en plusours partz gastat,* ce qui explique qu'on n'en trouve plus aucune trace postérieurement et ce qui nous enlève aussi à peu près tout espoir de le retrouver aujourd'hui. Voici le texte, inconnu jusqu'ici, de ce préambule :

« A la honour de Dieu omnipotent et de la gloriouse Vergene Marie..... et glorious appostre Monsr Sainct Marsau, nous Mathieu de Julie, Jacme [Fougassier, Peyr] Veyrier, Jacmes Rogier, Jacques de

(1) Le texte en a été publié, d'une façon peu correcte d'ailleurs, par Aug. Leymarie, dans son *Limousin historique.*

(2) Ce manuscrit nous avait été signalé depuis assez longtemps déjà par M. Paul Meyer, qui a eu l'obligeance de nous en envoyer une description générale à l'occasion de notre Inventaire.

(3) Il servait de feuillet de garde au Registre actuellement coté GG 207 que nous avons fait venir par échange des archives départementales. Ce Registre qui a la même reliure et à peu près le même format que le premier Registre consulaire, se trouvait à la Mairie au XVIIIe siècle ; il aura été relié en même temps que ce dernier, et c'est probablement le relieur qui aura commis cette fâcheuse méprise.

Janillac, Peyr de Beunom dit Lobré, Peyr Guibbert, Peyr Masurier dit Parset, Jehan de Vertamon, Jehan de la Roche dit Vouzelle, Anthoine Voureys et Jehan [Meilhaud], consulz de la ville, chasteau et chastellanie de Limoges, ou meys de julhet l'an mil cinq cens et huech fezem far aquest present papier, per ce que l'aultre grant papier usager de consulat era vielh, caduc et en plusours partz gastat et era ple. Et avem ordenat que oudit present papier seran escriptz lous noms de Messrs lous consulz que seran elegitz per lo temps advenir, ensemble las lectras de nostreys officiers et aultras actas, lectras, enseignamens, à l'onnour et proufflt deu reys nostre souvere seignour et de la ville, eyssi que era acostumat mectre et escrire en l'aultre dict papier.

» Et per ce que trobem que las lectras deux officis de nostreys officiers, come deu juge civil, juge criminel, advocat et procuraire de nostre court et justice, nom n'eram point inscridas ny escrichas en l'aultre papier precedent, nous avem fach inscrir las dichas lectras per ordre ainsin que s'enset........ »

La série CC est, après la série GG, la plus considérable de nos Archives, mais l'intérêt n'en est pas très grand. Il n'y a à signaler particulièrement que le petit registre CC. 1 (1). C'est un cadastre, ou plutôt un brouillon de cadastre, des premières années du xve siècle, très précieux pour se faire une idée de la propriété immobilière à Limoges vers cette époque et des nombreuses charges dont elle était grevée. L'importance topographique en est presque nulle, chaque *canton* étant désigné seulement par le nom du collecteur qui lui était préposé. On peut encore y trouver un certain intérêt au point de vue de la langue, bien que la manière concise dont le texte est rédigé n'y laisse paraître que peu ou point de formes verbales. Le scribe chargé de ce travail aride s'est distrait çà et là en versifiant quelques formules; nous avons relevé dans l'inventaire ces rimes qui dénotent chez leur auteur un peu de culture et beaucoup de prétentions littéraires.

Les séries DD, EE et FF sont très peu considérables, et, sauf deux ou trois exceptions, ne renferment que des pièces du xviiie siècle. Les quelques actes antérieurs n'ont pas grande valeur, et pour le xviiie siècle même il n'y a que la série des travaux publics (DD) qui nous offre un fonds de documents de quelque importance.

Nous arrivons maintenant à la série GG qui mérite à tous égards une étude approfondie dans ses principales subdivisions : I Etat civil, II Confréries, III Aumônes Sainte-Croix et Pains de Noël.

I. ÉTAT CIVIL. — Avant 1789, Limoges, ville et cité, comprenait quatorze paroisses : Saint-Pierre-du-Queyroix, Saint-Maurice, Saint-Michel-des-Lions, Saint-Gérald, Saint-Michel-de-Pistorie, Saint-Cessateur-Saint-Aurélien, l'Hôpital général, Saint-Paul-Saint-Laurent, Saint-Domnolet, Saint-Christophe, Saint-Julien-Saint-Afre, Saint-Jean, Sainte-Claire et Sainte-Félicité-Saint-Lazare. En 1791, on créa les deux nouvelles paroisses de Saint-Thomas-d'Aquin et de Saint-Etienne, formées des anciennes paroisses de Saint-Maurice, Saint-Gérald, Saint-Michel-de-Pistorie, Saint-Cessateur-Saint-Aurélien, Saint-Paul-Saint-Laurent, Saint-Domnolet, Saint-Julien-Saint-Afre, Saint-Jean et Sainte-Claire, qui furent supprimées. Nous avons donc en somme les registres de seize paroisses qui

(1) Ce manuscrit vient des Archives départementales, ainsi que les Registres GG, 206 et suivants, dont nous parlerons plus loin. Comme il n'a pas de titre et est d'une écriture très difficile à lire, on l'avait pris pour un terrier des Aumônes de Sainte-Croix; c'est cette erreur qui le fit passer au xviiie siècle des Archives de la ville à l'hôpital (et de là aux Archives départementales); c'est grâce à cette erreur aussi qu'il a été conservé, car il s'est trouvé ainsi à l'abri des soustractions dont presque tous les documents anciens des Archives communales de Limoges ont été l'objet

forment ensemble 200 volumes (1). Le plus ancien, celui de Saint-Pierre-du-Queyroix, commence au 1er janvier 1585, date d'une antiquité respectable en pareille matière, car il y a certainement en France plus d'une ville importante dont l'état civil ne remonte pas au-delà du XVIIe siècle. Le dépouillement de cette vaste collection, fait avec autant de soin que le permettaient la grandeur de la tâche et le temps dont nous disposions, ne pouvait manquer de donner des résultats intéressants. Voici ceux qui méritent surtout d'être signalés :

Hommes illustres, familles, etc. — Les actes de baptême de Bugeaud, de Jourdan, de Vergniaud, de Ventenat, de Silhouette, d'Antoine Gorsas étaient déjà connus et publiés (2) ; mais dans les actes que nous avons relevés, croyons-nous, pour la première fois, il reste encore des renseignements intéressants : les actes de baptême et d'enterrement de Pierre Avril, médecin distingué de Limoges au XVIIe siècle ; — toute une série d'actes relatifs à Jourdan et à sa famille (le mariage de ses père et mère, où l'on voit que son père, Roch Jourdan, chirurgien, était originaire de Mérargues en Provence ; les baptêmes de ses deux sœurs, Catherine-Elisabeth et Marie, et l'enterrement de la dernière ; l'enterrement de sa mère, de son père, morts jeunes tous les deux, de sa grand'mère maternelle, Marie Chabellard (avec une signature de Jourdan) ; les baptêmes de ses filles Marie-Marguerite et Catherine-Angélique, etc.) ; — l'enterrement de la mère de Vergniaud, Catherine Baubiat ; — plusieurs actes relatifs à la famille du maréchal Bugeaud ; — le mariage des père et mère de Dupuytren, que l'on ignorait avoir été célébré à Limoges, etc., etc. — Dans le même ordre de faits, il faut signaler particulièrement les Registres de Saint-Maurice tenus au XVIIe siècle par Etienne Borye, qui consacre de véritables oraisons funèbres à tous les personnages de marque auxquels il a rendu les derniers honneurs. Enfin nous avons noté çà et là de nombreuses mentions intéressantes pour l'histoire des principales familles de Limoges et de toute la province. On les trouvera dans le corps de l'Inventaire.

Art et industrie. — Les registres de l'Etat civil sont du plus grand intérêt pour l'histoire de l'industrie à Limoges pendant les deux derniers siècles; mais il était impossible dans un Inventaire sommaire de relever tout indistinctement. Pouvions-nous, en effet, mentionner tous les actes où l'on voit figurer des cartiers et des épingliers (3)? Ces deux industries semblent pourtant avoir été très florissantes à Limoges. Mais des recherches sur ce point devraient être faites directement sur les registres, et nous devions nous borner à en signaler l'intérêt. En revanche, nous nous sommes attaché à relever le plus d'actes possible concernant des industries d'un intérêt moins local et d'un ordre plus élevé au point de vue de l'histoire de l'art et de l'activité intellectuelle. Nous n'avons omis, à notre escient, aucun nom d'émailleur, d'orfèvre, de peintre, de sculpteur, d'architecte, de graveur, de tapissier, d'imprimeur-libraire. Voici sur chacun d'eux les résultats auxquels nous sommes arrivé :

ÉMAILLEURS. — L'émaillerie est l'art local par excellence, et l'on doit s'attendre à trouver beaucoup

(1) M. L. Guibert avait rédigé et lu récemment à la *Société archéologique* une intéressante notice sur ces volumes : nous en avons tiré le plus grand profit, l'auteur l'ayant mise à notre disposition avec une amabilité dont nous tenons à le remercier publiquement. Au moment où M. Guibert a rédigé sa notice, il y avait 213 registres ou cahiers : la différence entre ce chiffre et le chiffre actuel vient de ce que, dans l'intérêt de la conservation des volumes, nous avons cru devoir faire relier ensemble un certain nombre de cahiers isolés, et dérelier quelques recueils factices ; d'ailleurs cette mesure nous était quelquefois imposée par d'autres raisons : ainsi il y avait dans les registres de Saint-Maurice une lacune de 1705 à 1712, parce que les actes de cette période avaient été, nous ne savons à quelle époque, reliés avec ceux de Saint-Jean, dans le volume actuel GG 191. En outre, un registre du XVIIe siècle, qui avait été pris jusqu'ici pour un registre de la paroisse de Saint-Pierre-du-Queyroix, a été reconnu par nous appartenir à la paroisse de Vicq, et comme tel envoyé aux archives départementales.

(2) Publiés par M. L. Guibert dans l'*Almanach limousin* de 1867, partie historique et littéraire, p. 1 et suiv.

(3) Sur les épingliers de Limoges, voy. le *Mémoire* de M. de Bernage, intendant de la Généralité, fos 123 et 124.

de noms d'émailleurs dans les actes de l'état civil. Aussi n'était-ce pas là un champ inexploré pour les nombreux auteurs qui se sont occupés de nos artistes limousins. Auguste Du Boys particulièrement, dans ses *Documents inédits pour servir à l'histoire des émailleurs et orfèvres de Limoges* (1), a emprunté la plupart de ses documents à nos registres; il ne nous restait donc plus qu'à glaner. C'est ce que nous avons fait, et nous sommes heureux de constater que nos glanures fournissent encore un assez beau supplément à la riche moisson de Du Boys. Nous avons relevé sept familles d'émailleurs complètement inconnues jusqu'ici, qui nous donnent les neuf artistes suivants :

Barier (Mathieu), époux de Simonne Goudin : 1622, 7 juin, bapt. de Jacques, leur fils.
Barier (Pierre), époux de Barbe David, peut-être frère du précédent : 1625, 12 mars, naissance de Jacques, leur fils.
Billanges (Jean), né en 1588, époux de Narde Duboys : 1622, 10 mars, bapt. de Marie, leur fille.
Chouveyx, *Alias* Chosven (Elie), époux de Jeanne Pascaille : 1677, 2 juillet, bapt. de Benoît, leur fils ; 1680, 24 mai, bapt. de Jeanne, leur fille.
Fargue (Jacques) : 1625, 28 janvier, bapt. de Jacques, son fils.
Gros (2) (Antoine), époux de Marie Masselout : 1686, 30 octobre, bapt. de Martial, leur fils.
Gros (Martial), fils du précédent, époux de Claire Guittard : 1705, 13 avril, bapt. de Simien, leur fils; 1706, 30 octobre, bapt. de Bernard, leur fils; 1719, 2 juin et 29 octobre, enterr. de Léonarde et de Grégoire, leurs enfants.
Guibert (Jean), parrain le 23 décembre 1613.
Merigou (Pierre), 1621, 8 mai, bapt. de Jean, son fils.

Pour les familles d'émailleurs déjà connues, nos recherches fournissent un précieux supplément d'informations.

Maurice Ardant, et après lui A. Du Boys, mentionnent un *Antoine Terrasson*, émailleur, qui figure dans les rôles de la taille de 1635 : on ne savait rien de plus jusqu'ici sur cet émailleur et sa famille. Nos registres nous apprennent que son vrai nom était *Faucon, dit Terrasson*, qu'il était marié à Anne Chapoulaud, et qu'il fut enterré à Saint-Pierre, dans l'église, le 27 février 1672 ; ils nous révèlent encore l'existence de *Martial Faucon, dit Terrasson, émailleur*, marié à Marguerite Filz (1670, 1673, 1674), puis remarié à Madeleine Chevalier (1676), vivant encore en 1686; de *Pierre Faucon*, aussi émailleur (1673), qui étaient vraisemblablement tous les deux fils d'Antoine Faucon, et enfin d'un *Jean Terrasson*, aussi émailleur, marié à Valérie Péran, et habitant le faubourg Manigne, mais dont la parenté avec les précédents est assez douteuse.

On n'avait de renseignements sur Philippe Poncet que par les actes d'inhumation de deux de ses enfants, en 1668 et 1669; nous avons trouvé l'acte de décès de sa femme, Paule Peyrat, qui mourut le 28 septembre 1679, et comme elle mourut veuve, la mort de Philippe Poncet est circonscrite entre les années 1669 et 1679.

Nous arrivons maintenant aux deux familles d'émailleurs les plus importantes du XVIIe et du XVIIIe siècle, les *Laudin* et les *Nouailhier* (3).

A. Du Boys a relevé un grand nombre d'actes au nom des Laudin, actes que jusqu'ici l'on a fort peu utilisés pour préciser la généalogie des nombreux artistes qui ont porté ce nom. Nous avons, de notre côté, découvert quelques actes nouveaux : 1625, 6 décembre, mariage de Noël Laudin et d'Anne

(1) *Bulletin de la Société archéologique*, t. V., p. 113 et suiv.

(2) Est souvent appelé Legros, ainsi que son fils; mais nous avons une signature de ce dernier (1719), où on lit Gros.

(3) Les *Limousin* cessent d'exercer l'émaillerie au milieu du XVIIe siècle : nous n'en disons rien, parce que Du Boys a relevé tous les actes ou à peu près qui intéressent cette famille.

Guineau; 1650, 24 février, enterrement d'Anne Guineau; 1688, novembre, et 1690, 22 août, mariages de Noël et de Jacques Laudin, avec Valérie et Anne Ribouille, etc. A l'aide de tous ces renseignements, nous croyons qu'on peut dresser un état généalogique de la manière suivante (1):

- *NOEL I LAUDIN*, marié le 6 déc. 1625 à Anne Guineau († 24 fév. 1650); † 2 avril 1681, âgé de 95 ans.
  - *JACQUES I*, marié à Françoise Pradeau (marraine en 1691); † 27 mai 1695, à 68 ans.
  - *NICOLAS I*, marié à Jeanne Dentraigas (ment. en 1671); † 13 avril 1698, à 70 ans.
    - *NOEL II*, marié en nov. 1688 à Valérie Ribouille († 17 avril 1710); † 28 oct. 1727, à 70 ans.
      - *NICOLAS II*, bapt. le 17 oct. 1689, marié à 1° Marguerite Dutheil († avant 28 déc. 1719); 2° Marie Masleau; encore vivant en 1730.
        - NICOLAS III, enfant du second lit; † 28 mai 1737.
    - *JACQUES II*, marié le 22 août 1690 à Anne Ribouille; † 8 nov. 1729, à 66 ans.
      - LOUIS, bapt. le 19 juillet 1706; † 21 janvier 1708.
      - MARTIAL, bapt. le 17 mai 1709; garçon chirurgien en 1737.

Ce tableau appelle quelques explications et quelques observations. Nous n'avons pas de preuve directe que Jacques I et Nicolas I soient fils de Noël I, mais cela devient presque indubitable si l'on compare les dates approximatives de leurs naissances, 1627 et 1628, avec la date du mariage de Noël I, 6 décembre 1625. Maurice Ardant (2), nous ne savons d'après quelle source, fait marier Noël I avec Françoise Mouret, le 12 juillet 1648; il est absolument impossible qu'il s'agisse de notre émailleur dont la femme, Anne Guineau, ne mourut que le 24 février 1650. Nous n'avons pas les actes de baptêmes de Noël II et de Jacques II, mais nous avons la preuve indirecte qu'ils étaient fils de Nicolas I; en effet, Nicolas I fut parrain de Nicolas II, fils de Noël II, le 17 octobre 1689, et de Valérie, fille de Jacques II, le 15 mai 1691, et dans ces deux actes, il est dit *aïeul* de l'enfant. Maurice Ardant cite le décès à l'âge de 52 ans de Nicolas Laudin, enterré le 27 mai 1749, à Saint-Maurice; il s'agirait de Nicolas II. Malheureusement, il doit y avoir une erreur de date dans cette indication, car ni Du Boys, ni notre confrère M. Alfred Leroux, archiviste du département, qui a bien voulu faire une recherche spéciale à ce sujet, n'ont retrouvé cet acte que nous-même n'avions pas rencontré. Le 26 avril 1727 fut enterré à Saint-Maurice Joseph Laudin, maître vitrier, mort à l'âge de 60 ans. Ce Joseph peut être fils de Jacques II, mais comme cela n'est rien moins que sûr, et que d'ailleurs ce personnage n'a pas été émailleur, nous n'avons pas cru devoir le faire figurer dans notre liste. On remarquera enfin dans ce tableau généalogique l'absence de Jean Laudin, que Maurice Ardant dit être mort le 3 novembre 1688, à l'âge de 72 ans, et avoir été enterré à Saint-Maurice : les registres de cette paroisse sont muets à la date indiquée et nous n'avons trouvé aucune autre mention de cet émailleur. C'est pourtant sous ce nom

(1) Nous négligeons les enfants du sexe féminin, et nous imprimons en italique les noms des membres de la famille auxquels les actes donnent la qualification d'émailleurs.

(2) *Emailleurs et émaillerie de Limoges*, p. 150.

que M. de Laborde (1) décrit une grande quantité d'émaux du Louvre de la fin du XVIIe siècle et du commencement du XVIIIe siècle. Mais il faut remarquer qu'aucun des émaux décrits n'est signé *Jean Laudin*, mais *J. Laudin*, ou simplement I. L., et que, sous cette signature, M. de Laborde distingue deux artistes dont l'un serait le père et l'autre le fils, circonstance qui s'explique très bien si l'on attribue une partie de ces émaux à Jacques I et l'autre à Jacques II. Tout se réunit donc pour faire rayer (du moins dans l'état présent de nos connaissances) le nom de Jean Laudin de la liste des émailleurs (2).

Les Nouailhier (3) ne sont pas moins nombreux que les Laudin, et leur généalogie offre encore plus d'incertitude. Les actes relevés par Du Boys sont très insuffisants pour arriver à des résultats indiscutables ; ceux que nous y avons ajoutés laissent encore plusieurs points dans l'obscurité. Néanmoins, nous ne croyons pas que le tableau suivant soit bien éloigné de la vérité :

PIERRE NOUAILHIER
marié à Narde Guibert.

JACQUES
baptisé le 5 avril 1605 ;
marié à Marguerite Cognasse († 30 oct. 1680)
† 9 déc. 1674.

PIERRE bapt. le 15 juin 1665; marié à Anne Faute († 5 déc. 1721); † le 28 sept. 1717, dit âgé de 60 ans environ	*JOSEPH* marié à Françoise Dumas le 26 mai 1698 † 29 avril 1721	MARTIAL bapt. 5 fév. 1672; † 30 mars 1675.

Enfants de Pierre : SIMON, bapt. 3 nov. 1702 ; *JEAN*, appelé aussi *JEAN-BAPTISTE* et *BAPTISTE*, bapt. le 2 mai 1699; marié à Anne Gay ; † 8 juillet 1775 dit âgé de 78 ans.

Enfants de Joseph : *MARTIAL*, marié à Marie Soudanas ; *BERNARD*, né le 9 sept. 1702 ; marié le 16 nov. 1728 avec Valérie Ouvray († 14 mai 1730).

Enfants de Jean : JEAN, bapt. 13 sept. 1726 ; JEAN-BAPTISTE, bapt. 5 fév. 1731 ; *JEAN-BAPTISTE*, bapt. 6 janvier 1732 ; marié à Anne Gaston ; † 2 nov. 1804 dit âgé de 72 ans ; SIMON, bapt. 29 oct. 1739.

Enfants de Martial et de Bernard : LÉONARD, bapt. 28 mars 1727 ; MARTIAL, bapt. 27 janv. 1730 ; BERNARD, bapt. 30 janv. 1732.

On voit que nous avons négligé les *Nouailhier* du XVIe siècle, parce que nous n'avons sur eux aucun document particulier. Nous avons même dû éliminer de ce tableau un *Martin Nouailhier*, qualifié émailleur en 1620, et époux d'Anne Guibert, car il nous était impossible de le rattacher d'une façon certaine à Pierre Nouailhier, père de Jacques. Ce Martin est probablement celui qui fut baptisé le 26 septembre 1585 : il est dit fils de Jean et de Paule Lequart. Ce Jean était-il frère ou père de Pierre?

(1) *Notice des émaux du musée du Louvre*, Paris, 1852, I, 311 *et s.*

(2) Nous convenons d'ailleurs, d'une manière générale, que les mentions de nos registres paroissiaux ne peuvent être acceptées que sous bénéfice d'inventaire. On a relevé avant nous des contradictions insolubles qui prouvent avec évidence que les scribes chargés d'enregistrer les noms et prénoms des témoins, n'attachaient pas grande importance à distinguer nettement chacun d'eux. De là des confusions qui sont pour nous autant d'écueils.

(3) L'orthographe la plus ancienne et la plus simple est *Noalhor* ; *Nouailhier* est l'orthographe actuelle des membres de cette famille.

Nous ne savons. Nous ferons encore remarquer que la place de *Martial* n'est pas très assurée dans notre tableau généalogique, car nous n'avons pu trouver son acte de naissance. On pourrait aussi bien le supposer fils de *Pierre* que de *Joseph* : il n'y aurait là aucune invraisemblance chronologique. La seule raison qui nous ait décidé pour le sens dans lequel nous nous sommes prononcé, c'est qu'en 1729 il est parrain d'une fille de *Bernard*, et qu'en 1732 Bernard est parrain d'un de ses fils, ce qui, étant données les habitudes de l'époque, nous dispose à croire qu'ils étaient frères.

ORFÈVRES. — Auguste Du Boys a compris dans la liste dont nous avons déjà parlé les actes qu'il avait relevés concernant les orfèvres ; là encore il y a beaucoup à ajouter à sa liste. Voici tous les noms nouveaux que nous avons remarqués, sans parler des actes inédits à l'aide desquels nous avons complété les renseignements que l'on possédait déjà sur des familles connues, telles que les Ardant, les Blanchard, les Guibert, etc. :

ANDRÉ (Pierre) dit Latache, époux de Marcelle Dufour : 1710, 10 octobre, bapt. de Pierre, leur fils. — Honoré Latache, également orfèvre, et époux d'Anne Blanchard, était probablement leur fils. (Il mourut le 12 avril 1774, âgé de 46 ans).
DENARD (Jean), époux d'Anne Quichaud : 1759, 12 mars, bapt. de Jean-Sylvain, leur fils.
DESCOMBES (Jacques), époux de Jeanne Ardant : 1727, 24 mars, bapt. de Pierre, leur fils.
DUCHEZ (Antoine), époux de Pétronille Domay : 1757, 28 août, bapt. de François, leur fils.
DUVAL (Pierre), se marie avec Jeanne Audoin le 16 février 1789.
PEYRAT (Jean), époux de Jeanne Pinchaud : sa veuve est marraine le 23 juillet 1671.
PALEMPIN (Jean-Baptiste), époux de Jeanne Champalimaud : 1757, 18 juin, bap. de Marcelle, leur fille.
PICTET (Etienne), époux de Marie ou Marianne Ardant : 1770, 16 mai, et 1775, 7 juin, bapt. de Marie et de Jeanne, leurs filles.
RABY (Guillaume), se marie à Marianne Landon le 9 juin 1740.
RUBEN (Jean-Baptiste), époux de Léonarde Chasaud : 1789, 8 décembre, bapt. de Jeanne, leur fille.
TABARAUD (Martial), se marie à Louise Poumeau le 24 avril 1781.
VA (Jacques-Louis-François), originaire de Paris, époux de Jeanne-Françoise Bérange : 1789, 21 octobre, bapt. d'une fille

Même observation que précédemment au sujet des *peintres*, des *sculpteurs* et des *architectes*. Voici les noms qui ne figurent pas dans la liste de Du Boys (1) :

PEINTRES :

CABOUTIN *Alias*, CABOUTY (Jean) : 1623, 26 novembre, bapt. de Narde, sa fille.
— (Pierre), probablement frère du précédent : 1622, 6 février, bapt. de Jean, son fils.
CHASSAGNE (Léonard), habitant rue des Petites-Maisons, marié le 3 février 1678 avec Anne Leclerc, dont il eut Pierre (bapt. 18 février 1680) et Pétronille (bapt. 17 février 1685) ; il mourut en 1685 et fut enterré le 19 juillet aux Jacobins.
DUMENUS (Jacques), époux d'Anne Nouhaud : 1788, 19 janvier, bapt. de Mathieu, leur fils.
MARTINAUD (Martial), époux de Jeanne Guérin : bapt. de leur fils Etienne, le 14 février 1782.
POMMIER (Bonaventure), est parrain le 27 juin 1678.
QUENOS (?) (Gaétan), natif de Rome, mort à Limoges, après un séjour de quelques mois, le 10 mars 1718.
STAUB (François), époux de Catherine Olivier : 1751, 7 mai, bapt. de Madeleine-Catherine, leur fille.

SCULPTEURS :

BARBAT (Joseph) (2), époux de Françoise Fesibet ou Fusibet : 1733, 27 octobre, bapt. de Valérie, leur fille.

(1) Notre liste peut faire suite à sa liste des émailleurs et des orfèvres ; p. 126, 130. On peut y ajouter encore le nom d'un certain M. Martin, qualifié peintre de la ville de Limoges dans le *Registre d'entrée* des pensionnaires de l'hôpital de Magnac-Laval. Sa fille Isabelle, *âgée d'environ 20 ans*, fut en effet reçue dans cet établissement le 13 août 1721. On ne saurait l'identifier avec François Martin, † 1703, que mentionne Du Boys. (Voy. l'inventaire des archives de l'établissement, par notre confrère, M. A. Leroux, séries E et F.)

(2) Son nom est mentionné dès 1723 dans les *Registres de comptes* de l'hôpital de Magnac-Laval. (Voy. l'inventaire des archives de l'établissement déjà cité, série E.) Il fut chargé de construire le tabernacle de la chapelle.

BELLAY, *Alias* BELLET (1), époux de Marguerite Bougier : 1702, 9 juin, bapt. de Marguerite, leur fille, et 1723, 18 octobre, enterrement d'Antoine, leur fils.

BERNARD (François), époux de Catherine Teulier : 1751, 22 octobre, et 1763, 21 janvier, bapt. et ent. de Jacques, leur fils.

BONNADIER (Martial), époux de Léonarde Panier, mort le 19 mars 1756, à l'âge de 64 ans : 1735, 5 octobre, bapt. de Martial, leur fils.

CLAUDE (François), natif de Neufchâteau, en Lorraine, marié le 22 octobre 1674 à Marguerite Flory : 1675, 20 juin, et 1690, 29 juillet, bapt. de Léonard et de Léonarde, leurs enfants.

DAVID (Jean), parrain le 16 janvier 1661.

DESCHAMPS (Pierre), époux : 1° de Jeanne Nicolas († 3 oct. 1685 à l'âge de 40 ans); 2° de Narde Sire, mort le 2 novembre 1693 : 1680-1693, bapt. de Jean, Etienne, Elisabeth et de Jeanne, leurs enfants.

HUARD (Jean-Baptiste), époux de Marie Ardant, sculpteur à la manufacture royale de porcelaine : 1789, 20 janvier, bapt. d'une de leurs filles.

MORISAN (Philippe), époux d'Anne Duchesne, mort le 10 avril 1743, à l'âge de 72 ans : 1708 à 1722, bapt. d'Antoine, de Pierre-Nicolas et d'Antoine-Philippe, leurs fils.

MORISAN (Jean), probablement fils du précédent, mort le 30 avril 1765, âgé de 55 ans.

PAILHIER (Louis), marié à Catherine Blanchard, le 26 septembre 1684.

PAVILLION (Jacques), époux de Léonarde Palier (mariage du 10 août 1672) : 1673, 8 juillet, bapt. de Françoise, leur fille.

ARCHITECTES :

MARTIAL (Noël), mort le 12 juin 1651.

VILLATTE (Jacques), époux de Marie Garat (marraine le 4 octobre 1670), enterrée à Saint-Michel-de-Pistorie le 29 novembre 1681.

C'est, on le voit, une vingtaine de noms de familles qu'il faut ajouter à la liste déjà assez bien fournie des artistes limousins. Si l'on s'en tient même aux familles citées par Du Boys, quelle moisson de renseignements nouveaux ! Prenons par exemple les Grenaud dits Nillaud, et les Maisonnade. Du Boys a relevé sept actes relatifs aux Grenaud, et un seul relatif à Hierome Nillaud; il cite en outre (p. 127) un extrait de compte de Saint-Maurice où est mentionné « Hierosme Grenaud dit Nillau, maistre peintre et doreur » en 1666, et à ce propos il dit en note : « Dans les registres de Saint-Pierre nous avons trouvé ces deux noms, mais jamais nous n'avons vu qu'ils fussent à la même personne. » Cette observation porte à faux : les nombreux peintres de cette famille portent indifféremment les noms de *Grenaud*, de *Nillaud*, et de *Grenaud dit Nillaud*. Il suffit pour s'en convaincre de comparer deux actes inconnus à Du Boys : 1655, 11 novembre, bapt. de Elisabeth, fille de *Jerosme Grenaud, peintre, et de Marie Ribiere*; et 1684, 26 mai, ent. de *Marie Ribière, veuve de feu Jerosme Grenaud dit Nillaud, m^e peintre*. Cette petite rectification, qui a bien sa valeur, est due aux actes inconnus jusqu'ici que nous avons relevés. Ces actes sont au nombre de dix environ : en les combinant avec ceux qui étaient déjà signalés, on arrive à distinguer au moins sept peintres du nom de Grenaud : *Jacques*, époux de Catherine Mandillon (1619, 1621); *Pierre*, époux de Marcelle Merlhas (mort le 12 avril 1656); *Jérome l'aîné*, époux de Marie Ribière (mort avant 1684); *Simon*, fils de Jérome, époux de Léonarde Besse, puis de Marie Colusson (mort le 28 septembre 1670); *Jérome le jeune*, époux de Jeannette Foucaud (mort le 7 octobre 1690); *Simon II*, qui a signé l'acte d'enterrement de Jérome le jeune (1690); et *Germain*, époux de Marie Malombre, qui a signé le même acte, et est

(1) D'après l'abbé Legros, cité par M. Arbellot (*Revue archéologique de la Haute-Vienne*, p. 35), « le rétable élégant de l'église de l'hospice de Limoges a été fait par un sculpteur nommé Bellet, qui vint s'établir à Limoges au commencement du siècle dernier, et qui est mort après 1740. » — Divers comptes passés entre lui et la supérieure de l'hôpital de Magnac-Laval (voy. inventaire des archives du dit hôpital, série E, déjà cité), prouvent qu'il vivait encore en 1745. Nous trouvons son nom dès l'année 1713, dans d'autres comptes passés avec la Confrérie des Pénitents-Blancs d'Aubusson : « Au sieur Bellet, sculpteur de Limoges, pour parfaire et argenter les trois fleurons de la croix, la somme de 6 livres. » (Arch. d'Aubusson, E suppl. 63, GG. 30.)

encore mentionné en 1702 et 1704. Malheureusement tous ces actes ne suffisent pas encore pour fixer d'une façon absolue la généalogie de cette importante famille.

Les *Maisonade* (1) fournissent aussi une nombreuse série de sculpteurs et de peintres. Du Boys n'a connu que six actes relatifs à Annet, Julien et Martial Maisonnade. Les actes nouveaux que nous avons signalés permettent de constater l'existence de six artistes distincts de cette famille, et de dresser avec assez de précision le tableau généalogique suivant :

N. MAISONNADE.

- *MARTIAL I*, architecte et m^e sculpteur, marié à Quitterie Scialot; † le 10 août 1668.
  - *MARTIAL II*, m^e sculpteur, parrain en 1675 et 1687.
  - *JOSEPH I*, peintre, marié : 1° à Léonarde Martin, le 24 février 1683; 2° à Françoise Raby; † 15 oct. 1717, âgé de 70 ans.
    - *JOSEPH II*, peintre, enfant du second lit; marié le 7 août 1760 à Catherine Desvergnes; † avant 1776.
- *ANNET*, m^e sculpteur, marié à Marie Scialot; † 3 août 1671.
  - *JULIEN*, m^e sculpteur, † 30 juillet 1678.
  - PIERRE, bapt. le 11 février 1665.
  - PIERRE, bapt. le 8 avril 1666.
  - MARTIAL, bapt. le 26 avril 1671.

Graveurs. — Du Boys n'a pas compris les graveurs dans sa liste des artistes limousins. Voici ceux que nous avons rencontrés dans nos registres :

Barière (Hierome), parrain du fils du suivant (1683).

Barière (Jean-Baptiste), probablement père du précédent, époux de Catherine Denoier : 1683, 6 mars, bapt. de Hiérome, leur fils.

Chazaud (Pierre), époux de Léonarde Gaignadour : 1678, 27 juin, bapt. de Bonaventure, leur fils.

Malissein (François), époux de Jeanne Guibert : 1739, 5 février, bapt. de François, leur fils.

Ponroy (François), époux de Françoise Dupré : 1660, 20 septembre; 1673, 15 février; 1675, 17 avril : bapt. de Françoise, autre Françoise, et Jacques, leurs enfants.

Il faut enfin rattacher à la liste précédente un artiste que nous trouvons qualifié de *maître enlumineur*, *maître alluminour d'images*; c'est :

Martin (François), natif de Gap, en Dauphiné, marié à Jeanne Bordas le 8 juin 1670 : 1674, 21 janvier, bapt. de François, leur fils.

Tapissiers. — Les tapissiers du Limousin, comme les graveurs, n'ont été l'objet d'aucunes recherches. Nous sommes donc le premier à mettre en lumière un fait intéressant, à savoir qu'il a existé à Limoges, au XVIIe siècle, au moins une fabrique de tapis, et que les tapissiers dont nous avons trouvé de nombreuses mentions ne sont pas tous de simples tapissiers-décorateurs, mais que plusieurs doivent

(1) Ils signent au XVIIe siècle *Meyjounade*, qui est la forme proprement limousine, et au XVIIIe *Maisonade*. Nous avons vu d'un Maisonade (Joseph I ou Joseph II) un petit tableau représentant le baptême de N. S., dans le presbytère de Saint-Bornin-la-Marche (Haute-Vienne).

avoir été des fabricants. Ce fait ressort déjà de la mention d'un *compagnon tapissier* en 1671 ; il devient encore plus évident, lorsqu'on voit qu'une petite colonie d'Aubussonnais et de Felletinois était venue s'établir à Limoges au XVIIe siècle, et y avait apporté la célèbre industrie marchoise.

En effet, le premier maître tapissier dont nous trouvions la mention est Gilbert Roquet, d'Aubusson (1), marié à Jeanne Boffinet, aussi d'Aubusson, mentionné à partir de 1640. Il s'était établi dans la Cité, paroisse de Saint-Maurice, probablement sur l'invitation de l'évêque de Limoges, François de La Fayette, qui lui fit l'honneur d'être parrain d'un de ses fils, le 28 mai 1642. Gilbert Roquet mourut le 8 février 1664. Son fils Etienne, né le 28 avril 1648, lui succéda comme maître tapissier, mais alla s'établir dans la paroisse de Saint-Pierre. Il se maria à Aubusson avec Anne Chaumette en 1668, ainsi qu'il résulte d'une permission du curé de Saint-Pierre en date du 23 octobre de cette année. Le 29 août 1669 nous trouvons le baptême de sa fille Jeanne : depuis lors nous perdons sa trace. C'est à cette petite colonie qu'il faut rattacher Pierre Reby, compagnon tapissier, natif de Felletin, enterré le 31 mai 1671, et Jacques Plot, tapissier, d'Aubusson, dont la fille Berthe mourut à l'hôpital le 6 octobre 1701. Les maîtres tapissiers originaires de Limoges même ont été très nombreux pendant le XVIIe et le XVIIIe siècle; nous en avons relevé une vingtaine dont on verra les noms à la table. Il est bien difficile de dire si tous ou quelques-uns seulement étaient fabricants ; nous citerons seulement, comme paraissant avoir été les plus importants, les Coulhaud, les Dumay (ou Dumès) et les Nadaud.

Imprimeurs-Libraires. — L'histoire de l'imprimerie à Limoges a été l'objet d'un intéressant mémoire de P. Poyet, mémoire publié dans les Bulletins de la *Société archéologique et historique du Limousin* (2), puis tiré à part avec ce titre : *Essai de bibliographie limousine*. Malheureusement l'auteur n'a pas utilisé les registres de l'état civil : on peut donc dire que c'est un travail à refaire. En effet, le dépouillement de ces registres augmente presque du triple la liste des imprimeurs du XVIIe et du XVIIIe siècle donnée par Poyet; d'autre part, la partie bibliographique promise par l'auteur n'a jamais paru, non plus que son travail spécial sur les Barbou. Il y aurait matière à écrire sur l'*Imprimerie à Limoges* un livre intéressant, auquel nous fournissons d'avance d'importants matériaux par le dépouillement des actes de l'état civil. Un exemple particulier montrera la richesse de cette mine jusqu'ici inexploitée. Prenons parmi les imprimeurs la famille des Bargeas : Poyet cite seulement *Léonard* Bargeas, 1673-1680, et *Martial* Bargeas, 1678-1694. Or, d'après nos registres, nous constatons l'existence d'au moins *onze* membres de cette famille ayant exercé l'imprimerie. *Étienne I* (1611); *Étienne II*, époux de Catherine Ménager, mort le 18 novembre 1668; *Étienne III*, époux d'Anne Bardinet (enterrée le 24 mai 1677) ; c'est probablement lui qui était remarié à Catherine Faure en 1693; *Étienne IV*, mort le 1er septembre 1714, âgé de 40 ans; *Étienne V*, époux de Valérie Dubreuil dès 1724, mort avant 1757. — *Joseph I*, époux de Marcelle Adelene, qui meurt veuve le 8 mars 1668; *Joseph II*, fils d'*Étienne* et de *Catherine Faure*, baptisé le 19 novembre 1693, époux de Marguerite Ebrard, mentionné de 1734 à 1744. — *Léonard*, époux de Marcelle Ménager (enterrée le 17 août 1709), mentionné depuis 1663, mort le 1er septembre 1695. — *Martial I*, frère d'Étienne III, époux de

(1) Il est dit de Felletin dans l'acte de baptême de son fils Etienne (28 avril 1641); mais tout fait supposer qu'il était bien d'Aubusson, comme on le voit dans l'acte de baptême de sa fille Françoise, du 17 mars 1640. En effet, le parrain de sa fille Françoise est Pierre Garreau, originaire d'Aubusson; le parrain de son fils Antoine est le sr Anthoine Vitrac, de la ville d'Aubusson; son fils Etienne va se marier à Aubusson et prend pour parrain de son premier né Martial Magniac, me tapissier, aussi d'Aubusson.

(2) T. XI, p. 201, et XIII p. 115.

Madeleine Bardinet, mentionné en 1668 et 1671; *Martial II*, époux de Marie Laquintinie, mentionné de 1686 à 1711. — *Pierre*, époux d'Anne Vergniaud, morte le 25 mai 1711.

On voit de quel secours est le dépouillement de l'état civil pour les différents sujets que nous avons passés en revue. Ajoutons qu'on trouve encore, dans les mentions que nous avons relevées, des détails intéressants sur l'épidémie de 1631 (registres de Saint-Maurice), sur les régiments qui ont été casernés à Limoges au XVIIIe siècle (registres de l'hôpital), sur des abjurations de protestants à la même époque, etc., etc.

II. CONFRÉRIES. — Sous ce titre, nous n'avons à signaler particulièrement que le n° GG 204 (1) : c'est le registre de la Confrérie du Saint-Sacrement ou du Corps-de-Jésus, qui se tenait autrefois dans l'église Saint-Pierre-du-Queyroix. Ce registre est encore dans l'état matériel où il fut fait en 1551; cette circonstance n'est pas sans intérêt, car nous savons, par le premier compte, le prix qu'il coûta. En effet, les bailes de la Confrérie firent faire à cette date trois registres semblables; dans ce dessein, ils envoyèrent acheter « à Fontenay, à la foyre de la grand Sainct Jehan 1551, quinze douzaines de grand veslin de Bretaigne, qui a cousté XXX solz tournois la douzaine, qui fait XXII liv. X s. t. ». Ils payèrent « pour le port et voyture du dit veslin VIII s. IV deniers »; plus, « à Jehan d'Engolesme, livrayre, pour la fasson des dictz troys livres, III liv. V s. — Item, à Marcial Promeyrat, pour ferrer et mettre dix boulhons (2) de cuyvre en chacun livre, II liv. ». — C'est donc en somme 28 liv. 3 s. 4 d. pour les trois registres, et 9 liv. 7 s. 9 d. et 1/3 pour notre registre. Le contenu de ce registre est d'ailleurs très intéressant, sans parler du texte qui nous donne l'inventaire des joyaux de la confrérie, les comptes des bailes jusqu'à la fin du XVIIe siècle, avec deux importantes digressions sur le protestantisme à Limoges en 1562 et sur l'épidémie de 1631. Ce volume se recommande surtout par les nombreux dessins dont il est orné. Ces dessins représentent différents objets du trésor de la confrérie; nous en donnons la liste dans l'inventaire.

III. AUMONES SAINTE-CROIX ET PAINS DE NOEL. — On appelait ainsi certaines rentes foncières qui appartenaient aux consuls de Limoges, et dont le produit servait à faire des aumônes aux pauvres les jours de Sainte-Croix et de Noël. L'origine en remontait à des fondations pieuses faites au XIIIe siècle, peut-être même plus anciennement, et dont les auteurs avaient confié l'administration après leur mort aux consuls de Limoges. Ces rentes continuèrent à être levées par les consuls jusqu'au commencement du XVIIIe siècle; vers cette époque ils les cédèrent à l'hôpital. Plusieurs années après, les administrateurs de l'hôpital éprouvant des difficultés dans la levée de plusieurs de ces rentes, faute de titres, demandèrent ces titres à la municipalité; celle-ci décida que l'administration de l'hôpital pourrait faire exécuter dans les archives de la ville des copies notariées des pièces dont elle aurait besoin. Malgré cette décision, les originaux mêmes furent transportés à l'hôpital à une date que nous ignorons; puis, dans ce siècle-ci, on les fit entrer aux Archives départementales, d'où par échange ils sont enfin revenus à leur point de départ aux Archives de la ville. Ce fonds ne se compose que de registres; nous ignorons si les pièces détachées furent aussi transportées à l'hôpital, comme cela est d'ailleurs probable. De tous ces registres, le plus intéressant, par la date et par la langue, est le

(1) N'oublions pas pourtant un texte provençal original du commencement du XIIIe siècle; c'est une feuille de parchemin qui servait de reliure au reg. actuel GG 12, et que M. Guibert avait déjà signalé à la *Société archéologique*. Voyez d'ailleurs l'inventaire, GG 205.

(2) Un de ces boulons a disparu aujourd'hui

premier : c'est un terrier en provençal de 1465. Nous renvoyons à l'inventaire où nous avons consigné quelques détails intéressants tirés de tous ces terriers qui ne font guère que se répéter.

La série HH est bien peu importante; c'est pourtant là qu'il faut signaler des lettres-patentes de Louis XIII scellées : c'est le seul sceau qui existe aujourd'hui dans les Archives communales.

Pour la série II il suffit de renvoyer à l'inventaire; les deux premières liasses ont été formées de parchemins (chartes et manuscrits) ayant servi de reliure à des registres de l'état civil. C'est dans cette série (II 3) que se trouve l'inventaire du XVIIIe siècle, dont nous avons parlé au début de cette introduction.

Limoges, septembre 1879.

Ant. THOMAS.

Département de la Haute-Vienne

VILLE DE LIMOGES

INVENTAIRE-SOMMAIRE

DES

ARCHIVES COMMUNALES ANTÉRIEURES A 1790

SÉRIE AA.

(Actes constitutifs et politiques de la commune.)

AA. 1. (Registre.) — 217 f^os parchemin, et 22 f^os papier.

XIIIe-XVIIe siècle. — Recueil factice, appelé quelquefois premier registre consulaire : f°s 4-89 ; Chartes provençales du XIIIe siècle, relatives à toutes les branches de l'Administration municipale à cette époque ; les principales sont : Règlement pour l'office de peseur des draps (février 1247/8) ; Règlements somptuaires relatifs aux mariages, aux baptêmes, aux costumes des femmes (mai 1253) ; Statuts pour l'élection des consuls à l'avenir et la reddition de leurs comptes (février 1251/2) ; Obligation des consuls de couvrir maître Laurent Maomet qui était allé à Paris prendre en mains le procès de la ville contre le vicomte de Limoges (1262) ; Défense à tout particulier de lâcher ses bêtes dans les fossés de la ville (février 1272/3) ; Règlement sur la vente du sel (août 1258) ; Exclusion des conseils de la ville des partisans de Hélie de Banc-Léger *(de Banxolgier)* ; Même mesure contre Audier, Hélie et Pierre Ytier, frères (1252) ; Envoi à Rome pour solliciter du pape le retour à Limoges des Frères Mineurs, qui avaient quitté la maison que la ville avait bâtie pour eux (1243) ; Déposition de B. Lafont, des fonctions de prévôt de la ville (1240) ; Bannissement à vie de Limoges et de tout le Limousin, prononcé contre Pierre Rotgier (juin 1246) ; Règlement sur le pouvoir des exécuteurs testamentaires *(almosniers)* en 1212 ; Coutumes de Limoges (1212). — F^os 8 v° et 9 r°, deux miniatures sur fond d'or très effacées : à gauche le Christ en manteau bleu doublé de rouge, tenant un globe de la main gauche et bénissant de la main droite, ayant un A à dextre et un Ω à senestre, assis dans un cadre oval, entre les figures symboliques des quatre évangélistes en dehors du cadre ; à droite la crucifixion avec ses accessoires ordinaires ; les inscriptions qui se trouvaient au bas de chaque feuillet ne sont plus lisibles. — F^os 8 r° et 9 v°, « *Lo sacrement que an acoustumat a far los senhours quant sont elegitz consulz nouveaux* » (XVe s.) — F^os 14-21, petit cahier de moindre dimension, contenant un état des revenus de la confrérie des chaises au commencement du XIIIe siècle ; en voici les rubriques : *Aiso sun las rendas de las cheiras — En la Bocharia Veila — En veila Moneda — En Rua Filo — A S. Marti, en borc e d'enviro — A la porta de Mairabou — Au pot deu Cairoi — A S. P. deu Cairoi — En la Fauria — A la tor de la Sigonia — En Maniania — Fors la porta de Maniania — En*

Veil Marchat — A la Peira Alboi — En Baxangier — En Polsa — Au chap deu ban deves lo Merchat — En Fongraleu (sic) *— Au cairoi de Lansacot — A Aigolena — A la porta de l'Arena — Fors la porta de l'Arena — A Mon Jauvi — A Mon Melier — A la font G. Trait — En las Combas — Sos l'almosna S. Marsal — A Font Jaumar — En Beuveer — A Font Cerocira — A la[s]Taulas — Denan lo portal S. Marsal — A Ba[c]halaria — Ostrau pont S. Marsal — Fors la porta de Lansacot — Au pont S. Marsal — Jostan virdier aut* (sic pour *aus*) *Ambazax, a Font Charlet — Fors la porta Pischa Vacha — A S. Lazer — Au gras deu Cairoi — A S. Michel de Pistoria — A S. Marti.* — F^os^ 22-23, fragments des quatre évangiles ; — f° 42 b, Notes historiques des années 1431 et 1433 (brigands, vignes gelées...) — f° 49 b, Serments imposés par les consuls aux « *bailes de la marque* » nouvellement élus et aux cordonniers, tanneurs et corroyeurs, au moment de leur maîtrise (xve s.) ; — f°s 50-53, Statuts de la confrérie de Saint-Crépin et Saint-Crépinien (pour les cordonniers, tanneurs et corroyeurs) approuvés par les consuls (1488) ; — f°s 55-56, Règlement pour les argentiers et la confrérie de Saint-Éloi (1395) ; — f°s 57-58, Statuts des *pintiers* (1394) ; — f° 90 a, Règlement pour le salaire des crieurs publics (xive s.) ; — f°s 90 b 92, Règlement sur le pain (xive et xve s.) ; — f°s 93-94, Règlement pour les selliers (1404) ; — f° 95-100, Calendrier avec des notes historiques des xve et xvie siècles, relatives à la dédicace de l'église Saint-Pierre (2 janvier 1454/5), au passage de Charles VII à Limoges, le 2 mars 1438/9 et le 1er mai 1442, à la mort de Jean Barton, évêque de Limoges (3 mai 1497), au couronnement de Louis XI (15 août 1461), etc. ; — f°s 101-107, fragments des Psaumes de David, litanies des saints (fin xive s.) ; — f°s 108-109, protocoles et formules pour écrire aux principaux personnages du temps (comm^t^ xve s.) ; — f°s 109-142 et 150-162, cahier avec une pagination particulière du temps, allant de I à XLIII, contenant : « *las codumas, libertat et franchezas de la viela et chastel de Lemotges, aproadas et louvadas e coformadas* (sic) *per Anri, jadis reys d'Anglaterra, senher d'Irlanda et de Guyana, e per Oudoart, prince de Galas et de Guyana, filh avannat deu dich Oudoart* (sic), *rey d'Anglaterra, et per Charle,* [*per*] *la gracia de Dieu rey de Franssa* » ; plus divers règlements adoptés par les consuls et habitants, de 1367 à 1377 ; — f°s 143-154, divers règlements et proclamations des consuls, sur la foire de Saint-Martial, sur les baptêmes (1416), sur la juridiction consulaire et ses officiers (1436), sur les noces et fiançailles, etc. ; — f° 164, protocole et formules (fin xve s.) ; — f°s 165 v° et 166 r°, deux miniatures sur fond d'or très effacées : à gauche, sainte Valérie, première martyre de l'Aquitaine, tenant sa tête à la main devant saint Martial qui la bénit ; à droite, la Sainte-Vierge tenant l'enfant Jésus sur ses genoux ; — f°s 168-217, valeur des forléaux depuis 1416 jusqu'à 1635 (en provençal jusque vers 1545). — A la suite (f°s 218-223) a été reliée une table rédigée au xviiie siècle des registres BB 1 et BB 3.

AA. 2. (Liasse.) — 2 pièces, papier.

1544-1654. — Ville et cité de Limoges. — Accord (copie) conclu le 30 juillet 1566 entre la reine de Navarre, vicomtesse de Limoges, et les consuls de la dite Ville, sur les bases d'un arrêt du Parlement de Paris, y inséré, du 6 septembre 1544 : les consuls et habitants reconnaissent la dite dame comme dame vicomtesse et justiciaire du dit Limoges ; la question des censives, réclamées par la vicomtesse, est réservée, ainsi que celle des droits de barrage, péage, leyde, vinage et panage ; les consuls reconnaissent les droits de la vicomtesse sur les prés dits *vicomtaux*, et celle-ci renonce à diverses réclamations qu'elle leur faisait, telles que droit de suite en armes en Limousin et en Angoumois, droit d'avoir fours et moulins banaux, de lever la taille aux quatre cas, réédification du château de La Mothe et remise en sa main des maisons bâties sur cet emplacement par divers particuliers ; restitution de tous fruits et arrérages depuis 1518 (sauf les arrérages des censives, des lods et ventes et du barrage, si le droit de la vicomtesse à cet égard vient à être reconnu), le tout moyennant 10,000 l. t. fournies par les consuls, pour racheter la terre et seigneurie de Ségur, membre de la vicomté de Limoges, aliénée par la vicomtesse avec faculté de rachat perpétuel. — Sentence (copie) du Conseil d'État, du 7 mars 1654, ordonnant une enquête à la demande faite par les consuls et habitants de la Cité de Limoges : ceux-ci exposent que la Cité est complètement distincte et indépendante de la Ville, qu'elle est peu peuplée, « estant de petite consistence, la plus grande partie d'icelle occupée par l'église cathédrale, par plusieurs maisons canoniales, par l'abaye de N.-D. de la Règle, le couvent des filles de Sainte-Claire, celuy des Carmes deschossés, le prieuré de Saint-André, et par les églises de Saint-Jean, de Saint-Domnolet et de Saint-Maurice ; » que presque toutes les maisons de la Cité appartiennent à des bourgeois de la Ville qui ne les habitent pas, mais les louent à de pauvres artisans, de sorte que, la taille étant personnelle et non réelle, tous les impôts retombent sur ces derniers ; la requête conclut à ce que Sa Majesté ordonne que dorénavant la Cité ne soit jamais taxée à plus du 30e de la part de la Ville de Limoges.

AA. 3. (Liasse.) — 41 pièces papier, dont 5 imprimées.

1715-1788. — Correspondance des rois de France (Louis XV et Louis XVI), des ministres (de Torcy, de Saint-Florentin, Amelot), des gouverneurs (le duc de Fitz-James) et des lieutenants-généraux du Limousin (le marquis et le comte des Cars) : annonce de la mort de Louis XIV, de la naissance d'un second dauphin (1730), de la paix avec l'empereur (1739), avec l'Angleterre et l'Autriche (1749), d'une tentative d'assassinat sur Louis XV (1757), de la paix avec l'Angleterre et le Portugal (1763), de la mort de Louis XV, de la naissance d'une dauphine (1778), de la naissance d'un dauphin (1781). — Convocation du sieur de Roulhac, maire de Limoges, à l'Assemblée des notables de Versailles, pour le 3 novembre 1788. — Mesures de police prescrites par le lieutenant-général à la suite de l'attentat contre Louis XV (1757), etc.

AA. 4. (Liasse.) — 50 pièces, papier.

1762-1789. — Correspondance des intendants (d'Aine et Meulan d'Ablois) et de personnages divers (d'Aguesseau, fils du chancelier ; madame d'Aine ; Bastard et de Chévoru, intendant des finances du comte d'Artois ; de Beaulieu, subdélégué général de l'intendance ; le baron de Courville, capitaine général des chasses du comte d'Artois ; Lenoir, de Roulhac, député à l'Assemblée des notables et aux États-Généraux ; les maires et échevins d'Orléans) : réjouissances à l'occasion du sacre de Louis XVI, de la naissance d'une dauphine et d'un dauphin, d'une victoire remportée sur les Anglais (décembre 1781.) — Envoi de l'arrêt du Conseil concernant la convocation des États-Généraux. — Installation du buste et du portrait du chancelier d'Aguesseau dans la salle de l'Hôtel-de-Ville (1777). — Naissance du comte d'Angoulême, fils du comte d'Artois (1775). — Interruption du paquebot entre Douvres et Calais, par suite de la guerre avec l'Angleterre, et mesures à prendre pour sortir de France par la Flandre et le Hainaut (1779). — Retards apportés à l'ouverture de l'Assemblée des notables, par suite de réparations à la salle des menus-plaisirs (1787). — Mort du duc de Fitz-James, gouverneur du Limousin (21 mars 1787). — Émeute à Limoges (mai 1789). — Annonce que la noblesse et le clergé consentent à l'abandon de leurs privilèges pécuniaires. — Nomination de nouveaux ministres (juillet 1789). — Envoi d'un « projet d'arrêté proposé à l'Assemblée nationale par le comité de rédaction sur différents objets relativement auxquels elle a déjà exprimé un vœu positif, mais dont quelques-uns seulement pourront recevoir des modifications ou être supprimés, quant à présent » (6 juillet 1789). — Nouvelles de la prise de la Bastille et du rappel de Necker. — Envoi d'un projet d'adresse à l'Assemblée nationale pour le soumettre à la municipalité, de la déclaration des Droits de l'homme et du citoyen. — Nouvelles de l'exécution à Rouen d'un nommé Bordier, acteur du théâtre des Variétés, et de l'avocat Jourdan, fauteurs de troubles (août 1789). — Plaintes des maire et échevins d'Orléans, de ce que leur capitation a été augmentée de plus d'un cinquième, et demandes de renseignements, à ce sujet, à la municipalité de Limoges (1764).

AA. 5. (Registre.) — 13 f^os papier.

1764-1769. — Copies des lettres écrites par les maire et échevins de la ville de Limoges et reçues par eux : Résolution des députés des différents corps de ne plus imposer le don gratuit par taxe sèche, mais de le lever par forme d'octroi sur les vins et liqueurs. — Plaintes au sujet du passage et du logement des troupes. — Exposé historique de la composition du corps de ville depuis le commencement du XVIIe siècle. — Service funèbre célébré pour madame Turgot, mère de l'intendant. — Établissement à l'Hôtel-de-Ville d'un coffre pour contenir les deniers communs. — Mémoires envoyés à l'abbé d'Expilly pour le mettre à même de travailler utilement à la partie de son ouvrage qui intéresse le Limousin. — Obstruction de l'aqueduc de la rue du Canard. — Dénonciation de la conduite des habitants de la Cité de Limoges qui, contrairement aux ordonnances du Roi, ont nommé un maire et des échevins, et cherchent même à se faire concéder des octrois au préjudice de la ville. — Protestation contre le projet de rétablissement des offices de jurés vendeurs de poisson, mesureurs et marqueurs de draps, peseurs de tous bois à brûler et mesureurs de grains, offices supprimés depuis longtemps à Limoges.

AA. 6. (Liasse). — 11 pièces, papier, imprimées.

1788-1789. — États-Généraux : Titres généraux et préliminaires. — Lettre du Roi convoquant les États pour le 27 avril 1789. *A Limoges, chez L. Barbou, impr. du roi.* — État par ordre alphabétique des bailliages royaux et des sénéchaussées royales des pays d'élections qui députeront directement ou indirectement aux États-Généraux..... *Ibid.* — Ordonnance du lieutenant-général pour la convocation des États-Généraux et l'assemblée des trois ordres du Haut-Limousin à Limoges. *Ibid.* — Placard annonçant la convocation des habitants de Limoges qui ne sont compris dans aucun corps, communauté ou corporation, dans la grande salle des Feuillants, le lundi 23 février 1789. — Procès-verbal d'assemblée du Tiers-État des villes dénommées dans l'ordonnance de M. le lieutenant-général de la sénéchaussée de Limoges (modèle). — Modèle de délibération pour les corporations. — Délibération de MM. les officiers municipaux et conseillers politiques de la ville de Limoges, en l'assemblée générale tenue le 24 décembre 1788, d'après le vœu général et unanime des différents députés et membres des corps, communautés et corporations de l'ordre du Tiers-État de la dite ville, concernant son admission aux prochains États-Généraux. *A Limoges, chez Jacques Farne, imprimeur de l'hôtel-de-ville, MDCCLXXXIX*, avec la lettre d'envoi de la dite délibération aux municipalités du royaume.

AA. 7. (Liasse.) — 38 pièces, papier.

Février-mars 1789. — États-Généraux : Assemblée des différents corps de la ville pour nommer des députés à l'Assemblée du Tiers-État de la ville de Limoges : 1. présidial (députés : Ruben de l'Ombre, Bonnin du Fraixeis); 2. bureau des finances (Durand de Richemont, Devoyon); 3. élection (Étienne de La Rivière, Navières de La Boissière); 4. monnaie (Naurissard, Montégut); 5. juridiction consulaire (Simon Petiniaud, Nicolas Ardant); 6. avocats (Nicolas Montaudon, Grégoire Péconnet); 7. médecins (Cogniasse, Boyer); 8. notaires (J.-B. Garat, Jean Fournier); 9. procureurs (Joseph Devarnet, Pierre Plainemaison); 10. bourgeois non compris dans les corporations (Thomas de Bosmie, Alluaud); 11. négociants et marchands (Pierre Texandier, Jacques Laurans de La Grange, Léonard Cramaille); 12. chirurgiens jurés (Léger, Périgord — le même acte contient l'exposé des doléances); 13. apothicaires (Gabriel Reculet); 14. huissiers (Laurent Fournaud, François Baignol); 15. imprimeurs-libraires (Léonard Barbou); 16. orfèvres (Pierre Ardant); 17. horlogers (Amable Vaudet); 18. boulangers (Barthélemy Dutreix); 19. bouchers (Maurice Parot); 20. cordonniers (François Faure); 21. savetiers (Martial Burlat); 22. tailleurs (Psalmet Germain); 23. menuisiers (J.-B. Rataud); 24. serruriers, taillandiers et ferblantiers (Léonard Parau); 25. perruquiers (Jacques Dayma); 26. pâtissiers (Bernard Péret); 27. chapeliers (J.-B. Bardinet); 28. teinturiers (Pierre Balezy); 29. tanneurs (Elie Couturon); 30. aubergistes (Cacatte aîné); 31. fondeurs, chaudronniers, cloutiers et maréchaux (J.-B. Massy); 32. selliers, bourreliers, bastiers et bridiers (Célérier); 33. armuriers, couteliers, éperonniers et vitriers (Desvergnes); 34. relieurs (J.-B. Germain); 35. charpentiers, charrons, sabotiers et maçons (Brousseaud); 36. jardiniers (Martial Maury). — Procès-verbal de l'assemblée du Tiers-État de Limoges tenue les 26 février et 6 mars 1789 ; sont élus pour assister à l'Assemblée provinciale 24 députés : de Roulhac de La Borie, Naurissard, Brousseaud, Tanchon père, Bonnin du Fraixeis, Ruben de l'Ombre, Montaudon, Petiniaud, Boyer, Devoyon, Estienne de La Rivière, Parau, de Beaupeyrat, Balezy, Laurans père, Alluaud, Navières de Brégefort, Cognasse, Ardant-Dupic, Cacatte aîné, Bardinet, Devarnet, Célérier et Marc.

AA. 8. (Liasse.) — 35 pièces, papier.

Février-Mars 1798. — États-Généraux : Cahiers de doléances des différents corps de Limoges : 1. présidial ; 2. élection ; 3. monnaie ; 4. juridiction consulaire ; 5. avocats ; 6. médecins ; 7. notaires ; 8. procureurs ; 9. bourgeois ; 10. pâtissiers ; 11. apothicaires ; 12. huissiers ; 13. imprimeurs-libraires ; 14. orfèvres ; 15. horlogers ; 16. boulangers ; 17. cordonniers ; 18. savetiers ; 19. tailleurs ; 20. menuisiers ; 21. serruriers ; 22. perruquiers ; 23. teinturiers ; 24. tanneurs ; 25. aubergistes ; 26. maréchaux ; 27. chaudronniers ; 28. cloutiers ; 29. éperonniers, couteliers, armuriers et vitriers ; 30. relieurs ; 31. charpentiers, charrons, sabotiers et maçons ; 32. jardiniers ; 33. agriculteurs. — Remontrances, plaintes et doléances du Tiers-État de la ville de Limoges (copie informe et paraissant tronquée). — Les vœux les plus fréquents ou les plus remarquables des cahiers, sont les suivants : égalité des trois ordres devant l'impôt (demandé par 20 cahiers); établissement d'États provinciaux en Limousin, sur le modèle de ceux du Dauphiné (15 cahiers); création d'une cour souveraine à Limoges (9 cahiers); suppression de tous tribunaux d'exception (7 cahiers); vote par tête et non par ordre aux États-Généraux (6 cahiers); liberté de la presse (2 cahiers); « qu'il soit arrêté un plan d'éducation publique, le plus propre à former des citoyens pour toutes les classes de la société, et qu'à cet effet, tous les collèges du royaume soient mis entre les mains de corps en état d'instruire la jeunesse, qui seront tenus de se conformer au plan général, de sorte que dans tous les établissements de ce genre, l'éducation soit uniforme et suivie avec les mêmes soins » (présidial).

AA. 9. (Registre.) — 150 f[os] papier, dont 115 blancs.

Mars 1789. — États-Généraux : Procès-verbaux de l'assemblée préliminaire des députés du Tiers-État des villes, bourgs, paroisses et communautés du ressort de la sénéchaussée de Limoges, tenue les 9, 10, 13 et 14 mars 1789, et de l'assemblée des trois ordres des sénéchaussées de Limoges et de Saint-Yrieix, tenue le 16 mars suivant. (Copie de E. Ruben, faite en 1852, d'après l'original appartenant à M. Nivet-Fontaubert.)

Département de la Haute-Vienne

VILLE DE LIMOGES

INVENTAIRE-SOMMAIRE

DES

ARCHIVES COMMUNALES ANTÉRIEURES A 1790

SÉRIE BB.

(Administration communale.)

BB. 1. (Registre.) 470 f[os] papier.

1508-1581. — Premier registre consulaire. — Election annuelle des consuls et des collecteurs, transcription des lettres des rois, princes, etc., et des actes intéressant la Ville, récit des événements importants. — Lettre du roi Louis XII relative à la paix de Cambrai (1508). — Entrée solennelle du duc de Bourbon (1512). — Mort de Louis XII, et envoi de députés à Paris pour obtenir la confirmation des privilèges de la ville. — Grand pardon général de la croisade accordé par le Pape (1516). — Représentation du mystère de la Passion : compromis à ce sujet entre l'abbé de Saint-Martial et les consuls (1521). — Ravage et défaite des *mille Diables* (1522-1523). — Entrée d'Henri d'Albret, roi de Navarre (1529). — Représentation, pendant neuf journées, du mystère de sainte Barbe et Théophile (1533). — Entrée du roi et de la reine de Navarre (1537), — de M. de Montréal, gouverneur du Limousin (1543). — Imposition de 24,000 francs sur le Limousin pour la solde de 1,000 hommes de guerre : procès à ce sujet entre le Haut et le Bas-Limousin (1543-1544). — Arrêt du Parlement de Paris dans le procès pendant depuis longtemps entre le roi de Navarre, comme vicomte de Limoges, et les consuls (1544). — Troubles en Guyenne à l'occasion de la gabelle; rachat de cet impôt par toute la province, moyennant 450,000 francs, dont 35,000 sur le Haut-Limousin (1548-1549). — Réjouissances à l'occasion de la naissance de Henri de Bourbon (1551). — Procès entre le Haut-Limousin et François de Pontbriant, gouverneur et sénéchal du Limousin (1553-1555). — Projet de fondation du collège de Limoges (1555). — Création de la généralité de Limoges (1558). — Réjouissances publiques à l'occasion de la paix de Cateau-Cambresis (1559). — États-Généraux d'Orléans (1560). — États provinciaux du Haut-Limousin et de Guyenne (1561). — Premières prédications des calvinistes (1561). — Remontrances des États du gouvernement et duché de Guyenne, assemblés à Périgueux au sujet de l'impôt des consignations (1566). — Transaction des consuls et de la reine de Navarre sur les bases de l'arrêt du Parlement de 1544 (1566). — Entrée de Gilbert de Lévis, comte de Ventadour, gouverneur du Limousin (1570). — Mesures prises pour assurer la tranquillité de la ville à la nouvelle de la Saint-Barthélemy. — Tentative faite pour s'emparer de Limoges; découverte de la conspiration et supplice des principaux conjurés.

(1579). — Nomination du seigneur de Hautefort comme lieutenant général du Roi en Limousin ; sur l'injonction du Roi les consuls lui fournissent des canons pour s'emparer du château de Saint-Vic ; ils en fournissent également au maréchal d'Aumont qui emporte les places de Saint-Germain, de Beaupré et de Villeneuve (1580). — Remontrances adressées au Roi par le Tiers-État du Haut-Limousin (1581).

BB. 2. (Registre.) — 239 f[os] papier.

1592-1662. — Deuxième registre consulaire. — « *Recueil des choses plus remerquables despuis la creation des consuls, faicte le 7 decembre 1592, jusques à la fin de leur année consulaire.* » — Démolition de Châlusset ; règlement pour les médecins ; circulation de douzains de mauvais aloi, fabriqués à Maringues en Auvergne ; réception solennelle du sieur de Chamberet, nommé lieutenant-général en Limousin ; réjouissances publiques à la nouvelle de la conversion d'Henri IV ; poésies françaises et latines de maître Jehan de Beaubreuil, avocat et consul, à ce sujet. — 1594-1595 : attentat de Chatel contre le Roi ; mesures prises par les consuls à cette nouvelle ; famine ; confirmation des priviléges de la ville. — 1597 : passage du duc de Bouillon, vicomte de Turenne, maréchal de France ; réception solennelle du duc d'Epernon, nommé gouverneur du Limousin. — 1601 : réjouissances à l'occasion de la naissance du dauphin. — 1602 : sédition populaire à Limoges au sujet de l'établissement du subside du sol pour livre, vulgairement appelé *pancarte* (avril) ; arrivée du sieur de Jambleville pour déposer les douze consuls en exercice et en installer à leur place six autres, choisis d'office par le Roi ; modifications apportées dans leur nombre et leur nomination : à l'avenir ils ne seront plus que six, et ils seront nommés par une élection à deux degrés. — 1605 : « *Discours de l'antique fondation de la ville de Limoges et entrée de Sa Majesté en icelle* » [par le sieur Descoutures, avocat du Roi]. — 1608 : réception du comte de Schomberg, gouverneur de la Marche, nommé par le Roi lieutenant-général en Limousin ; réjouissances au sujet de la naissance du duc d'Anjou, fils du Roi. — 1610 : récit de la mort d'Henri IV et copie des lettres de Louis XIII, de la Reine, du duc d'Epernon et du comte de Schomberg à ce sujet. — 1613 : confirmation des priviléges de la ville. — 1615 : Règlement au sujet des fontaines des Barres, du Chevalet et de la Claustre ; sentence de la Sénéchaussée au profit des consuls contre Noël Laudin, courtier. — 1623 : réception du comte de Schomberg, nommé gouverneur du Limousin. — 1625 : requête au Roi et lettre du comte de Schomberg au sujet des droits réclamés par les adjudicataires de l'ancien domaine des vicomtes de Limoges. — 1631 : établissement d'une chambre de santé contre la peste et d'une compagnie de soldats pour la sûreté de la ville. — « *Estat des affaires les plus considerables qui se sont passees pendant l'année de nostre consulat, 1648* ; » passage de gens de guerre, régiments du sieur de Palluau, de Roncherolles ; refus opposé par la ville à l'établissement des Capucins, attendu « qu'il y avoit trop de relligieux mendiants à Lymoges pour sa grandeur, à la besace desquels les habitans avoint assès de peyne à fournir ; » logement de prisonniers espagnols de la bataille de Lens dans les tours Branlant et Montmailler. — 1649 : lettre du Roi félicitant la ville d'avoir résisté aux tentatives qu'on avait faites pour l'exciter à prendre part aux mouvements de Bordeaux. — 1658 : Arrêt du Conseil cassant la nomination des consuls de cette année, etc.

BB. 3. (Registre.) — 411 f[os] papier.

1662-1791. — Troisième registre consulaire — 1667 : nomination d'un hermite de la ville. — 1676 : création par le Roi de la charge de gouverneur de Limoges et nomination à cet office d'Yrieix de Chouly, chevalier, seigneur de Permangle. — 1679 : nomination du sieur de Nyert pour remplacer le sieur de Permangle, décédé ; contestation avec le sieur du Saillant, récemment nommé sénéchal, qui demandait une entrée solennelle : l'intendant se prononce en faveur des consuls qui la refusent. — 1687 : règlement pour le logement des gens de guerre ; permission de lever un impôt de 30,000 livres. — 1690-1693 : lettres de Louis XIV ordonnant des réjouissances publiques à l'occasion des victoires de Fleurus, du cap Beachy et de Staffarde, de la prise des villes de Villefranche, Nice, Mons, Montmeillan et Heidelberg. — 1695 : règlement d'étiquette pour « *la messe, prédication et procession solennelle qui se fait tous les ans à pareil jour* (27 *août*) *en action de graces de ce que la ville fut autrefois miraculeusement délivrée d'une trahison et complot qu'avoit esté fait de la livrer aux Anglois qui l'estoient venue assiéger.* » — 1701 : nomination par le Roi à un office héréditaire de lieutenant-général de police de la ville et faubourgs de Limoges, créé par édit de 1699. — 1702-1704 : lettres de Louis XIV au marquis de Sainte-Aulaire, ordonnant des réjouissances publiques à l'occasion des victoires de Friedlingen, d'Eckeren et de Malaga, de la prise de Suze et d'Yvrée, de la naissance du duc de Bourgogne. — 1710 : procès-verbal de l'état des bâtiments et dépendances de l'Hôtel-de-Ville; devis estimatif des réparations à exécuter et adjudication pour 2,500 livres. — 1712-1715 : lettres de Louis XIV relatives à la victoire de Denain, à la reprise de Douai et du Quesnoi; lettres de Louis XV ordonnant des prières pour le repos de l'âme de Louis XIV. — 1719 : confirmation des privilèges des consuls et habitants au sujet des francs-fiefs. — 1725 : lettre de Louis XV à l'occasion de son mariage; exemption du logement des gens de guerre en faveur du sieur Borde, à la charge d'entretenir les canons et fauconneaux de l'Hôtel-de-Ville. — 1730 : déclaration royale concernant les comptes à rendre par les receveurs des octrois des villes, etc. — 1734 : « *Description exacte de la sérémonie et oraizon funesbre que MM. les prevost, consuls de cette ville ont fait faire dans l'eglise cathedralle le 3e du present mois d'aoust pour très haut et très puissant seigneur, Mgr Jacques Fits-James, duc de Berwick, de Fits-James, de Livia et de Xerica, pair de France, pair d'Angleterre, grand d'Espagne, maréchal de France, général de l'armée du roy en Allemagne, chevailler des ordres du roy, de celui de la Jarretière et de celui de la Toyson d'Or, gouverneur du Haut et Bas Limousin et de la ville de Strasbourg, décédé au camp devant Philisbourgt le 12 juin dernier dans la 66e année de son âge.* » — 1736 : résolution de construire une porte à l'éperon de Saint-Martin, où le mur était tombé et où se trouvait jadis la porte des Vénitiens (porte Tourny). — 1755 : nomination du marquis des Cars gouverneur du Haut et Bas-Limousin. — 1757 : correspondance relative à l'attentat contre le Roi. — 1760 : adjudication pour trois ans des eaux de la fontaine d'Aigoulène; procès-verbal de l'état de l'hermitage de Montjovis, près de Limoges. — 1762 : mémoire des consuls pour pourvoir au remplacement des jésuites dans la direction du collège. — 1763 : lettres de Louis XV relatives à la paix. — 1764 : édit royal sur l'administration des villes et principaux bourgs du royaume. — 1767 : autre édit sur le même sujet. — 1774 : lettres de Louis XVI au sujet de la mort de Louis XV. — 1779-1791 : copies d'actes de Louis XVI portant nomination à diverses fonctions municipales et autres. — 1771 et années suivantes : pièces relatives aux anoblis et aux droits acquittés par eux.

BB. 4. (Registre.) — 185 fes papier.

1768-1790. — Registre des délibérations. — 1768 : Défense de prêter les canons de la ville, vu leur mauvais état. — 1769 : adoption de nouvelles mesures pour les grains; emprunt de 30,000 livres, remboursables en dix ans, pour le rétablissement des anciens aqueducs. — 1769-1773 : établissement de nouvelles fontaines dans les quartiers Porte-Tourny et Montmailler; lettres de Turgot à ce sujet. — 1774 : vente de l'emplacement de l'ancien marché au blé; vote de réjouissances à la nouvelle de la nomination de Turgot au contrôle général, et envoi d'une députation au nouveau contrôleur général. — 1775 : création d'une compagnie du guet; établissement de lanternes pour l'éclairage de la ville; réunion à la ville des offices municipaux moyennant 10,500 livres, payables en cinq années; adoption d'un plan général pour la ville de Limoges et règles pour les constructions et les reconstructions. — 1780 : arrêt du conseil portant règlement pour la municipalité de Limoges et établissement d'un conseil politique. — 1781 : enregistrement des lettres du Roi du 3 décembre 1758, par lesquelles le comte des Cars (Louis-François) est nommé lieutenant-général en Limousin, à la place de son père décédé; construction d'une fontaine sur la place Montmailler et remplacement de ce nom par celui de place Dauphine; projet d'acquisition du bureau des finances pour y placer l'Hôtel-de-Ville et transformer les bâtiments actuels en caserne pour le guet. — 1785 : représentations au Roi au sujet de la nomination illégale du maire et d'un échevin faite par lui : enregistrement forcé de l'édit royal; délibérations tendant à construire un Hôtel-de-Ville sur la place Fitz-James; — 1786 : à établir des pompes contre l'incendie; à bâtir des casernes; vente de l'ancien Hôtel-de-Ville au sieur Farne, imprimeur, pour le prix de 16,000 livres. — 1788 : délibération portant qu'il sera adressé au Roi un mémoire en forme de placet pour demander la conservation du droit de la ville de nommer un député particulier aux États-Généraux; vœu unanime des différents corps et corporations pour que le Tiers-État soit admis aux prochains États-Généraux et provinciaux en nombre égal aux représentations réunies de la noblesse et du clergé. — 1789 : demande d'autorisation de faire un emprunt de 60,000 livres remboursable en dix ans pour continuer la construction de l'Hôtel-de-Ville; adresse de félicitations à l'Assemblée nationale (22 juillet); formation de la garde nationale. — 1790 : nomination d'un maire (Pétiniaud de Beaupeyrat), et d'officiers municipaux, conformément aux décrets de l'Assemblée nationale; députation auprès de l'Assemblée pour obtenir l'établissement à Limoges d'un tribunal supérieur; vote de félicitations à la commune et à la garde nationale de Tulle pour avoir maintenu par leur énergie la tranquillité en Bas-Limousin; emprunt de 200,000 livres pour faire des approvisionnements en grains; serment de la garde nationale; nomination de députés pour assister à la fédération du 14 juillet 1790 (le septième député est Jourdan, commandant des chasseurs, qui a signé.)

BB. 5. (Liasse.) — 1 pièce, parchemin; 49 pièces, papier, dont 6 imprimées.

1662-1789. — Offices municipaux. — Déclarations et édits royaux relatifs à l'organisation municipale de toutes les villes de France : décembre 1706, 26 février 1709, août 1764, décembre 1767, novembre 1771, 24 juillet 1775. — Noms des consuls de Limoges de 1662 à 1697. — Nomination des consuls pour 1718, 1728, 1729; des valets de ville pour 1735, 1736, 1739, 1756, 1757. — Refus du sieur Texaudier, nommé consul en 1765. — Délibération des présidents trésoriers de France et des officiers du bureau des finances, portant opposition à la convocation à eux adressée pour assister et prendre part à l'élection des officiers municipaux (1768). — Nomination des officiers municipaux par le Roi en 1774. — Réunion à la ville des offices municipaux moyennant finance (1775). Mémoires fournis par les officiers municipaux en 1770 et 1780 sur l'administration et l'organisation municipale. — Arrêt du conseil réglant la composition de l'administration et portant création d'un conseil politique (1780). — Prorogations en 1783, 1785, 1787 des nominations qui devaient être faites en 1782, 1784, 1785. — Réponses des officiers municipaux aux officiers de l'Élection qui prétendaient avoir la préséance dans les cérémonies publiques (1784). — Démission de M. Naurissard, maire de Limoges (1784). — Nominations illégales faites par le Roi en 1785; lettres de M. de Breteuil et de M. Meulan d'Ablois à ce sujet. — Nomination de M. Pétiniaud de Beaupeyrat comme maire de Limoges (1789).

Département de la Haute-Vienne

VILLE DE LIMOGES

INVENTAIRE-SOMMAIRE

DES

ARCHIVES COMMUNALES ANTÉRIEURES A 1790

SÉRIE CC.

(Impôts et Comptabilité.)

CC. 1. (Registre.) — 43 f^os papier.

Vers **1412**. — Ville de Limoges, cadastre. — Manuscrit sans titre, paraissant n'être qu'un brouillon, en provençal. La ville est divisée en vingt cantons; mais les indications topographiques font défaut, chaque canton étant désigné par un nom d'homme (évidemment celui du collecteur ou asséeur). Ces noms sont les suivants : Math. deu Peyrat, P. Ruau, P. de Janalhac, Marcial Oudyer, Jacme Bastier, Bonribau, J. Moli, J. Vialateys, Chabiran, Est. Chatus, Jacme Cortey, P. Bayart, Marcial Tabalho, Arn. de la Fon, Guill. Dinamandi, Math. B[enoit], Guill. Chambo, m^e J. Barelhier, Beulaygue, Peri. — Çà et là le scribe s'est permis quelques fantaisies poétiques : f° 16 : *Aquest canto fo achabat : divendres quant yeu fus dinat;* f° 18, verso : *H. Monho no sey ha vinha ni meyjo : home d'eyglieyja no deu re : segon que di, e yeu l'encre. — J. Chatfort re no lor deu : quar ou borgey bayla lo ceu P. Auten non eys pas tengut : a gen qu'ayan lo chap tondut.* — Voici les premiers articles de ce curieux document : Lo canto Math. deu Peyrat. — Math. deu Peyrat : lo pistancier S. Marsal xx s. de renda, et en l'optau on demora P. La Crot (au-dessus il y a *P. deu Peyrat* qui semble une correction) xi. s.; en sa vinha de S. Sados, S. Marsal xx s. — J. Boneff[an] : en sa meyjo i jonc de coys a S. Marti (?); en sas treilhas deu pont S. Marsal, mosenhor de Lemotges x s. de renda; et en i^e vismiera, chapitre y a iii s.; en sa meyjo de Roufilho, los prestreys deu Queyroy vi d. — J. Meyza : en sa meyjo, i d. St-Marsal; en sa vinha deu Pont S. Marsal, mosenhor de Lemotges, vi s., e i sest. de fr[omen] au chapela de Sancta Felecitat; en sa meyjo de Roufilho ont estay Senhac, x s. a la cofreyrio de la Cortina, etc. — J. deu Pon : deu ou cu[minal] s..... xx s.; item ou comandayre deu Palay ii sestiers eymina fromen. — H. Garalh : i hoptaut qui fo de Ber[nart] David. — J. La Garda : en sa meyjo re; en sa vinha, l'abat S. Marti liiii s. — Math. Bayart : en sa vinha deu clau Choudeyro demanden à S. Marsal i sest. favas et i sestier fromen et xliii s. en sertans lucs; item en chapitre xiii s. per i prat et vismieyra; item à S. Ger[au] xx s.; item lo cu[minal] S. Marsal xxvi s. viii; item a madame l'abeysa xx s.....; item ou cu[minal] S. Reyr. iii s.; item ou prebost de las Combas vi s. fromen; item a l'abat S. Marti ii sest. eymina fromen.

CC. 2. (Registre.) — 87 f^os^ papier.

1742. — Cité de Limoges. — « Etat général des fonds de la citté de Limoges, ensemble de quelques-unes des paroisses voisines..... au mesurage desquels je, Jacques Rousseaud, arpenteur juré, demeurant à Limoges, en exécution de la délibération des habitants de la ditte paroisse et citté passé devant maître Thommas, notaire royal de la ditte ville de Limoges le 6 d'aoust mil sept cent quarante-deux, et de l'ordonnance de monseigneur l'Intendant de cette généralité du six du même mois, après avoir prêté serment pardevant luy de m'acquitter de ma commission fidellement et conformément à ses instructions ay procédé comme il s'ensuit... » — Ce cadastre contient 653 articles.

CC. 3. (Cahier.) — 32 f^os^ papier.

Vers **1788.** — Cité de Limoges. — Évaluation des propriétés de chaque habitant, servant pour la répartition. La cité est divisée en *îles* qui sont les suivantes : île Pénicaud, île Michel, île Sazérat, île Pouyat, île de la Règle, île Morel, île Saint-Maurice, île Montaudon, île du Naveix, île Jourdain, île Saint-Domnolet, île Faudry, île Saint-Julien. — Il y a 361 articles.

CC. 4. (Registre.) — 72 f^os^ papier.

1742. — St-Christophe-lez-Limoges. — « Etat général des fonds de la paroisse de St-Christophe, ensemble de quelques-unes des paroisses voisines... au mesurage desquels je, Jacques Rousseau, arpenteur juré, demeurant en la ville de Limoges, en exécution de la délibération des habitans de la dite paroisse de St-Christophe passée devant Garat, notaire royal à Limoges, le trente septembre mil sept cent quarante-deux, et de l'ordonnance de monseigneur l'Intendant de cette généralité du dix-huit octobre mil sept cent quarante-deux,.. ay procédé comme il s'ensuit. » — Il y a 581 articles.

CC. 5. (5 cahiers.) — 56 f^os^ papier.

1771. — Sainte-Claire-de-Soubrevas. — « État général des fonds de la paroisse de Sainte-Claire, ensemble de quelques-unes des paroisses voisines..., à l'estimation desquels nous, Jean-Baptiste Vacherie, notaire et arpenteur royal, demeurant en la ville du Dorat, expert abbonnateur, nommé à ces fins par monseigneur Turgot, intendant de la généralité de Limoges, par son ordonnance du trente juillet mil sept cent soixante-onze, que nous avons accepté avec honneur..., nous sommes transporté au bourg de la dite paroisse.............................. » — Il y avait primitivement six cahiers; le deuxième manque.

CC. 6. (3 cahiers.) — 128 f^os^ papier.

Vers **1788.** — Les Orances de Limoges. — Évaluation des propriétés de chaque habitant, servant à l'imposition de la taille; sans titre. — Il y a 740 articles. — A la fin se trouve une liste des privilégiés. — Quelques pièces insérées : au f° 64, « Déclaration que donnent les chanoines réguliers du prieuré de Saint-Gérard de Limoges, des biens et fons qu'ils jouissent, provenans du second lot de partage des biens du dit prieuré, de ceux provenans des obits anniversaires fondés en leur église, des rentes constituées à eux appartenans, des biens par eux acquits. »

CC. 7. (Liasse). — 22 pièces, papier, dont 3 imprimées.

1753-1790. — Tailles. — Lettres des contrôleurs généraux d'Ormesson et Lambert, des intendants de Chaumont, d'Aine et Meulan d'Ablois, etc., relatives au privilége d'exemption de tailles réclamé par les officiers de la monnaie (1753), à l'impossibilité de réduire la quote-part de la ville à cause des fléaux qui ont frappé le reste de la Généralité (1756), à une demande d'éclaircissements sur l'origine, le titre de concession et l'étendue des priviléges des villes franches ou abonnées comme Limoges (1759), à l'intention qu'avaient les officiers municipaux de comprendre l'intendant dans les rôles d'imposition pour le second semestre de 1789 et pour 1790. — Exécutions contre divers particuliers en retard pour le paiement des tailles (1761 et 1762). — Mémoire des officiers municipaux demandant l'autorisation d'imposer aux tailles les officiers de la monnaie qui n'exercent pas leurs offices en personne et font commerce à boutique ouverte; réponse favorable de M. d'Ormesson (1775). — Vœu pour l'établissement du cadastre de la banlieue de Limoges, afin de rendre plus impartiale la répartition de la taille (1782). — Ordres de l'intendant pour la répartition sur la ville de Limoges et les Orances en 1789 et 1790. En 1789, la ville supporte les sommes suivantes : taille, 3,910 fr. (*sic*); accessoires de la taille, 9,307 fr.; capitation, 5,571 fr.; en 1790, imposition principale,

12,093 fr.; accessoires de l'imposition principale, 7,169 fr.; capitation, 7,575 fr.

CC. 8. (Liasse.) — 3 pièces, parchemin; 29 pièces, papier, dont 11 imprimées. 1 sceau.

1710-1779. — Don gratuit. — Déclaration du Roi pour la levée du doublement des droits d'octrois et de tarifs des villes, bourgs et lieux où il y en a d'établis, pour le paiement d'un don gratuit (octobre 1710). — Déclaration du 3 janvier 1759 en interprétation de l'édit du mois d'août précédent, ordonnant que pendant six années toutes les villes du royaume paieront un don gratuit montant aux sommes fixées par le Conseil; Limoges est taxé à 15,000 fr. — Lettres patentes du 3 décembre 1758, portant exemption en faveur du clergé. — Règlement pour le ressort du Parlement de Bordeaux (1760) : généralité de Limoges, Limoges, ville, cité et faubourgs, 10,000 fr.; Eymoutiers, 500 fr.; La Souterraine, 800 fr.; Magnac, 400 fr.; Saint-Léonard, 1,300 fr.; Saint-Junien, 1,400 fr.; Bort, 500 fr.; Tulle, 2,800 fr.; Saint-Yrieix, 900 fr.; Treignac, 600 fr.; Ussel, 700 fr.; Brive, 2,000 fr.; Meymac, 600 fr.; Uzerche, 600 fr.; Donzenac, 400 fr.; Allassat, 300 fr.; Juillac, 400 fr.; Saint-Vaulry, 200 fr.; Saint-Germain, 400 fr.; Neuvic, 400 fr.; Aixe, 400 fr.; Pierre-Buffière, 200 fr.; Lubersat, 800 fr.; Châlus, 100 fr., etc., etc. — Arrêt du Conseil autorisant la ville de Limoges à percevoir certains droits d'octrois pour le paiement du don gratuit (30 août 1764). — Édit portant suppression de plusieurs offices et prolongation des droits du don gratuit (avril 1768). — Lettres patentes du 22 mars 1770, fixant le montant des sommes à payer pour le don gratuit dans le ressort de la cour des aides de Clermont-Ferrand : les trois élections de Limoges, Brive et Tulle sont taxées ensemble à 40,200 fr.; celles de Guéret, Évaux et Gannat, à 18,000 fr.

CC. 9. (Liasse.) — 82 pièces, papier.

1764-1781. — Don gratuit. — Correspondance : lettres des régisseurs pour le Roi du don gratuit (Delachauvinnerie et Poëttiers) et des droits réservés (Contet, Delamotte, Maupetit, Masson, Forceville, etc.); de MM. Saige et Laloubie, magistrats du Parlement de Bordeaux; de l'abbé Terray, contrôleur général; du sieur Baron, receveur général de la régie générale, etc., relatives : à l'enregistrement de divers édits du Roi au Parlement, au paiement des termes échus, etc., etc.

CC. 10. (Liasse.) — 10 pièces, parchemin; 19 pièces, papier.

1766-1781. — Don gratuit — Quittances de paiement délivrées aux maire et consuls de Limoges par les régisseurs.

CC. 11. (Liasse.) — 20 pièces, papier.

1761-1781. — Don gratuit. — Réclamations du syndic du clergé du diocèse de Limoges, prétendant que les ecclésiastiques avaient été imposés arbitrairement au rôle du don gratuit par les commissaires-répartiteurs; protestation de ceux-ci; lettre de Turgot approuvant leur conduite (1761). — Lettres et ordonnances de Turgot, concernant la bonne répartition de la somme de 10,000 fr. à laquelle monte le don gratuit de la ville; conseils à l'administration municipale pour la décider à préférer la voie d'octrois à celle d'imposition directe, mesure qui est en effet adoptée dans une assemblée générale des habitants (1764). — Lettres de M. d'Aine, intendant, de l'évêque de Limoges, du maréchal de Fitz-James, de M. d'Aguesseau et du ministre Joly de Fleury; délibération municipale et mémoire au conseil afin d'obtenir la prolongation de la perception par la ville des droits destinés au paiement du don gratuit; malgrés ces démarches, le Roi décharge la ville du don gratuit de 10,000 fr. et fait percevoir en son nom les droits en question (1781).

CC. 12. (Liasse.) — 8 pièces, papier, dont 4 imprimées.

1692-1731. — Droits domaniaux divers. — Édit du Roi du mois d'août 1692 qui confirme les roturiers possédant fiefs et biens nobles, et les villes franches du royaume dans l'affranchissement du droit de francs-fiefs, moyennant le paiement d'une année de revenu; mémoire des consuls, excipant des privilèges à eux accordés par Charles XII, contre Mᵉ Jean Fumée, commis pour la levée des dits droits de francs-fiefs. — Abolition des cens, rentes, lodz et ventes moyennant finance; délibération de la ville de Limoges qui offre au Roi 45,000 livres pour le dit fait; taxe des villes de l'élection à ce sujet montant à : Limoges, 46,000 fr.; la Cité, 1,500 fr.; Bellac, 2,350 fr.; Le Dorat, 1,750 fr.; Magnac, 500 fr.; Saint-Junien, 1,800 fr.; La Souterraine, 700 fr.; Châteauponsac, 700 fr.; Saint-Léonard, 2,700 fr.; Eymoutiers, 1,000 fr.; Saint-Yrieix, 1,500 fr. — « État des menus droits domaniaux dûs au roi, à cause de la vicomté de

Limôges, lesquels se sont toujours perçus depuis un tems immémorial », avec les apostilles des consuls en marge; visé par d'Aguesseau, intendant, en 1669, et par Maledent, subdélégué, en 1731.

CC. 13. (Liasse). — 6 pièces, parchemin ; 32 pièces, papier.

1689-1788. — Charges et revenus de la ville : lettres du subdélégué de Beaulieu, des intendants d'Aine et Meulan d'Ablois, demandant des renseignements à ce sujet (1776-1786). — État des revenus et charges de la ville, en 1764, 1782 et 1788 : en 1764 les octrois montent à 3,693 liv. 13 s. 4 d.; charges sur ce, fixées par l'arrêt du conseil du 5 décembre 1693 : 1,900 fr.; les patrimoniaux à 5,458 fr. 7 s. 4 d.; charges sur ce, 3,915 fr. 18 s. 2 d.; reste net des octrois et des patrimoniaux : 3,336 fr. 2 s. 6 d. Mais les consuls font remarquer que les charges ordinaires ont considérablement augmenté depuis l'arrêt de 1693, et qu'en tenant compte des charges extraordinaires et dépenses imprévues, la ville est hors d'état, non-seulement de payer ses dettes, mais encore de fournir aux dépenses annuelles sur ses revenus. En 1782, dépenses des charges ordinaires, 3,895 fr. 3 s.; dépenses des charges extraordinaires, 8,486 fr.; ensemble, 12,381 fr. 3 s. — Recette des octrois et patrimoniaux, 10,599 fr. 14 s. 6 d.; partant, la dépense excède la recette de 1,781 fr. 8 s. 6 d. — En 1788 les revenus excèdent les dépenses de 4,795 fr. 2 s. — Mémoire de l'évêque de Limoges se plaignant que les officiers de la ville aient perçu différents droits dans la Cité; réponse des consuls pour justifier leur conduite (en 1765). — État des octrois et revenus patrimoniaux des villes de la généralité de Limoges, suivant les baux de l'année 1745. — Arrêts du conseil de 1689, 1693, 1695, 1701, 1705, 1761, 1775, portant règlement sur la perception et l'emploi des octrois et autres revenus municipaux; concession d'un octroi supplémentaire pour l'établissement du guet et des lanternes, etc.

CC. 14. (Liasse). - 73 pièces, papier, dont 4 imprimées.

1627-1784. — Octrois et patrimoniaux. — Adjudications de 1627, 1695, 1701, 1715, 1729, 1734 : en 1627 les octrois et autres droits, non compris le souquet et les aumônes Sainte-Croix et pains de Noël, sont adjugés pour 4,000 fr.; en 1734, les octrois et patrimoniaux sont adjugés au sieur Muret pour 7,300 fr. par an, sur lesquels 2,635 fr. reviennent au Roi et le reste à la ville. — Requête présentée en 1761 à l'intendant de Limoges par Pierre Vergniaud, adjudicataire des octrois et patrimoniaux de la ville, contenant que, le 7 juillet 1758, il a pris pour 6 ans la ferme des dits droits, à lever conformément à l'arrêt du conseil du 16 octobre 1701, moyennant 11,224 fr. 9 d.; que depuis, l'administration municipale a obtenu un arrêt du conseil du 23 juin 1761 mettant en vigueur un nouveau tarif, dont la conséquence est de diminuer les droits qu'il doit percevoir, et demandant en conséquence un fort rabais sur sa ferme; la dite requête contresignée TURGOT. Par une apostille du 11 mai 1772, le sieur Vergniaud déclare renoncer à toutes les réclamations qu'il faisait à la ville. — Lettres de M. de Laverdy, contrôleur général. — Lettres des officiers municipaux de Riom (9 avril 1765), demandant des renseignements sur les privilégiés qui cherchent à se soustraire aux charges municipales. — Correspondance relative à la prétention de M. de Montholon, de faire compter les officiers municipaux des octrois et patrimoniaux devant la chambre des comptes; opposition du Parlement de Bordeaux à cette prétention (1773). — État des recettes faites aux divers bureaux d'octrois (porte des Arènes, barrière de Saint-Junien, barrière des Quatre-Chemins, barrière des Clairettes, barrière du Saint-Esprit, barrière de Saint-Antoine, bureau général), pendant la foire de Saint-Martial de 1768 et la foire des Rameaux de 1779. — Pièces diverses relatives au personnel : demandes d'emplois, pétitions, etc.

CC. 15. (Liasse). — 16 pièces, papier.

1764-1790. — Octrois et patrimoniaux. — « Comptes des recettes et des dépenses fournis par le sieur Nadaud, receveur, depuis le 1er octobre 1764 jusqu'au 1er octobre 1770. — Compte fourni par Jean-Baptiste Lingaud père, trésorier-receveur, du 1er septembre 1789 au 1er mars 1790. — Parmi les articles de dépenses on remarque les suivants : 10 avril 1765, payé au sieur Pétiniaud, consul en charge, la somme de 668 fr. 12 s. pour dépenses et frais au sujet du service célébré pour feue madame Martinaud, mère de M. Turgot, intendant de cette Généralité. — 26 janvier 1767, au sieur Chapelas, tapissier, pour avoir tendu les tapisseries noires devant la porte de la maison de ville et devant celle des Carmes déchaussés pour l'enterrement et service de feu M. Boisse, consul en charge, 6 fr. 15 s. — 4 mars 1768, au sieur Laroche, sculpteur, pour boiserie pour placer le portrait de Louis quatorze et réparer plusieurs planches dans la salle de l'Hôtel-de-Ville, 66 fr. — A monseigneur de Fitz-James, gouverneur du Haut et du Bas-Limousin, pour son logement, chaque année 890 fr. »

CC. 16 (Liasse). — 3 pièces, parchemin; 41 pièces, papier.

1700-1789. — Revenus divers, emprunts, etc. — Pièces concernant le *poids du Roi* et son aliénation par la ville en 1700; état de son rapport fourni par les sieurs Garat et Ardant, possesseurs, et leurs ayant-cause. — Courtage : édit du Roi de novembre 1704, portant création de différents offices de courtiers, et arrêt du Conseil d'État autorisant les villes et communautés à racheter ces offices et à les faire exercer en leur nom; arrêt du 28 septembre 1706 réunissant, moyennant finance; les offices nouvellement créés au corps de ville de Limoges; tarif des droits à percevoir contresigné par l'intendant; état général des produits du droit de courtage dressé en 1764. — *Plassage* de la place des Bancs; droit concédé à la ville par lettres de Charles V du 2 janvier 1371; lettre du procureur au présidial demandant aux officiers municipaux de fournir les titres en vertu desquels ils perçoivent ce droit (1778). — Octobre 1789 : adjudication de droits de halle à percevoir dans la nouvelle halle au poisson, située près de la place de la Motte. — Lettres de Louis XVI du 17 octobre 1781, accordant à la ville un secours annuel de 3,000 fr. pour 5 ans et demi; remerciments des officiers municipaux à M. Joly de Fleury; autres lettres du 30 juin 1786 qui prolongent ce secours jusqu'au 31 décembre 1790. — Lettres de M. de Roulhac relatives à l'autorisation demandée par la ville de faire un emprunt de 60,000 fr. pour la construction de l'Hôtel-de-Ville (1789). — Délibération de Messieurs les officiers municipaux et conseillers politiques prise d'après les arrêtés du Comité-Patriotique et du Comité des Subsistances, portant qu'il sera fait un emprunt jusqu'à concurrence de *deux cent mille livres*, à l'effet de tirer des grains de l'étranger. (Imprimé chez Jacques Farne, 1789).

CC. 17. (Registre.) — 171 f^os papier, dont 90 blancs.

1768-1791. — Courtage. — « Registre de réception et dépenses du couretage des vins et deux sols pour livre d'iceux, qui ont commancés d'être perçus depuis le dix décembre mil sept cent soixante-huit. »

CC. 18. (Registre.) — 47 f^os papier.

1766-1788. — Comptabilité. — « État de la Caisse des revenus du don gratuit, de l'octroy et des deniers patrimoniaux de la ville de Limoges, déduction faite de toutes charges et dépenses, conformément aux comptes rendus, alloués et vérifiés en l'assemblée générale du..... »

CC. 19. (Registre.) — 98 f^os, dont 93 blancs.

1788-1792. — Comptabilité. — « Registre pour servir à enregistrer la recette versée au coffre-fort, provenant du dont gratuit, octrois, courtage, patrimoniaux, eau des étangs, beurre, police, guet et lanternes de la ville de Limoges, à commencer du 1er mars 1788,... cotté et paraffé par nous Guillaume Grégoire De Roulhac, écuyer, seigneur de la Borie et de Faugeras, conseiller du Roy, lieutenant général civil en la sénéchaussée et siége présidial de la dite ville, maire en charge d'icelle... »

CC. 20. — (Registre). — 102 f^os papier.

1764-1778. — Comptabilité. — « Registre de recepte et dépenses des octrois et deniers patrimoniaux de la ville de Limoges, faittes par le sieur Philippe Nadaud, en qualité de receveur. »

CC. 21. (Registre). — 96 f^os papier.

1772-1790. — Comptabilité. — « Registre de recepte et dépenses du don gratuit de la ville de Limoges, faittes par le sieur Philippe Nadaud, en qualité de sindic-receveur des sommes provenantes du don gratuit... » — A la fin du volume se trouvent des copies de lettres écrites au sujet du don gratuit de 1772 à 1781.

CC. 22. (Registre). — 184 f^os papier.

1768-1786. — Comptabilité. — « Le présent registre... cotté et paraffé par nous Louis-Joseph Estienne de la Rivière, conseiller du Roy, président en l'élection et échevin de la ville de Limoges, pour servir au sindic-receveur de l'Hôtel-de-Ville, à enregistrer jour par jour et de suite les mandemens qui seront tirés sur luy, à commencer du mars 1768. » — 1774, 8 septembre :

payé pour le jour de la réjouissance de l'avénement de M. Turgot, controlleur général..... (ensemble 313 fr.). — 15 octobre : dépense de messieurs Romanet et Pétiniaud pour la députation que le corps de ville les avoit chargés de remplir auprès de monseigneur Turgot, ministre d'État et controlleur général des finances, étant partis de Limoges le 15 septembre et de retour le 2 octobre 1774 : fraix de voyage de Limoges à Paris, 254 fr. 13 s. 6 d.; séjour à Paris : 285 fr. 6 s. 6 d.; retour de Paris à Limoges : 245 fr.; ensemble 785 fr. — 1775 : état du montant de la poudre que le sieur Durif, canonnier de la ville de Limoges, a fourny pour 14 décharges : 4 juin, une décharge à l'arrivée de monseigneur l'Intendant venant de Paris;... 1 juillet : une décharge à l'occasion du sacre du Roy; 2 juillet : 3 décharges à l'occasion du *Te Deum;* 14 et 15 août : 3 décharges à l'occasion de la naissance du duc d'Angoulême;... 13 octobre : une décharge à l'arrivée de monseigneur l'Intendant venant d'Angoulême; 25 octobre : une décharge à l'arrivée de monseigneur l'intendant de Tulle et Brive. — 1777 : état du montant des fraix faits pour le service de madame la maréchalle de Fitz-James, dans l'église cathédralle de Limoges, célébré le 15 septembre 1777 par ordre de messieurs les officiers municipaux de la ville de Limoges.... ensemble 706 fr. — 1778, 31 octobre : état du montant de six canons de fert venant de la forge royalle de Ruelle, envoyés par M. de Boulaigue, fournisseur d'artillerie, pour servir à la ville de Limoges, à MM. les officiers municipaux d'icelle..... 1,384 fr. 7 s. — 1779, 19 septembre : feu de joie à l'occasion de la victoire remportée par les troupes du Roy en Affrique et en Amérique sur les Anglais, 168 fr. 16 s. — 9 octobre : enterrement de M. Juge de la Borie, maire de Limoges, 435 fr. 6. — État du montant des avances faites par le sieur Lingaud, sindic-receveur de l'Hôtel-de-Ville de Limoges pour le jour de la publication de la paix, le 20 décembre 1783, et pour le *Te Deum* qui fut chanté dans l'église cathédrale le 21 du dit mois, 348 fr. 15 s. — 1784 : paiements divers au sieur Mathurin Brousseaux qui, par adjudication du 12 août 1783, s'était chargé de la construction de la fontaine Dauphine pour 25,300 fr., etc.

CC. 23. (Registre). — 221 f[os] papier, dont 150 blancs.

1786-1792. — Comptabilité. — Registre des mandements. — 1787 : état du montant des avances faites pour le service solennel qui a été célébré dans l'église cathédrale, le 30 avril 1787, pour le repos de l'âme de feu monseigneur le maréchal de Fitz-James, gouverneur du Haut et Bas-Limousin, décédé le 23 mars dernier, le tout par ordre de MM. les officiers municipaux dûment autorisés de M. l'Intendant... 498 fr. 10 s. — 16 juin : Monsieur Roulhac de la Borie, lieutenant-général et maire en charge de la dite ville, la somme de 397 fr. 8 s. 4 d. pour pareille somme qu'il a payée à Paris, suivant le mémoire cy dessus (de Ban, M[e] tailleur), pour une robe de costume de satin bleu de roy, avec sa soutanelle, cramoisie et chaperon de damas, pour assister en sa qualité de maire à l'Assemblée nationale tenue à Versailles, le 22 février dernier, par ordre du Roy. — 1788 : service solennel célébré dans l'église de Saint-Michel des Lions, le 21 février, par ordre de Messieurs les officiers municipaux, pour feue dame Marie-Catherine Terré, veuve de messire Pierre-Louis-Nicolas de Meulan, chevalier, receveur général des finances de la généralité de Paris, mère de monseigneur Meulan d'Ablois, intendant de cette Généralité, décédée à Paris le 29 janvier dernier... 338 fr. — État des différents ports de lettres et paquets venant des officiers municipaux de plusieurs villes du royaume, contenant leur arrêté et délibération en faveur de l'ordre du Tiers-État pour son admission aux prochains États-Généraux... Quimper,... en Dauphiné, Metz, Rouen, Bar-sur-Aube, Orléans, Dieppe, Tours, Auray en Bretagne, Honfleur, Carcassonne, Paris, Nancy, Lunéville, Cahors, Nîmes, Draguignan, Bourg-en-Bresse, Riom, Aix-en-Provence, Condom, Le Havre, Narbonne, Toulouse, Lyon, Cambrai, Poitiers, Besançon, Issoudun, Vesoul, Gourdon, Béziers, Montauban, Aurillac, Saint-Dié-en-Lorraine, Clermont, La Châtre, Boulay-en-Lorraine, La Rochelle, Bayonne, Libourne, Périgueux, Marseille, Lure, Châlons, Alençon, Bergerac, Strasbourg, Étain, Laon, Castelnaudary, Langres, Alais, Bourges, Troyes, Chazonce (?) en Champagne, Saint-Germain-Laval en Forez, Beaucaire, Lizieux, Feurs-en-Forez, Châteauroux, Lavaux, Saumières *(sic)*, Montmorillon, Chaussin, Châteaugiron, Brive, Noyon, Rodez, Pamiers, Argenton... — 1789 : état des avances faites... pendant la tenue des assemblées générales et particulières des trois ordres réunis des sénéchaussées de Limoges et Saint-Yrieix, dans l'église du collége de cette ville, pour la nomination de leurs députés aux États-Généraux... 182 fr. 12 s., etc.

CC. 24. (Registre.) — 191 f[os] papier, dont 107 blancs.

1768-1790. — Comptabilité — Registre pour servir à la recette et dépense du sindic-receveur de l'Hôtel-de-Ville de Limoges.....

CC. 25. (Liasse.) — 45 pièces, papier.

1761-1782. — Comptabilité, Fournitures, etc. — État des mandements de paiement retirés de 1764 à 1777. — Requête des consuls en exercice pour 1766 à M. Turgot, intendant, pour une rectification de compte, avec une apostille négative de Turgot. — Mémoires et quittances relatives à des fournitures faites par le tailleur, l'imprimeur, le canonnier, le restaurateur, etc., de la ville.

Département de la Haute-Vienne

VILLE DE LIMOGES

INVENTAIRE-SOMMAIRE

DES

ARCHIVES COMMUNALES ANTÉRIEURES A 1790

SÉRIE DD.

(Propriétés communales; Eaux et Forêts; Mines; Édifices; Travaux publics; Ponts et Chaussées; Voiries.)

DD. 1. (Liasse.) — 2 pièces, parchemin; 72 pièces, papier.

1775-1789. — Travaux publics. — Place des Arènes : plan pour la nouvelle place des Arènes, 1777, avec un mémoire explicatif, par Cadié, ingénieur des ponts et chaussées; lettre de M. d'Aine, recommandant aux officiers municipaux l'exécution de ce plan, qui n'entraînerait qu'une dépense d'environ 50,000 fr.; délibération conforme de la ville, expropriations et indemnités. — Place Fitz-James : délibération du 1er septembre 1783 (homologuée par l'intendant le 10 décembre 1785), par laquelle on décide de démolir complètement le mur actuel de la promenade de la Terrasse, en partie écroulé, d'en reconstruire un autre sur l'alignement des boulevards, d'agrandir la promenade en y ajoutant le terrain de la pépinière, et d'appeler la nouvelle place : *allées de Fitz-James*, en considération des obligations qu'a la ville à M. de Fitz-James, gouverneur de la province; correspondance à ce sujet entre la ville, le maréchal de Fitz-James et l'intendant; adjudication des travaux au sieur Alluaud, entrepreneur, pour la somme de 7,588 fr. (janvier 1786) ; cession d'un terrain sur la place Fitz-James aux Sœurs de la Charité, pour y établir des fourneaux économiques pour les pauvres, et y cultiver des plantes médicinales (4 mars 1786). — Place Manigne : adjudication par le Bureau des finances de certains terrains dépendant de la place Manigne ; protestation des officiers municipaux qui réclament les dits terrains comme propriété de la ville ; le terrain contesté reste à la ville à la condition d'y faire construire un mur (1778-1779).

DD. 2. (Liasse.) — 2 pièces, parchemin; 47 pièces, papier.

1712-1789. — Travaux publics. — Place de la Motte : devis des ouvrages à faire en terrasses pour le baissement de la place de la Motte en la ville de Limoges, ensemble de ceux pour l'arrangement du grand étang et le comblement du petit sur l'emplacement duquel on se propose de transporter la poissonnerie (1788) ; arrêt du Conseil, concédant aux officiers municipaux le droit appartenant au Roi sur le beurre et le poisson, les matériaux et l'emplacement de l'ancienne halle au poisson, la place de la Motte et les deux étangs voisins, moyennant un cens annuel de 300 fr., et à condition qu'ils feront construire une nouvelle halle (6 février 1789). — Place d'Orsay : achat par la ville de diverses maisons pour la formation de la dite place, décidée par messire Charles Boucher, chevalier, sieur d'Orsay, intendant de la Généralité (8 mai 1712); délibération des habitants autorisant les consuls à employer des herses et chaînes de fer devenues inutiles, pour faire une grille destinée à fermer la place d'Orsay (21 avril 1730); réparations et renouvellement de la plantation (1787). — Rue Porte-Tourny : acquisitions de diverses maisons sises au Maupas et rue Mirebeuf, pour la formation de la dite rue (1736-1740); réclamations du syndic de Saint-Pierre et des chanoines de Saint-Martial, demandant à la ville les arrérages des cens et rentes qui leur étaient dus sur les maisons démolies pour l'ouverture de la rue Porte-Tourny (1775). — Démolition des remparts entre la porte Montmailler et celle des Arènes, et cession des matériaux à la ville pour construire une fontaine sur la place Boucherie (1775). — Indemnités à différents particuliers pour l'exécution des nouveaux boulevards de Limoges entre les places Montmailler et des Arènes (1779-1781). — Démolition de la tour de Pissevache et ouverture de la rue Vigne-de-Fer (1780-1781). — Démolition de la croix du carrefour Manigne (1786).

DD. 3. (Liasse.) — 37 pièces, papier.

1775-1789. — Travaux publics; constructions diverses. — Projet de construction d'une halle au blé sur la place Manigne (1775). — Détail estimatif pour la construction d'une maison destinée pour le logement du guet à établir à Limoges, montant à 4,870 fr. 13 s.; plan de la dite maison (1780). — Construction de l'Hôtel-de-Ville : lettres de l'intendant, représentant aux officiers municipaux le mauvais état de leur Hôtel-de-Ville et la nécessité d'en construire un qui serait fort bien sur la place Dauphine (1784-1785); délibération des marchands de Limoges, contraire à l'emplacement sur la place Dauphine; choix définitif de la place Fitz-James; vente de l'ancien Hôtel-de-Ville, situé rue Consulat, au sieur Jacques Farne, marchand imprimeur et libraire, pour 16,000 fr. (5 décembre 1786); adjudication pour 66,000 fr. au sieur Alluaud, entrepreneur, de la construction du nouvel Hôtel-de-Ville (8 décembre 1786); démarches des officiers municipaux pour obtenir du Roi l'autorisation de faire un emprunt de 60,000 fr. pour cette construction; l'autorisation est accordée (1789). — Adjudication de la construction d'une halle au poisson sur le petit étang de la place de la Motte, au sieur Alluaud, entrepreneur, pour le prix de 17,408 fr. (15 avril 1789).

DD. 4. (Liasse.) — 2 pièces, parchemin; 53 pièces, papier

1766-1786. — Travaux publics; aqueducs et fontaines. — Procès entre le syndic de Saint-Pierre et des particuliers, au sujet de l'aqueduc desservant la fontaine du Naveix et celle dite de la Tine (1766). — Visite de l'aqueduc de la rue Puy-Vieille-Monnaie ou du Canal (1769). — Construction de l'aqueduc de la porte Boucherie (1770). — Réparation de l'aqueduc de Pissevache (1775). — Contestation entre les officiers municipaux et le Bureau des finances, au sujet de la construction d'un aqueduc destiné à recevoir le trop plein de la fontaine de la place Saint-Michel (1777), etc. — Demande par l'hôpital du reflux de la fontaine de la place des Bancs (1768). — Réparations faites de 1769 à 1773 par le sieur Pierre Vergniaud, entrepreneur, à différentes fontaines de la ville (Aigoulène, Chevalet, Saint-Pierre, etc.). — Estimation des ouvrages faits pour la construction de la fontaine près la porte de Tourny, montant 3,244 fr. 12 s. 7 d., faite par le sieur Tresaguet, ingénieur du Roi en chef pour les ponts et chaussées de la généralité de Limoges (1772); cession à divers du trop plein de la dite fontaine. — Cession à l'hôpital (1776) du trop plein des fontaines des portes Boucherie et Manigne.

DD. 5. (Liasse.) — 87 pièces, papier.

1781-1784. — Travaux publics. — Fontaine Dauphine. — Délibération portant qu'il sera élevé une fontaine monumentale sur la place Montmailler, et que cette fontaine sera appelée Dauphine, à l'occasion de l'heureuse naisance d'un dauphin (1781). — Article inséré dans *le Journal de Paris* (supplément du mardi 18 décembre 1781), relatif à ce projet, contenant l'inscription latine qui devra être gravée sur la fontaine, par l'abbé Vitrac. — Arrêt du Conseil autorisant la construction (17 mars 1782). — Don d'une somme de 4,000 fr. par le maréchal de Fitz-James, gouverneur du Limousin, sur les arrérages de son logement, pour employer à l'embellissement de la dite fontaine (18 février 1783). — Devis estimatif des travaux. — Adjudication au sieur Brousseaud pour 25,300 fr. (12 août 1783). — Etat des sommes dues aux différents ouvriers de Paris qui ont fait et travaillé les divers ornements de la fontaine nommée Dauphine pour la ville de Limoges, montant ensemble à 17,890 fr. 19 s., qui sera à payer par l'adjudicataire de la dite fontaine... — Pièces justificatives du dit état, consistant en mémoires de tous les fournisseurs, certifiés pour la plupart par Margrait, architecte.

DD. 6. (Liasse.) — 1 pièce, parchemin; 65 pièces, papier.

1705-1786. — Travaux publics, voirie, incendies, etc. — Délibération concernant l'acquisition d'une maison destinée au logement des intendants (1758); correspondance relative à l'acquisition par la ville du bâtiment du Bureau des finances (1781-1782). — Pièces relatives à la salle de spectacle et de concert établie dès 1744 dans l'Hôtel-de-Ville de Limoges; état des réparations faites en 1770, certifié par de Luxémont premier aide-major du régiment de cavalerie de Clermont-Prince, chargé de la direction de la comédie pendant l'hiver de 1770 à 1771; cession du théâtre à la ville par MM. les directeurs, moyennant 310 fr., approuvée par Turgot avec cette apostille : *sous la condition que le théâtre subsistera pour l'usage du public sans pouvoir être détruit* (26 mars 1771). — Pavage de diverses rues et quartiers de Limoges; contestations avec le prieur de Saint-Gérald et les Carmélites; demande des habitants du faubourg des Arènes d'être exemptés de l'entretien du pavé de ce faubourg comme faisant partie d'une route royale. — Ordonnance de l'intendant défendant d'ouvrir des tranchées dans les rues sans autorisation spéciale (1775). — Autorisation de bâtir accordée à divers particuliers. — Pièces relatives aux incendiés du faubourg Montmailler en 1705 et au droit de courtage à eux cédé à titre d'indemité jusqu'au complet paiement des sommes à eux allouées; quittance de la somme de 18,160 fr., intérêts compris, faisant le complément de 23,009 fr. 4 s. revenant aux incendiés (1777). — Contestation entre les consuls et le lieutenant-général de police, à l'occasion d'un incendie (1753).

Département de la Haute-Vienne

VILLE DE LIMOGES

INVENTAIRE-SOMMAIRE

DES

ARCHIVES COMMUNALES ANTÉRIEURES A 1790

SÉRIE EE.

(Affaires militaires; Marine.)

EE. 1. (Liasse). — 36 pièces, papier, dont 1 imprimée.

1742-1791. — Affaires militaires. — Correspondance du ministre de la guerre (La Tour-du-Pin), du gouverneur (le duc de Fitz-James), du lieutenant-général (le marquis des Cars), des intendants (d'Aine et Meulan d'Ablois) et du subdélégué général (de Beaulieu), relative : à l'intention manifestée par les officiers municipaux de faire contribuer tous les habitants indistinctement au logement des troupes (1789) ; à la nomination des sergents de la milice bourgeoise ; à l'arrivée à Limoges des douze compagnies du régiment colonel général de la cavalerie (1775) et du régiment cavalerie de la Reine (1756) ; à l'obligation des municipalités de dresser la liste des garçons pour le tirage au sort de la milice provinciale (1775-1780) ; au projet de construction d'une caserne au moyen d'un emprunt (1785) ; à l'arrivée à Limoges de 30 hommes de recrues nationales, du régiment de cavalerie de Clermont-Prince (1761), du bataillon de milice de Bergerac (1761), du régiment de Bourbon-infanterie (1765) et du régiment suisse de Lullin de Châteauvieux (1788). — Nomination par les officiers municipaux d'un capitaine de ville (1742). — Nomination par le Roi du marquis des Cars pour son lieutenant-général en Limousin, en remplacement du comte des Cars, décédé (1754). — Conditions sous lesquelles Anne Cossas, cabaretière, s'est soumise envers MM. les consuls de la ville de Limoges de fournir les logements, etc., aux soldats, cavaliers et dragons qui passeront à Limoges pendant 3 années, jusqu'au nombre de 36 soldats ou 24 cavaliers, dragons ou invalides, et 20 chevaux seulement... (le dit traité approuvé par Turgot, 1er janvier 1767). — Réclamations de divers particuliers en exemption du logement des gens de guerre. — Liste des privilégiés reconnus en 1773 et 1788. — Pièces relatives à la construction d'un hangar dans la Pépinière pour loger les canons de la ville ; état des sommes avancées par le sieur Lingaud pour le dit fait, montant à 892 fr. 5 s. (1786).

EE. 2. (Liasse.) — 3 pièces, papier, dont 2 imprimées.

1724-1768. — Affaires militaires. — Casernement.

— Arrêt du Conseil du 11 octobre 1724, ordonnant qu'il sera payé des indemnités aux villes et aux particuliers qui, en vertu de l'ordonnance du 25 septembre 1719, avaient dû fournir du terrain et des matériaux pour la construction de casernes, ordonnée dans vingt généralités du royaume, construction interrompue depuis. — Ordonnance du Roi pour régler le service dans les places et dans les quartiers, du 1er mars 1768. (A Paris, de l'imprimerie royale, MDCCLXVIII, in-4° de 220 pages, plus IX pages de tables). — Extrait de l'ordonnance du Roi pour régler le service dans les places et dans les quartiers, du 1er mars 1768. Logement. (A Poitiers, chez Jean-Félix Faulcon, imprimeur du Roi..., MDCCLXXX, in-4° de 29 pages).

Département de la Haute-Vienne

VILLE DE LIMOGES

INVENTAIRE-SOMMAIRE

DES

ARCHIVES COMMUNALES ANTÉRIEURES A 1790

SÉRIE FF.

(Justice; Procédure; Police.)

FF. 1. (Liasse.) — 24 pièces, papier, dont 7 imprimées.

1263-1789. — Juridiction consulaire. — Police. — Acte par lequel Gui de la Trémoille et Guilhaume, son frère, chevaliers, et Hugues de Silars, damoiseau, déclarent aux Consuls de Limoges qu'ils ne porteront point devant d'autre tribunal que le leur la poursuite d'un homicide qu'ils leur avaient déféré (13 septembre 1263, copie du XVIIIe siècle). — Fragment d'un registre des assises civiles de la juridiction consulaire de Limoges, comprenant les 14, 15 et 17 avril 1402 (1 feuillet, papier, orig.). — Police : correspondance des intendants et de leurs subdélégués, relative : à un conflit entre les officiers municipaux et le Bureau des finances, au sujet des réjouissances ordonnées à l'occasion de la prise de Minorque (1756); — à une garde bourgeoise établie aux prisons de la ville (1756); — à des vagabonds tant français qu'étrangers; — à des prêtres et religieux italiens et polonais en possession de fausses autorisations de quêter et de mendier (1776); — à la nécessité de faire inscrire au plus tôt les noms de toutes les rues et places sur des plaques de fer-blanc peintes à l'huile (1776); — à une surveillance plus active des passeports pour l'étranger (1777); — à la taxation du salaire des huissiers et à l'expulsion des gens sans aveu (1789). — Série d'ordonnances du lieutenant-général de police relatives : à la visite des maisons menaçant ruine (1769 et 1782, avec procès-verbaux en conséquence); — à la division de la ville de Limoges en six quartiers, chacun ayant à sa tête un inspecteur de police (1776); — à la police des marchés (1776); — à l'interdiction des jeux de hasard et spécialement du loto (1784), etc. — Arrestation et interrogatoire du sieur Louis Euaf, dit comte de Montauban, pour propos séditieux tenus contre l'Assemblée nationale (15 septembre 1789) : l'inculpé reconnaît « qu'il s'est transporté ce matin à la place des Bancs, et qu'il est entré dans un magasin avec une dame avec qui il avoit fait route depuis Le Dognon, et qui vouloit acheter du coton; qu'ayant été à portée, étant à Versailles, il avoit assisté journellement à l'Assemblée nationale, où il avoit été témoin de toutes ses opérations, qu'il s'en est entretenu avec les personnes qui étoient dans ledit magazin, ajoutant que quand M. Naurissart, l'un des députés, arriveroit, notre ville ne manqueroit pas sans doute de le faire bruler, et qu'à chaque fois qu'un des députés faisoit une motion pour le bien, le sieur Naurissart en opposoit toujours de contraires, et que M. de Roulhac, lieutenant-général, autre député, ne se comportoit pas mieux; qu'il s'est ensuite entretenu de M. Montaudon, autre député, en disant que celui-là méritoit des éloges et d'être porté en triomphe, ainsy que beaucoup d'autres........ »

FF. 2. (Liasse). — 35 pièces, papier, dont 3 imprimées.

1770-1790. — Police. — Maréchaussée, guet et lanternes. — Ordonnance du Roi du 1er août 1770, concernant le logement des brigades de maréchaussée; — lettre en conséquence de Turgot aux officiers municipaux de Limoges pour qu'ils afferment deux maisons convenables pour y établir les deux brigades de Limoges; — logement temporaire des brigades de Bourganeuf, Saint-Léonard, Eymoutiers, Bessines, Le Dorat, Bellac, Saint-Junien, Saint-Yrieix, Pierre-Buffière et Châlus (1773). — Délibération du 8 juillet 1775, dans laquelle « en considération des plaintes égallement justes et réitérées que fait le public de voir son bien et sa vie exposés dans l'intérieur de la ville, comme ils pourroient l'être dans les endroits les plus dangereux », on décide l'établissement d'un guet à pied, de lanternes dans les rues, et de commissaires de police, en suppliant le Roi de concéder à la ville un octroi supplémentaire pour faire face à cette nouvelle dépense; — arrêt du conseil d'État en conséquence du 19 septembre suivant; — paiement par la ville du droit de marc d'or à cause de cette concession; — ordonnances du Roi du 24 mai 1776 réglant la formation, la composition et la discipline de la compagnie du guet (1 capitaine, 1 lieutenant, 3 sergents, 3 caporaux, 30 fusiliers et 1 tambour), et ordonnant qu'à partir du 1er novembre suivant, il sera établi des lanternes dans tous les endroits nécessaires de la ville, cité et faubourgs de Limoges, « lesquelles seront allumées tous les jours, sauf ceux où il y aura clair de lune ». — Lettre de Turgot (copie) au sujet du marc d'or. — Lettres des intendants (d'Aine et Meulan d'Ablois) relatives à l'inscription des noms des rues pour faciliter le service du guet; — à l'armement de cette compagnie avec des effets pris dans les magasins du Roi; — à un tumulte arrivé à Limoges, le 7 mars 1777, où la garde de la ville a été maltraitée; — à une mutinerie des soldats du guet, à un huissier qui, sans l'autorisation du lieutenant-général de police, s'est fait accompagner, dans une exécution à quelques lieues de Limoges, de 12 soldats du guet, outre 12 cavaliers de maréchaussée (1777); — à l'observation rigoureuse de l'ordonnance du Roi du 24 mai 1770, — à l'insuffisance de l'éclairage nocturne (1778), particulièrement dans la rue du Pont-Saint-Martial et les environs (1785). — État des effets fournis par le sieur Bardinet pour le casernement du guet (1776). — Réclamations de divers particuliers, condamnations d'employés infidèles (1775-1777). — Compte-rendu des recettes et dépenses de l'octroi du guet et lanternes du 1er septembre 1789 au 1er mars 1790, par le sieur Lingaud père, trésorier : recettes, 14,111 fr. 7 s.; dépenses, 10,293 fr. 3 s.

FF. 3. (Registre.) — In-f°, 48 feuillets, papier.

1776-1786. — Compagnie du Guet. — « Registre pour servir à enregistrer la liste des officiers, bas-officiers et soldats de la garde de la ville de Limoges, et les délibérations qui seront prises par les officiers municipaux pour la destitution et remplacement des officiers, bas-officiers et fusiliers de la dite garde, ledit registre contenant... feuillets, cotté et paraphé par premier et dernier par nous échevins en ladite ville de Limoges soussigné, ce jour d'huy vingt-trois septembre mil sept cent soixante-seize. »

Département de la Haute-Vienne

VILLE DE LIMOGES

INVENTAIRE-SOMMAIRE

DES

ARCHIVES COMMUNALES ANTÉRIEURES A 1790

SÉRIE GG.

(Cultes; Instruction publique; Assistance publique.)

GG. 1. (Registre). — In-f°, 48 feuillets, papier.

1585 — 21 juin 1588. — Saint-Pierre-du-Queyroix. — Baptêmes. — Registre tenu par François Michel et Peyrinaud, prêtres; très sommaire. On relève les noms de famille suivants : Penicaud, Noualier, Varacheaud, Veyrier, Senamaud, Dupeyrat, Lemosin et Lemousin, Verniaud, Martin, Peconnet, Lymousit, Poylevé, Reymon, Vertamon, Goudin, Douhet, etc. Le 26 septembre 1587, baptême de « Martin Noualier : Jehan Noualier, perre. Paulie Lou Card, mère, Martin Bilanges, parin, Léonarde Merlin, marine » ; le 15 juillet 1588, « Jehan Billanges : Marcial Billanges, perre, Anne Noalher, merre, Jehan Noalher, parin, Françoise Billanges, marine. »

GG. 2. (Registre.) — In-f°, 61 feuillets, papier.

6 juillet 1597 — 30 avril 1603. — Saint-Pierre-du-Queyroix. — Baptêmes. — Pagoras, vicaire. — 1597, 26 juillet : « parrain maistre Guilhielme Lionard, receveur pour le Roy des thalhies en l'eslection du Au-Lymousin » (*sic*). — 22 août : bapt. « Lionard Seliere, filz de Jehan Seliere, m° orfhuvre de Lymoges, et sa mère Barbe Martin. » — 21 septembre : bapt. « Pierre Mouret, filz de M. Jehan Mouret, procureur au siege presidial de Lymoges, et sa mère Françoyse Dupeyrat, et son parin Pierre Mouret, m° orfhuvre de Lymoges ». — 10 décembre : bapt. « Jehan de Gransagnie, filz de honorable M. Estiene de Gransanie, eslut en l'eslection du Au-Lymousin, et de dame Marie Verthamont, filhe de feut honorable Guillielme de Verthamon, en son vivant general de France à Lymoges, et a esté son parin honorable M. Jehan Gransagnie, conselier du Roy, tresorier provincial de l'estre ordinere (*sic*) des gueres en Lymousin, et marine dame Narde Lascure, veufve dudit sieur Verthamont. » — 1598, 24 avril : bapt. « Janne Veyrier, filhie de sire Jehan Veyrier, m° orfpuvre de Lymoges. » — 6 mai : bapt. « Jehan Guibert, filz de M° Bartholomé Guibert, orfpuvre de la present ville, et sa mere Narde Martin. » — 10 octobre : bapt. « Narde Benoist, filhie de monsieur M° Gaspart Benoist, esluet en l'eslection du Lymousin, et sa mere Valerie de Julhien, et son parin venerable M. Marcial de Julhien, general en l'eslection du Lymousin et conselier du Roy. » — 29 novembre : « Jehan Lemasit, m° orfuvre de Lymoges. » — 1599, 24 septembre : bapt. « Fransoy Lymousin, filz de Leonard Lymousin, mᵉ ezmalieur de Lymoges, et sa mere Margerite Deschans, et son parin Fransoy Clementz, et sa marine Franzeze Dinematin. » — 1ᵉʳ décembre : bapt. « Jehan Peconnet, filz de Pierre Peconnet, orfuvre de Lymoges, et sa mere Marie Munier, et son parin Jehan Peconnet et sa marine Marsalle : le parin et la marine sont toutz deux enfans de sire Jehan Peconnet. » — 1600, 13 janvier : « parin Jehan Lemoine, mᵉ librere de Lymoges. » — 29 juillet : « Marie Cybot, famme de sire Helie Dupeyrat, mᵉ orfuvre de la presentz ville. » — 1601, 17 avril : bapt. « Chatherine Peconnet, filhie de sire Spannet (*sic*) Peconnet, orfpuvre de Lymoges, et sa mere Janette Cybot, et son parin sire Pierre Connet (*sic*), orfpuvre de la presentz ville, et sa mere Chatherine Elesme. » — 28 avril : bapt. « Magdeyllene Veyrier, filhie de sire Jehan Verier, l'ayné, mᵉ orfpuvre de Lymoges, et sa mere Anne Roumanet, et son parin sire Marcial Ardent, mᵉ orfpuvre de la presentz ville, et sa marine Madellene Roumanet. » — 2 juin : bapt. « Jehan Guibert, filz de Eymerit Guibert, orpfuvre de Lymoges, et sa mere Narde Martin. » — 23 décembre : bapt. « Janette Ringaud, filhie de Guilhiaume Cybot, dict Ringaud, et sa mere Janete Lemoyne, et son parin Michel Lemoyne, mᵉ inprimeur de Lymoges. » — 1603, 4 mars : bapt. « Jehan Tilhiet, filz de Anthoine Thilhiet, mᵉ orpheuvre de Lymoges, et sa mere Maurelhie Reymont. » — 13 mars : bapt. « Bartholomé Guibert, filz de Bartholomé Guibert, mᵉ orfeuvre de Lymoges, et sa mere dame Narde Martin, et son parin Bartholomé Guibert, grand vicaire en l'esglise catedralle de Lymoges, et sa marine Anne Guibert, filhie dudict Bartholomé Guibert. »

GG. 3. (Registre.) — In-fᵒ, 418 feuillets, papier.

2 mai 1603 — 1ᵉʳ mai 1630. — Saint-Pierre-du-Queyroix. — Baptêmes. — Registre tenu par Razès, vicaire, qui y a joint une table. — 1603, 28 juillet : « marine Françoise Mouret, vefve de feu Jean Reymond, esmailleur. » — 4 décembre : « marrine Anne Romanet, femme de Jean Veirier, orfebvre. » — 1604, 22 mars : bapt. « Pierre, fils de Bartholomé Guibert, orfebvre, et de Narde Martin ; parrin Pierre et Anne Guibert, frères (*sic*). » — 1605, 27 mai : bapt. « Magdaleine, filhe de Jean Lempericyre, libraire, et de Ester Moureau, marrine Magdaleine Barbou. » — 1606, 3 mars : bapt. « Marguerite, filhe de Martial Breyl, libraire, et de Peyronne Bourdieyre, parrin Mathaly Breyl. » — 1607, 26 novembre : bapt. « Cecilie, filhe de Estienne Rolland, libraire, et de Marguerite Daniel. » — 22 décembre : « parrin Joseph Boisse, orfebvre. » — 1609, 26 juin : « Pierre, filz de Martial Breilh, libraire, et de Peyronne Bordière. » — 1610, 20 avril : « parrin Jean Tillet, orfebvre. » — 1611, 31 aoust : bapt « Jean, filz de Albert Pinchaud, orfebvre, et de Suzanne Navieres. » — 23 octobre : « parrin noble homme, Henry Brifoulher, escuyer, sʳ du Breil, capitaine d'une compaignie au régiment de Piedmon. » — 14 décembre : bapt. « Pierre, filz de Jean Veyrier, orfebvre, et de Catherine Guy. » — 1612, 12 février : « parrin Leonard Lymousin, esmailleur. » — 1613, 18 octobre : bapt. « Françoys, filz de Martial Breil, relieur, et de Peyronne Bourdier. » — 23 décembre : « parrin Jean Guibert, esmailleur. — 1615, 17 aout : bapt. « Maurice, filz de Jean Guibert, orfebvre, et de feue Jeanette Troutier. » — 13 octobre : bapt. « Jean, filz d'autre Jean Tillet, orfebvre, et de Jeane Cybot. » — 23 novembre : bapt. « Françoys, filz de Leonard Lymouzin, esmailleur, et de Marie Tailhandier ; parrin Françoys Limousin, aussi esmailleur, et marrine Valerie Cybot, dicte Pilat. » — 1616, 16 février : bapt. « Jean, fils d'autre Jean Cour et de Belinac Guybert ; parrin Jean Belut et marrine Catherine, filhe dudict Jean Cour. » — 5 décembre : bapt. « Magdalaine, filhe de Pierre Boisse, orfebvre, et de Anne Mousnier ; parrin Leonard Boisse, orfebvre. » — 26 décembre : bapt. « Marie, filhe de Jean Germo, librayre, et de Marsale Chambon. » — 1619, 16 octobre : bapt. « Charles, filz de Julien Blanchard, orfebvre, et de Jeane Pouyat. » — 28 octobre : bapt. « Anthoine, filz d'autre Anthoine Tillet, orfebvre, et de Maureilhe Reytouilh. » — 1620, 23 février : bapt. « Martial, filz de Nicolas Chapoulaud, libraire, et de Jeane Boulhon. — 1621, 25 juillet : bapt. « Jean, filz de Martial Beaubreilh, libraire, et de Peyronne Bordier ; parrin Jean Lemoyne, libraire. » — 8 août : bapt. « Marie, filhe de Jacques Granaud, peintre, et de Catherine Mandillon. » — 10 septembre : bapt. « Jean, filz d'autre Jean Cour le jeune, esmailleur, et de Valerie Lajaumard. » — 1622, 16 mars : bapt. « Marie, filhe de Jean Billanges, esmailleur, et de Narde Duboys ; parrin Jean Noalher, dict Chabrou. » — 1624, 20 mai : bapt. « André, filz de Pierre Reymond, orfebvre, et de Magdeleine Dinematin. » — 1625, 6 mai : bapt. « Anne, filhe de Leonard Limousin, esmailleur, et de Anne de Julien. » — 18 octobre : bapt. « Jean, filz d'autre Jean Tillet, orfebvre, et de Catherine Dutheilh. » — 1627, 17 juin : bapt. « Guillaume, filz de Jean Cour et de Valerie Lajoumard.

GG. 4. (Registre.) — In-12, 24 feuillets, papier.

Mai 1604 — avril 1605. — Saint-Pierre-du-Queyroix. — Baptêmes. — Razès et Pagoras, vicaires. — 1604, 2 juin : bapt. « Michel Bayard, filz de Mᵉ Marcial Bayard, garde de la monnoye de Lymoges, et de Françoyse Brugere. » — 23 août : bapt. « Jehan, filz de Pierre Mouret, orfebvre, et de Jehane Reymond; parrin Mᵉ Jehan Mouret, procureur au siege presidial, et marrine Françoyse Mouret. » — 7 septembre : bapt. « Barbe, filhe de syre Jehan Celiere, orfebvre, et de Barbe Martin; parrin Françoys Celiere, et marrine Peyronne Celiere, frere et sœur. » — 14 septembre : bapt. « Estiene, filz de Estiene Rouland, librayre, et de Marguerite Noni. » — 25 novembre : bapt. « Jehan, filz de Leonard Lymousin et de Marguerite Deschamps, sa mere; a esté son parrin Jehan Lymousin, et sa marrine Anne Lymousin. » — 1605, 11 janvier : bapt. « Marguerite Razés, filhe de Marcial Razés et de Narde Geneyti; a esté son parrin M. Pierre de Razés, prebtre et vicayre de l'eglise Saint-Pierre-du-Queyroix, et sa marrine Marguerite Tailhandier. »

GG. 5. (Registre.) — In-12, 35 feuillets, papier.

Mai 1606 — avril 1607. — Saint-Pierre-du-Queyroix. — Baptêmes. — Razés et Pagoras, vicaires — 1606, 24 juin : bapt. « Fransoys Limosin, fils de sire Li. ar Limosin, marchent de Limoges, et sa mere dame Marie Dupin, et son parin Fransoys Limosin, esmalier de Limoges, et sa marine Janette Boulion, famme de M. Jehan Dupin, procureur. » — 10 juillet : bapt. « Pierre Mouret, fils de Pierre Mouret, orfeve de Limoges, et sa mere Jane Reymon. » — 24 juillet : bapt. « Pierre, fils de Jehan Veyrier, orfebvre, et de Anne Roumanet. — 14 septembre : bapt. « Marguerite, filhe de syre Jehan Veyrier, orfebvre, et de Catherine Guy, sa mere. » — 26 septembre : bapt. « Franseze Reymon, filhe de Marcial Reymon, esmalier de Limoges, et sa mere Janette Moulinar, et son parin Jehan Reymon, filz dudit Marcial Reymon, et sa marine Fransoyse Blanchart. » — 4 décembre : bapt. « Leon, fils de honnorable Mᵉ Pierre Douhet, esleu en l'elletion du Haut-Lymousin, seigneur du Puymolinier et de Saint-Pardoux, et de damoiselle Françoyse de Miomandre, sa mère; a esté son parin noble Leon de Froment, seigneur de la Roche du Saillant, et damoyselle Catherine Monamy, femme de Anthoyne de Miomandre, seigneur de Loubart, sa marrine. » — 1607, 19 février : bapt. « Martial, filz de Leonard Lymousin et de Marguerite Deschamps; parrin Martial Poncet, et marrine Marie Gay.

GG. 6. (Registre.) — In-12, 31 feuillets, papier.

Mai 1608 — avril 1609. — Saint-Pierre-du-Queyroix. — Baptêmes. — Razés et Pagoras, vicaires. — 1608, 11 mai : « marine Chaterine Lajasse, famme de Jacque Cybot, capitene de la mayson de ville. » — 31 mai : bapt. « Jeane, filhe de syre Martial Reymond, eymalheur, et de Jeanette Moulinard; parrin Jean Reymond, marrine Jeane Moulinard. » — 25 juin : bapt. « Paulhe, filhe de sieur Françoys Dauvergne et de dame Catherine de Gransaigne; parrin honorable M. Mᵉ Jean de Petiod, sieur de Taichat, conseillier du Roy et conterolleur general de ses finances en la Generalité de Lymoges, et marrine dame Paulhe de Cordes, femme de sʳ Pierre d'Auvergne. » — 6 août : bapt. en l'église de Montjauvi, « de Leonard, filz de Pierre du Boys, dict Mauriquet, et de Peyronne Gadaud.....; ledit filz est nay en leur mayson au canton de Manigne, tout joignant de chés Roumanet, drapier, et a esté baptisé audit Monjauvi, parce que le pere est francl-taupin, nonobstant qu'il ne reside en la dite parroyse de Monjauvy. » — 20 août : bapt. « Loyse Ardent, filhie de feult Anthoyne Ardent, et sa mere dame Valerie Deschamps, et son parin Mᵉ Guilhiaume Salot, conselier pour le Roy au siage presidial de Limoges, et sa marine dame Loyze Nycolas. » — 7 octobre : « parrin venerable messire Pierre du Verdier, abbé de Saint-Martial, et marrine damoyselle Anthoynette du Verdier, femme de M. le lieutenant-general. » — 1609, 18 janvier : bapt. « Phelippes, fils de honnorable Mᵉ Jean de Douhet, president en l'Election, et de dame Simonne Martin. » — 19 janvier : « parrin honnorable Mᵉ Pierre Benoist, sʳ de Compreignhat, et conseiller accesseur pour le Roy en Lymousin. » — 14 février : « Lionarde, filhie de Jacque Decordes, librayre de Limoges, et de Chaterine Seynat. » — 26 *février* : « *parrin* Mathieu Lemoyne, librayre de Limoges. »

GG. 7. (Registre.) — In-12, 22 feuillets, papier.

Mai 1610 — avril 1611. — Saint-Pierre-du-Queyroix. — Baptêmes. — Razés et Pagoras, vicaires. — 1610, 16 mai : bapt. « Françoys, fils de Jean Veirier, orfebvre, et de Catherine Guy. » — 12 juillet : bapt. « Jeanne, filhe de Anthoyne Tilhet, orfebvre, et de Moureilhe Reymond. » — 19 octobre : bapt. « Marie, filhe de Hierosme Larey, mᵉ peintre, et de Marguerite Merigoune; a esté parrin sire Joseph Ruaud, mᵉ brodeur, et marrine Marie Tailhefert. » — 16 novembre : bapt. « Barbe, filhe de Françoise Celiere, orfebvre..... ; ladite filhe a esté baptisée à l'église Saint-Paul, parce que son pere en est franctaupin. » — 1611, 23 janvier : bapt. « Catherine, filhe de Mᵉ Jean Saleys, advocat, et de Jeane de Douhet; parrin venerable Mᵉ Balthesard de Douhet, prevost des Scscheres, et curé de ceans; marrine dame Catherine Saleys, femme de M. Barny, conseiller. » — 28 janvier : bapt. « Jehan Court, fils d'autre Jehan Court, mᵉ esmalier de Limoges, et sa mere Belinne Guibert. » — 11 avril : bapt. « Marsalle, filhie de Jehan Pecconnect, mᵉ orfevre de Limoges, et sa mere Jane Verthamon. »

GG. 8. (Registre.) — In-12, 25 feuillets, papier

Mai 1612 — avril 1613. — Saint-Pierre-du-Queyroix. — Baptêmes. — Razés et Pagoras, vicaires. — 1612, 6 août : bapt. « Ignace, filz de honnorable Phelippes de la Brousse, sieur de Texonnieras, et de damoyselle Loyse de Verdilhac, parin Paul de Verdilhac, sieur de Paumet, et marine damoyselle Marguerite Rougier, vefve de feu M. la Brousse, vivant, conseiller au siege de Limoges. » — 17 septembre : bapt. « Antoyne, filz de Jean Jousson et de Marie Veirier; parrin Anthoyne Veyrier, orfebvre, et marrine Anne Londey, vefve de feu Françoys Jousson. » — 15 octobre : bapt. « Michel, filz de honnorable mᵉ Mathieu Maledent, recepveur des tailhes et decimes, et de damoyselle Peyronne Benoist; honorable Mᵉ Michel Maledent, greffier des insignuations, et maraine damoyselle Jeane Douhet, femme de M. Benoist, thresorier general. » — 22 octobre : bapt. « Valerie, filhie de Aubert Pinchaud, mᵉ orfebvre de Limoges, et sa mere Suzanne Navieras. » — 1613, 3 janvier : bapt. « Jeanette, filhe de Julien Blanchard, orfebvre, et de Jeane Pouyat. » — 2 mars : bapt. « Jean, fils de Anthoyne Tilhet, orfebvre, et de Moureille Restouil; parrin Jean Tilhet, marrine Anne Tilhet, freres. »

GG. 9. (Registre.) — In-12, 28 feuillets, papier.

Mai 1614 — avril 1615. — Saint-Pierre-du-Queyroix. — Baptêmes. — Razés et Pagoras, vicaires. — 1614, 30 juin : bapt. « Chaterine Bouyol, filhie de Mᵉ Anthoyne Bouyol, advocat au (*sic*) siage presidial de Limoges, et sa mere dame Marie Palays, et son parin Mᵉ Symon Palays, juge de la Cité et de la Regle, et sieur du Breuil-Lavergne, et sa marine dame Janne de Julhien. » — 6 août : bapt. « Marguerite, filhe de Guilhen Blanchard, orfebvre, et de Jeane Pouyat. » — 20 septembre : bapt. « Simone, filhie de Jehan Cortz, dict Vigier, mᵉ esmalier de Limoges, et sa mere Valerie de Lagomart, et son parin Mᵉ Leonard Jomart, procureur au siage (*sic*) presidial de Limoges, et sa marine dame Simone Pinchaud. » — 4 décembre : bapt. « Catherine, filhie de Lionard Deflotes, mᵉ orfevre de Limoges, et sa mere Marie Renaudin, et son parin sire Pierre Chasteniact, marchent de Limoges, et sa marine Chaterine David. » — 7 décembre : bapt. « Marie Ringaud, filhie de Guilhieme Ringaud, marchent bouchier de Limoges, et sa mere Janette Lemoyne, et son parin Michel Voysin, filz de Anthoyne Voysin, mᵉ libreyre et imprimeur de la present ville, et sa marine Marie Cybot, femme de Jehan Gros. » — 10 décembre : bapt. « Barbe Duboys, filhie de sire Pierre Duboys, et sa mere Eyzabeel Cybot, et son parrin sire Jacques Cybot, capitene de Limoges, et sa marrine dame Barbe de Cordes. »

GG. 10. (Registre.) — In-12, 33 feuillets, papier.

Mai 1618 — avril 1619. — Saint-Pierre-du-Queyroix. — Baptêmes. — Razés et Pagoras, vicaires. — 1618, 20 mai : « parrin Joseph Blanchard, orfebvre. » — 30 juin : bapt. « Guilhaume, filz de sieur Leonard de Cordes, sieur de Felix et de Narde Vertamon; parrin venerable Guilhaume Redier, archiprestre de Saint-Sulpice-le-Gareloys, diocese de Limousin, en la Marche, et marrine damoyselle Marie de Mauplo, femme de Mʳ Verthamon, thresorier general. » — 31 août : bapt. « Anne, filhe de Jean Vigier, esmailleur, et de Valerie Lajaumard, parrin Mᵉ Jacques Droictz, praticien, et marrine Anne Vigier, filhe de feu autre Jean Vigier. » — 19 septembre : bapt. « Narde, filhe de Jean Martin et de Catherine Bardinet, parrin sire Jacques Bardinet, bourgeois marchand, et marrine Narde Martin, femme de sieur Barthelemy Guibert, orfebvre. » — 22 septembre : bapt. « Gabriel, filz de François Raymon et de Catherine Mouret; parrin Gabriel Raymon et marrine Françoyse, filhe de Pierre Mouret, orfebvre. » — 1619, 1ᵉʳ mars : bapt. « Peyronne, filhe de Jean Audier et de Marie Desflottes; parrin sʳ Guilhaume Tricard, bourgeoys de Pierre-Buffiere, et marrine Peironne, filhe de feu Pierre Guibert, femme de Anthoyne Barbou, imprimeur. » — 1ᵉʳ avril : bapt. « Leonard, filz de Françoys Limousin et de Jeannette Cibot; parrin sire Leonard Limousin, esmailleur du Roy, et marrine Narde Bonnat, vefve de feu Pierre Cibot, dict Pilat. » — 11 avril : bapt. « Quiterie, filhe de Mº Jean Dupeirat, recepveur general du taillion, et de dame Marie Martin; parrin honnorable Mº Jacques Martin, president au siege de Limoges, et marrine damoyzelle Quiterie Petiot, femme de M. Leonard Dupeirat, sieur de la Mailhartie. »

GG. 11. (Registre.) — In-12, 31 feuillets, papier.

Mai 1620 — avril 1621. — Saint-Pierre-du-Queyroix. — Baptêmes. — Razés et Pagoras, vicaires. — 1620, 27 juillet : bapt. « Léonard Limosin, et sa mère Marie Dupin, et son parin Léonard Limosin, le jeune, et sa marine Chaterine Maladent » (*sic*). — 16 août : bapt. « Estiene, filz de Jehan Germe, librayre, et sa mère Marsalle Chanbon, et son parin Estienne Germe, et sa marine Thonie de las Vilatas. » — 18 octobre : bapt. « Narde, filhe de Martin Noalhier, esmalier, et sa mère Anne Guibert, et son parin Helie Guibert, marchent, et sa marine Narde Duboys. » — 1621, 18 mars : bapt. « Anthoyne, fils de Jehan Tiliect, orfevre de Limoges, et sa mère Caterine Duteylh, et son parin Anthoyne Tiliect, orfepvre, et sa marine Magdallene Juge, vefve de feult Mº Pierre Duteyt, en son vivant procureur. » — 28 mars : bapt. « Symonne Limousin, filhie de Leonard Limosin, esmalier, et sa mère Anne de Julhien; parin Jean Beaulayge, et marine Symonne de Julhien. »

GG. 12. (Registre.) — In-12, 28 feuillets, papier.

Mai — 13 décembre 1622. — Saint-Pierre-du-Queyroix. — Baptêmes. — Pagoras, vicaire. — 9 mai : bapt. « Galhiane, filhie de Jean Peconnect, mº orfèvre de Limoges, et sa mere Jane Verthamon, et son [parrin] Perre Peconnect, et sa marrine Galhiane Peconect. » — 28 mai : bapt. « Marcial, filz de Jean Tilié, orfpevre, et sa mere Chaterine Dutey, et son parin Marcial Dutey, procureur, et sa marine Maurelie Reymon. » — 27 juin : bapt. « Jacque, filz de Mathieu Barier, esmalier, et sa mere Symonne Gondin, et son parin Jacques Marchent, et sa marine Chaterine Gondin. » — 4 aoùt : bapt. « Jane, filhie de Nycolas Chapoulaud, mº librayre de Limoges, et sa mere Jane Boulhiout, et son parin Mº Jean Chapoulaud, prestre de Saint-Michel, et sa marine Jane Boulhiout. » — 23 août : bapt. « Jacque, filz de Mº Jacque Chabrol, advocat, et sa mere Marguerite Petit. » — 18 septembre : bapt. « Chaterine, filhe de Mº Jean Vidaud, conselier à Limoges, et sa mere dame Fransoyse de Doyet, et son parin Gedeon Deprés, seniers du Croz, et sa marine dame Chaterine Petiot, vefve de feult Francoys Vidaud. » — 18 octobre : bapt. « Mathive, filhie de Pierre Dignematin, dict le Daurat, marchent, et sa mere Barbe Michelon, et son parin Jean Peyriere, procureur au siage (*sic*) presidial de Limoges, et sa marine Mathive Dignematin, fame de sire Jacque Bardinet, marchent. »

GG. 13. (Registre.) — In-fº, 113 feuillets, papier.

15 septembre 1624 — 26 avril 1631. — Saint-Pierre-du-Queyroix. — Baptêmes. — Registre tenu par H. Bilhon, vicaire, qui y ajoint une table alphabétique. Les actes sont très sommaires et ne donnent que rarement les qualités ou professions des personnes; on relève cependant les mentions suivantes : 1624, 4 octobre : « Jeane, filhe de sʳ Michel de Douhet, president en l'Election, et de Marie Guerin; parrin sieur Henry Martin, chanoine en l'église catedrale de Lymoges, curé de Saint-Michel, prieur de l'Artige, et du depuis president clerc au siege presidial de Lymoges; marrine Jeane Pouyat. » — 1625, 25 janvier : « Françoise, filhe de Julien Blanchard, mº orphevre, et de Jeane Pouyat. » — 1626, 4 juillet : « Marcial, filz d'autre Marcial Guybert et de Barbe Boulhon; parrin Pierre Bourdier, marrine Marie Vouzelle. Nota que Pierre Bourdier et Marie Vouzelle ont esté pris de l'hospital de Saint-Marcial, pour servir de parrin et de marrine, parce que le sieur Marcial Guibert et dame Barbe Boulhon ne pouvaient nourrir d'enfens masles. »

GG. 14. (Registre.) — In-fº, 93 feuillets, papier.

28 septembre 1624 — 11 avril 1631. — Saint-Pierre-du-Queyroix. — Baptêmes. — Registre tenu par H. Bilhon, vicaire, tronqué au commencement et à la fin; lacune entre les fᵒˢ 7 et 8, du 27 décembre 1624 au 26 février 1625; forme, sauf les lacunes et la table, double emploi avec le précédent.

GG. 15. (Registre.) — In-fº, 6 feuillets, papier.

14 juin 1630 — juin 1631. — Saint-Pierre-du-Queyroix. — Baptêmes. — Registre tenu par Razés, vicaire.

— 9 octobre : bapt. « Jean, filz de Léonard Lymousin et de Anne de Julien, parrin sieur Jean Dupeyrat, recepveur, et marrine Anne Chambinaud, femme de Jean Limousin. » — 1631, 8 juin : bapt. « Dominique, filz de Me Pierre Mouret, notaire, et de Barbe Romanet; parrin Dominique Mouret, orfebvre, et marrine Catherine Romanet, vefve de feu François Barny. »

GG. 16. (Registre.) — In-f°, 92 feuillets, papier.

8 mai 1632 — 24 mars 1648. — Saint-Pierre-du-Queyroix. — Baptêmes. — Registre tenu par Gadault, vicaire; très sommaire. On y relève les mentions de : Messire François de La Faiette, « illustrissime et reverendissime evesque de Limoges » (parrain de François Romanet, le 18 juin 1647), Pierre d'Alesme, tresorier general (f° 82), Francoys Galhard, « courbeau pour la contagion » (en 1632), Pierre Romanet, « aumosnier de la Salle episcopale, » Hierosme Limosin, Guillaume Penicaud, Mathieu Boulet, « prestre en l'eglise Saint-Michel-des-Lions et vicaire en l'esglise cathedralle Sainct-Estienne, » Leonard de la Chappelle, curé de Saint-Damnolet, Jean Boutineau, archi-prestre de la Meyze, Balthazar de Douhet, prieur des Seycheres et curé de Saint-Pierre, Martial de Loménie, Simon Molinier, curé de Bellac, Charles Clary, tresorier general, Jehan Nicolas, lieutenant-général, etc.

GG. 17. (Registre.) — In-f°, 14 feuillets, papier.

26 janvier 1644 — 15 juillet 1646. — Saint-Pierre-du-Queyroix. — Baptêmes. — Extrait des baptêmes administrés par feu M. Lequard, vicaire de Saint-Pierre; très sommaire; au f° 6, on relève la mention de : Messire Pierre Dutreil, prestre de l'esglise Saint-Pierre.

GG. 18. (Registre.) — In-f°, 86 feuillets, papier.

26 mars 1648 — 29 août 1656. — Saint-Pierre-du-Queyroix. — Baptêmes. — Gadault, vicaire. — Mentions très sommaires : 1648, 10 décembre : bapt. « Peyronne Dubois, fille à Me Antoine Dubois, acesseur, sr de la Jourdanie; sa mère Catherine Vidaud. » — 1649, 11 février : bapt. « Simon Nantiac, fils à Jean Nantiac ; sa mère Catherine Dupré, son parrin Me Simon Dupré, conseiller au siege presidial, seigneur d'Esgueparse. » — 1650, 24 novembre : bapt. « Marie Dupeyrat, fille à Me Michel Dupeyrat, sr du Majambost; sa mere Guillane Reymond. » — 1652, 15 juin : bapt. « Valerie Chaud, fille à Me Pierre Chaud, advocat en Parlement; sa mère damoizelle Magdeleine de Douhet; son parrin Me Johan de Perriere, presidant au siege prœsidial de Limoges, sa marrine damoizelle Valérie Dupeyrat, » etc., etc.

GG. 19. (Registre.) — In-12, 98 feuillets, papier.

15 septembre 1660 — 31 mars 1663. — Saint-Pierre-du-Queyroix. — Baptêmes. — François Juge, curé. — 1660, 4 décembre : parrain Monsieur Charles de Guillaume, « conseiller du Roy, thresorier general de France à Limoges. » — 1661, 16 janvier : parrain Jean David, me scuplteur. — 2 mai : parrain « venerable M. Me Pierre Maillard, docteur en theologie, official et vicaire general de Mgr de Limoges, conseiller du Roy et son ausmonier. » — 29 août : bapt. Pierre Lymousin, fils de Barthélemy et de Quiterie Noalher, né le 28.

GG. 20. (Registre.) — In-f°, 91 feuillets, papier.

17 février 1663 — 23 décembre 1667. — Saint-Pierre-du-Queyroix. — Baptêmes. — Juge, curé; L. Martin, vicaire. — 1663, 25 avril : bapt. une fille née le 23 d'Estienne Bargeas, marchand libraire, et de Catherine Menager. — 7 juin : une fille née le même jour de Simon Granaud et de Léonarde Bosse; « parrein Hierosme Granaud, me peintre. » — 23 août : deux filles nées le même jour de Jean Peconnet, « me orphevre, » et de Catherine Penicaud. — 1664, 13 janvier : une fille née le même jour de sr Joseph Limouzin, marchand, et de demoiselle Peyronne Texandier; « parrein sr Leonard Limouzin, me emailleur. » — 27 mars : un fils né le même jour de Pierre Pinchaud, « marchand orphevre, » et de Jeannette de Cordes; « a esté nommé Joseph, et a eu pour parrein Me Joseph Beaubreuil, procureur au siege presidial de la present ville. » — 5 avril : parrain Jean Cluseaux, architecte. — 25 août : une fille d'Estienne Baryas, marchand libraire, et de Catherine Menager. — 19 septembre : une fille née le 18 de sr Jean Veyrier, marchand orfevre, et de Jeannette Maubaye. — 28 novembre : une fille de Jacques Blanchard, « marchand orfeuvre, » et d'Isabeau Chabrout. — 11 décembre : une fille de M. Me Pierre de Benoist, conseiller, sr de Blemond, et de damoyzelle Françoise Paignion; « parrein messire Pierre de Benoist, conseiller en la cour du Parlement de Bourdeaux, baron de Compreignac. » — 1665, 11 février : Pierre, né le 8, fils de

Annet Maisonnade, mᵉ sculpteur, et de Marie Sialot. — 19 février : Leonard, fils de J.-B. Peconnet, « marchand orfeuvre, » et d'Anne Coliere; parrain Leonard Coliere, « aussi mᵉ orfeuvre. » — 1ᵉʳ avril : Henry, né le 29 mars, fils de M. Jean Maledent, sʳ de Fonjodrand, et de dˡˡᵉ Marie Brugiere; « parrein Mᵉ Henry de Brugiere, conseiller du Roy en ses conseils et lieutenant general au siege presidial et seneschal de Limouzin; marreine dˡˡᵉ Marie Maledent, femme de Mᵉ Jean Periere, advocat, sʳ de Guyernaud. » — 5 juin : Louis, fils de Jean Couillaud, tapissier, et de Narde Champalimaud. — 15 juin : Pierre, fils de sʳ Jacques Noualher et de Catherine Cogniasse. — 31 août : Guilhaume, fils de Pierre Picat, mᵉ libraire, et de Jeannette Pantenaud. — 4 décembre : un fils de Guilhaume de Chaumontel, écuyer, natif de la paroisse de N.-D. de Carenten, en Normandie, et de Marguerite Valler, de la paroisse de Saint-Pierre-du-Bois, de Tours en Touraine. — 1666, 7 juin : un fils de François de la Bermondie, écuyer, sᵍʳ de Chasteauboucher, et de dˡˡᵉ Peyronne Pont. — 23 novembre : une fille de sʳ Antoine Tillet, « marchand orfeuvre, et de Louyse Alboin; parrein sʳ Jean Tillet, aussy marchand orfeuvre, et marreine Magdeleine Dinematin, veufve de feuf Jean Alboin, vivant mᵉ chirurgien. » — 1667, 18 janvier : parrain sʳ Martial Barbou, marchand imprimeur. — 2 avril : une fille de Martial Chapoulaud, mᵉ imprimeur, et de Paule Bechameys. — 10 août : une fille de Pierre Perier, mᵉ sculpteur, et de Jeanne Martin. — 3 novembre : Henry, né le 22 juillet, « fils de Mᵉ Estienne Lefebvre, secretaire de M. le president d'Aguesseau, et grefier de la reformation des Eaux et forests de la Generalité de Limoges, et de dˡˡᵉ Marguerite Dacheter; parrein messire Henry d'Aguesseau, chevalier, conseillier du Roy en ses conseils, mᵉ des requestes ordinaire de son hostel, president au Grand Conseil, intendant de la justice, police et finances de la Generalité de Limoges; marreine dame Catherine Jalon, veufve de feuf messire J.-B. Lepicard, vivant chevalier, seigneur de Perigny, conseillier du Roy en ses conseils, maistre des requestes ordinaire de son hostel. »

GG. 21. (Registre.) — In-12, 45 feuillets, papier.

1669. — Saint-Pierre-du-Queyroix. — Baptêmes. — Juge, curé; L. Martin et Mormier, vicaires. — 10 janvier : J.-B., fils de Jean Peconnet, « marchand orpheuvre, » et de Catherine Penicaud. — 12 janvier, Bernard, fils de Pierre Bregefort, mᵉ fondeur. — 4 septembre : Jeanne, née le 25 août, fille d'Estienne Roquet, mᵉ tapissier, et d'Anne Chaumette; « parrein Martial Magniac, de la ville d'Aubusson, aussy mᵉ tapissier, et marreine Jeanne Beauphinet, veufve de feu Gilbert Roquet, vivant mᵉ tapissier. » — 20 septembre : Françoise, fille du sʳ François Ponroy, graveur, et de Françoise Dupré. — 19 novembre : Jeanne, fille de Guilhaume de Chaumonteil, écuyer, et de Marguerite Vallard.

GG. 22. (Registre.) — In-12, 47 feuillets, papier.

1670. — Saint-Pierre-du-Queyroix. — Baptêmes. — L. Martin et Mormier, vicaires. — 20 janvier : François, fils de Jean Coulhiaud, mᵉ tapissier, et de Narde Champalimaud. — 15 février : Anne, fille de Martial Tarasson, « mᵉ emailleur et de Marguerite Filz; parrein sʳ Denys Chevalier, mᵉ apothicaire; marreine Anne Chapoulaud, femme d'Antoine Tarasson, aussy mᵉ emailleur. » — 13 avril : Joseph, fils de Louys Gavaret, « mᵉ paulmier, » et d'Alys Cazot, natifs de Montauban; parrain M. Joseph Besse, « mᵉ du jeu de paume. » — 28 avril : Marie, fille de Hierosme Grenaud, le jeune, mᵉ peintre, et de Jeannette Foucaud. — 26 juillet : Leonard, fils de Pierre Perier, dit le Chamby, mᵉ sculpteur, et de Jeanne Martin. — 26 juillet : Anne, fille de Charles de la Joussceliniere, mᵉ d'école, et de Charlotte de la Francboisie. — 3 août : Paule, fille de sʳ Pierre Ardent, « marchand orpheuvre, » et de dˡˡᵉ Leonarde Peyrat; « parrein venerable Mᵉ Jacques Pinchaud, chanoine theologal de l'eglise cathedrale de Sᵗ-Estienne, et marreine dame Paule Pabot, veufve de feu sʳ Jehan Ardent, vivant marchand orpheuvre. » — 30 août : « parrein Jehan Belot, mᵉ d'eschole. » — 1ᵉʳ octobre : Catherine, fille du sʳ Jacques Noalher, mᵉ emailleur, et de dˡˡᵉ Marguerite Cogniasse. — 4 octobre : marraine Marie Garat, femme de Jacques Villette, « mᵉ architecte. » — 10 décembre : Anne, fille de Jean Bardinet, libraire, et de Valerie Tillet; « parrein sʳ Pierre Deschamps, mᵉ imprimeur. »

GG. 23. (Registre.) — In-12, 50 feuillets, papier.

1671. — Saint-Pierre-du-Queyroix. — Baptêmes. — F. Juge, curé; L. Martin, Psaumet Texendier, J. Coulomb, vicaires. — 20 février : Jean, fils du sʳ Martial Collin, mᵉ tapissier, et de Peyronne Lequart. — 11 avril : Pierre Bargeas, fils de Leonard Bargeas, marchand libraire, et de Marcelle Meynager; parrain Bierre Bargeas, et marraine

Magdeleine Bardinet, femme de Martial Bargeas, aussi marchand libraire. — 13 avril : Françoise, fille de s^r Nicolas Laudin, m^e émailleur, et de Jeannette Dentreigas. — 26 avril : Martial, fils du s^r Anné Maisonnade, m^e sculpteur, et de dame Marie Scialot; parrain s^r Martial Maisonnade, m^e sculpteur, et marraine dame Marie Boys, femme de s^r Jean Cluzeau, « m^e architecte-tailleur de pierre ; » *signé* : M. Meyjounade. — 29 mai : « Marguerite, fille de M. Me Jean de Guilhaume, tresorier de France en la Generalité de Limoges, s^r de la Grange, et d'Anne Gilhon-de-Traslage; parrein M. Me Leonard de Chastaigniac, conseiller du Roy et son grand prevost en Limouzin, et marreine dame Marguerite de Guilhaume, femme de M. Me Mathieu de Maledan, recevour des decimes, s^r de la Cabane. » — 18 juin : Pierre, fils de Martial Chapoulaud, imprimeur, et de Paule Bechameil. — 9 juillet : Marie, fille de Hierosme Grenaud, m^e peintre, et de Jeanette Foucaud. — 23 juillet : Joseph, fils du s^r Pierre Ardan, « marchand orpheuvre, » et de d^{lle} Leonarde Peyrat; « parrein venerable Me Joseph Ardan, curé de Mondjovis, marreine d^{lle} Jeanne Pinchaud, [veufve] de feu s^r Jean Peyrat, vivant marchand orpheuvre de la present ville. »

GG. 24. (Registre.) — In-12, 37 feuillets, papier.

1672. — Saint-Pierre-du-Queyroix. — Baptêmes. — Fr. Juge, curé ; J. Coulomb, Ps. Texendier, L. Martin, J. Bardinet et J. Cibot, vicaires. — 29 janvier : Leonarde, fille du s^r Martial Cybot, m^e d'ecole, et de Jeanne de Belleville. — 5 février : Martial, fils du s^r Jacques Noalher, marchand emailleur, et de d^{lle} Marguerite Coigniasse. — 27 février : une fille de Jean Couilhaud, « m^e tapicier, » et de Leonarde Chapalimeau. — 27 juin : une fille de Leonard Barjas, marchand libraire, et de Marcelle Meynager. — 28 juin : Leonarde, fille de Martial Chapoulaud, marchand imprimeur, et de Paule Bechameys. — 5 août : un fils de Jean Bardinet, m^e imprimeur, et de Valerie Quillet. — 19 octobre : un fils de Jacques Sardine, imprimeur et marchand libraire, et de Jeanne Martin..... ; marraine Anthoinette Pincheau, veuve de Martin-Desables, imprimeur. — 21 décembre : Michel, fils de M. Jean Periere, sieur de Catray (?) « advocat du Roy, » et de dame Marie Maledand ; « parein M. Michel Periere, president audit Presidial, et mareine dame Marcelle Cibot, femme de M. Maledend-de-La-Borie, thresorier de France au Bureau de cette ville. »

GG. 25. (Registre.) — In-12, 42 feuillets, papier.

1673. — Saint-Pierre-du-Queyroix. — Baptêmes. — Fr. Juge, curé ; L. Martin, J. Cibot, J. Coulomb, vicaires. — 10 janvier : Anne, fille du s^r Pierre Guybert, « m^e orpheuvre de la present ville, » et de Narde Reculet ; « parrein s^r Jean Reculet, marchand de la present ville, marreine d^{lle} Anne Peconnet, veufve de feu Pierre Guybert, vivant m^e orpheuvre de la present ville. » — 17 janvier : Isabeau, fils de Balthasar Boisse, m^e d'école, et de Louyse Nozerines. — 15 février : Françoise, fille de François Ponroy, m^e graveur, et de Françoise Dupré. — 26 mars : « marreine d^{lle} Marie Pradilhon, femme de s^r Jean de Lomenie, receveur des tailles en l'Élection de Bourganeuf. » — 31 mai : Isabeau, fille de Pierre des Cordes, s^r de la Bernaudie, et de d^{lle} Marie Douhet ; « parrein M. Me Gregoire Maillot, tresorier de France en la Generalité de Limoges, marreine Isabeau Laudin, femme de M. Balthasard Dubois, conseiller au Presidial de Limoges. » — 8 juillet : Françoise, fille de Jacques Pavillion, m^e sculpteur, et de Leonarde Palier ; parrain Pierre Perier, sculpteur. — 20 août : marraine Isabeau Vouzelle, femme de François Charbonnier, imprimeur de la presente ville. — 20 septembre : parrain « venerable M. Me François Juge, docteur en theologie, curé de ceste eglise, protonotaire apostolique et chanoine de l'église collegiale de St-Martial de Limoges. » — 26 septembre : Françoise, fille de Martial Faucon, m^e emailleur, et de Marguerite Fils ; « parein Pierre Faucon, émalieur, mareine Françoise Dumont, lesquels ont déclaré ne savoir signer. »

GG. 26. (Registre.) — In-f^o, 76 feuillets, papier.

1674 — 12 janvier 1679. — Saint-Pierre-du-Queyroix. — Baptêmes. — Fr. Juge, curé; L. Martin, J. Cibot, J. Deaux, J. Bardinet, J. Sardine, F. Monson, vicaires. — 1674, 21 janvier : François, fils de Pierre Martin, enlumineur, et de Jeanne Bordas. — 30 janvier : Pierre, fils de Jean Coulhaud, m^e tapissier, et de Leonarde Champalimaud ; parrain Pierre Barrière, « aussi m^e tapissier. » — 16 août : Marie, fille de M. Me Jean de Periere, seigneur de Chartreix, « conseiller du Roy et son avocat au siege presidial et seneschal, et de dame Marie de Maledent ; parrein M. Me Martial de Maleden, s^r de la Borie, thresorier de France, marreine dame Marie de Malledent, femme de M. Mᵉ Michel de Periere, sʳ du Vignaud, conseiller du Roy en ses conseils et president au dit Presidial. » — 2 octobre : Pierre, fils de Martial Faucon, mᵉ emailleur, et de Marguerite Filz. — 19 novembre : parrin Mᵉ Claude Rougel, « capiteine de la maison de ville. » — 1675, 4 mars : Magdeleine, fille de Mᵉ Jean Dupin, avocat, sʳ du Masneuf, et de dˡˡᵉ Catherine Dubois ; parrain sʳ Jean Dupin-de-Ventaux. — 7 avril : Jacques, fils de François Ponroy, mᵉ graveur, et de Françoise Dupré. — 14 mai : Nicolas, fils de Pierre Ardent, « marchand orphevre », et de Narde Peyrat. — 20 juin : Leonard, fils de François Claude, mᵉ sculpteur, et de Marguerite Flory. — 2 juillet : Leonard, fils de Jean Bardinet, libraire de la présente ville, et de Valeric Quilhet ; ….. marraine Leonarde Quilhet, femme de François Cholet, imprimeur. — 4 août : parrain Pierre Guibert, « marchand orphevre. » — 19 septembre : Marie, fille de Nicolas Desroches, mᵉ sculpteur, et de Jeanne Maisonnade ; « parrein Martial Maisonnade, aussy mᵉ sculpteur ; marreine Marie Sialot, veuve de feu Annet Maisonnade, mᵉ sculpteur. » — 1676, 29 février : Guilhaume, fils de Martial Faucon, dit Tarasson, mᵉ émailleur, et de Magdeleine Chivalier ; « parrein sʳ Guilhaume Limouzin, mᵉ couroyeur. » — 23 mars : marraine Magdeleine Varachaud, « veusve de feu Mᵉ Martial Cibot, vivant lieutenant du guet en la present ville. » — 19 avril : Jacques, fils de Pierre Martin, « mᵉ allumineur » (*sic*), et de Jeanne Bordas ; parrain Jacques Luillier, batteur d'or. — 4 juillet : Isabeau, fille d'Antoine Voisin, imprimeur, et de Marie Besse. — 10 juillet : Jeanne, fille de Mᵉ Pierre Dutheil, « procureur au siege presidial de cette ville, et de dˡˡᵉ Barbe Dupré ; parrein venerable M. Mᵉ Martial de Verthamon, chantre et chanoine de l'eglise de Limoges et vicaire general, le siege vacant. » — 7 août : Valerie, fille de M. Jean Leonard, « conseiller du Roy, thresorier general de France, » et de dame Catherine Decubes ; parrain venerable Antoine Carrier, docteur en theologie, curé de Flavignac et des Cars. — 10 septembre : Marie, fille de Nicolas Desroches, mᵉ sculpteur, et de Jeanne Maisonnade ; parrain Julien Maisonnade, « aussy mᵉ sculpteur, » marraine Marie Boyer, femme de Jean Cluzeau, mᵉ architecte. — 19 octobre : Marie, fille de François Charbonnier, imprimeur, et d'Isabeau Vouzelle. — 14 novembre : Isabeau, fille de Claude Reynaud, imprimeur, et de Catherine Grenaud. — 1677 : 28 janvier : Jacques, fils de Benoist Desmichel, marchand, et de Marguerite Roquet ; ….. « marreine Jeanne Debuat, femme de Martin-Dessables, mᵉ imprimeur de la present ville. » — 15 février : Pierre, fils de Leonard Bargeas, marchand libraire, et de Marcelle Meynager. — 24 avril : Guilhaume, fils de Hierosme Nilhiaud, mᵉ peintre, et de Jeanne Foucault. — 23 mai : Marguerite, fille de Jean Bardinet, marchand libraire, et de Valerie Quilhet ; parrain François Cholé, mᵉ imprimeur. — 2 juillet : Benoist Chosven, fils de Elie Chosven, « mᵉ esmailleur, » et de Jeanne Pascaille. — 21 juillet : Antoine, fils de François Bordas, « marchand imageur, » et de Narde Lymousin. — 6 août : parrain Pierre Dumois, mᵉ tapissier de la presente ville. — 2 septembre : Paule, fille de François Ardant, « mᵉ orfeuvre, » et de Valerie Leychouzier ; « parrein Mᵉ Pierre Leychouzier, curé de la ville d'Emoutier, marreine Paule Pabot, veuve de Jean Ardant, vivant aussy mᵉ orfeuvre. » — 6 novembre : marreine Isabeau Vouzelle, femme de François Charbonnier-Pachy, marchand imprimeur. — 28 novembre : Mathurin, fils de Martial Faye, marchand libraire, et de Jeanne Cathue ; « marreine Marcelle Bardonnaud, veufve de feu Jean Cathue, vivant aussy marchand libraire. » — 1678, 20 avril : Marguerite, fille de François Chabounier, « mᵉ imprimeur de la present ville, » et de Isabeau Vozelle. — 27 juin : Bonaventure, fils de Pierre Chazaud, mᵉ graveur, et de Leonarde Gaignadour ; parrain Bonaventure Pommier, peintre ; marraine Magdeleine Cheyssou, femme de Martial Crozy, mᵉ cartier. — 20 juillet : Isabeau, fille de feu J.-B. Peconnet, « mᵉ orfeuvre, » et de dˡˡᵉ Anne Celiere. — 18 septembre : Leonard, fils de Jacques Sardine, « marchand libraire de la present ville, » et de Jeanne Martin.

GG. 27. (Registre.) — In-fᵒ, 37 feuillets, papier.

1679-1681. — Saint-Pierre-du-Queyroix. — Baptêmes. — Fr. Jugo, curé ; L. Martin, J. Cibot, F. Monson, M. Hardy, J. Choury, vicaires. — 1679, 17 avril : Martial Deroche, fils de Nicolas Deroche et de Jeanne Maisonnade. — 12 novembre : Simon-Guillaume, fils de M. Barthelemy de Verthamon, sʳ de Tandeau, avocat en la Cour, et de dˡˡᵉ Françoise Lafosse. — 1680, 14 avril : Anthoine, fils de M. Anthoine Gondein, « thresorier de France en la Generalité de Limoges, » et de dame Marie Martin. — 24 mai : Jeanne, fille de Helie Chouvey et à Jeanne Pascaille. — 18 septembre : Jaquette, fille de M. Joseph Mandat, sʳ de Noalhas, et de dˡˡᵉ Françoise Paignon ;

« parrein M. Mᵉ Jean Mandat, sʳ de Puydenus, conseiller du Roy, lientenant general en la Seneschaussée de Lymousin et siege presidial de la present ville; marreine dˡˡᵉ Marie Ruben, femme de M. Simeon Poyllevé, avocat en la Cour, qui l'a tenue au nom de dame Jaquette de Grimard, espouse de M. Mᵉ André de Sabourin, conseiller du Roy en la grand chambre du Parlement de Guienne. » — 30 octobre : Marie, fille de M. Pierre Ardent, « marchand orpheuvre, » et de dˡˡᵉ Peyrat. — 24 décembre : Estienne, fils de François Charbonnier et de Isabeau Vouxelle. — 1681, 19 janvier : Marie Raynaud, fille de Claude Reignaud, mᵉ imprimeur, et Catherine Grenaud. — 24 février : Michel, fils de Jean Bardinet, libraire, et de Valerie Chillet. — 27 mars : Pierre, fils du sʳ Jacques Sardine, imprimeur, et de Jeanne Martin-Desables. — 22 juin : Pierre Faye, fils de Martial Faye, libraire, et Jeanne Catue; parrain Pierre Gorsa (*signé* : Gorsas).

GG. 28. (Registre.) — In-fᵒ, 621 feuillets, papier.

1682 — 6 juillet 1706. — Saint-Pierre-du-Queyroix. — Baptêmes (les mariages et les enterrements sont enregistrés avec les baptêmes, du 2 mai 1692 au 31 décembre 1694). — Juge, curé; J. Cibot, J. Choury, J. Chastaignact, J. Guineau, P. Valade, Senemaud, Query et Riffaterre, vicaires. — 1682, 4 septembre : Pierre, fils de Pierre Gimbert (*sic*), « orpheuvre », et Jeanne Avril. — 1683, 6 mars : Hierosme, fils de Jean-Baptiste, dit Bariere, graveur, et Catherine Denoier; parrain Hierosme Bariere, graveur. — 23 juillet : Jeanne, fille de Jacque Lhuillier, batteur d'or, et Marguerite Courteix; parrain Hierosme Granaud, peintre. — 1686, 1ᵉʳ février : Léonarde, fille de feu François Charbonnier, vivant imprimeur, et de Elizabeth Vauzelle; parrain Martial Massy, imprimeur. — 26 mai : Pierre, fils de Martial Faye, libraire, et Jeanne Catue. — 7 septembre : Martial, fils de Jean Bardinet, libraire, et Valerie Quillet; parrain Martial Bargeas, libraire. — 19 octobre : Jeanne, fille de Martial Bargeas, libraire, et Marie Laquintainie; parrain Jacques Laquintainie, libraire. — 30 octobre : Martial, fils de Mʳ Anthoine Legros, « mᵉ esmailleur, » et de dˡˡᵉ Marie Masselout; parrain Martial Faucon, dit Tarasson. — 1687, 26 juillet : Martial Deroche, fils de Nicolas Deroche, sculpteur, et Jeanne Maisonnade; parrain Martial Maisonnade, sculpteur. — 11 août : Denise, fille de Gabriel Farne, imprimeur, et Françoise Ardent; parrain M. Jean Ardent, « marchand orpheuvre. » — 1688, 18 janvier : Leonard, fils de Jean Vessiere, mᵉ imprimeur, et Marguerite Bonnat; parrain Leonard Leger, imprimeur. — 27 janvier : Jeanne, fille de Mʳ Pierre Dumays, marchand tapissier, et de dˡˡᵉ Valerie Petit. — 25 septembre : Martial, fils de M. Jacques Sardine, marchand libraire, et de dˡˡᵉ Catherine Dessables. — 1689, 24 février : parrain Pierre Bargeas, libraire. — 19 août : Jacques, fils d'Anthoine Duchesne, mᵉ sculpteur, et d'Anne Massegri. — 22 octobre : Anne, fille de Guy Blanchard, libraire, et de Marcelle Bargeas. — 1690, 29 juillet : Leonarde, fille de François Claude, mᵉ sculpteur, et de Marguerite Flory; parrain M. Joseph Maisonnade, peintre. — 1691, 2 septembre : Marguerite, fille de feu Anthoine Dumay, marchand tapissier, et de dˡˡᵉ Marie Gavaret; parrain sʳ Pierre Dumay, marchand tapissier. — 1692, 25 mars : Jeanne, fille d'Estienne Bargeas, libraire, et de Catherine Faure; parrain Martial Bargeas, libraire. — 23 octobre : parrain sʳ Leonard Dupré, marchand tapissier. — 1693, 14 octobre : mariage de messire Estienne de la Celle, écuyer, sʳ de Plaix, avec dame Jeanne Bertrand, veuve de messire Jean de Sᵗ-Julien. — 19 novembre : bapt. Joseph, fils d'Estienne Bargeas et de Catherine Faure. — 1694, 4 janvier : mariage de Pierre Pinchaud, « marchand orphœvre, » avec Valerie Reculès. — 13 octobre : ent. Mᵉ Jean Chapoulaud, mᵉ imprimeur. — 1695, 20 mars : bapt. Pierre, fils de François Croisier, imprimeur, et Leonarde Perier. — 2 octobre : Marie, fille du sieur Pierre Noailler, marchand emailleur, et de dˡˡᵉ Anne Faute. — 1699, 2 mai : Jean, fils de sʳ Joseph Nouailler, émailleur, et de dˡˡᵉ Françoise Dumas. — 1700, 28 avril : Joseph, fils d'Etienne Bargeas, marchand libraire, et de Marie Laquintinie. — 1701, 10 juillet : Elizabeth, fille de Barthelemy Voisin, marchand imprimeur, et de Valerie Bardonnaud. — 1702, 18 juin : Jeanne, fille de Martial Dandet, imprimeur, et de Anne Guitard. — 9 septembre : Bernard Nohalier, fils de Joseph Noalher et de Françoise Dumas. — 3 novembre : Simon, fils du sʳ Pierre Noailler, emailleur, et de dˡˡᵉ Anne Faute. — 1705, 18 mars : Valerie, fille de Mᵉ Jean Roby, relieur de livres, et de Marguerite Dumas.

GG. 29. (Registre.) — In-4ᵒ, 320 feuillets, papier.

15 juillet 1706 — 1721. — Saint-Pierre-du-Queyroix. — Baptêmes. — Juge, curé; Romanet, Senemaud, Chastaignact, Query, Duteil, Mailhot, Tailhandier, Heyraud, J. Blanchard, L. Blanchard, Veyrier, Vitrac, vicaires. — 1706, 31 août : Marie, fille de Jean Croisier, mᵉ imprimeur, et de Leonarde Perier. — 30 octobre : Bernard, fils de Martial Gros, émailleur, et de Claire Guittard. — 1707, 24 juin : Jean-Baptiste, fils de sʳ Gabriel Farne, marchand libraire, et de dˡˡᵉ Françoise Ardent. — 1708, 1ᵉʳ janvier : Hierome-Arnaud, né le 5 décembre 1707, fils de Mᵉ Arnaud Silhouette, « conseiller du Roy, receveur des tailles en la presente Election, et de dame Catherine-Rose Roffay ; parrain Mᵉ Hierome Roffay, conseiller du Roy, receveur des tailles en l'Election de Chatellerault et subdelegué de M. l'intendant de Poitiers ; marreine dˡˡᵉ Gracie de Silhouette.» — 22 mars : Anthoine, fils de sʳ Philippe Morisan, mᵉ sculpteur, et de dˡˡᵉ Anne Duchesne; parrain sʳ Anthoine Duchesne, mᵉ sculpteur. — 1712, 31 juillet : François, fils de Jacques Delaquintenie, libraire, et de Françoise Bonair ; parrain sʳ François Meilhac, imprimeur et libraire, et marraine dˡˡᵉ Marie Bargeas. — 7 novembre : Jean-Baptiste, fils de J.-B. Chasteix, « orfeuvre, » et de Leonarde Barrot. — 1713, 10 mars : Anne, fille du sʳ Jean Chapoulaud, mᵉ imprimeur, et de dˡˡᵉ Valerie Barot. — 1715, 14 décembre : Jeanne, fille d'Etienne Perier, imprimeur, et de Catherine Planchard. — 1717, 29 juin : Jean-François, fils de messire Marc-Antoine de Villoutreix, chevalier, sʳ de la Judie, et de dame Jeanne de Royere ; parrain messire Jean-François de Jaubert, « chevalier, comte de Chateaumorant, marechal-de-camp des armées du Roy et chevalier de Sᵗ-Louis. » — 27 septembre : Martial, fils de Jean Chapoulaud et de Valerie Barot. — 1718, 19 août : Jacques, fils du sʳ Gabriel Blanchard, « mᵉ orfeuvre, » et de dˡˡᵉ Catherine Herolde ; parrain M. Jacques Blanchard, prêtre et vicaire de cette église. — 18 novembre : François, fils du sʳ Joseph Dalesme et de dˡˡᵉ Anne Meilhac ; parrain sʳ François Meilhac. — 1719, 18 juin : Bernard, né le 15, fils de Joseph Noualhier et de Françoise Dumas. — 1721, 20 juillet : abjuration de Marie-Marguerite Laguarie, fille de Lagarie, sculpteur, et de Perrette Malliars, calviniste, de la ville et vicomté de Turenne.

GG. 30. (Registre.) — In-fº, 11 feuillets, papier.

12 mai — 7 novembre 1720. — Saint-Pierre-du-Queyroix. — Baptêmes. — Heyraud, Blanchard, D. Veyrier, Senemaud, vicaires. — C'est l'original de la partie correspondante du registre précédent. — 25 août : Marie-Susanne, fille de Louis Beaujean, « mᵉ de danse privilégié du Roy, » et de Marie-Louise Nicolas. — 15 septembre : parrain Etienne de Chevaille, prêtre, docteur en theologie, et doyen de l'eglise de Limoges. — 30 octobre : Simeon-François, fils de messire François Dumontet, « escuyer, sʳ de la Colonge, conseiller du Roy, commissaire ordinaire des guerres en la Generalité de Limoges, » et de dame Therese-Louise Carnot.

GG. 31. (Registre.) — In-4º, 340 feuillets, papier.

1722 — 6 avril 1736. — Saint-Pierre-du-Queyroix. — Baptêmes. — Juge, curé ; Veyrier, Heyraud, Blanchard, Senemaud, Juge, Choury, Hugon, Chastaignac, Barbou, David, Marc, Reynaud, Cybot, vicaires. — 1722, 1ᵉʳ février : Antoine-Philippe, fils de M. Philippe Morisan, mᵉ sculpteur, et de dˡˡᵉ Anne Duchene. — 3 juin : Jean-Baptiste Farne, fils du sʳ Jacques Farne, marchand libraire, et de dˡˡᵉ Françoise Froment. — 10 juin : parrain Toussaint de Faudrant-de-Laval, « capitaine au regiment de cavalerie de Noalhe. » — 1723, 7 janvier : parrain M. le marquis de Fernoel de Nieuil, et marraine dˡˡᵉ Peschant de Malleret (par procuration). — 12 janvier : Thérèse, fille de Nicolas Pigeard, soldat au régiment de Provence, compagnie de Desjardin, et de Marie Dubuisson. — 1724, 12 juin : Valerie Isaac, fille de M. Nicolas Isaac, libraire, et de dˡˡᵉ Marie Laudin. — 1ᵉʳ juillet : Petronille, fille de Estienne Bargeas, mᵉ libraire, et de Valerie Dubrueil. 1726, 13 septembre : Jean, fils de Baptiste Noualier, « marchand emalieur, » et de Anne Gay. — 11 décembre, Jeanne, fille de Mathieu Quitard, mᵉ imprimeur, et de Jeanne Breuil ; parrain Pierre Defournieux, mᵉ imprimeur (*signé :* Dufournieux). — 1727, 24 mars : Pierre, fils de Jacques Descombes, « orpheuvre, » et de Jeanne Ardent. — 28 mars : Leonard, fils de Martial Noualier, « mᵉ esmailleur, » et de Marie Soudanas ; parrain Leonard Soudanas, imprimeur. — 1ᵉʳ juillet : Françoise, fille de Jacques Farne, marchand libraire, et de Jeanne Chastaignac. — 4 octobre : Jean, fils de Pierre Bouillion, imprimeur, et de Catherine Benoist. — 1728, 25 mars : parrain Mʳ Jacques Lacquintinie, libraire. — 26 octobre : Marianne, fille de Jean Chastaing, « marchand orfeuvre, » et de Leonarde Barot. — 17 décembre : Claire, fille de Mathieu Quitard, mᵉ imprimeur, et de Jeanne Breuil ; parrain Leonard Breis (*sic*), libraire. — 1729, 20 février : Antoine, fils de Jean Barbou, sʳ des Courieres, et de dame Farne ; parrain « Mᵍʳ l'illustrissime et reverendissime Antoine, eveque de Limoges » (*signé :* Antoine, eveque de

Limoges). — 13 mars : Françoise, fille de Bernard Nouaillier, emailleur, et de Valerie Ouvray ; parrain Martial Nouaillier. — 1730, 27 janvier : Martial, fils de Martial Noualié, emailleur, et de Marie Soudanas; parrain Martial Gros, imprimeur. — 30 juillet : Jean-Baptiste, fils du sr Antoine Voisin, marchand libraire, et de dlle Marie Marcelet. — 23 août : Valerie, fille de Martial Roby, marchand libraire, et de Anne Filiatre. — 1731, 5 février : Jean-Baptiste, fils du sr J.-B. Noalher et d'Anne Gay. — 1er avril : Louis, fils de Martial Gros, imprimeur, et de Therese Soudanas. — 16 juin : Jean, fils de Pierre Puynesge, imprimeur, et de Marie Bardinet. — 1732, 6 janvier : Jean-Baptiste, fils de Baptiste Nouallier, emailleur, et de dame Anne Gay. — 4 avril : Jean, fils du sr Jabeil, « marchand fayancier, » et de Marie Nantiat. — 9 juillet : Anne-Thereze, fille de Gabriel Blanchar, « me orpheuvre, » et de Catherine Dominique. — 1735, 5 octobre : Martial, fils de Martial Bonnadier, me sculpteur, et de dlle Leonarde Lanier.

GG. 32. (Registre.) — In-4°, 495 feuillets, papier.

18 avril 1736 — 1756. — Saint-Pierre-du-Queyroix. — Baptêmes. — Juge, Simon, curés; Reynaud, David, Cybot, Chastaignat, Pouyat, Lombardie, Chabrol, Senemaud, Teulier, Cheyrou, Ardant, vicaires. — 1736, 2 octobre : Marie, fille de J.-B. Voisin, me imprimeur, et de dlle Marie Tandeau ; parrain Antoine Voisin, me imprimeur. — 1737, 8 novembre : Marie, fille de Bâtiste Noailler, marchand émailleur, et d'Anne Gaye. — 1738, 24 novembre : Anne, fille de Jacques Carqueil, libraire, et de Marie Blanchon. — 1739, 5 février : François, fils de M. François Malissein, graveur, et de Mlle Jeanne Guiber. — 21 mars : Paul, fils de M. Pierre Puynege, marchand imprimeur, et de dlle Marie Bardinet. — 6 juillet : Paul, fils de Jacques Bertrand, « me tapissier de la presant ville, » et de Marie-Magdeleine Marais, native de Châteaudun-en-Beauce. — 29 octobre : Simon, fils de Baptiste Noillier, « marchand emailleur, » et de Anne Gay. — 1741, 7 novembre : Leonard, fils de François Delage, imprimeur, et de Catherine Saint-Martin. — 3 décembre : Leonard-François-Xaxier, fils de messire François-Joseph Garat, chevalier, sr de St-Yrieix et de St-Priest, « president thresorier de France au Bureau des finances de Limoges, » et de dame Marianne de Benoist de Lostende. — 1749, 10 mai : Jean-Baptiste, fils du sr François Dalesme et de dlle Magdeleine Disnematin. — 11 mai : Jean-Baptiste, fils de J.-B. Voisin et de Petronille Chasteing ; parrain autre J.-B. Voisin. — 1751, 7 mai : Magdeleine-Catherine, fille du sr François Staub, « pintre, » et de dlle Catherine Olivier. — 21 septembre : Antoine, fils de Barthelemi Gorsas, cordonnier, et de Magdeleine Reinbeuf, né le même jour ; parrain Antoine Teixier, et marraine Peyronne Reinbeuf. — 1756, 21 juillet : un enfant mort quelques moments après, fils de messire Pierre Deperet, « docteur en medecine, intendant des eaux d'Availles, conseiller du Roy, » et de dame Marie Grelet.

GG. 33. (Registre.) — In-4°, 446 feuillets, papier.

1757-1774. — Saint-Pierre-du-Queyroix. — Baptêmes. — Navières, curé; Lombardie, Cheyrou, Ardant, Senemaud, Baron, Navières, Bonin, Tabaraud, J. Voisin, Dalesme, Teulier, Gramouzaud, vicaires. — 1757, 1er mars : Etienne-Pierre, fils de Pierre Ventenat et Catherine Dupré, né le même jour; parrain Me-Pierre Dupré, procureur au Parlement (par procuration) et marraine Jeanne Ventena de Dubreuil (par procuration). — 18 juin : Marcelle, fille du sr J.-B. Phalempin, orfèvre, et de Jeanne Champalimaud. — 28 août : François, fils d'Antoine Duchez, orfevre, et de Petronille Domay. — 6 novembre : Jean, fils de Pierre Begogne, tapissier, et de Magdeleine Cibot. — 1759, 12 mars : Jean-Silvain, fils du sr Jean Denard, orfevre, et de dlle Anne Quichaud. — 28 avril : Anne, fille de Mathieu Dumet, tapissier, et de Françoise Vidal. — 1760, 3 février : Antoine-Hugues, fils du sr Martial Barbou, « imprimeur du Roy, » et de dame Marguerite Bourdeau. — 9 mai : Joseph, fils de Jacques de Moudion, « directeur des biens des Religionnaires fugitifs de la Generalité de Limoges, » et de dame Jeanne Rose. — 5 novembre : Pierre, fils de Pierre Gondeau, tapissier, et de dlle Therese Nicot. — 1761, 26 janvier : Simonne, fille de M. Muret, inspecteur des Manufactures royales, et de dame Françoise Roulhac de Razes. — 27 février : parrain messire Charles, marquis de Montalembert, chevalier de St-Louis. — 1762, 16 août : Isabelle, fille du sr Jean Isecq, me libraire, et de dlle Catherine Cibot. — 1763, 20 juin : J.-B., né aujourd'hui, fils du sr François Dalesme, « marchand libraire et imprimeur, » et de Catherine Leyssenne ; parrain J.-B. Dalesme, grand-pere, representé par messire Leonard Dalesme, prêtre, et marraine Catherine Geltrude (*sic*) Dechés ; l'enfant a été ondoyé à la maison. — 1764, 4 février : Guillaume, fils de

Baptiste Roche, libraire, et de Marie Parot. — 2 mai : Jacques, fils de Joseph Dutreuil, « relieur de livres, » et de Tive Roche. — 1765, 13 décembre : Françoise, fille de M. Martial Chapoulaud, imprimeur, et de d[lle] Marguerite Labiche. — 1766, 16 août : parrain s[r] Pierre Begogne, m[e] tapissier. — 29 octobre : Maurice, fils de Pierre Flacard, libraire, et de Marie Pradaud. — 12 novembre : Catherine, fille de J.-B. Germain, relieur, et de Philippine Joubert. — 18 novembre : Leonard, fils de Leonard Leblois, « m[e] relieur de livres, » et de Marie Ardant. — 1767, 6 mars : Anne, fille de s[r] Leonard Laquintinie, marchand libraire, et de Catherine Bosdier. — 1770, 28 mars : Hyacinthe, fils de François Dalesme, imprimeur, et de Catherine Loyssenne; parrain Hyacinthe Sallé, « conseiller du Roy, receveur des decimes. » — 10 septembre : Jean-Louis, fils de M. Leonard Brunier, « garde-magazin des Poudres et salpetres de la Generalité du Limousin, » et de dame Marguerite Bourdeaux ; parrain « tres haut et tres puissant s[r] Jean-Louis, comte de Boulainvilliers, s[r] de la Moyeune et de Rogibus, mestre de camp du régiment de Clermond-prince cavalerie. » — 1772, 11 janvier : Jean-Baptiste, fils du s[r] J.-B. Voisin, imprimeur et libraire, et de d[lle] Françoise Chabrol ; parrain s[r] J.-B. Voisin, aïeul, imprimeur et libraire.

GG. 34. (Registre). — In-4°, 280 feuillets, papier.

1775-1786. — Saint-Pierre-du-Queyroix. — Baptêmes. — Navières, Saint-Mathieu, curés; Teulier, Reix, Bonin, Vitrac, Lombardie, Pouyat, etc., vicaires. — 1775, 8 novembre : Françoise, fille de messire Jean-Ambroise Bugeaud de la Piconnerie, ecuyer, et de dame Françoise Sutton ; parrain messire J.-B. Bugeaud de la Piconnerie, chanoine et vicaire général de Lombez, « qui a fait porter pour lui... » et marraine dame Philis Sutton-Kiam, epouse de messire Jean Kiam, ecuyer, « qui a fait porter pour elle. » — 1776, 2 octobre : Marie-Françoise, fille de Pierre Blanchard, marchand orfevre, et de Magdelaine Dalesme. — 21 novembre : Marie, fille de M. Texier de Seneque, « ancien officier au regiment de Royal-Navarre, » et de dame Marie Talendier. — 1777, 6 mars : Eleonore, fille de messire Ambroise Bujot de la Piconerie, et de dame Françoise Sutton ; parrain M. Pierre Bujot de la Piconerie, representé par Mr Thomas-Patrice Bujot de la Piconerie, et marraine dame Elisabeth Sulton-Macarchy. — 21 novembre : Henry Larose, « cy devant appelé Cerf Maire, se disant fils de Salomon Maire, juif de profession, du village de Valiere, juridiction et eveché de Mets, et de Ranchi ou Rachel, son epouse, agé d'environ 27 ans... » — 1779, 13 novembre : Leonard Brice, fils de s[r] Jean-Baptiste Nouhalier, « emallieur, » et de d[lle] Anne Gaston. — 1780, 9 septembre : Marie-Antoinette, fille de Me Jean-Ambroise de Bugeaud, chevalier, s[r] de la Piconerie, et de dame Françoise de Suton de Clouard. — 1781, 4 octobre : Jean-Edouard, fils des mêmes. — 1784, 15 octobre : Thomas-Robert, né le même jour, fils des mêmes ; parrain Mr Robert de Suton, vicomte de Clouard, « lieutenant des vaisseaux du Roy, chevalier de l'ordre royal et militaire de St-Louis, » et marraine dame Thomassine-Marie de Sutton de Clouard, dame de Frenet ; le parrain a été represanté par Mr Louis Letocq et la marraine par d[lle] Anne Peyrimony « qui ont signé. »

GG. 35. (Registre.) — In-4°, 158 feuillets, papier.

1787-1792. — Saint-Pierre-du-Queyroix. — Baptêmes. — Saint-Mathieu, Bandy, curés ; Lemaçon, Vitrat, Duchesne, Lombardie, Bullat, Picquet, Leonet, Sandemois, Retouret, vicaires. — A partir du 26 octobre 1792, il n'y a plus de baptêmes religieux, mais des actes de naissance enregistrés par Pezaud, officier public. — 1787, 22 juillet : Pierre-François-Godefroy, « fils de haut et puissant seigneur, messire Louis-Elizabeth de Calignon, et de haute et puissante dame Marie-Sophie de Bonneval ; parein haut et puissant seigneur Me Pierre du Puget de St-Victor, ancien officier au regiment de Chartres, representé par haut et puissant s[r] Me François de Chauveron, chevalier de l'ordre royal et militaire de St-Louis, ancien commandant du bataillon provincial du regiment de Limousin ; marreine haute et puissante dame Marie-Denise Jaubert, comtesse de Bonneval » (le dit baptême fait par Ch.-Louis Duplessis d'Argentré, évêque de Limoges, qui a signé). — 1789, 28 janvier : Catherine, fille de Jean-Pierre Sourdet, imprimeur, natif de Valence en Dauphiné, et de Marie-Jeanne Radet. — 8 décembre : Jeanne, fille de J.-B. Ruben, « orfeuvre, » et de d[lle] Leonarde Chasaud. — 1790, 17 février : Etienne, fils de M. J.-B. Nouallier, emailleur, et de d[lle] Anne Gaston. — 11 mars : Pierre, fils de M. Jacques Farne, imprimeur et marchand libraire, et de Me Marguerite Gregoire de Roulhac. — 15 juin : Pierre, fils de François Chapoulaud, imprimeur et libraire, et de dame Leonarde Roulhac. — 4 juillet : Vincent-Prosper-Alexis, fils de

M. Leonard Barbou, « imprimeur du Roy, colonel de la garde citoyenne de Limoges », et de dame Constance Bonnin de Nouit. «..... Fait en présence de la garde nationale, et ont signé les officiers de l'état-major. » — 29 août : récit détaillé de la translation solennelle des reliques de la chapelle de l'évêché à l'église Saint-Pierre. — 4 septembre : abjuration de Samuel Reichard, soldat dans la compagnie du guet, natif de la paroisse de Frielzheim, dans le duché de Wurtemberg, gouvernement de Hirschau. — 1791, 29 mars : bapt. Gabriel, fils de Pierre Duval, « orfeuvre, » et de Jeanne Radoin; parrain Gabriel Bricaille, « orfeuvre. »

GG. 36. (Registre.) — In-12, 19 feuillets, papier.

4 octobre 1667 — 1668. — Saint-Pierre-du-Queyroix. — Mariages. — L. Martin, vicaire. — Un seul acte antérieur au 9 avril 1668. — 1668, 24 juin : « j'ay envoyé a M. le curé des Eglises la permission de fiancer et espouzer Me Leonard Voysin, procureur de la seneschaussée du Dognon, a Catherine Guybert, nostre parroissienne. » — 4 août : Jean Bardinet, me imprimeur, et Valerie Quillet. — 23 octobre : permission à M. le curé d'Aubusson « pour espouzer Estienne Roquet, me tapissier de notre parroisse, a Anne Chaumette, de la ville d'Aubusson. » — 26 novembre : permission a Mr le curé de Saint-Leonard, « pour espouzer et fiancer Maureil Debroa, me imprimeur de notre parroisse, et Anne Baudras. »

GG. 37. (Registre.) — In-12, 16 feuillets, papier.

1669. — Saint-Pierre-du-Queyroix. — Mariages. — Fr. Juge, curé; L. Martin, Mormier, vicaires. — 10 février : « present Jean Beraud, archer du visneschal (*sic*) de la Basse-Marche, a Belac. » — Même jour : permission à Mr le curé de Saint-Michel-des-Lyons « pour espouzer François Brunier et Anne Ardent, fille de Jean Ardent, marchand orpheuvre, et de Catherine Guibert. » — 17 octobre : Guillaume Bernard, dit Ribaniou, et Catherine Meynager, veuve de feu Estienne Bargas. — 5 novembre : permission à Mr l'archiprêtre de Saint-Paul « pour epouzer sr Jean Mouffle, me d'hotel de Mr le marquis de Sauvebœuf, parroisse de Saint-Paul, et dlle Marguerite Darnac, de nostre parroisse. »

GG. 38. (Registre.) — In-12, 10 feuillets, papier.

1670. — Saint-Pierre-du-Queyroix. — Mariages. — L. Martin et Mormier, vicaires. — 8 janvier : Michel Doulhac, « me escrivain, fils a feu Pierre Doulhac, aussy me escrivain, et à Magdeleine Volondat, avec Anne Raymond, fille à Gabriel Raymond, me passementier, et à Marcelle Marsoudon. » — 8 juin : Pierre Martin, « me enlumineur d'images, natif de la ville de Gas (*sic*) en Dauphiné, avec Jeanne Bordas. »

GG. 39. (Registre.) — In-12, 18 feuillets, papier.

1671. — Saint-Pierre-du-Queyroix. — Mariages. — Juge, curé; L. Martin, J. Coulomb, Ps. Texendier, vicaires. — 25 juillet : Mr Me Jean Periere, sieur de Chastreix, « conseiller et advocat du Roy en ceste ville, avec dlle Marie de Maleden, ... es presence de Mr Pierre Roger, conseiller du Roy, sr de Moysaguet et Mr François de Maledent, sr de Veyrinas. » — 13 septembre : permission à M. le curé de Saint-Michel-des-Lions « d'épouzer Leonard Michelon, sr de Bostdemouly, bourgeois de la present ville, à dlle Thereze Volondat, fille à Mr Me Simon de Volondat, lieutenant en la jurisdiction royalle et Prevosté de Limoges, et à dame Catherine Pinot. » — 27 octobre : Antoine Frayssey, « commis à la Messagerie de Limoges à Bordeaux, » avec Leonarde Duclou.

GG. 40. (Registre.) — In-12, 11 feuillets, papier.

1672. — Saint-Pierre-du-Queyroix. — Mariages. — Fr. Juge, curé; L. Martin, Ps. Texendier, vicaires. — 28 février : Mr Pierre Dorat, fils de feu Mathieu Dorat et de Catherine Faute, avec dlle Marie Labiche, fille du sr Guillhaume Labiche et de dlle Maurelie Brouchaud, « ..... ès presence de Mr Pierre Labiche, conseiller du Roy au Presidial de Limoges, sr de Reguefort, et de sr Pierre Dorat l'aisné, bourgeois et marchand de la presente ville. » — 10 août : Mr Jacques Pavillzon, me sculpteur, et Mlle Narde Pailler, tous deux de la parroisse de Saint-Pierre.

GG. 41. (Registre.) — In-12, 10 feuillets, papier.

1673. — Saint-Pierre-du-Queyroix. — Mariages. — Fr. Juge, curé; L. Martin, J. Coulomb, J. Cibot, vicaires.

— 22 janvier : present Jean Bardinet, marchand-libraire. — 23 avril : Gregoire Dubois, s^r du Boucheron, « conseiller du Roy, esleu en l'Election de la present ville, » avec d^lle Magdeleine Maledent. — 6 août : François Charbonier, « m^e imprimeur de la ville de Limoges, » parroisse de Saint-Michel-des-Lions, avec d^lle Izabelle Vozelle, de la parroisse de Saint-Pierre-du-Queyroix.

GG. 42. (Registre.) — In-f^o, 21 feuillets, papier.

1674 — 10 septembre 1679. — Saint-Pierre-du-Queyroix. — Mariages. — Fr. Juge, curé; J. Cibot, J. Coulomb, L. Martin, F. Monson, vicaires. — 1674, 21 janvier : present Jacques Lodein, « emallieur, » (*signé* J. Laudin, présent). — 9 septembre : Martial Faye, « imprimeur de la paroisse de Saint-Michel-des-Lyons, » avec Jeanne Cathue. — 17 septembre : Nicolas Deroche, m^e sculpteur, natif de la paroisse de Saint-Martin-Auradour en Poitou, avec Jeanne Meysonnade, de la paroisse de Saint-Pierre, «... en presence de s^r Jean Boyer, m^e conroyeur, Martial Maisonnade, m^e sculpteur, et Renet Deroche, aussy sculpteur. » — 22 octobre : François Claude, sculpteur, natif de Neufchasteau en Lorraine, avec Marguerite Floris. — 1675, 14 juillet : permission à M. le curé de Saint-Maurice-las-Broussas « pour epouzer Jean Laroche, m^e peintre, de la paroisse de Saint-Pierre, et Jacquette de la Brueilhe, de sa paroisse. » — 15 octobre : M. Jean Despeyrut, s^r de la Chatonnie, « escuyer, » avec d^lle Leonarde de la Frangnie, en presence de MM. « François de Mongibaud, escuyer, s^r de la Joubertie, François de la Frangnie, Barthelemy Garat, avocat en Parlement, François Dufaure, Estienne de Beaune, s^r de la Rivière, et François Juge. » — 1676, 17 juin : Jean-Baptiste Dupré, baron d'Aigueperce et de la Genetouze, avec d^lle Marie Delabiche. — 25 août : présent Guilhen Maisonnade, m^e sculpteur. — 28 novembre (dans l'eglise Saint-François) : M. Henri de Verthamon, s^r de Fougeras et de Villeneufve, fils de feu M. Jacques de Verthamon... et de Catherine Deslor, avec d^lle Catherine de Roulhac, « fille de Me Martial de Roulhac, procureur du Roy en sa jurisdiction et Prevosté de Limoges », et de d^lle Jeanne Saleys. — 1677, 24 janvier : Mr Me Maureil de Jayat, s^r de la Garde, « conseiller du Roy au Presidial de cette ville et consul, avec dame Catherine Brunet, veufve de feu Jacques de Labiche, s^r de Sivergnac. » — 1678, 30 mai : permission à M. le curé de Saint-Michel-des-Lyon « d'espouser s^r Isaac Ardant, marchand orpheuvre de sa parroisse, avec Magdeleine Rougier, de celle de Saint-Pierre. »

GG. 43. (Registre.) — In-f^o, 6 feuillets, papier.

23 septembre 1679 — 2 octobre 1681. — Saint-Pierre-du-Queyroix. — Mariages. — Fr. Juge, curé; F. Monson, J. Cibot, J. Choury, vicaires. — 1679, 2 octobre : Me François Juge, s^r du Masbilier, « avocat en la Cour, » avec d^lle Marcelle Traversier. — 30 novembre : Mr Me Joseph Lebreton, chevalier, s^r de Faye, « conseiller du Roy au Parlement de Guyenne, » avec d^lle Barbe de Verthamon. — 1680, 28 février : Mr Me Barthelemy Moulinier, « conseiller du Roy et son procureur général au Bureau des finances de Limoges, » avec d^lle Marie Aubusson.

GG. 44. (Registre.) — In-f^o, 300 feuillets, papier.

24 novembre 1681 — 25 février 1734. — Saint-Pierre-du-Queyroix. — Mariages. — Juge, curé; J. Choury, J. Cibot, Chastaignact, J. Guineau, etc., vicaires. — (Lacune pour 1692-1695; voyez ci-dessus, GG. 28.) — 1688, 23 novembre : Antoine Duchesne, m^e sculpteur, avec Anne Massegris. — 1690, 25 juillet : Mre Guillaume-Charles de Ribeyreyx, « chevalier, baron de Courbefy, s^r de Ribeyreyx, Saint-Priet et autres places, demeurant en son château de Ribeyreyx, de ladite paroisse de Saint-Priet, en Périgord, » avec d^lle Dauphine de la Borie, fille de Mre Pierre de la Borie «, escuyer, president thresorier de France en la presente Generalité, » et de defunte dame Marguerite Pigné. — 1697, 26 janvier : Pierre Laudi, « natif de la ville de Florence, en Italie, et demeurant depuis 20 années en la presente ville, » avec Marie Vergnaud. — 1698, 26 mai : Joseph Noualhier avec Françoise Dumas. — 1699, 12 mai : Mr Pierre David, s^r de la Vergne, « conseiller du Roy et directeur de la Monnoye de Limoges, » avec Françoise Pinot. — 1700, 21 février : M. François de Rouffignac, chevalier, s^r de Sannat, fils de M. Gedeon de Rouffignac et de dame Charlotte d'Alogny, de la paroisse de St-Junien-les-Combes, avec d^lle Catherine de la Borie. — 1707, 6 mars : Mr Me Léonard Dubois, fils de Me Jean Dubois, « conseiller du Roy, receveur des tailles en l'Election de Bourganeuf, » et de dame Elizabeth Marchandon, avec d^lle Marie de Sylouette, fille de feu M. Dominique de Silhouette, « bourgois et marchand de la ville de Bayone, » et de d[lle] Saubade de Saubaigné; present M[r] Me Arnaud de Silhouette, « conseiller du Roy, receveur des tailles en l'Election de Limoges, thresorier principal de l'extraordinaire des guerres et directeur des Receptes generales des finances de ladite Generalité, » frère de ladite demoiselle. — 1708, 9 décembre : Messire Jacques de l'Orme, s[r] de Pagnac, fils de Mre Jean-Louys-Gabriel de l'Orme de Pagnac, chevalier, s[r] de Perigères, etc., et de dame Elizabeth de Belvezé de Joncheres, de la paroisse de Mons, archiprêté de Limagne, diocese de Clermont, avec d[lle] Suzanne de Douhet du Puymoulinier..... (ledit mariage célébré dans la chapelle du palais épiscopal par l'Evêque de Limoges qui a signé). — 1713, 0 février : Mre Philippe-Ignace de Gay, ecuyer, s[r] de Campagne, fils de Mre Jean de Gay, ecuyer, s[r] de Nexon, et de feue dame Marguerite de Trion de Montelambert, avec d[lle] Marie de la Plasse, fille de feu Mre Joseph-Balthezard de la Place, ecuyer, s[r] de la Brosse, « en son vivant major du regiment de Simiane-cavalerie, » et de dame Marie-Françoise Musnier, de la paroisse de Saint-Jean-Ligoure. — 1728, 16 novembre : Bernard Nouailler, fils de feu Joseph Nouailler et de Françoise Dumas, avec Valerie Auvray.

GG. 45. (Registre.) — In-4°, 431 feuillets, papier.

2 mars 1734-1756. — Saint-Pierre-du-Queyroix. — Mariages. — Juge, Simon, curés ; Cybot, Marc, Senamaud, David, etc., vicaires. — 1738, 17 juin : s[r] Jacques Brisset, potier d'étain, avec d[lle] Françoise Farne, fille de feu Gabriel Farne, marchand libraire et imprimeur, et de feue Francoise Ardant, en presence de Jacques Farne et Gabriel Farne, freres, et Jean-Baptiste Farne, neveu de la contractante. — 1740, 9 juin : Mr Guillaume Raby, m[e] orfèvre, fils de feus Leonard Raby et Marie Lasaigne, avec Marianne Laudon, fille de Mr Pierre Laudon, « m[e] chyrugien » (*sic*) et de d[lle] Catherine Brun. — 1741, 28 novembre : Jean-Baptiste Voisin, veuf de d[lle] Marie Tandeau, m[e] imprimeur, agé de 36 ans, avec d[lle] Petronille Chastaing, fille de feu Jean Chastaing, orfèvre, et de d[lle] Leonarde Barrot. — 1745, 23 mai : s[r] Martial Bourdeau, avec d[lle] Louise Farne, fille du s[r] Jacques Farne, imprimeur, et de feu d[lle] Françoise Froment, habitant rue Ferrerie. — 1754, 8 janvier : Jacques Carqueix, libraire, et Charlotte Humbert. — 28 mai : Martial Barbou, imprimeur, fils de feu Mr Jean-Baptiste Barbou, « thresorier des Ponts et chaussées, » et de dame Valerie Farne, avec Marguerite Bourdeau.

GG. 46. (Registre.) — In-4°, 344 feuillets, papier.

1757-1774. — Saint-Pierre-du-Queyroix. — Mariages. — (Il y a quelques enterrements inscrits par mégarde en 1764 et 1765). — Simon, Navières, curés ; Ardant, Cheyrou, Tabaraud, etc., vicaires. — 1762, 2 février : s[r] Pierre Meynieux avec Leonarde Voisin, fille du s[r] Jean-Baptiste Voisin, marchand imprimeur, et de défunte d[lle] Marie Tandeau. — 1763, 5 juillet : Mr Izaac-Martial Ardant, fils de M. Leonard Ardant jeune, « marchand orpheuvre de la paroisse de Saint-Pierre-du-Queyroix, » et de d[lle] feue Jeanne Faurisson, avec d[lle] Jeanne Chapoulaud, fille de Mr Pierre Chapoulaud, « marchand imprimeur et libraire, » et de feue d[lle] Jeanne Nadaud. — 1770, 30 septembre : Jean-Baptiste Voisin, fils d'autre J.-B. Voisin, « marchand imprimeur et libraire, » et de feue d[lle] Petronille Chasteing, avec Françoise Chabrol.

GG. 47. (Registre.) — In-4°, 259 feuillets, papier.

1775-1787. — Saint-Pierre-du-Queyroix. — Mariages. — Navières, Saint-Mathieu, curés ; Lombardie, Bonin, Teulier, etc., vicaires. — 1775, 18 septembre : Leonard Meilhac avec Marguerite Chapelas, fille du s[r] Etienne Chapelas, m[e] tapissier. — 20 novembre : Pierre Blanchard, marchand orfevre, fils de feu J.-B. Blanchard et de Marie Maurensane, avec Magdeleine Dalesme, fille de François Dalesme, « marchand libraire et imprimeur, » et de feue Magdeleine Disnematin de Salles. — 1776, 9 janvier : Mr Jean-Baptiste Dupitrem (*sic*), bourgeois, fils de feu s[r] François Dupitrem et de d[lle] Marie Martin de Laubrepy, de la paroisse de Sainte-Croix de Pierre-Buffière, avec d[lle] Marie-Marguerite Faure, fille de s[r] Louis Faure de Condat, bourgeois, et de feue d[lle] Ustelle Echaupre, de cette paroisse. — (*Signé* : Dupytren.) — 20 juillet : s[r] Claude Lesme, « marchand orfeuvré, » avec d[lle] Chaterine Vaudet. — 1779 : 15 février : Léonard Gondaud, m[e] tapissier, fils de Pierre Gondaud, aussi m[e] tapissier, et de défunte Therèze Nicole, avec Catherine Limousin. — 26 août : Mr Jacques Farne, m[e] imprimeur, fils du s[r] J.-B. Farne, aussi m[e] imprimeur, et de feue d[lle] Claude-Daniel de Guilaine, avec Marguerite Roulhac du Rouveix. — 1781, 24 avril : Martial Tabaraud, « marchand orpheuvre, » avec d[lle] Louise Poumeau.

GG. 48. (Registre.) — In-4°, 123 feuillets, papier.

1787-1792. — Saint-Pierre-du-Queyroix. — Mariages. — Saint-Mathieu, Baudy, curés; Vitrac, Duchesne, Lemaçon, etc., vicaires; depuis le 11 novembre 1792, Pezaud, officier public. — 1787, 29 mai : messire Jean de Maussac, « chevalier, major du regiment de Monsieur-dragons, chevalier de Saint-Louis, » fils de feu Mre Jean de Maussac, chevalier, sr de Salvaniac, Fourmauiac, etc., et de feue dame Marie-Louise Michel de Leirac, avec dlle Anne Audebert de Fontmobert, fille mineure de feu J.-B. Audebert, ecuyer, sr de Fontmobert, La Borde, etc., et de dame Elisabeth Blaitot (le dit mariage célébré dans la chapelle du château de Beauvais par messire Jean de Maussac, vicaire général et abbé de Saint-Martial). — 1789, 16 février : sr Pierre Duval, orfèvre, fils du sr Pierre Duval et de dlle Marie-Magdeleine Jubert, de la paroisse de N.-D. de Taverny, diocèse de Paris, « habitant la paroisse depuis 18 mois, » avec dlle Jeanne Audoin.

GG. 49. (Registre.) — In-4°, 17 feuillets, papier.

9 août 1660 — 5 février 1665. — Saint-Pierre-du-Queyroix. — Enterrements. — Registre tenu par François Juge, curé, depuis le jour de sa prise de possession (31 juillet); lacune du 12 octobre 1661 au commencement de 1664. — 1660, 19 septembre : service pour Nicolas Veyrier, fils de Jean Veyrier, « orpheuvre de cette ville. » — 11 octobre : service de Léonard Noalher, décédé à Paris. — 14 novembre : ent. Pierre Romanet, tapissier. — 16 novembre : messire Jean Pinet, « premier président en l'Election de Limoges. » — 1661, 9 janvier : Mathieu Poylevé, me sculpteur. — 1664, 8 février : Gelibert Roquet, me tapissier. — 9 mai : ent. dans l'église des PP. Augustins de M. Charles de Guillaume, « thrésorier de France. » — 19 mai : dlle Magdelene Ventenat, femme de Me Lacroix, docteur en médecine. — 25 mai : dame Anne Guibert, « veufve de feu sr Jean Mouret, orpheuvre. »

GG. 50. (Registre.) — In-12, 16 feuillets, papier.

1668. — Saint-Pierre-du-Queyroix. — Enterrements. — L. Martin, vicaire. — 23 janvier : « Un enfant, ondoyé à la maison par la femme-sage, du sr Pinchaud, me orpheuvre. » — 6 février : Gaspard Palier, « vivant me d'echole. » — 17 et 18 février : Jean et Barbe, enfants de sire Jacques Blanchard, « marchand orpheuvre, » et d'Anne Chabron. — 8 mars : Marcelle Adelene, « veufve de feu Joseph Baryas, vivant marchant libraire. » — 6 septembre : vénérable Me Jean Vouveys, « vivant prêtre de Saint-Pierre. » — 18 novembre : Estienne Baryas, marchand libraire. — 6 décembre : Jean Vertamond, sr de Tandeau. — 23 décembre : Antoine Moreil, fils de Mr Me Pierre Moreil, « premier président au siege presidial de Limoges, sr de Chabanes, » et de dame Marie de Petiot.

GG. 51. (Registre.) — In-f°, 26 feuillets, papier.

1669. — Saint-Pierre-du-Queyroix. — Enterrements. — L. Martin, vicaire. — 31 janvier : Jacques Meynager, « marchand cartier, natif de la ville de Rouan. » — 6 avril : Marguerite Coulhaud, fille de Jean Coulhaud, me tapissier. — 26 octobre : Leonarde Chapoulaud, fille de Martial Chapoulaud, marchand libraire, et de Paule Bechameys. — 30 novembre : Magdeleine, fille de Mathurin Revelard (?), imprimeur, et de Catherine Gaudy.

GG. 52. (Registre.) — In-12, 27 feuillets, papier.

1670. — Saint-Pierre-du-Queyroix, — Enterrements. — L. Martin, Mormier, vicaires. — 2 janvier : Isabeau Chabron, femme de sr Jacques Blanchard, « me orpheuvre. » — 22 mars : Guilhaume Maizonnade, fils d'Annet Maizonnade et d'Anne Psialot. — 12 may : Marie Granaud, fille de Hierosme Granaud, me peintre, et de Jeannette Foucault. — 28 may : Pierre Marsaudon, « vivant sculpteur. » — 6 août : Paule Ardant, « fille à sr Pierre Ardant, marchand orpheuvre, et à demoiselle Paule Peyrat. » — 23 septembre : Jean de Loménie, « fils à sr Me Jean de Loménie, lieutenant en la grand Prévosté, en Limouzin, et dlle Marie Masfaure. » — 4 novembre : Jean-Baptiste, « fils à sr Henry Lafosse, marchand papetier, et à dlle Marguerite Michelon. »

GG. 53. (Registre.) — In-12, 27 feuillets, papier.

1671. — Saint-Pierre-du-Queyroix. — Enterrements. — François Juge, curé; L. Martin, J. Coulomb, etc., vicaires. — 7 janvier : Léonard Périor, « fils à Pierre Périer, me sculpteur, et à Jeanne Martin. » — 27 février :

Mᵉ Estienne Malledan, « vivant trésorier de France en la Généralité de Limoges. » — 31 mai : Pierre Reby, « vivant compagnon tapissier, natif de la ville de Féletin. » — 24 juin : Pierre Chapoulaud, « fils à Martial Chapoulaud, marchand imprimeur, et à Paule Bechameys. » — 31 juillet : Pierre Bargias, fils de Léonard Bargias, marchand libraire, et de Marcelle Meynager. — 4 août : Annet Maisonnade, « vivant mᵉ sculpteur. » — 28 août : « un enfant baptizé à la maison par la femmesage, né de Gilbert Brun, hibernois, mᵉ d'école, et de Hélainne Marneys. » — 29 octobre : Hiérosme, fils de Martial Coulin, mᵉ tapissier, et de Peyronne Lequart.

GG. 54. (Registre.) — In-12, 21 feuillets, papier.

1672. — Saint-Pierre-du-Queyroix. — Enterrements. — F. Juge, curé ; L. Martin, J. Coulomb, J. Cibot, vicaires. — 20 janvier : ent. dans l'église, de M. Nicolas Garat, « vivant, secrétaire de la Reyne, sʳ de la Grange. » — 9 février : Mᵉ Jacques Guilhot « vivant, docteur en médecine. » — 27 février : dans l'église, Antoine Faucon, dit Tarasson, « vivant marchand émailleur de la présent ville. » — 23 avril : dans l'église, Catherine Lagorse, femme de Psalmet Boileau, « mᵉ peintre de la présent ville. » — 23 juin : dans l'église, Joseph Maisonnade, fils de feu Annet Maisonnade, mᵉ sculpteur, et de Marie Psialot. — 25 juillet : dans l'église, Jacques Demès, mᵉ tapissier. — 17 septembre : dans l'église collégiale de Saint-Martial de Limoges, dame Marie d'Aubusson, décédée le 16 dudit mois, « femme de Mʳ Mᵉ Jacques de Douhet, lieutenant criminel au siege presidial de Limoges. »

GG. 55. (Registre.) — In-12, 27 feuillets, papier.

1673. — Saint-Pierre-du-Queyroix. — Enterrements. — Fr. Juge, curé ; L. Martin, J. Cibot, J. Coulomb, vicaires. — 24 janvier : Jeanne Couliaud, fille de Jean Coulliaud, tapissier, et de Jeanne Champalimeau. — 24 mars : Joseph Besse, fils d'autre Joseph Besse, « maistre du petit jeu de paume, » et de Jeanne Bonnetaud. — 4 avril : « vénérable Mᵉ Pierre Deaux, prestre de la communauté de Saint-Pierre. » — 28 juillet : « vénérable Mᵉ Pierre Noalher, prestre de la communauté de Saint-Pierre. » — 14 août : Mᵉ Martial Chapoulaud, « imprimeur de la présent ville. » — 22 septembre : Mᵉ Pierre Celiere, « prestre de l'eglise parrochiale de Saint-Pierre. — 24 novembre : Paule Bechameyx, « veufve de feut Martial Chapouleaud, vivant marchand libraire. »

GG. 56. (Registre.) — In-fº, 52 feuillets, papier.

1674-1678. — Saint-Pierre-du-Queyroix. — Enterrements. — Fr. Juge, curé ; L. Martin, J. Cibot, F. Monson, vicaires. — 1674, 4 février : Jeanne Verthamond, « veufve de feu Jean Péconne, marchand orfeuvre. » — 27 février : Jeanne Maubaye, femme de Jean Verrier, « orfeuvre. » — 8 mars : Pierre Dutreil, « prestre de la communauté de la présente parroisse. » — 19 mars : Marie Maleden, fille de Mʳ Maleden, sʳ de Fonjodran, et de damoiselle Marie Brugière. — 2 avril : Mathurin Veyriac, « vivant libraire de la present ville. » — 12 mai : Jean Verier, fils de Jean Verier, « orfeuvre, » et de Jeanne Maubaye. — 30 juin : dans l'église de Saint-Michel-des-Lions, « Mʳ Mᵉ François Paignon, conseiller du Roy, et son procureur au siège présidial de Limoges. » — 16 juillet : dans l'église, Jacques Blanchard, « marchand orpheuvre. » — 6 août : Siméone, fille de Jean Péconné, « marchand orpheuvre, » et de Catherine Pénicaud. — 9 décembre : Jacques Noilier, en présence des témoins soussignés : Bonyn, Coignasse. — 26 décembre : Françoise, fille de Martial Faucont et de Marguerite Fils. — 1675, 10 janvier : Jeanne de Douhet, femme de sʳ Jean Benoyt, « conseiller du Roy et son advocat en la jurisdiction ordinaire de Limoges. » — 31 janvier : Mᵉ Joseph David, « conseillier du Roy et son procureur en la grand Prévôté. » — 25 février : dans l'église Saint-Michel-des-Lyons, Michel Peyrière, fils de Mʳ Mᵉ Jean Peyrière, « conseiller du Roy et son advocat au siège présidial. » — 30 mars : Martial Noilier, fils de feu Jacques Noilier et de Marguerite Conniasse. — 23 mai : Mʳ Mᵉ Martial Martin, « conseiller au siège presidial, sʳ de la Barde. » — 27 août : sieur Jacques Sardine. — 1676, 5 janvier : Mʳ François Rouchaud, « prestre de la communauté de Saint-Pierre. » — 29 juin : Mᵉ Jean Perière, « advocat du Roy au siège présidial de Limoges, sieur de Chastreix. » — 13 novembre : dans le cimetière de Saint-Paul, Melchiol (*sic*) Milher, émailleur, natif de Bavière. — 6 décembre : dans l'église collégiale et séculière de Saint-Martial, dˡˡᵉ Marie Villautreys, femme de Mᵉ Martial de Douhet, « advocat en la Cour, sʳ du Gravier. » — 1677, 24 mai : Anne Bardinet, femme d'Estienne Bargias, « marchant libraire. » — 8 juin : une fille de Pierre Martin, « anlimineur en taille douce, » et d'Anne Moras.

— 31 juillet : « vénérable Me Jean Bardinet, prestre de la communauté de Saint-Pierre. » — 14 décembre : Jean Péconnet, « vivant me orpheuvre. » — 1678, 5 juin : Marguerite Mandat, « fille de Mr Me Jean Mandat, seigneur de Puy-de-Nus, conseillier du Roy, lieutenant-général de la présant ville, » et de dame Catherine de Sabourin. — 31 juillet : Julien Maisjounade, fils de feu Anné Maisjounade, sculpteur, et de Marie Scialot. — 17 septembre : Jean Suidiraux, « prestre de la communauté de la présent église. » — 30 novembre : Mr Me François Mailhot, « conseiller du Roy, controlleur des décimes de ce diocèse. »

GG. 57. (Registre.) — In-fo, 22 feuillets, papier.

1679 — 25 avril 1783. — Saint-Pierre-du-Queyroix. — Enterrements. — Fr. Juge, curé; L. Martin, J. Cibot, etc., vicaires. — 1679, 11 avril : Me Léonard Martin, « prestre de la communauté de Saint-Pierre. » — 23 mai : Hélie Couliaud, fils de Jean Couliaud et de Léonarde Champalimeaux. — « Aujourd'huy 22 juin 1680, a esté porté dans cette église le corps de feu Mr Me Jacques de Douhet, sr du Puymoulinier, lieutenant criminel, décédé le jour d'hier; et ensuitte l'office chanté, conduit à Saint-Martial où il a esté enterré en présence de MM. Douhet et Desflottes, prestres de cette église. » — 24 janvier : Marie Reignaud, fille de Claude Reignaud, imprimeur, et de Catherine Granaud. — 16 mai : Guilhiaume de Verthamond, fils du sr Barthelemy de Verthamond et de dame Françoise Lafosse. — 18 juillet : Jacques, fils de feu Jacques Blanchard, « vivant orpheuvre, » et d'Elisabeth Chabron. — 14 août : Pierre Pinchaud, « marchand orpheuvre. » — 14 septembre : Mr Jean Tillet, « prestre habitué de la communauté de la presante église. » — 1682, 25 juillet : Magdelaine Thillet, fille du sieur Anthoine Thillet, « marchand orpheuvre, » et de dlle Louyse Arboin.

GG. 58. (Registre.) — In-4o, 82 feuillets, papier.

8 mai 1683 — 2 mai 1692. — Saint-Pierre-du-Queyroix. — Enterrements. — Fr. Juge, curé; J. Cibot, J. Choury, etc., vicaires. — 1685, 7 janvier : « ensévéli Jean Veyrié, orpheuvre. » — 4 novembre : « François Charbonnier, dict Pachy, me imprimeur. » — 2 décembre : Pierre Beulaigue, me peintre. — 1686, 10 mai : Anne Lajoumard, femme de Gabriel Farne, libraire. — 30 juillet : Pierre Guimbert, « orpheuvre. » — 1688, 9 avril : Mr Me Pierre Dalesme, sr de Reygolene, « thresorier au Bureau des finances de la Généralité de Limoges. » — 13 juin : Martial, fils de Nalias Bilanges, imprimeur, et de Marguerite Duteil. — 1690, 25 février : Pierre, fils de Jean Ardent, « orpheuvre, » et de Jeanne Raby. — 4 mai : Mr Me Jean de Guillaume, sr de la Grange, « conseiller du Roy, thrésorier général de France en la Generalité de Limoges. » — 18 juillet : Martial Faye, libraire. 7 octobre : Hierosme Nillaud, me peintre. — 11 octobre : Jean Beaulaygue, me peintre. — 1691, 25 août : Jean Ardent, « marchand orpheuvre. » — 26 octobre : Jean Bardinet, imprimeur.

GG. 59. (Registre.) — In-fo, 116 feuillets, papier.

1695 — 4 août 1709. — Saint-Pierre-du-Queyroix. — Enterrements. — Chastaignact, vicaire. — 1695, 8 février : Jeanne Pinchaud, fille du sr Jacques Pinchaud, « marchand orpheuvre, » et de dlle Valerie Reculez. — 1er septembre : Léonard Bargeas, me libraire. — 16 septembre : Pierre Maisonnade, fils de Me Martial Maisonnade, libraire, et de Marguerite Montagnt. — 1697, 30 novembre : Mr Me François Juge, docteur en théologie, curé de Saint-Pierre de Limoges, décédé le jour précédent. — 1699, 20 mai : Jacques Laudin, fils du sieur Noel Laudin, « esmailleur, » et de dlle Valerie Riboulie. — 9 juillet : Marie, fille du sr Gabriel Farne, libraire, et de dlle Françoise Ardent. — 1700, 12 mars : Gilles, fils de Jacques Laquintinie, marchand libraire, et de Françoise Bonnœil. — 8 mai : Joseph, fils de Martial Bargeas, marchand libraire, et de Marie Laquintinie. — 1702, 15 juillet : Pierre Brabant, « lanspessade dans le régiment de Saint-Germain-Beaupré, de la compagnie de M. le chevalier de Ligny. » — 1704, 15 février : sr Thadée ô Collanam, « hibernois. » — 25 août : Marie Besse, veuve de feu Anthoine Voisin, me imprimeur. — 24 novembre : Marie, fille de Jacques Laquintinie, libraire, et de Françoise Bonair. — 28 novembre : Marie, fille du sr Gabriel Farne, imprimeur et libraire, et de dlle Françoise Ardent. — 1705, 1er avril : Léonard Blanchard, « me orpheuvre. » — 1707, 30 juillet : sr Anthoine Voisin, marchand libraire. — 26 août : sieur Pierre Ardent, « orpheuvre. » — 1708, 21 janvier : Louis, fils du sr Noel Laudin, émailleur, et de dlle Valerie Riboulie. — 26 février : sœur Élizabeth Feuvre, supérieure des Sœurs de l'Instruction chrétienne. — 15 septembre : Gilles, fils de Martial Beyrou, architecte, et de Jeanne Faugère. — 1709, 21 mai : Jean Voisin, imprimeur et libraire.

GG. 60. (Registre.) — In-4°, 91 feuillets, papier.

17 août 1709 — 18 février 1717. — Saint-Pierre-du-Queyroix. — Enterrements. — Quéry, Duteil, Mailhot, Senemaud, Tailhandier, Heyraud, vicaires. — 1709, 17 août. Marcelle Ménager, « veufve de feu Bargeas, libraire. » — 11 décembre : Antoine Duchesne, « m^e sculpteur et merguiller de la presente église. » — 1710, 17 avril : Valerie Rigoule (*sic*), « fame de Noel Laudin, decedée le jour précédent; elle a été enterrée en présence de Noel Laudin, son époux... » (*Signé :* N. Laudin.) — 17 avril : s^r Jacques Pinchaud, « m^e orfeuvre. » — 3 juillet : Nicolas Desroches, m^e sculpteur, agé d'environ 66 ans. — 10 août : Valerie Quillet, « veufve de Jean Bardinet, libraire, » 60 ans. — 11 août : Bartelemy Voisin, m^e imprimeur, 43 ans. — 16 août : Jacques Sardine, m^e imprimeur, 55 ans ; présent Martial Sardine, son fils. — 18 octobre : Jeanne Hardy, femme de Jean Chapouleau, m^e imprimeur. — 7 novembre : Paulie Champeyre, femme de François Meilhac, m^e imprimeur, 50 ans. — 1711, 25 mai : Anne Verniaud, femme de Pierre Bargeas, « marchant libraire. » — 1712, 1er mai : Jeanne Martin-Dessables, agée d'environ 65 ans, « veufve de Jacques Sardine, m^e imprimeur. » — 1713, 26 juin : Anne, agée d'environ 11 ans, fille du s^r Noel Laudin et de d^lle Valerie Ribouilhe... (*Signé :* N. Laudin.)

GG. 61. (Registre.) — In-f°, 63 feuillets, papier.

21 février 1717 — 23 octobre 1720. — Saint-Pierre-du-Queyroix. — Enterrements. — Heyraud, Senemaud, Blanchard, etc., vicaires. — 1717, 28 septembre : Pierre Noalher, « agé d'environ 60 ans, décédé le même jour ..... ; ont été présens à son enterrement s^rs Pierre Bonin et Baptiste Faute. » — 15 octobre : s^r Joseph Maisonnade, m^e peintre, agé d'environ 70 ans. — 24 novembre : Marie, agée d'environ 3 ans, fille de Philippe Morizau, sculpteur, et d'Anne Duchêne. — 27 novembre : Jérome, fils de Jérome Texandier, « colonel de la bourgeoisie de Limoges, échanson de Madame, » et de dame Anne Teullier. — 27 décembre : Marcelle Cluzeau, épouse de M. Bargeas, marchand libraire, 50 ans. — 1719, 18 mai : François, agé d'environ 4 mois, fils de Mr Dalaime, marchand libraire. — 2 juin : Léonarde, agée d'environ 20 mois, fille de Martial Gros et Claire Guytard. — 29 octobre : Grégoire, agé d'environ 3 ans, fils de Martial Gros et de Claire Guytard. (*Signé :* Marsiali Gros.)

GG. 62. (Registre.) — In-4°, 253 feuillets, papier.

24 octobre 1720 — 10 septembre 1736. — Saint-Pierre-du-Queyroix. — Enterrements. — Juge, curé ; Senemaud, Heyraud, Blanchard, etc., vicaires. — 1721, 30 avril : s^r Joseph Noalher, agé d'environ 55 ans, décédé le jour précédent. (*Signé :* Baptiste Nouailher, Marsiali Gros). — 5 décembre : Anne Faulte, décédée le jour précédent, agée d'environ 60 ans. (*Signé :* B^te Nouailher, B. Faulte). — 1722, 3 octobre : Marie, fille de Mathieu Guitard, m^e imprimeur, et de Jeanne Breuil. — 1723, 18 octobre : Antoine, agé de 13 ans, fils de Mr Martin Bellay, m^e sculpteur, et de Marguerite..... — 1724, 10 mai : Marie-Magdeleine Martialot, épouse du s^r Farne, marchand libraire, agée d'environ 21 ans. — 26 octobre : une fille de Pierre Boulion, imprimeur, et Catherine Biarnay. — 1725, 30 janvier : Jeanne, 9 mois, fille du s^r Jacques Farne, marchand imprimeur, et de d^lle Magdelaine Martialot. — 2 mai : Pierre Chaussonier, « natif de Saint-Meyssain en Poitou, m^e des œuvres de la ville de Limoges, » 45 ans. — 22 juin : Marguerite, 10 jours, fille de Jacques Duchesne et de Anne Chateint. — 1731, 20 décembre : Marie, 18 ans, fille de s^r Léonard Chastaing, orfèvre, et de Léonarde Barot. — 1732, 2 juin : s^r François Meilhac, libraire, 78 ans. — 1733, 17 mai : une fille de Jean Lamotte et de Marie Baudin, imprimeur. — 13 août : Nicolas, fils de Martial Gros, imprimeur, et de Therese Soudanas. — 24 août : Marie, fille du s^r Léonard Ardent, orfèvre, et de d^lle Jeanne Faurisson. — 1735, 4 juin : Anne, 4 ans et 6 mois, fille de Martial Roby, m^e imprimeur, et de Anne Filliastre. — 1736, 21 février : s^r Pierre Dufournieux, imprimeur, agé d'environ 33 ans. — 23 février : Mr Me Jean Barbou, s^r des Cousrières, s^r de Mounismes, « conseiller du Roy, greffier en chef de l'Eslection, trésorier des Ponts et chaussées de cette Généralité, » 48 ans. — 22 août : s^r Jacques Duchesne, « m^e sculpteur et merguillier de cette église, » 45 ans.

GG. 63. (Registre.) — In-4°, 541 feuillets, papier.

11 septembre 1736 — 1756. — Saint-Pierre-du-Queyroix. — Enterrements. — Pierre Juge, Simon, curés; Reynaud, David, Cibot, etc., vicaires. — 1737, 10 mai : Marie Laudin, femme de Nicolas Isecq, me relieur. — 1738, 9 juillet : Pierre Juge de Saint-Martin, « docteur en théologie et curé de Saint-Pierre, » âgé d'environ 38 ans. — 9 août : Pierre, fils de Me Martial Roby, marchand libraire, et de dlle Anne Filliastre. — 1739, 14 mai : Valerie Ouvrel, femme de Bernard Nouailler, me émailleur, âgée de 35 ans. — 16 juin : Marie, agée de 2 ans 1/2, fille de Martial Nouailler, émailleur, et de Marie Soudanas. — 25 septembre : Mr Gabriel Blanchard, orfèvre, 48 ans. — 10 décembre : M. Jean Chastain, « orfeuvre, » 64 ans; Marie Tandeau, femme de Mr J.-B. Voisin, imprimeur, 29 ans. — 1743, 10 avril : Philippe Morisant, sculpteur, époux d'Anne Duchesne, agé d'environ 72 ans. — 1747, 9 janvier : François, fils de Jean-Baptiste Noualher, émailleur, et de Anne Gay, 9 ans. — 15 septembre : Dom Pierre, marquis de Pigné, « brigadier des armées de S. M. catholique le Roy d'Espagne, ci-devant sous-lieutenant des Gardes-du-corps dans la compagnie flamande, » époux de dame Catherine de Regnaudin, 72 ans. — 1753, 6 août : Jacques Laquintinie, veuf de feue Françoise Bonner, 80 ans. — 14 août : Jean-Baptiste de Niomandre de Banizete, écuyer, fils de Mre Antoine de Niomandre, écuyer, seigneur de Banizete, et de feue dame Catherine Lasagne de Saint-George, « étudiant au Collège des PP. Jésuites, » 18 ans. — 1754, 4 août : Anne Meilhac, épouse de sr J.-B. Dalesme, imprimeur, 78 ans. — 1756, 19 mars : Martial Bonadier, me sculpteur, époux de Léonarde Lanier, 64 ans. — 15 juillet : Louise, fille de sr J.-B. Farne, imprimeur, et de Claudine Daniel de Guirenne, 7 ans.

GG. 64. (Registre.) — In-4°, 339 feuillets, papier.

1757-1774. — Saint-Pierre-du-Queyroix. — Enterrements. — (Il y a çà et là quelques mariages inscrits par inadvertance.) — Simon, Navières, curés; Lombardie, Cheyrou, Vitrac, etc., vicaires. — 1757, 15 juin : Marie, fille morte-née du sr J.-B. Dalesme, marchand imprimeur, et de dlle Disnematin des Salles. — 1758, 22 mars : Martial, fils de Pierre Chapoulaud, « marchand libraire-imprimeur », et de feue Jeanne Nadaud, 5 ans. — 1759, 23 septembre : Marie, fille du sr Martial Sardine, marchand imprimeur, et de dlle Catherine Colomb, 2 mois. — 1760, 20 juin : sr Jacques Farne, marchand imprimeur, « veuf en secondes nopces de dlle Catherine Chastagnac, » 70 ans. — 1761, 26 février : sr Martial Sardine, époux de dlle Catherine Colomb, 77 ans. — 1765, 30 avril : Jean Morizan, me sculpteur, 55 ans. — 1767, 3 juin : Mr J.-B. Dalesme, imprimeur et marchand libraire, époux de dlle Anne Meilhac, 75 ans.

GG. 65. (Registre.) — In-4°, 205 feuillets, papier.

1775-1786. — Saint-Pierre-du-Queyroix. — Enterrements. — Navières, Saint-Mathieu, curés; Bonin, Reix, Lombardie, etc., vicaires. — 1775, 2 février : Mr J.-B. Blanchard, époux de dlle Marie Mauransane, marchand orfèvre, 56 ans. — 5 mars : Michel, fils de Léonard Sénèque, tapissier, et de Jeanne Ponroy, 1 jour. — 12 mai : sr Martial Chapoulaud, imprimeur et marchand libraire, époux de dlle Marguerite de Labiche, 35 ans. — 8 juillet : Mr J.-B. Noualhier, émailleur, veuf de dlle Jeanne Guay, 78 ans. — 1778, 7 mars : Marie, « née et baptisée ce matin, fille de messire Jean-Ambroise de Bugeaud, chevalier, sr de la Piconerie, et de dame Françoise de Suton. » — 10 mars : Gaétant Quenos (?), « peintre de profession de la ville de Rome, et domicilié depuis quelques mois sur cette paroisse, » 55 ans; *signé* : Jean Nouhalier, Déroche l'aîné. — 1780, 5 juin : Mre Siméon Navières, « bachelier de Sorbonne, curé de cette église, » 47 ans. — 1781, 19 mai : Léonard-Jean de Maulmont, chevalier, baron du Chaslard, sr de Bujaleuf et autres lieux, époux de dame Marie Blondeau de Lauriere, 54 ans. — 1784, 2 mars : dlle Anne Morizant, épouse de Mr Martial Laroche, sculpteur, 65 ans. — 1786, 13 février : Marie, fille de feu sr Pierre Malissen, me orfevre, et de dlle Marcelle Durieux.

GG. 66. (Registre.) — In-4°, 120 feuillets, papier.

1787-1792. — Saint-Pierre-du-Queyroix. — Enterrements. — Saint-Mathieu, Bandy, curés; Lemaçon, Vitrac, Retouret, Picquet, etc., vicaires. — 1787, 29 avril : Antoine Lombardie, « prêtre, ancien curé de La Brugere, communaliste de cette église. » — 1788, 7 janvier : dame Émilie-Françoise de Failly, épouse de messire Pierre-Jean-Baptiste de Guillaume de Rochebrune, « chevalier, s[r] de la Grange, Cordelas et autres lieux, commissaire ordinaire des guerres. » — 4 décembre : d[lle] Aimée Gouslin, « originaire de Paris, paroisse de Saint-Severin, » veuve de s[r] Pierre de la Ruelle de Beauminy, « correspondant de l'Académie des Inscriptions et Belles-Lettres de Paris, » 87 ans. — 1791 : 9 février : Jeanne, fille de Pierre Voisin, imprimeur, et de Marie Chabrol, 4 ans.

GG. 67. (Registre.) — In-4°, 67 feuillets, papier.

1660-1725. — Saint-Pierre-du-Queyroix. — Baptêmes. — Répertoire chronologique. — A l'année 1668, 28 novembre, se trouve mentionné François-Henry d'Aguesseau. On sait que le registre de cette année est perdu.

GG. 68. (Registre.) — In-4°, 135 feuillets, papier.

1726-1791. — Saint-Pierre-du-Queyroix. — Répertoire des baptêmes de 1726 à 1791, et des enterrements de 1780 à 1791. — Au f° 125 et suiv. se trouve le compte-rendu, écrit de la main de François Juge, curé de Saint-Pierre, de conférences ecclésiastiques tenues sous sa présidence, par les curés de Limoges, en 1661 et 1662.

GG. 69. (Registre.) — In-12, 55 feuillets, papier.

22 août 1602-1610. — Saint-Maurice. — Baptêmes, mariages, enterrements. — Registre tenu par Léonard Pauthut, vicaire, puis curé. — 1603, 3 août : bapt. Pierre Apvril, « filz de sire Jehan Apvril, dict Jandou, et de Anne Corteys ; » parrain sire Pierre Apvril, marchand de la Cité, et marraine Marguerite Bonnin. — 1604, 1er janvier : bapt. Henry Palaix, « filz d'honorable Me Simon Palaix, sieur du Breuil-Lavergne, secrétaire de Mgr l'Evesque de Lymoges, et advocat au siège présidial, et de dame Catherine Romanet ; parrain très révérend père en Dieu, messire Henry de la Marthonie, Evesque dudict Lymoges, et marraine dame Jehanne de Verthamond, femme de sire Jehan Romanet, marchand dudict Lymoges. » — 6 mars : parrain sire Guilhaume Blanchard, « marchand orfeuvre. » — 19 septembre : parrain Emery Guibert, « m[e] orfeuvre. » — 1605, 10 janvier : ent. « feu vénérable Me Pierre Mousnier, vivent curé de Saint-Maurice et chanoine de l'église collégiale de Saint-Martial de Lymoges. » — 26 juillet : bapt. François, « filz d'Hélye Roland, m[e] fondeur et de la Religion prétendue, et de Perronne Fayolle, sa femme, catholique. » — « Le 22 octobre 1605, lorsque le roy Henry-le-Grand estoit à Lymoges, décéda un des suisses de sa garde dans la maison de sire Jehan Malavergne, et fut ensepvely dans le cemitière de Saint-Maurice. » — 1606 : « Nota que dez le 27 juilhet oudict an 1606, je suis esté curé dudict Saint-Maurice, et partant ay administré les sacrementz en qualité de curé. » — 1607, 6 décembre : parrain sire Jacques Decordes, marchand libraire. — 1608, 29 octobre : parrain Pseaumet Pecconnet, « m[e] orfeuvre. » — 1610, 25 août : parrain Me Léonard Martinaud, prieur de l'Artige, et marraine Joannette Deflotte, « veufve de feu sire Jacques Barbon (*sic*), vivent imprimeur de Lymoges. »

GG. 70. (Registre.) — In-12, 63 feuillets, papier.

1611-1616. — Saint-Maurice. — Baptêmes, mariages, enterrements. — Registre tenu par L. Pauthut, curé, qui y a joint un répertoire alphabétique ; le dernier feuillet contient des notes sur l'établissement à Limoges des Frères mineurs et des Carmes. — 1611, 29 août : parrain François Jalasson, marchand, du Busson. — 1613, 10 août : parrain Julhien Blanchard, « m[e] orfeuvre. » — 1614, 21 février : parrain vénérable frère Jacques Champaignac, religieux et prévost de l'abbaye de Saint-Martin de Limoges. — 16 mars : parrain Me Léonard Marginier, « advocat en la cour de Parlement de Bordeaux. » — 26 juin : parrain honorable M[r] Me Jacques du Harlot, « conseiller du Roy et lieutenant au siège présidial de Lymoges. » — 8 décembre : bapt. Jehan Chambon, « filz à sire Mathieu Chambon, m[e] du logis de la Croix-Blanche, et à Thonie de Las Villetas ; parrain sire Jehan Germain, marchand libraire de Lymoges. » — 1615, 11 novembre : parrain François Guimbert, « m[e] orfeuvre. » — 1616, 19 juin : parrain Pierre Mouret, « orfeuvre. » — 3 juillet : marraine Barbe Desmaisons, « fille de M[r] le visseneschal de Lymozin. »

GG. 71. (Registre.) — In-12, 44 feuillets, papier.

1617-1620. — Saint-Maurice. — Baptêmes, mariages, enterrements. — L. Pauthut, curé. — 1618,

3 mars : mar. François Teiteiz, natif de la ville de Feletin, et Francoize Buelly. — 11 octobre : parrain « vénérable Me Pascal Brissaud, curé de Saint-Gence et aumosnier de Mgr l'Evesque de Lymoges. » — 15 octobre : parrain « honorable Me Joseph Marrand, conterolleur des finances en la Généralité de Lymoges. » — 1619, 13 janvier : mar. « en l'esglise de Saint-Julhien, de Pierre Beaulaigue, me tailheur d'habits, et Benigne Guimbert, filhe de feu Jehan Guimbert, en son vivent orfeuvre de Lymoges. » — 1619, 8 février : marraine Jehanne Pouyat, femme de Julhien Blanchard, « me orfeuvre de Lymoges. » — 3 mars : parrain Anthoine Barbou, me imprimeur. — 10 may : bapt. Catherine, « filhe de Leonard Pénicaud, me orfeuvre, et de Françoize, dicte Ceze, de Meilhac. » — 1620, 18 février : bapt. Pierre Balsse, fils de Pierre Balsse, « orfeuvre du faubourg de Boucherye, » et de Anne Mousnier; marraine Anne Martin, femme de Léonard Balsse, « me orfeuvre. » — 30 juillet : mar. « en l'esglise de Saint-Julhien, de François Guimbert, me orfeuvre de Lymoges, et Mathive (*sive*) Tive Durand, du faubourg de Montmailhier, tous deux paroisse de Saint-Michel-des-Lyons. »

GG. 72. (Registre.) — In-12, 30 feuillets, papier.

1621-1622. — Saint-Maurice. — Baptêmes, mariages, enterrements. — Registre tenu par L. Pauthut, qui y a joint une table alphabétique ; lacune de 2 feuillets entre le 22 janvier et le 14 mars 1622. — 1621, 12 juillet : marraine Cecilie Roland, « fille de sire Estienne Roland, marchand libraire de Lymoges. » — 1622, 14 avril : bapt. Joseph Chavaignac, « filz de Martial Chavaignac, me de la poste du Roy, » et de Catherine Ruaud. — 6 juillet : bapt. Jehan Nicolas, filz de Me Léonard Nicolas, procureur au siège présidial, et de Marie Bastide ; parrain « vénérable Me Jehan Nicolas, prestre, curé de Saint-Yrieys, près Aixe, » et marraine Jehanne de Douhet, femme de M. Léonard, « conterolleur des finances. »

GG. 73. (Registre.) — In-12, 34 feuillets, papier.

1623-1624. — Saint-Maurice. — Baptêmes, mariages, enterrements. — Registre tenu par L. Pauthut, qui y a joint une table alphabétique. — 1623, 31 janvier : parrain noble Anthoine de Perperolles, « escolhier. » — 14 février : bapt. Joseph Balsse, « fils de Pierre Balsse, me orfeuvre, » et de Anne Mousnier ; parrain sire Joseph Balsse, « me orfeuvre de Lymoges. » — 13 mai : ent. « dans l'esglise des Jacobins, de vénérable Me Thomas Ruaud, vivent curé de Saint-Paul-lez-Limoges, décédé le jour précédent. » — 23 août : parrain « vénérable Me Simon Durand, archiprestre de La Meyze. » — 17 septembre : bapt. Jacques Jardou, fils de Me Joseph Jardou, « me chyrurgien de la Religion prétendue, » et de Françoize Burgueil. — 18 octobre : marraine Peronne Guimbert, femme de sire Anthoine Barbou, me imprimeur de Lymoges. — 18 décembre : ent. Me François Dilhion, « prestre, et l'un des grands vicaires de l'esglise collégialle de Saint-Martial, au cemitierre de Saint-Maurice, dans les tumbeaux de ses prédécesseurs. » — 1624, 5 octobre : bapt. Jehanne, « filhe de Me Henry Lacroix, religionnaire, appothycaire de la Cité de Lymoges, et de Paulye Meynard. »

GG. 74. (Registre.) — In-12, 26 feuillets, papier.

1625-1626. — Saint-Maurice. — Baptêmes, mariages, enterrements. — Registre tenu par L. Pauthut, qui y a joint une table alphabétique. — 1625, 12 mars : bapt. Jacques Barrier, « filz de sire Pierre Barrier, marchand esmailheur, et de Barbe David. » — 4 juillet : marraine Jehanne Raimond, « veufve de feu Jehan Mouret, orfeuvre. » — 6 décembre : « furent espouzez, par ma permission, Noel Laudin, forbisseur, et Anne Guineau, tous deux paroisse de Saint-Maurice. » — 1626, 9 juillet : marraine Anne Guineau, femme de Noel Laudin, « me esmailheur. » — 12 juillet : « fut ensepvely au cemitierre de Saint-Maurice feu sire Noel Laudin, dans les tumbeaux de ses prédécesseurs. »

GG. 75. (Registre.) — In-12, 35 feuillets, papier.

1627-1628. — Saint-Maurice. — Baptêmes, mariages, enterrements. — Registre tenu par L. Pauthut, qui y a joint une table alphabétique. — 1627, 18 janvier : parrain, « vénérable Me Jean Nepveu, curé de Saint-Christophle-lez-Lymoges. » — 13 mars : parrain Me Jehan de Beaubreuil, « prévost de la Ville de Lymoges. » — 3 octobre : « Me Pierre Beneyton chanta sa première messe en l'esglise parroissialle de Saint-Maurice. » — 1628, 13 mars : « feu Me Léonard Bandel, jadis chantre de Saint-Estienne, fut ensepvely dans le cœur de Saint-Maurice, sur les unze heures de matin, estant décédé le jour devant à sept heures de matin. » — 2 mai : bapt. Catherine, « filhe de Noel Laudin, esmailheur, et de Anne Guineau. » — 13 juillet : « fut faicte la bénédiction des cloches de Saint-Maurice, et en furent parrains : de la grosse Mr Verthamond, chantre de Saint-Estienne ; marraine la bru de Mr du Breuil-Lavergne ; parrain de la seconde Mr Romanet, sr du Manent et de la Gorce, et marraine la filhe de sire Jehan Apvril, dict Jaudon. » — 13 juillet : «..... Jolivet, me horlogeur, né et nourry en l'hérézie, se convertit estant malade ; et après avoir esté confessé et absoubs, tant de l'hérésie que de ses autres pechez, receut reveremment les sainctz sacrementz de l'eucharistie et de l'extreme onction, et puis revint en santé. » — 15 octobre : « fut ensepvely feu Me Henry Lacroix, vivent me apothicaire de la Cité, qui estoit décédé le jour devant, après s'estre converty de l'hérésie à la saincte foy catholique, apostolique, romaine, présentz Mr Ruaud, chanoine de Saint-Estienne, et deux vénérables Pères Feuilhantz ; et fut mis aux tumbeaux de ses ayeuls dans l'esglise de Saint-Maurice. » — 28 novembre : « sur les unze heures de soir décéda feu vénérable Me Pascal Brissaud, curé de Saint-Gence, et vicaire des vicairies de Brachet et de la Reigle, et le l'endemain, jour de Saint-André, fut ensepvely dans l'esglise de Saint-Maurice, où il avoit esleu sa sépulture ; et fut mis dans le tumbeau de feu vénérable Me Anthoine de Perellis, jadis curé dudict Saint-Maurice. »

GG. 76. (Registre.) — In-12, 45 feuillets, papier.

1629 — 12 mars 1633. — Saint-Maurice. — Baptêmes, mariages, enterrements. — L. Pauthut, curé. — 1629, 4 septembre : « décéda au logis de la poste de Lymoges un courrier du cabinet du Roy, appellé noble Pierre de Forges, et le lendemain fut ensepvely dans le porche de l'esglise de Saint-Maurice. » — 6 décembre : « les ossementz de sieur Jacques Labische furent transportez du cemitierre de Saint-Maurice, dans la chapelle de chez Labische au nouveau sépulcre. » — 1630, 24 mars : parrain Me Jehan de Glane, « prestre de Saint-Damnolet. » — 19 septembre : marraine dame Jehanne de Montaignac, femme de noble Gaston de la Marthonie, ecuyer, seigneur de Trencheilhon. — 18 décembre : « décéda feu Martial Taraveau, me arquebusier du Roy. » — 1631, 11 juin : « nota que... à cause de la contagion qui estoit tant dans ma maison que dans toutes les circonvoisines, je me retiray à Grandmont, dans ma maison paternelle, et laissay vicaire en ma place, Me Noel Courtois, prestre de la parroisse, lequel n'escrivit aucun baptême, mortuaire ny mariage durant quatre mois et demy qu'il fist la fonction de vicaire. » — 29 novembre : « nota que... après que la contagion heust quasi cessé à Lymoges, je revins en mon esglise de Saint-Maurice pour y exercer mes fonctions comme curé, et de ce reste de mois ny de tout celluy de décembre il n'y heust ny baptême, ny autre chose laquelle meritast d'estre escripte. »

GG. 77. (Registre.) — In-12, 117 feuillets, papier.

15 avril 1633—1648.—Saint-Maurice.—Baptêmes. — (Il y a trois enterrements de 1633-1634 écrits en sens inverse, à la fin du cahier). — Nicolas Debros, curé. — 1634, 17 août : parrain Martial Ruaud, sr de la Fayolle, et marraine Francoyze de Miomandre, « veufve de feu Pierre de Douhet, sr du Puymoulinier. » — 1er décembre : parrain Mr Nouailher, « me esmailheur de la porte Maignine. » — 1635, 26 mars : parrain Noel Laudin, « me esmailheur du faubourg Mainigne. » — 24 avril : parrain sr Pierre Apvril, docteur en médecine. — 17 août : marraine dame Anne Courteys, femme de feu Jehan Apvril, marchand de la Cité. — 1636, 10 janvier : parrain Mr Me Guilhaume Desmaisons, « viceneschal (*sic*) de Lymousin. » — 8 juin : bapt. François, fils du sr Henry Palays, juge de la Cité, et d'Anne Dalesme ; parrain « Mgr messire Françoys de la Fayette, l'illustrissime Evesque de Lymoges. » — 1637, 4 septembre : marraine Marie Paignon, femme de Jehan Barbier, « juge séneschal de la Comté d'Agen. » — 1638, 21 janvier : parrain Pierre Guimbert, « me orfeuvre. » — 7 novembre : parrain Martial Meyjounade, me sculpteur. — 1640, 17 mars : bapt. Françoise, « filhe de Gelibert Rouquet et de Jeanne Beauphiné, du Busson, demeurant en la parroisse Saint-Maurice ; parrein Pierre Garreau, filz de Me Jacques Garreau, esleu en l'Election de la Marche, à Guéret ; marraine dlle Francoise Miomandre, vefve de Me Pierre de Douhet, sr du Puy-Moulinier. » — 1641, 28 avril : Estienne, fils de Gelibert Rouquet, de Phéletin (*sic*), me tapissier, et de Jeanne Boffinet. — 1642, 22 mai : Fransoys, fils de Gilbert Roquet, me tapissier, et de Jehanne Beaufinet ; parrain « illustrissime et reverendme en Dieu messire François de la Fayette, Evesque de Lymoges, et marreine dlle Catherine Palais, filhe de sr Henry

Palays, juge de la Cité. » — 1644, 1er juin : parrain sr Jehan Ardent, me argentier. — 4 juin : Anthoine, fils de Gilbert Roquet, me tapissier, et de Jeanne Boffinet; parrain sr Anthoine Vitrac, de la ville d'Aubusson, et marraine Jehanne Roquet, sœur du baptisé. — 7 juin : parrain Léonard Guibert, « me orfeuvre. » — 1645, 26 décembre : Marie, fille de Gaspar Vachette, me tailleur d'habits, et de Léonarde Bariot; parrain « Mr frère Philippe-Emmanuel de la Fayette, Commandeur de Carlat, et marraine dlle Marie de Corberon, fille de Mr de Corberon, Intendant du Lymousin. » — 1647, 5 juillet : parrain Barthelemi Vergnau, « me esmailleur. » — 1648, 8 juin : Imbert Laguyonie, « me chamoigeur. »

GG. 78. (Registre.) — In-12, 70 feuillets, papier.

22 avril 1640 — 14 février 1649. — Saint-Maurice. — Mariages. — Les noms de famille mentionnés sont : Michel, Fargeyron, de Labiche sr de Reignefort, Martin, de la Renodie, Beaubrueil, Romanet, Disnematin, Boutineau, Senamaud, Malavergne, de Villemonteys, etc., etc.

GG. 79. (Registre.) — In-12, 30 feuillets, papier.

16 mars 1641 — 29 octobre 1664. — Saint-Maurice. — Enterrements. — N. Debroa, curé. — 1645, 18 avril : « mourut à Paris, Mr le lieutenant particulier de cette ville, et fut enseveli à Saint-Estienne-du-Mont, et le 27 avril, fut faict le service pour son ame en l'eglize de Saint-Maurice. » — 1650, 24 février : « mourut Anne Guineau, femme de Noel Laudin, me esmailheur au fauxbourg Maignine, et fust ensevelie le lendemain. » — 1651, 12 juin : « mourut Noel Martial, me architecte, et fut enseveli le lendemain. » — 1652, 25 avril : « mourut sr Françoys de la Vergne, escuyer, sr du Peycher, et fust enseveli le lendemain dans l'eglize de Saint-Maurice. » — 8 juin : « mourut madame de Saint-George, pres Le Busson, logée chez Narde Gelibert, vefve de Chabant, et le lendemain fust ensevelie aux Carmes deschausscy. » — 1653, 28 mai : « mourut Pierre Maxière, diacre, demeurant aux Petites-Maisons, chez le sr Nillaud, me peintre. » — 21 septembre : « fust enseveli dans l'eglize de Saint-Maurice et à costé de l'autel de la Conception, Me Jacques Arbonneau, docteur en médecine, mort le jour précédant dans la paroisse de Saint-Pierre. » — 1654, 28 février : « mourut....., Peyret, me vitrier du fauxbourg Boucherie, et fust enseveli le lendemain dans l'église de Saint-Maurice. » — 1656, 12 avril : « mourut sr Pierre Granaud, dict Nillaut, me peintre, et fust enseveli aux PP. Jacobins. » — 1659, 30 mars : « mourut vénérable Me Antoine Saige, abbé de Bueil et grand vicaire et official de Monseigneur, et le 3 apvril fust enseveli dans l'eglize des RR. PP. Jésuistes, où nostre communauté fist l'office. » — 6 juillet : « mourut dans la parroisse de Saint-Michel, Me Simion Lacroyx, cy-devant de Religion prétendue, mais qu'il abjura et dont il fust absoubs par l'ordre de Mgr Despuys, le 26 du mois de juin précédent,... il fust enseveli dans l'esglize de Saint-Maurice le 7 juillet 1659. » — 1661, 29 maj : « mourut Mr Me Pierre Romanet, sr de Saint-Priect et lieutenant particulier, et fust enseveli le lendemain dans l'eglize de Saint-Maurice. » — 14 septembre : « mourut à 4 h. du matin, dame Marcelle Chambon, vefve de feu Jean Germain, vivant libraire, fondatrice de la maison de la Providence, soubz le tiltre de Saint-Joseph, et fust ensevelie le lendemain a costé de l'autel de l'église ou chappelle de N.-D. du Puy, où lesdictes filles font leur office; nostre communauté en fit la cérémonie. » — 1664, 13 aoust : « décéda à 1 houre après minuit venerable Me Nicolas Debroa, très digne curé de Saint-Maurice, âgé de soixante-un an, ayant demeuré curé l'espace de trente-un an, et le mesme jour, sur le soir, fut inhumé dans l'eglise de Saint-Maurice, dans le tombeau destiné pour les curés, qui est joignant le balustre, vis-a-vis la porte du tabernacle; il receut, dans sa maladie, les sacrements de l'église de moy, soussigné, Borye, vicaire de Saint-Maurice. »

GG. 80. (Registre.) — In-12, 20 feuillets, papier.

Février 1644 — juin 1646. — Saint-Maurice. — Baptêmes. — Registre tenu d'une façon très sommaire par P. Lequart, vicaire. — Actes concernant les familles : Dupeyrat, Plainemaison, Ruaud, Deschamps, Volondat, Guibert, Moulinier, Faulte, Maledent, Vidaud, Cibot, Martin, Gibus, Tardieu, Marpienas, etc., etc.

GG. 81. (Registre.) — In-12, 141 feuillets, papier.

1649 — février 1663. — Saint-Maurice. — Baptêmes. — Registre tenu par N. Debroa, curé, qui y a joint une table alphabétique. — 1649, 28 novembre :

bapt. Claude, « fils de Jehan Pastoureau, m^e organiste, demeurant en la Cité, dans la maison de s^r Chappetot, et Olympe Fagas ; fut son parrein honorable Mr Claude de La Fayette, et sa marreine d^lle Suzanne Allegraud, femme de s^r Martial Bailhot, juge de la Sale épiscopale. » — 14 décembre : Francoys, fils de Mr Philibert de Lubersac, s^r du Verdier et de l'Aumonerie, et de dame Luce de Réal; « icelluy estoit né despuis le 16 novembre après minuit; fut son parrein Mgr illustr^me et reverend^me Francoys de La Fayette, Evesque de Lymoges, et sa marreine dame Charlotte Chantoys de l'Aumonerie, vefve de feu Jehan de Lubersac, s^r du Verdier. » — 1650, 8 novembre : parrain s^r Jehan Lemoyne, m^e libraire. — 1652, 9 mai : mad^lle Marie-Francoyse, « fille de deffunct Jehan de Rochouard (*sic*), baron du Bastiment, s^r de Chaillac et autres places, et de dame Marie de Mais, son espouze, receut les cérémonies du baptême dans l'eglize de Saint-Maurice de la Cité de Lymoges, née dans la paroisse de..... le.....; fut son parrein Mgr Messire Francoys de La Fayette, Evesque de Lymoges, et sa marreine d^lle Marie de Rochouard, fille de deffunct Jehan de Rochouard, baron dudict lieu de Rochouard. » — 1653, 6 mai : marraine dame Jehanne Dumas, « vefve de feu Léonard Guibert, m^e orfeuvre. » — 1654, 27 mars : marraine dame Catherine Lauçade, femme du s^r Jehan David, m^e sculpteur. — 17 avril : d^lle Marie-Louyze de Sazerat de Saint-Viance, « angée de 13 ans ou environ, ondoyée ci-devant dans la chappelle de Sazerat, parroisse d'Arène, fille de s^r Jehan de Saint-Viance, et de d^lle Anne Esmoins; a esté son parrein s^r Mathieu de Fondan, s^r de la Valade, et sa marreine madame Louyze de Puylaurens, abbesse de Sainte-Claire... » — 1660, 29 janvier : « parrein Jehan Lemoyne, m^e libraire de Lymoges. » — 1661, 19 janvier : Anne, fille du s^r Bertrand Busseraud, m^e sculpteur, et de Catherine Cibot, dite Ringaud. — 1662, 12 février : Marguerite, fille de Bertrand Buxerau, m^e sculpteur, demeurant aux Taneries, et de Catherine Cybot. — 1663, 4 février : parrain s^r Martial Barbou, marchand imprimeur, de Limoges.

GG. 82. (Registre.) — In-12, 136 feuillets, papier.

Mai 1649 — novembre 1664. — Saint-Maurice. — Mariages et publications. — Nicolas Debroa, curé. — A la fin se trouve un « Extraict des livres qui se sont trouvés dans le cabinet de feu Mr Nicolas Debroa, curé de Saint-Maurice. » — 1657, 4 novembre : 1er ban du mariage promis entre s^r Jehan de Surgères, bourgeois de la ville d'Aixe, parroisse de Tard, et Marcelle Marchas, « vefve de feu s^r Pierre Grenaud, vivant m^e pejntre, demeurant aux Petites-Maisons du fauxbourg Maignine. » — 1658, 17 novembre : 1er ban... entre s^r Jozeph Malevergne, fils du s^r Estienne et de dame Louyze Chappelas, de la présente parroisse, et d^lle Anne, fille de m^e Léonard Constant, « advocat au Présidial, et s^r de Beaupeyrat », et de d^lle Marguerite Vigenaud. — 1659, 23 novembre : 1er ban... entre s^r François Cluzeau, « fils d'autre François Cluzeau, m^e architecte, et de Léonarde Bessines, demeurant dans la parroisse de Saint-Michel-des-Lions, et Marie Perens, fille de Bernard Perens et de Jeanne Naudine, demeurant ladite Marie, servante, au petit couvent de Sainte-Claire. » — 1660, 2 janvier : « j'ai reçeu à la bénédiction nuptialle Bertrand Buxereau et Catherine Cybot; ledit Buxereau a porté permission du s^r Me Pejou, curé de Saint-Germain. »

GG. 83. (Registre.) — In-12, 119 feuillets, papier.

Février 1663 — 22 septembre 1672. — Saint-Maurice. — Baptêmes. — N. Debroa, J. Debroa, Etienne Borye, curés; ce dernier y a joint un répertoire alphabétique. — 1663, 13 avril : parrain Nicolas Laudin, « m^e esmailleur. » — 4 septembre : Antoine, fils du s^r Jean Terrasson, « m^e esmailleur, demeurant au fauxbourg Maignine, » et de Valerie Peran; parrain s^r Antoine Ruben, s^r de la Vialle, et marraine d^lle Marie Baignol. — 1664, 10 février : Estienne, fils de Bertrand Busseraud, « m^e sculpteur, demeurant au fauxbourg Magnine, » et de Catherine Cybot. — 6 septembre : « je soussigné, vicaire de Saint-Maurice, donnay par la permission de Mgr les sacrées cérémonies du bapteme dans l'eglise des Filles-de-la-Providence, à d^lle Barbe de Bridier, fille à feu noble André de Bridier, s^r de Gardenpe, et à d^lle Catherine de Montmorancy, angée de 12 ans ou environ, ayant auparavant esté ondoyée dans la parroisse de Gardempe; parrain Mr Romanet, s^r de la Rebière et scindicq des dites Filles-de-la-Providence; marraine dame Barbe de Martin, femme à Mr Me Pierre Labiche, s^r de Regnefort et conseiller du Roy au Presidial de Lymoges. » *Signé* Borye. — 6 décembre : « j'ay remis le présent livre des baptemes à M. Borie, curé de Saint-Maurice, qui prist possession de ladite cure le 3 jour dudit mois, par la démission que je fis de ladite cure entre les mains de M^r le chantre de Saint-Estienne qui la luy conféra, moy l'ayant gardée despuis la mort de mon frère Nicolas Debroa, qui fust le 13 aoust 1664. » *Signé* J. Debroa, curé de Nieuil. — 1665, 20 janvier : Martial, fils de Bertrand Buxeraud, m[e] sculpteur, et de Catherine Cybot. — 15 novembre : Jean, fils de Psaulmet Ruaud, s[r] de la Fayolle, et de d[lle] Anne Martin ; parrain noble Jean du Garreau, s[r] de Balangeas, son beau-frère, et marraine d[lle] Marguerite Cybot, femme du s[r] Jacques Martin, « auditeur des Comptes. » — 1666, 29 septembre : parrain s[r] Pierre Chamboux, « esleu en l'Election de Bourganeuf. » — 10 novembre : parrain Maureil Debroa, imprimeur. — 1668, 15 juin : Paule, fille de Martial Bargeas, marchand libraire, et de Magdelaine Bardinet; parrain Estienne Bargeas, « aussy marchand libraire et oncle de la baptisée. » — 1669, 10 mai : Roch, fils de Bertrand Buxeraud, « m[e] sculpteur au fauxbourg Manigne, » et de Catherine Cybot; parrain s[r] Léonard Bagnaud, « compagnon sculpteur. » — 2 septembre : Anne, fille de Martial Bargeas, m[e] libraire, et de Magdeleine Bardinet; parrain Léonard Bargeas, « aussy m[e] libraire. » — 1672, 1er janvier : Marie, fille de Bertrand Buxeraud, m[e] sculpteur, et de Catherine Cybot. — 31 juillet : parrain Léonard Bilanges, imprimeur.

GG. 84. (Registre.) — In-12, 100 feuillets, papier.

16 décembre 1664 — 1679. — Saint-Maurice. — Enterrements. — Etienne Borye, curé, y a joint une table alphabétique; au f° 1 se trouve l'acte de décès du dit Borye, du 6 juin 1691. — 1667, 13 mai : « mourut vénérable Me Pierre Durand, prévot de Pierre-Buffière, agé d'environ 70 ans, natif de Neuvy en la Vicomté de Ventadour. » — 25 mai : « mourut François Maurelieras, compagnon papetier. » — 22 décembre : « m. vénérable Me Pierre Beneyton, ancien prestre de Saint-Maurice, agé de 67 ans, sacristain et évangéliste de Saint-Estienne, homme charitable, sçavant et aymé d'un chacun. » — 1669, 21 mai : « m. dans la maison canoniale qui regarde l'entrée de l'évesché et dont le jardin est devant le clocher de Saint-Estienne, ven. M[r] Me Léonard Devoyon, chanoine de l'eglise cathédrale de Lymoges, agé de 58 ans; *nota* que le 20e du mesme mois, jour de l'ouverture du jubilé pour le secours de Candie, je fus appelé par son ordre pour lui porter l'extreme onction. » — 1er juillet : « m. dame Catherine Dupré, agée de 45 ans, femme de s[r] Jean Thillet, m[e] orfeuvre du faubourg Manigne. » — 1670, 3 juillet : m. Jean Londeyx, fils de Laurens Londeyx, « messager pour Lyon, » et de Marie Lachièse. — 17 octobre : « m. ven. M[r] Me Martial Maledent, prestre, s[r] de Savignac et de Meilhac, en odeur de sainteté. » (Suit un long récit de sa vie et de ses fondations : hopital, mission, monastère de Sainte-Claire, etc.) — 1671, 14 septembre : « m. Pierre Gilles, né le mesme jour, fils de Martial Gilles, dit Peyret, m[e] vitrier, et de Jeanne Martial. » — 1672, 3 avril : « sur les 7 heures du matin décéda dans la Cité, en nostre parroisse de Saint-Maurice, Mgr Me Henry de Nesmond, chevalier, s[r] de Saint-Disant, Breüilpont et Lorey, cons[r] du Roy en ses conseils, m[e] des Requestes ordinaire de son hostel, Intendant pour Sa Majesté en la Généralité de Lymoges, agé d'environ 38 ans, et espoux de dame Catherine Boucherat, sa femme, etc... » — 19 août : « décéda en odeur de sainteté, dans la maison des prestres de l'Oratoire, le révérend père Jean Lejeune, dit le Père aveugle; il estoit natif du château de Poligny, sujet du Roy d'Espaigne, en la Franche-Compté... » (Suit un long éloge de sa vie, et la mention de son oraison funèbre prononcée le 21 octobre suivant.) — 1674, 25 mai : « m. Marguerite Rhedon, servante dans la maison de M[r] Me Joseph Bidé, Intendant en la Généralité de Limoges. » — 23 juin : mention de l'explosion d'un magasin de poudre au pont Saint-Martial : 14 morts. — 4 décembre : M. Charles Philippon, agé de 17 ans et demi, « escholier de troisieme, natif de Sainte-Fère, proche Guéret. » — 1675, 18 juin : « décéda environ les 11 heures de matin M[r] Me Pierre d'Avril, docteur en médecine, homme très-sçavant et très-expérimenté, agé de 72 ans ou environ, et le lendemain après la messe fut enseveli dans nostre église ez tombeaux de ses ancestres. » — 11 juillet : m. Jean-Baptiste-Martin de Biencourt, « escholier de seconde, agé de 15 ans, natif de Guérœt. » — 1676, 3 mai : mort de François de la Fayette, Evêque de Limoges, agé de 83 ans et 9 mois (long récit de son enterrement). — 29 septembre : m. Pierre Barrière, agé de 30 ans ou environ, « m[e] tapissier au faubourg Manigne. » — 1679, 12 septembre : « m. ven. Me Yrieyx Jayac, agé de 55 ans, archiprestre de la Meyse. » — 6 octobre : « m. s[r] Psalmet Beaulaigue, m[e] peintre, agé de 60 ans ou environ ; inhumé dans l'église des Pénitents blancs. »

GG. 85. (Registre.) — In-12, 70 feuillets, papier.

1665 — 27 septembre 1682. — Saint-Maurice. — Mariages. — Registre tenu par E. Borye, curé, qui y a joint un répertoire alphabétique. — 1673, 22 janvier :

permission à Mr le curé de Saint-Michel-des-Lyons « d'espouzer Me Léonard Romanet, sieur de la Briderie, advocat au Parlement, fils de feu sr Pierre Romanet, bourgeois du faubourg Boucherie, et de dlle Catherine Roulhac, de notre paroisse, et dlle Thérèse du Verdier, fille de noble François du Verdier, escuyer, sr de Courades, et de dlle Narde d'Auvergne. » — 1674, 13 juin : permission à M. le curé de Saint-Front, de la ville de Périgueux, « d'espouser Joseph Maumy, tapissier de notre paroisse, a Jeanne Barthe. » — 1679, 25 juin : « furent espousés sieur Pierre Barbou, marchand imprimeur de la paroisse de Saint Michel-des-Lyons, et dlle Jeanne Mailhard, fille de feu sr Paul Mailhard et de dlle Izabelle Maquoy. » — 2 juillet : « furent espousés sr Jean Nadaud, tapissier, fils de feu Léonard Nadaud, me conroyeur, et de dame Marguerite Raymond, de notre paroisse, et dlle Marie Collinet, fille de feus Guilhaume Collinet et Peyronne Lafarge, de Saint-Michel-des-Lyons. » — 4 septembre : permission à M. le curé de Saint-Pierre « d'espouser sr Pierre Guyber, orpheuvre de sa paroisse, et dlle Jeanne Avril. »

GG. 86. (Registre.) — In-12, 34 feuillets, papier.

1668. — Saint-Maurice. — Baptêmes, mariages, enterrements. — Registre tenu par Et. Borye, curé, qui y a joint un répertoire. — 5 juillet : présent Jean Tillet, « me orfeuvre, habitant du faubour de Manigne ;... lequel a signé : J. Tilliet. » — 15 septembre : présent sr Jean Villautreys, « lieutenant en l'Election. » — 7 octobre : « décéda sieur Jacques Borye, mon père, agé de 79 ans moins 4 mois, espoux de defunte dame Magdeleine Avril, ma mère, laquelle mourut le 1er juin 1661, et le lendemain... fut enterrée dans nostre église auprès de l'autel et marchepied du crucifix, du costé de l'epistre, où ma dicte mère fut aussy enterrée, moy présent. » *Signé* Borye...

GG. 87. (Registre.) — In-12, 15 feuillets, papier.

1668 (3 janvier-17 juin). — Saint-Maurice. — Baptêmes, mariages, enterrements. — Et. Borye, curé. — 13 mai : « deceda Michel Bouillon, escolier de philosophie, agé de 20 ans ou environ, fils de Gilbert Bouillon et de Jeanne Reynaud, natif du village de la Valade, paroisse de Saint-Martial-le-Mont, de la Marche. »

GG. 88. (Registre.) — In-12, 90 feuillets, papier.

27 septembre 1672 — 17 mars 1682. — Saint-Maurice. — Baptêmes. — Et. Borye, curé. — 1672, 14 décembre : Jean Galan, fils d'autre J. Galan, « me chamoigeur, aux Taneries. » — 1673, 12 octobre : parrain vénérable me François Dupuys, curé de Saint-Julien. — 22 octobre : marraine dlle Louyse Alboin, femme de sr Antoine Tilhet, « me orpheuvre. » — 21 novembre : parrain sr François Chollet, imprimeur. 1674, 3 août : parrain Léonard Bargeas, me libraire ; *signé :* Bargeas, parrain. — 1676, 23 juin : Jeanne, fille de Martial Gilles, dit Peyret, « me vitrier au faubourg Boucherie », et de Jeanne Martial. — 24 août : Michel, fils de Jacques Lhuillier, « me batteur d'or, demeurant à la porte Boucherie », et de Magdelaine Courteyx. — 1677, 2 mai : « bapt. par Mgr illustme et révme Louys d'Urfé, Evesque de Limoges, un fils de messire André Jubert de Bouville, chevalier, sr marquis de Bizy..., conseiller du Roy,... Intendant de la justice, police et finances en cette Généralité, et de Madame Nicole-Françoise Desmarestz...; parrain Louis-Antoine de La Rochefoucauld, chevalier, marquis de Boyers... ; marraine Catherine Hierosme, vefve de messire François de Brugère, au jour de son décès conseiller, me d'hostel ordinaire et secrétaire de la maison de Sa Majesté... » — 1678, 26 novembre : parrain sr Joseph Descoutures, « chevalier de Malthe. » — 1679, 31 juillet : François, « fils de sr Philippe Rigolet, poudrier ordinaire du Roy, et de dlle Marguerite Frisson ; parrain sr François Ferrand, escuier, sr de Mont, commissaire des Poudres et selpaitre en la Généralité de Limoges. » — 14 décembre : François, fils de Jean Boulet, « compagnon à retordre soye », et de Marguerite Genty. — 13 juillet : marraine Jeanne-Marguerite Gouchet, « native de Ermond-Boutevent, en Picardie, et dt à présent au moulin royal de poudre de Limoges. » — 1680, 24 novembre : marraine Marie Lagaron, femme de Jacques Villatte, dit Lefort, me architecte.

GG. 89. (Registre.) — In-4o, 297 feuillets, papier.

1680-1690. — Saint-Maurice. — Baptêmes, mariages, enterrements. — Et. Borye, curé ; a joint des répertoires à la suite de chaque année. — 1680, 11 avril : « décéda me Jean Debroa, ancien curé de Nieul, âgé d'environ 71 ans, et le lendemain... fut inhumé dans notre église dans le tombeau de curé où mᵉ Nicolas Debroa, son frère, cy devant curé de Saint-Maurice, avoit aussi esté enterré. » — 1681, 24 janvier : « décéda environ midy, dans la maison de Mʳ Maumy, ou pend pour enseigne la figure du *Dauphin*, au faubourg de Manigne, messire Joseph de Montesquieu, abbé de Cintraille, grangier et conseigneur de Durance en Gascogne, âgé de 44 ans ou environ, et le lendemain... fut inhumé dans notre église. » — 2 avril : « décéda dans le faubourg Manigne, sur les 4 heures du matin, Noel Laudin, mᵉ esmailleur, âgé de 95 ans ou environ, et le mesme jour, sur le soir, fut inhumé dans notre cemitière. » — « Sʳ Jacques Romanet, sʳ de Saint-Priect, estant tombé malade dans le chasteau de Jumilhac, y décéda le 4 avril 1681, sur les 7 heures du soir, âgé de 32 ans et 7 moys, et le 6ᵉ du mesme moys et an, jour de feste de Pasques, ayant esté porté dudit lieu dans la maison de Mʳ Palays, en la Cité, fut le soir inhumé dans notre église, dans le tombeau de fer de ses prédécesseurs. » — 18 août : permission à Mʳ le curé de Feytiat de marier Jacques Bardinet, « mᵉ chirurgien, demeurant au bourg de Feytiat, et Marie Andoy, vefve de défunct Psalmet Beaulaigue, peintre. » — 1682, 15 septembre : « décéda Bertrand Buxeraud, mᵉ sculpteur, âgé de 46 ans ou environ, espoux de Catherine Cybot... » — 1683, 23 février : permission à Mʳ le curé de Saint-Pierre « d'espouser sʳ Joseph Maisonnade, mᵉ peintre, fils de Martial Maisonnade, architecte, et de Quitterie Salot, de sa paroisse, et dˡˡᵉ Léonarde Martin... *Nota* que les susdits furent espousés le 26 février par moy soussigné. » — 21 mars : parrain « messire frère Just de Faye-Gerlande, chevalier de Saint-Jean-de-Heyrusalem, Commandeur de Limoges. » — 1684, 29 mars : bapt. Marguerite, fille du sʳ Joseph Maisonnade, mᵉ peintre, et de dˡˡᵉ Léonarde Martin ; parrain sʳ Martial Maisonnade, mᵉ architecte. — 26 septembre : « furent espousés Louys Pailhier, mᵉ sculpteur de la paroisse de Saint-Pierre, et Catherine Blanchard. » — 1685, 1ᵉʳ juillet : « décéda dans la ville, en la paroisse de Saint-Pierre, Mʳ Mᵉ Pierre de Labiche, conseiller du Roy, Consul de la ville, et sʳ de Reignefort, agé d'environ 65 ans, et le lendemain fut porté dans notre église et... inhumé dans le sépulchre de ses ancestres, qui est dans la chapelle de Saint-Jacques. » — 3 octobre : « décéda Jeanne Nicolas, agée de 40 ans, femme de Pierre Deschamps, mᵉ sculpteur. » — 1686, 14 janvier : bapt. Psalmet, fils de Jean Nadaud, « tapissier du faubourg Boucherie, » et de Marie Colinet. — 1688, 1ᵉʳ septembre : « décéda messire frere Just de Faye-Gerlande, chevalier de l'ordre de Saint-Jean-de-Hyerusalem, commandeur de la Commanderie de Chamberaud, agé d'environ 55 ans. » — 19 novembre : permission à Mʳ le curé de Saint-Michel-des-Lyons, « d'épouser Noel Laudin, émailleur du faubourg Manigne, et Valerie Riboulhie, de sa paroisse. » — 20 novembre : bapt. Pierre, fils de Jean Nadaud, mᵈ tapissier, et de dˡˡᵉ Marie Colinet. — 1689, 26 janvier : bapt. Jean, fils de Pierre Deschamps, mᵉ sculpteur, et de dˡˡᵉ Narde Sire; marraine Narde Martin, femme du sʳ Joseph Maisonnade, mᵉ peintre. — 17 octobre : bapt. Nicolas, fils du sʳ Noel Laudin, « mᵉ emailleur du faubourg de Manigne, » et de dˡˡᵉ Valerie Riboulie; parrain sʳ Nicolas Laudin, « ayeul du baptisé. » — 1690, 14 juin : « deceda sʳ Jean Nadaud, mᵈ tapissier, agé de 41 ans ou environ, espoux de Marie Coliny. » — 22 août : bapt. Estienne, fils de Pierre Deschamps, mᵉ sculpteur, et de Narde Sire. — 22 août : « furent espousés sʳ Jacques Laudin, mᵉ esmailleur, et dˡˡᵉ Anne Riboulie, de Saint-Michel-des-Lyons. »

GG. 90. (Registre.) — In-12, 100 feuillets, papier.

1682 — 6 mai 1691. — Saint-Maurice. — Baptêmes. — Et. Borye, curé; y a joint une table alphabétique. — 1682, 21 mars : Léonard, fils d'autre L. Chabrol, « mᵉ quartier, » et de Catherine Langelaud. — 11 octobre : Jeanne, « fille posthume de deffunct Jacques Gastineau, mᵉ horlogeur dans la porte Boucherie, » et de Magdelaine Roquet. — 1683, 14 juin : parrain Mʳ Mᵉ Pierre Tardieu, « conseiller du Roy, lieutenant en la jurisdiction royale et Prévosté de Limoges. » — 1684, 29 mars : Marguerite, fille du sʳ Joseph Maisonnade, mᵉ peintre, et de dˡˡᵉ Léonarde Martin ; parrain sʳ Martial Maisonnade, mᵉ architecte. — 14 novembre : Marc-Antoine, « fils de Louis du Leris de Peyramond, escuyer, sʳ de l'Âge, et de dame Narde de Fouveau, demeurant dans le faubourg Manigne, né ledit enfant le 3 du mesme mois et an ; parain Antoine Demaisons, escuyer, sʳ du Palant ; maraine Isabeau de la Martonie, femme de sʳ Jean Trompodon, escuyer, sʳ du Repaire. » — 1685, 21 février : « parain messire Jean-Jacques de Renouard, compte (*sic*) de Villayer, conseiller au Parlement de Bretagne. » — 1690, 28 février : Valerie, fille du sʳ Jean Nadaud, marchand tapissier, et de dˡˡᵉ Marie Coliny ; parrain « sʳ Jean Voisin, escholier en philosophie, natif de Lussat en Poitou. »

GG. 91. (Registre.) — In-4°, 34 feuillets, papier.

1691 — 20 mars 1693. — Saint-Maurice. — Baptêmes, mariages, enterrements. — Et. Borye, Chazard, curés. — Plusieurs parties sont en double. — 1691, 16 mai : bapt. Valerie, fille du s^r Jacques Laudin, « marchand émailleur du faubourg de Manigne, et de d^lle Anne Riboulie, née le jour précédent; parrain s^r Nicolas Laudin, ayeul. » — 6 juin : « décéda ven. Mr Me Estienne Boric, curé de Saint-Maurice, et fust enterré dans les tombeaux des feux s^rs curés dans l'eglize par M^r le chantre, curé primitif...; il mourut a 8 heures du matin, agé de 62 ans, 5 mois et 6 jours. » — 15 septembre : bapt. Françoise, « filhe de s^r Noel Laudin, m^e emailheur de Manigne, et de d^lle Valerie Riboulie ; parrain s^r Martial Riboulie, marchand de Limoges, et marraine dame Françoise Pradeau, femme de s^r Jacques Laudin, m^e emailheur. » — 1692, 14 mars : parrain Léonard Desables, m^e imprimeur ; *signé* L. Dessables. — 16 avril : permission à M^r le curé de Monjovy « de marier s^r Jean Leyssenne, de notre paroisse, et d^lle Catherine Ardant, fille de s^r Izaac Ardant, orpheuvre. » — 5 septembre : bapt. Elizabeth, fille de Pierre Deschamps, m^e sculpteur, et de Léonarde Sire ; parrain Jacques Sardine, marchand libraire. — 15 décembre : « décéda Valerie Nadaud, filhe à feu s^r Jean Nadaud, m^e tapissier, agée de 4 ans ou environ. »

GG. 92. (Registre.) — In-4°, 18 feuillets, papier.

1693. — 30 août 1695. — Saint-Maurice. — Baptêmes, mariages, enterrements. — Pétiniaud, curé. — 1693, 5 août : « ensepvely un escolier, Jean Soivent, de Guéret, agé de 18 ans. » — 15 septembre : bapt. Jeanne, « filhe de Pierre Deschamps, sculteur, » et de Léonarde Sire. — 2 novembre : « encepvely Dechamps, lo culteur (*sic*), agé de 65 ans. » — 1694, 28 août : « enterré Antoine Dumonseau, soldat de milice du régiment d'Engoulesme. » — 26 décembre : bapt. Pierre, « fils de s^r Jacques-Isaac de Rameru, escuier, intendant de la Duché de Noaille, et de d^lle Jeanne Leyssene. » — 1695, 27 mai : « décéda et fust enterré dans notre cimetière, s^r Jacques Laudin, l'aisné, m^e esmaillieur, agé de 68 ans ou environ. »

GG. 93. (Registre). — In-4°, 18 feuillets, papier.

5 septembre 1695 — 3 mai 1697. — Saint-Maurice. — Baptêmes, mariages, enterrements. — Pétiniaud, curé. — 1696, 18 janvier : permission à M. Arbonnaud, vicaire de Saint-Martial, « de donner la bénédiction nuptiale à s^r Simon d'Orsonval, conseiller du Roy, et son procureur en l'Hotel de ville, avec d^lle Françoise Romanet du Monteil, ce qui a esté fait aux RR. PP. Feuillants. » — 22 mars : parrain Mr Me Michel de Verthamond, « president thresaurier de France, et marraine Madame Marie d'Aubusson, femme à Mr Me Barthélemi Moulinier, aussi président thrésaurier de France. » — 5 avril : ent. Mr Me Leonard de Romanet, « en son vivant conseiller du Roy et son commissaire en la Vicénessausée (*sic*) de Limoges, s^r de la Brideri, agé de 46 ans. » — 1er mai : bapt. Louise-Anthoinette, fille de Jean Desmaisons, écuyer, s^r de Bonnefont, et de dame Marie-Françoise de Carbonnières; parrain Anthoine Phélypeaux, s^r du Fresne ; marraine dame Louise de La Tour, « ladite baptisée née le 25 mars. »

GG. 94. (Registre.) — In-4°, 147 feuillets, papier.

9 mai 1700 — 4 juin 1715. — Saint-Maurice. — Baptêmes, mariages, enterrements — Registre tenu par Me Gilles Leduc, docteur en théologie, official général du diocèse, ci-devant doyen du chapitre de Linières en Berry, depuis sa prise de possession de la cure de Saint-Maurice, et par Chambon, vicaire ; à la fin est un relevé de tous les noms pour servir à la rédaction d'une table alphabétique. — 1700, 12 août : mar. « entre Jacques Ferré, écuyer, s^r de Fredière, filz de Gautier Ferré, ecuyer, s^r du Mas, et de deffunte d^lle Marie Leclerc, et d^lle Marguerite Leclerc, fille de deffunt Estienne Leclerc, vivant ecuyer, s^r de la Jarrodie, et un des deux cents chevaux-légers de la garde du Roy, et de deffunte d^lle Catherine de Chamborant, tous habitant au lieu de la Jarrodie, paroisse de Brigueil. » — 1702, 7 septembre : « fut inhumé au cimetière de Saint-Maurice Pierre Mazebras, jardinier, demeurant entre les deux portes, aagé d'environ 24 ans, lequel fut tué par le s^r de Ramerut, à l'occasion d'une révolte que fit la populace pour empescher certains impost qu'on disoit ledit Ramerut estre du party... » — 6 octobre : bapt. Jacques, « fils de Me Maurice Arbonneau, conseiller du Roy et son médecin, Consul de la ville de Limoges, et de d^lle Marie Rouillat. » — 14 décembre : parrain Jean Bargeas, fils de Estienne Bargeas, imprimeur. — 1703, 16 février : bapt. Isaac, « fils de Isaac-Jacques de Rameru, escuier, s^r de la Cour, interessé aux fermes du Roy, et de Jeanne Leisseine ;

marreine Catherine Ardent, fille d'Isaac Ardent, orfeuvre. » — 7 août : bapt. Pierre-Louis, fils de Pierre Bardinet, marchand libraire, et de Pétronille Rodeau; parrain Pierre Bargeas, marchand libraire. — 1704, 13 novembre : mar. Mᵉ François Midre, sʳ de Chabanes, veuf de dˡˡᵉ Gabrielle de Châteauvert, avec dˡˡᵉ Anne Rondeau, « fille de deffunts René Rondeau, chatellein d'Ahu, et de dˡˡᵉ Anne Labonreix, des paroisses de Saint-Sulpice-de-Donzeil et Saint-Irier-les-Bois. » — 1705, 17 janvier : bapt. François, fils de Mathieu Ganit (?), imprimeur, et de Anne Cortin. — 7 juillet : mar. Joseph Nadau, tapissier, et Anne André, en présence de Marie Colinet, mère du dit Nadau. — 1706, 21 mai : bapt. Martial, fils de Joseph Nadau et d'Anne André. — 19 juillet : bapt. Louis, fils de Jacques Laudin, « esmailleur, » et de Anne Ribouille. — 24 décembre : bapt. François, fils de Pierre Bardinet, libraire, et de Pétronille Rondeau. — 1709, 16 octobre : mar. Estienne de la Porte, « filz de deffunt Mᵉ François de la Porte, sénéchal de la Feuillade, et de deffunte dˡˡᵉ Michele Feydeau, » et Antoinette Barjon. — 1710, 16 février : bapt. Samuel-Psaumet, « filz de Joseph Nadaud, mᵉ tapissier, et d'Anne André; parrain Pseaumet Nadaud, oncle. » — 1711, 1ᵉʳ janvier : « parrein Mᵉ Jean Romanet, bachelier de Sorbonne, curé de Saint-Goussaud et official de Guéret. » — 29 septembre : mar. Jean Chasteing, « mᵉ orfeuvre de la paroisse de Saint-Pierre, » avec Léonarde Barrot. — 10 novembre : parrain Mᵉ Jean Evrard, mᵉ tapissier. — 1712, 30 juillet : ent. Pierre le Bourdonnois, « premier valet de pied de défunt Mʳ le duc de Vendome, lequel passant et revenant d'Espagne avec trois autres, fut tué par un d'eux d'un coup de fusil au travers du corps, hier 29 juillet, sur les deux à trois heures. » — 21 septembre : bapt. Pierre-Nicolas, « filz né du 19 de Philippe Morisan, mᵉ sculpteur, et de Anne Duchesne. » — 1713, 14 juillet : bapt. Magdelaine, « fille de sʳ Henry Michel, capitaine de la Cité, et de Thérèze Gérard. » — 1714, 17 mars : bapt. Léonarde, fille de Jacques Laudin, émailleur, et de Anne Ribouille. — 4 juillet : « ent. dans l'église, prez la chapelle des Agonisans, dˡˡᵉ Catherine Peroche, femme du sʳ Delatreille du Pontet, juge de la Sale épiscopale. » — 1715, 12 janvier : ordre de l'official aux curés de Saint-Maurice, Sainte-Félicité, Saint-Gérald et Feytiat, de lire pendant trois dimanches à leurs prônes les présentes lettres monitoires, relatives à des dégats commis dans une propriété de « Mʳ Mᵉ Jean Barny, sʳ de Romanet, conseiller du Roy en la séneschaussée de Limoges et siége présidial de Limoges. »

GG. 95. (Registre.) — In-fᵒ, 315 feuillets, papier.

30 juillet 1717 — 1739. — Saint-Maurice. — Baptêmes, mariages, enterrements. — Romanet, Delachassaigne, Dumas, curés; Pichon, Louis Talhandier, Brugière, Morel de Chabanes, Jean Pénicaud, Boutineau, vicaires. — 1717, 1ᵉʳ octobre : ent. Pierre, fils de Joseph Nadaud, mᵉ tapissier, et de Anne André. — 1719, 28 décembre : ent. Marie, fille de Nicolas Laudin, « mᵉ esmailleur, » et de feue Magdeleine Dutreil, agée d'environ 3 ans. — 1720, 21 novembre : bapt. Joseph, fils de Joseph Nadaud, mᵉ tapissier, et d'Anne André, habitant au faubourg Boucherie. — 1723, 6 juillet : mar. Jean de Coulanges, de la ville d'Ahun, et Jeane Teyliaud, de cette paroisse. — 13 septembre : bapt. Jeane, fille de Psalmet Nadaud, tapissier, et de Magdeleine Beauregard. — 1724, 27 septembre : ent. Jeanne Avril, « vefve du sʳ Guibert, vivant orfeuvre, » 60 ans. — 1725, 13 juin : bapt. Marie-Anne, fille de Mʳ Jean Morel, « ancien maire de la Soubterreine, » et de dame Marie Joyé. — 22 juin : bapt. Valerie, fille de sʳ Joseph Maisonnade, peintre, et de dˡˡᵉ Françoise Raby. — 19 septembre : bapt. Jacques, fils de sʳ Psalmet Nadaud et de Magdeleine Beauregard; parrain Mʳ Mᵉ Jacques Nadaud, « prestre et curé de Saint-Léger. » — 1728, 13 février : ent. « mort le jour précédent dans son chateau du Mazau, paroisse de Saint-Prié-du-Taurion, sʳ Piere Romanet, escuyer, sʳ dudit Saint-Prié, d'où il a été porté dans nostre eglise de Saint-Maurice de la Cyté de Limoges, agé d'environ 50 ans. » — 4 avril : mar. « Mʳ Jean-Joseph-César de Bazillac, sʳ de la Mouve, maréchal de logis, du diocèse de Leytoure, paroisse de Caslevat, avec dˡˡᵉ Anne Robert, paroisse de Brillac, diocèse de Limoges. » — 5 mai : bapt. Marie, fille du sʳ Jean Ruaud, « mᵉ monoieur, » et de Marie Reynier; parrain, sʳ Piere Ruaud, « mᵉ monoieur. » — 1729, 19 mai : bapt. Joseph, fils de Joseph Maisonnade, mᵉ peintre, et de dˡˡᵉ Françoise Raby. — 1731, 17 juin : ent. Psalmet Nadaud, mᵉ tapissier, 45 ans. — 1734, 27 janvier : bapt. Pierre, fils de sʳ Joseph Bargeas, libraire, et de Marguerite Ebrart; parrain Mʳ Pierre Bargeas, « prestre et curé de Saint-Piere-la-Montagne. » — 1735, 12 août : mar. sʳ Gabriel Tramonteil, fils de feu sʳ Gabriel Tramonteil et de defunte dˡˡᵉ Marguerite Laborne, de la ville et paroisse de Peyrat, avec dˡˡᵉ Jeane de l'Hermite, fille de messire Jean de l'Hermite, ecuyer, et de défunte dame Elizabeth Esmoingt, du lieu de Trarieux, paroisse de Saint-Julien-le-Petit. — 8 décembre : bapt. Marie-Françoise, fille de s^r Nicolas Laudin, « m^e émailleur, » et de d^lle Marie Masleau. — 1737, 30 janvier : bapt. « Fransçoise, fille de s^r Nicolas Laudin, esmailleur, et de Marie Malaud. » — 18 mai : bapt. Jeane, fille de s^r Joseph Bargeas, relieur de livres, et de Marguerite Ebrard. — 28 mai : ent. Nicolas, fils du s^r Nicolas Laudein, « m^e esmaillieur », et de Marie Mallaud. — 4 juin : mar. s^r Martial Laudin, « garçon chirurgien, fils à feu s^r Jacques Laudin et à d^lle Anne Ribouille, » avec d^lle Léonarde-Cécille Sasmayoux. — 16 juillet : mar. Mr Jean-Baptisté Gayot, « escuyer, chevalier de Saint-Louis, major de la citadelle d'Olléron, avec d^lle Jeanne-Marie Gayot, pensionnaire depuis plusieurs années dans l'abaye de Chazot, paroisse de Sainte-Croix-de-Leon. » — 1738, 28 janvier : parrain, Gabriel Blanchard, fils de s^r Blanchard, « orfeuvre. » — 3 novembre : bapt. Barbe, fille de Joseph Bargeas, imprimeur, et de Marguerite Ebral. — 13 novembre : bapt. Marguerite, fille de Nicolas Laudin, m^e émailleur, et de Marie Maleau. — 1739, 5 août : présents Martial Sardine, m^e imprimeur, et Léonard Breil, libraire ; *signé* : M. Sardine, L. Dubrueilh. — 28 décembre : bapt. Joseph, fils de Joseph Bargeas, m^e relieur, et de Marguerite Hébral.

GG. 96. (Registre.) — In-4°, 307 feuillets, papier.

1740-1753. — Saint-Maurice. — Baptêmes, mariages, enterrements. — Romanet, Ardant, Garat, curés ; Roche, Boisse, Plantadis, Cibot, vicaires. — 1741, 14 février : ent. « messire Martial Romanet, s^r de la Briderie, procureur du Roi au Presidial de cette ville, époux à feue dame Anne de Roulhac. » — 21 juin : ent. Me Michel Arbonneau, « doyen du Collège de médecine de cette ville, agé d'environ 86 ans. » — 1744, 5 mai : ent. « messire François de Villelume, chevalier, s^r de Montcoqû, Villefavard et Batiments, époux de dame Françoise de Villelume, dame de Villefavard. » — 1747, 23 février : ent. « messire Joseph-Claude du Pouget de Nadaliac, chevalier de Saint-Pardou, fils de feu messire François de Pouget de Nadaliac, chevalier, s^r de Saint-Pardou, et de feue dame de Pouthe ; 40 ans environ. » — 1749, 20 mai : mar. André Floret, s^r du Couret, fils mineur de Me Jacques Floret, s^r du Poumeroux, « lieutenant de la ville et Prévoté de la Souterraine, » avec d^lle Antoinette Lafosse. — 1750, 21 août : ent. « messire Léonard de Lassaigne, écuyer, chevalier-marquis de Saint-George, veuf de dame Marie-Anne de Bonneval ; 62 ans environ. » — 1751, 20 avril : mar. Louis Ribeyrol, « ouvrier en soye de la Manufacture royale de Limoges, » avec Catherine Prange.

GG. 97. (Registre.) — In-f°, 62 feuillets, papier.

1754-1757. — Saint-Maurice. — Baptêmes, mariages, enterrements. — Garat, curé ; Poncet, Bourdeau, vicaires. — 1755, 26 avril : ent. sieur Pierre Ruaud, « prévot des monnoyeurs. » — 1756, 20 janvier : bapt. Pierre-Léonard, « fils de Mr Me Michel Arbonnaud, conseiller-médecin du Roy et doyen du Collége de médecine de Limoges, et de dame Marie-Léonarde Touzac. » — 11 novembre : ent. « Mr Me Jacques Noblet, diacre ordinaire du Séminaire de Limoges, chanoine de la Chapelle-de-Taillefer, natif dudit endroit ; 24 ans environ. » — 1757, 2 octobre : ent. « Marie-Léonarde Touzac, épouse de Me Michel Arbonaud, chevalier, trésorier de France au Bureau des finances de la Généralité de Limoges. »

GG. 98. (Registre.) — In-4°, 86 feuillets, papier.

1758-1761. — Saint-Maurice. — Baptêmes, mariages, enterrements. — Garat, Ardant, Cibot, curés ; Bourdeau, Boutineau, Dauryat, vicaires. — 1759, 30 janvier : mar. « messire Louis de Brachet, chevalier, garde du Roy, fils de messire Antoine de Brachet, chevalier, s^r de la Bastide, et de feue dame Catherine Lecène, demeurant au chateau de Rufignac, paroisse de Lubersac, avec d^lle Marguerite Colomb, fille de feu messire Pierre Colomb, écuyer, secrétaire du Roy, et de feue dame Marie-Anne Garat, demeurant en l'abaye des Aloix, présente paroisse. » — 1760, 7 août : mar. « s^r Joseph Maisonnade, fils majeur de feu Louis-Joseph Maisonnade et de d^lle Françoise Raby, peintre, demeurant rue faubourg Manigne, avec d^lle Catherine Desvergnes, veufve de Jacques Durousseau. »

GG. 99. (Registre.) — In-f°, 134 feuillets, papier.

1762-1767. — Saint-Maurice. — Baptêmes, mariages, enterrements. — Cibot, Pétiniaud, curés ; Boutineau, Mathieu, Michel, Faugere, vicaires. — 1762, 26 avril : ent. messire François Brunet de Pouyol, écuyer ; 45 ans environ. — 1764, 10 janvier : mar. s[r] Pierre Roche, veuf de Magdeleine Lebeau, chapelier, avec d[lle] Valerie Maisonnade, fille de feu s[r] Louis-Joseph Maisonnade et de d[lle] Françoise Raby. — 3 mars : « ent. dans l'église des RR. PP. Cordeliers, messire Jean-Baptiste Ardant du Masjambaux, conselier du Roy, controleur, contregarde de la Monoye de cette ville, de son vivant époux de dame Marie-Anne Douhet du Puismoulinier, décédé le jour précédent dans sa maison, fauxbourg Boucherie; âgé d'environ 45 ans. » — 19 septembre : « ent. dans l'église des dames de la Providence, d[lle] Marguerite de Martin du Tyrac, fillie de messire Bernard de Martin, chevalier, s[r] du Haut-Tyrac et de feue dame Jeanne Fouque. » — 1766, 28 janvier : mar. Jean Nadaud, tisserand, veuf de Léonarde Fredon, paroisse de Champsat, avec Jeanne Boutet, paroisse de Gore. — 25 août : bapt. Louis-Florent, « fils de François Ovady, brigadier dans la compagnie lieutenent colonelle du régiment des hussars de Bercheni, natif d'Hongrie, de présent en garnison dans le fauxbourg Magnine, et de Marie-Joseph Sterkin ; parrain Florentin Dreyerr, maréchal du susdit régiment, et marraine Anne-Dorothée Beerwinckel, femme d'Antoine Flecher, soldat maréchal dans le même régiment; *signé* : Réginal de Lambla, chan. precheur, aumonier du regiment de Bercheny, commis; Florentz Dreyer, husar. » (1)

GG. 100. (Registre.) — In-4°, 211 feuillets, papier.

1768-1774. — Saint-Maurice. — Baptêmes, mariages, enterrements. — Pétiniaud, curé; Faugère, Michel, Desraine, vicaires. — 1768, 27 mai : ent. « dame Anne Romanet, veufve de messire Estienne de Lépine, écuyer, conseiller du Roy, m[e] des Eaux et forets de Chateauneuf-en-Timerois. » — 1769, 21 mars : ent. d[lle] Françoise Raby, « veufve de Mr Joseph Maisonnade, pintre; 66 ans environ. » — 1771, 27 août : bapt. Louis-Charles, « fils de Mr Hiacinthe Sallé, conseiller du Roy, receveur des décimes du dioceze de Limoges et secrétaire de l'évêché, et de dame Catherine-Gertrude Dechez; parrain, l'illust[me] et révérend[me] s[r] Louis-Charles Duplessis d'Argentré, Évêque de Limoges; marraine d[lle] Louise-Catherine Duplessis d'Argentré, sœur dudit s[r] Évêque, qui ont été représentés par Mr Pierre Puisnesge, bourgeois, et dame Catherine Leyssenne, épouse de Mr François Dalesme, imprimeur du clergé. » — 11 septembre : abjuration de Jean-Daniel Labharthe, « calviniste, né le 24 juillet 1746, en la ville de Vevay, canton de Berne. » — 29 octobre : ent. Mr Roch Jourdan, « m[e] chirugien (*sic*) de cette ville, veuf de d[lle] Jeanne Fransiquet, agé d'environ 34 ans. » — 1772, 7 mars : ent. « messire Michel Arbonnau, médecin, conceillier du Roy, doyen des médecins du Collège de Limoges, président-trésorier de France; 78 ans environ. »

(1) Cette dernière signature est en caractères allemands.

GG. 101. (Registre.) — In-f°, 175 feuillets, papier.

1775-1780. — Saint-Maurice. — Baptêmes, mariages, enterrements. — Pétiniaud, curé; Faugere, Desranie, Montaigu, vicaires. — 1776, 24 juin : ent. « messire Mathieu de Blondeau, écuyer, s[r] de Combas, chevalier de Saint-Louis, brigadier des armées du Roy, ancien lieutenant-colonel d'infanterie; 62 ans. » — 21 septembre : abjuration d'Elizabeth Glinkle, « luthérienne, native de Magdebourg en Allemagne, épouse de François Dubreuil, épicier et habitant de Limoges. » — 1778, 10 février : mar. « Léonard Lalet, m[e] maréchal, avec Marie Foucalet, servante, fille majeure de Jean Foucalet, m[e] tapissier... de Bourganeuf. » — 15 novembre : « Nous, curé, dument autorisés par un de MM. les vicaires généraux, avons béni solennellement, sur le soir, après tout l'office, un nouveau cimetiere, cotoyant les murs de notre églize, pour satisfaire à l'édit du Roy prohibitif des sépultures dans nos temples, qui devait étre publié à la rentrée du Présidial du lendemain... »

GG. 102. (Registre.) — In-4°, 386 feuillets, papier.

1781. — 4 août 1791. — Saint-Maurice. — Baptêmes, mariages, enterrements. — Pétiniaud, curé; Desraine, Audoin, vicaires. — 1782, 5 octobre : ent. « Pierre-Jean Maillars, écuyer, s[r] des Chapelles, chevalier de Saint-Louis, ancien capitaine breveté au régiment de Royal-Navarre cavalerie, fabricien en charge de la présente église. » — 1784, 12 mai : bapt. Henry-Gaston-François, « fils de messire Jean de Saint-Martin, marquis de Bagnac, et de dame Marie-Anne de Lévis...; parrain Mgr Henry-Gaston de Lévis-Leyran, Évêque de Pamiers, représenté par messire François de Blondeau, de Laurières, chevalier de Saint-Louis, commandant pour le Roy à Basreges. » — 8 juin : mar. « Mr Silvain-Alexandre

Decourteix, conseiller du Roy, et son lieutenant en l'Election de la Marche..., avec d[lle] Valerie Dumas. » — 1785, 19 juillet : bapt. « Charles-Marie-François, fils de messire Antoine Grellet, écuyer, directeur de la Manufacture royale des porcelaines de France, et controleur de la Monoye de cette ville, et de dame Susanne Sennemaud. » — 17 octobre : mar. Léonard-André Tixier, « fils mineur de Mr Me Léonard-Louis Tixier, s[r] de la Chapelle, Lépinard, le Breuil, Vallet et autres lieux, conseiller du Roy, président en l'Election de la Marche, avec d[lle] Anne Chazal. » — 1789, 21 octobre : bapt. Marie-Louise, fille du s[r] Jacques-Louis-François Va, marchand orfevre de Paris, et de dame Jeanne-Françoise Bérange.

GG. 103. (Registre.) — In-f°, 189 feuillets, papier.

1665-1790. — Saint-Maurice. — Répertoire des baptêmes rédigé par J.-B. Desraine, vicaire.

GG. 104. (Registre.) — In-f°, 179 feuillets, papier.

1665-1790. — Saint-Maurice. — Répertoire des mariages rédigé par J.-B. Desraine, vicaire.

GG. 105. (Registre.) — In-f°, 464 feuillets, papier.

1665-1791. — Saint-Maurice. — Répertoire des enterrements rédigé par J.-B. Desraine, vicaire.

GG. 106. (Registre.) — In-f°, 54 feuillets, papier.

20 septembre 1603 — 25 août 1612. — Saint-Michel-des-Lions. — Baptêmes. — J. Devillard, vicaire. — 1603, 6 octobre : « Galiene, filie de Marthial Mouré, m[e] horfeuvre. » — 8 octobre : « Noël Noalier, fils de sire Jehan Noalier, marchan ; parin Noel Noalier, aussi marchan ; marine Peyronne Dubois, fame de Anthoine Verier, m[e] orfeuvre. » — 5 novembre : « Marie Barbout, filie de Jacques Barbout, m[e] imprimeur ; parin Jehan Hodier ; marine Marie Barbout, filie dudit Jacques Barbout. » — 1604, 24 janvier : « Michel Voysin, fils de Anthoine Voysin, m[e] imprimeur de la présent ville, et a esté son parin Michel Lemoyne, m[e] imprimeur, et marine Marguerite Voysin. » — 14 février : « parin, Mr Jacques Progent, procureur au siége prézidial de Lymoges. » — 24 février : « Jacques Maurit, filz de Jehan Maurit, m[e] imprimeur. » — 1605, 15 septembre : « Jehan Voysin, fils de Hantoyne Voysin, m[e] imprimeur. » — 17 septembre : « Piere Guiber, fils de André Guiber, orfeuvre de la présent ville ; parin Piere Guiber son frère ; marine Simonne Martin. » — 13 novembre : « Christofle de Petiot, fils de honorable Me Jehan de Petiot, juge ordinère de Lymoges ; parin vénérable messire Christofle de Petiot, chanoyne de l'églyse chatédrale de Saint-Estienne de Lymoges, et prévot de Saint-Junient ; marine dame Chaterine Dinomatin, vofove (*sic*) de feut Mr de Julien. » — 1606, 17 avril : « Jehan Ardant, filz de Marthial Ardant, orfeuvre. » — 1607, 4 août : « Léonarde Martin, filie de Me Jacques Martin, lieutenant criminel de Lymoges ; parin, vénérable messire Pierre Martin, chanoyne des deux églizes dudit Lymoges et prévot de Riliat, et marine dame Léonarde Petiot, famme de honorable Mr Me Michel Martin, président au siége presidial de Lymoges. » — 1608, 14 novembre : « Anne Gaudon, filie de Me Pierre Gaudon, lieutenant du viscénéchal de Lymoges ; parin vénérable M[e] Mr Loys de Marchandon, abé de Sainct-Martin et chanoyne de l'église cathédrale de Lymoges ; marine Anne Maledant. » — 1609, 18 janvier : « Piere, fils de Joseph Blanchard, orpheuvre. » — 1610, 19 décembre : « Peyronne Desflotes, fillie de Pierre Desflottes, orpheuvre ; parin sire Jehan Renaudin, marine dame Catherine Rouard. » — 1610, 9 mars : « Maurelie Guibert, fillie de Bartolomé Gaibert, m[e] orpheuvre ; parin Mr Gregoire Descardes, esleu en l'Eslection ; marine dame Maurelie Constant. » — 1611, 17 juillet : « Marcial Mouret, fils de Martial Mouret, orpheuvre ». — 24 novembre : Joseph Bargas, fils de Estienne Bargas, imprimeur. — 13 décembre : Pierre Ardant, fils de Martial Ardant, « orpheuvre. »

GG. 107. (Registre.) — In-f°, 60 feuillets, papier.

Mai 1612 — 4 novembre 1620. — Saint-Michel-des-Lions. — Baptêmes. — J. Devillard, vicaire. — 1613, 9 novembre : « Thonie Chapoulaud, fillie de Nicolas Chapoulaud, m[e] imprimeur. » — 1614, 3 mai : « Jehan Arlot, fils de honorable m[e] Jacques Harlot, lieutenant particulier, et de d[lle] Catherine Sénemaud. » — 24 août : Bernard Moury, fils de Jehan Moumy, imprimeur ; « parrin Bernard Moulinot ; marrine Jehanne Moury, fillie dudict Jehan Moury. » — 1615, 25 mai : Léonard, fils de Joseph Boysse, « orpheuvre. » — 7 juin : Guilhaume,

« fils de Mᵉ Jehan Desmaisons, viscenechal; parrin Mᵉ Guilhaume de Verthamon, president en l'Eslection; marrine Catherine Martin. » — 2 novembre : Joseph, fils de Bartholomé Guybert, « orpheuvre. » — 1616, 23 janvier : « parrin Anthoyne Veyrier, orpheuvre. » — 18 février : « Marie, fillie de honorable Mʳ Léonard de Chastanet, lieutenant général; parrin Mʳ Carvalay, président en l'Eslection de Bourganeuf. » — 30 juin : « Jacques, fils de Mᵉ Jeham de Beaubreil, juge de pollice; parrin Mᵉ Jacques de Petiot, juge royal de la ville. » — 16 septembre : « Nicolas, fils de sire Joseph Boysse, orpheuvre. » — 27 décembre : « Jehan, fils de aultre Jeham Lemoyne, libraire. » — 1619, 7 février : « parrin Julie Blanchard, orpheuvre. » — 7 avril : « parrin Dominique Mouret, orpheuvre. » — 1619, 15 novembre : « Anne, fillie de Dominique Mouret, orpheuvre; parrin Barthelemy Guybert. » — 19 novembre : « Pierre, fils de Pierre, esmalieur. » — 1620, 21 août : Pierre, fils de Nicolas Rouland, libraire. — 29 septembre : « Narde, fillie de sire Joseph Boysse, orpheuvre. »

GG. 108. (Registre.) — In-f°, 84 feuillets, papier.

27 octobre 1620 — 10 novembre 1625. — Saint-Michel-des-Lions. — Baptêmes. — J. Devillard, vicaire. — 1621, 25 février : « Anthoyne, fils de Anthoyne Voysin, imprimeur; parrin autre Anthoyne Voysin, habitant de Soloignac. » — 8 mai : « Jehan, fils de Pierre Mérigou, eymailleur; parrin Jehan Didier, mᵉ brodeur; marrine Catherine Boulestey, veufve de feut Léonard Mérigou. » — 18 juillet : « a esté beniste la grand cloche de Saint-Michel, à deux heures après midy, par Mᵍʳ l'Evesque de Limoges, et pour icelle, a esté son parrin Mᵉ Michel Martin, président au siège, et marrine dame Catherine Marand, femme du recepveur Mousnier. » — 30 juillet : « Narde, filhe de Dominique Mouret, le jeune, mᵉ orpheuvre, et de Anne Guybert; parrin sire Dominique Mouret, marrine Narde Martin. » — 1622, 6 février : « Jehan, fils de Pierre Caboutin, peintre; parrin Jehan Caboutin, marrine Loyse Touniaud. » — 3 avril : « parrin, Jehan Mouret, orpheuvre. » — 2 août : « parrin venerable Mʳ Henry Martin, ausmonnier du Roy, chanoisne en l'esglise cathedrale de Limoges et curé de l'esglise Saint-Michel-des-Lyons. » — 1623, 2 février : « Raymon, fils de Mʳ Bordes, lieutenant particulier au siége presidial; parrin révérend père en Dieu Raymon de la Marthonie, Evesque de Limoges. » — 24 juin : « Michel, fils de Mathurin Reveliat, imprimeur; parrin Michel Lemoyne, mᵉ imprimeur et libraire. » — 20 juillet : « Jeham, fils de Bartholomé Guibert, orpheuvre. » — 26 novembre : « Narde, fillie de Jeham Cabouty, mᵉ peintre. » — 1625, 28 janvier : « Jacques, fils de autre Jacques Fargue, mᵉ esmalieur; parrin Mᵉ Jacques Rougier, procureur au siège présidial; marrine Narde d'Auvergne. » — 14 juillet : « Jeham, fils de Dominique Mouret, orpheuvre. » — 16 septembre : « Magdaleine, filhe de Françoys Guibert, orpheuvre. »

GG. 109. (Registre.) — In-4°, 35 feuillets, papier.

22 mars 1643 — 13 février 1649. — Saint-Michel-des-Lions. — Baptêmes. — De la Charlonye, vicaire. — 1643, 1ᵉʳ juin : Barbe de Chavaille, « fille de Mʳ Mᵉ Anthoine de Chavaille, conseiller du Roy, thrésorier de France et général des finances de Sa Majesté en la Généralité de Limoges, et de dˡˡᵉ Marie Mousnier; parrain Mᵉ Guillaume Desmaisons, conseiller du Roy et vice-seneschal de Limosin, et marraine dame Marie-Barbe Marran, veufve de feu Mʳ Mᵉ Martial Mousnier, conseiller du Roy, president aux requestes du Palais à Bordeaux; ladite fille aagée de 7 ans ou environ. » — « Le même jour, Jean de Chavaille, fils des mêmes, agé de 5 ans ou environ; parrain Mʳ Mᵉ Jean de Joyet, conseiller du Roy, lieutenant criminel au Séneschal de Uzerche; marraine dˡˡᵉ Catherine Mousnier, femme dudit sieur viséneschal. » — « Le même jour, Catherine, fille des mêmes, 18 mois; parrain Mʳ Mᵉ Raymond de Gaye, sʳ de la Jussanie, conseiller du Roy, esleu en l'Eslection de Brive; marraine dame Catherine Marran, veufve de feu Mʳ Mᵉ Jean Mousnier, conseiller du Roy, contrerolleur, esleu en l'Eslection de Limoges, et greffier en chef au siege séneschal et présidial de Limoges. » — 9 octobre : « marraine Anne Guymbert, veufve de feu Jean Mouret, orfeuvre. » — 1644, 4 avril : Raymond, « agé de 2 ans ou environ, fils de Jacques de la Vergne, escuyer, sʳ de la Vergne, et de dame Barbe de Maledent; parrain Raymond de la Vergne, escuyer, sʳ de Ladignac; marraine dˡˡᵉ Marie de Maledent. » — 1645, 26 mai : « Martial, fils de Mᵉ Jean Moreil, président au Présidial, et de dˡˡᵉ Thérèse de Maledent. » — 2 octobre : François, fils de Jean Ardant, le jeune, et de Paule Pabot.

GG. 110. (Registre.) — In-4°, 80 feuillets, papier.

1653 — 5 mai 1654. — Saint-Michel-des-Lions. — Baptêmes. — Guytard, vicaire. — 1653, 23 février : Martial, « fils posthume de feu Jean Vertamond, président en l'Eslection, et de d^{lle} Peyronne Vidaud. » — 20 avril : Martial, « fils de Jean Ardant, orfeuvre, et de Paule Pabot. » — 14 mai : « Jeanne, fille de Labrousse, s^{r} de Teyssonieras, et d'Anne Beaubreilh ; parrain vénérable François Faure, prévost de Saint-Martial ; marraine Jeannette Maury. » — 7 septembre : Anthoine, fils d'Isaac Castonet, tapissier, et de Marie Baronnet ; parrain Anthoyne Cartau, tapissier, et marraine Magdeleine Rouquet. — 1654, 15 février : François, fils de Pierre Deschamps, imprimeur, et de Marie Gibot ; parrain François Chollet, imprimeur ; marraine Anne Deschamps, sa sœur.

GG. 111. (Registre.) — In-f°, 503 feuillets, papier.

11 juin 1654 — 1673. — Saint-Michel-des-Lions. — Baptêmes, mariages, enterrements. — (Jusqu'à mai 1668 il n'y a que des baptêmes.) — J. Barny, curé ; Leychousier, Gadault, Bareges, Collusson, vicaires. — 1655, 20 juin : Catherine, « filhe de Jacques Petit, m^{e} tapissier, et de Narde Bardonnaud. » — 11 novembre : Elizabeth, « filhe de Jerosme Grenaud, peintre, et de Marie Rebière. » — 1656, 17 août : « Pierre, fils de Jean Ardant, marchand orfevre, le jeune, et de Paule Pabot. » — 1668, 19 novembre : ent. dans l'église, Helie Ponsset, fils de Philippe Ponsset, « esmalheur, » et de Paule Peyrat. — 1669, 6 janvier : marraine, Magdeleine Gayou, « veufve de Léonard Voisin, imprimeur. » — 5 avril : ent. Audouen, fils de Mr Pierre Guibert, « orphèvre, » et de Léonarde Reculès. — 31 mai : bapt. Mathive, fille de Léonard Lemoyne, libraire, et de Catherine Lavaud ; parrain Jean Nouhallier, m^{e} de musique. — 1670, 1er juin : ent. Claude, fille d'Anthoine Voisin, m^{e} imprimeur, et de Marie Besse. — 1672, 3 juin : ent. Paule Deschamps, femme de François Chollet, m^{e} imprimeur. — 6 août : bapt. Marie, fille de Jacques Lemoyne, m^{e} libraire, et de Peyronne Malhombre ; parrain Pierre Lemoyne, imprimeur.

GG. 112. (Registre.) — In-4°, 71 feuillets, papier.

20 octobre 1663 — 17 avril 1668. — Saint-Michel-des-Lions. — Baptêmes. — Registre tenu par J. Progent, vicaire, qui y a joint un répertoire alphabétique. — 1664, 15 janvier : Catherine, fille de s^{r} Martial Duboys, s^{r} de Chamboursac, et de d^{lle} Valerie Favart. — 12 mars : Joseph, filz de Mr Mathieu Desmaisons, « vis-sénéchal, » et de d^{lle} Anne Maledent. — 22 mai : Antoine, « filz de Mr Martial Aubusson, s^{r} du Verger, trésorier général de France, et de dame Catherine Chevaille ; parrain Mr Antoine de Chevaille, trésorier général de France. » — 1er août : Valerie, fille de Gilbert Brun de Butler et de Hélène Morphe. — 2 août : Anne-Gislon, fille des mêmes. — 21 septembre : parrain vénérable Me Jean Barny, « docteur en théologie et curé de cette église. » — 16 novembre : François, né le 3 janvier 1660, « fils de Mr Mathieu Maledent, s^{r} de la Cabane, et receveur des décimes, et de dame Marguerite Guillaume ; parain, illustris^{me} et révérend^{me} en Dieu, François de la Fayette, Evesque de Limoges. » — 1665, 15 novembre : parrain « vénérable Me Barthelemy Lemoine, curé de Couzeix. » — 4 décembre : parrain « Mr Jean Blondeau, trésorier général de France. » — 1666, 8 février : Marie, « fille de Jean Ardent, orpheuvre, et de Anne Guittard. » — 11 février : parrain « vénérable Mr Yrieys Jayac, archiprestre de la Meyse. » — 5 septembre : Pierre-Joseph, « fils de s^{r} Mathurin Descoutures, advocat, et de Françoise Biays. » — 1667, 20 mai : parrain « Mr Me Joseph Dupeyrat, baron de Touron, et trésorier général. » — 1668, 12 mars : parrain, « vénérable Me Pierre Leymarie, prestre de cette église. »

GG. 113. (Registre.) — In-f°, 121 feuillets, papier.

1674 — 2 octobre 1683. — Saint-Michel-des-Lions. — Baptêmes, mariages, enterrements jusqu'au 22 avril 1678 ; baptêmes et mariages du 17 avril 1678 au 2 octobre 1683 ; enterrements du 13 avril 1678 au 30 décembre 1682. — J. Barny, curé ; Leychousier, Collusson, Barèges, Senemaud, Peyroche, Texier, vicaires. — 1674, 1er mars : ent. Jeanne, fille de J. Martin Desables, imprimeur, et de Jeanne Debuet. — 23 juin : ent. Janne Celière, femme de s^{r} Isaac Ardant, m^{e} argentier. — 1675, 1er juillet : ent. Pierre, fils d'Estienne Leclerc, imprimeur, et de Marguerite Mazeau. — 1679, 3 juin : bapt. Marie, fille de Mr Charles-Joseph de Chastaniac, s^{r} de Masleau, et de dame Anne de Leypicier ; « parrain Mr Pierre de Chastaniac, président thrésorier général de la Généralité du Limousin ; marraine dame Catherine Guillaume, veufve de feu Mr de Chastaniac, conseiller du

Roy et grand prévost du Limousin. » — 28 septembre : ent. Paule Peyrat, « veufve de Mr Philippe Poncet. « — 3 décembre : parrain Mr Pierre et Godefroy de Beauvillers, « conseiller, ausmosnier ordinaire du Roy et abbé commendataire de l'abbaye de Saint-Pierre de Solignac. » — 1680, 13 août : ent. Me François Cluzeau, architecte. — 1681, 7 septembre : parrain Pierre Duprat, me tapissier. — 26 septembre : ent. François, fils de Pierre Picat, libraire, et de Jeanne Mondaud.

GG. 114. (Registre.) — In-f°, 451 feuillets, papier.

1683 — 29 mars 1696. — Saint-Michel-des-Lions. — Enterrements de 1683 à août 1685; baptêmes et mariages du 3 octobre 1683 à août 1685; baptêmes, mariages, enterrements de septembre 1683 à mars 1696. — Cantenac, Baillot, curés; Texier, Sénemaud, Regnaudin, Collusson, Gadaud, Peyroche, Chabrol, Lamy, Freixinaud, P. Valade, vicaires. — 1683, 20 septembre : ent. Antheine, fils de Léonard Lemoine, me libraire, et de Catherine Lavaud ; 5 mois environ. — 1684, 26 mai : « enterré Marie Ribière, vefve de feu Jérosme Grenaud, dit Nillaud, me peintre. » — 24 novembre : bapt. Jean, fils de Mr François Cholet, libraire, et de Narde Quillet. — 1690, 13 avril : mar. « Mr Mathieu Benoist, sr de Compreignac, avec dame Léonarde Bandy, veufve de Mr Jean Blondeau, vivant trésorier de France. » — 15 août : bapt. Magdeleine, fille de Jean Depousses, imprimeur, et de Anne Demare. — 1692, 25 juillet : bapt. Jacques-Henry, « fils de messire François Martin, sr de la Bastide, président thrésorier général de France, et de dame Marie Decubes. » — 21 octobre : bapt. Jean, « fils de Isaac Ardent, orphèvre, et de dame Magdelaine Roger. »

GG. 115. (Registre.) — In-f°, 584 feuillets, papier.

28 mars 1696 — 18 décembre 1706. — Saint-Michel-des-Lions. — Baptêmes, mariages, enterrements. — Baillot, curé; Chabrol, Nozerines, P. Valade, Gadaud, Michel, Reculès, vicaires. — 1696, 30 avril : « Nous, curé de Saint-Michel-des-Lions, soussigné, avons faict le service de dame Marie de Femel (*sic*), femme de messire Joseph de Beaupoil, marquis de Saint-Aulaire, lieutenant du Roy dans la province du Limousin, où estoient assemblés Messieurs du Présidial en corps, les chefs en robes rouges, et Messieurs les Consuls aussi en corps avec leurs marques de distinction; l'oraison funèbre de ladite dame y fut prononcée par le Révérend Père David, de l'Oratoire de Jésus, par ordre de Messieurs les Consuls. » — 30 avril : bapt. « Jacques et Magdeleine, enfants jumeaux de sr Martin Belay, me sculpteur, et de Marguerite Bousier. » — 4 juillet : bapt. Elie, fils d'Etienne Bargeas, imprimeur, et de Catherine Faure; parrain Pierre Bardinet, marchand libraire.

GG. 116. (Registre.) — In-f°, 446 feuillets, papier.

21 décembre 1706 — 10 juillet 1718. — Saint-Michel-des-Lions. — Baptêmes, mariages, enterrements. — Baillot, curé ; David, Chabrol, Reculès, Picquet, Michel, vicaires. — 1707, 16 décembre : bapt. Catherine, fille de Léonard Vergnaud, imprimeur, et de Marie Volondat. — 24 décembre : ent. « Jean Faujère, me tapissier, âgé d'environ 60 ans. » — 1710, 23 mars : bapt. « Jeanne, fille de Antoine Nouailler, sr des Bailles, premier président en l'Eslection de Limoges, » et de dame Marguerite Bigorie. — 1711, 20 octobre : bapt. Jeanne, fille de Bertrand Deluret, imprimeur, et de Catherine Boulen. — 1713, 8 octobre : bapt. Pierre Pic, « fils de Mr Me Jean Barny, sr de Romanet et de Veyrinas, conseiller du Roy, juge magistrat de la Sénéchaussée du Limousin et siége présidial de Limoges, premier consul de cette ville et marguiller prévot en charge de cette église, et de dame Gabrielle-Thérèse Berny. » — 1714, 22 juillet : mar. Martial Bardinet et Marie Nadaud.

GG. 117. (Registre.) — In-f°, 360 feuillets, papier.

10 juillet 1718 — 11 avril 1725. — Saint-Michel-des-Lions. — Baptêmes, mariages, enterrements. — L'abbé Baillot, abbé commandataire de l'abbaye de N.-D. la Nouvelle-lez-Gourdon, curé; Picquet, David, Reculès, Chabrol, Nadaud, Tarain, Montegut, Cluzeau, Petiniaud, vicaires. — 1719, 17 mai : mar. Jacques Ardant, « fils de sr Jean Ardant, orpheuvre, et d'Anne Poncet, avec Isabeau Celière. » — 6 juin : mar. Joseph-Remy de Complainville, fils de Jacques-François de Complainville, « intéressé dans les fermes du Roy », et de dame Anne Darsy, avec Élizabeth Bruchard de la Pommélie. — 21 août : bapt. Jean, « fils de messire Antoine Léonard, écuyer, conseiller du Roy, président trésorier général de France au Bureau des finances de la Généralité de Limoges, sr de Saint-Cyr et de Saint-Laurent-sur-

Gorre, et de dame Marie Chaud. » — 19 octobre : bapt. Pierre André, « fils d'autre Pierre André dit Latache, orpheuvre, et de Marcelle Dufour. — 23 octobre : installation de Jean Bonnet en qualité de frère ermite de Montjovis. — 1720, 20 octobre : bapt. Etienne, « fils de Mr Antoine-Joseph Martin, s' de la Bastide, conseiller du Roy et thresorier de France, et de dame Marie-Anne Constant de Verthamond. » — 1721, 29 mai : bapt. Marcelle, fille de Léonard Lasmailharias, libraire, et de Marie Juaud. — 23 juillet : ent. Mr Barthélemy Pinot de la Grilière, « capitaine au régiment de Ligne, agé d'environ 35 ans. »

GG. 118. (Registre.) — In-f°, 441 feuillets, papier.

12 avril 1725 — 30 juin 1733. — Saint-Michel-des-Lions. — Baptêmes, mariages, enterrements. — L'abbé Baillot, curé; Petiniaud, Picquet, Turain, Montégut, Périere de Proximart, Manet, Chambon, vicaires. — 1725. 27 mai : ent. dans l'église des RR. PP. Augustins, « Mr Bernard de Lespinasse, conseiller du Roy, directeur général du tabac dans la présente Généralité. » — 1er octobre : bapt. Anne-Louise, « fille de noble Gratien de Montalembert, écuyer, s' de Monband, lieutenant colonnel de cavalerie au régiment de Bernigaut, chevalier de Saint-Louis, et de dame Anne Vidaud ; parrain noble Jean Vidaud du Dognon, brigadier des armées du Roy. » — 1726, 28 février : mar. « messire Léonard Limousin, escuyer, s' de Neuvic, greffier en chef du Bureau des finances........, veuf de feue dame Jacqueline de Montalembert, avec dlle Marie-Anne Blondaud, fille de feu messire Gabriel Blondaud, escuyer, s' de Venteau, président thrésorier audit Bureau, et de dlle Marguerite Moulinier de Puymaud. » — 13 juin : mar. « messire Louis de Taillefer, chevalier, s' de Taillefer, fils de messire Henry de Taillefer, chevalier, s' marquis de Barrière, et de dame Antoinette Duchesne, dame marquise de Barrière, de la paroisse de Vilambrard, diocèse de Périgueux, avec dlle Marguerite-Thérèse de Sansillon de la Foucaudie, dlle de Douillat, fille de messire Jean de Sansillon, chevalier, s' de Douillat, et de dame Marie-Françoise de la Croix..., de la paroisse de la Rochette, en Limousin. » — 1727, 28 août : ent. « Léonard Lasmailharias, libraire; 55 ans environ. » — 1729, 1er février : mar. Pierre Puisnege, de la paroisse de Saint-Pierre, avec Marie Bardinet. — 30 mars : mar. « Mr Jean Bonnin, s' de Grandmont, conseiller du Roy, son procureur en la Maistrise des hauts (*sic*) et forêts de la Basse-Marche...., de la paroisse de Rancon, avec dlle Catherine Genty. »

GG. 119. (Registre.) — In-f°, 309 feuillets, papier.

30 juin 1733 — 1741. — Saint-Michel-des-Lions. — Baptêmes, mariages, enterrements. — L'abbé Baillot, Dartigeas, curés ; Chambon, Turain, Plenameyjoux, Dupuy, Montégut, vicaires. — 1733, 20 octobre : mar. « Martial Blondeau, s' marquis de Laurière, trésorier de France, avec dame Marie Moulinier de Valette. » — 27 octobre : bapt. Valérie, fille de Joseph Barbut, sculpteur, et de Françoise Fésibet. — 28 décembre : ent. Pétronille Bargeas, « fille dévote, fille de Léonard Bargeas et de Marcelle Ménager ; 65 ans environ. » — 1734, 5 août : mar. s' Michel Faugères, me tanneur, fils de s' Antoine Fougères, me tapissier, et de dlle Catherine Germain, avec dlle Catherine Faure. — 7 août : bapt. Pierre, fils de s' Léonard Breüil, marchand libraire, et de Jeanne Bordeaux. — 1735, 2 juin : ent. « Elizabeth Vauzelle, veuve de s' Pachy, vivant me mprimeur, agée d'environ 100 ans. » — 8 juillet : bapt. Mathieu, fils de Pierre Demet, me tapissier, et de Marguerite Rouyras. — 9 novembre : prise de possession de la cure de Saint-Michel-des-Lions par Mr Mr Martial Dartigeas, pretre, docteur de Sorbonne, chanoine de l'église royale de Saint-Martial, ladite cure vacante par le décès arrivé la veille de Mr Mr Pierre Baillot. — 1738, 18 avril : ent. « messire François de Vandilhac, pretre, conseiller du Roy, eslu en l'Election de Confolent, agé d'environ 30 ans. » — 1740, 23 mars : ent. « Jeane Guybert, agée de 27 ans, épouse en secondes noces de Mr Jean Ardant, me orfreuvre (*sic*). » — 1741, 11 mai : bapt. Léonard, « fils de Mr Martial Duclou, marchand de la rue des Combes, et de dlle Anne Guybert. »

GG. 120. (Registre.) — In-f°, 408 feuillets, papier.

1742-1750. — Saint-Michel-des-Lions. — Baptêmes, mariages, enterrements — Dartigeas, Malevergne, curés ; Dupuy, Turain. Montégut, Chambon, Noailhé, Sénémaud, Ardilier, Lageneste, Baresge, vicaires. — 1742, 18 janvier : bapt. Etienne, « fils de s' Etienne Chapelas, tapissier, demeurant prez cette église, et de dlle Jeanne Brunier. » — 22 mars : ent. « Mr François Vacquier, clerc tonsuré, étudiant dans cette ville en philosophie, originaire de la ville de Sarlac, 18 ans. » — 27 avril : ent. « d[lle] Antoinette de Petiot du Masbouchet, 30 ans, fille de feu Mr Pierre de Petiot du Masbouchet, président thrésorier de France, et de feue dame Marthe Dufour. » — 15 mai : mar. « Me Étienne-François Drouillette, s[r] du Cherduprat, conseiller du Roy, son procureur en la Chatellenie royale de Guéret, avec d[lle] Jeanne Raby de Vallette. » — 15 juin : ent. « messire Joseph Morel de Fromental, capitaine dans le régiment de Blésois, chevalier de Saint-Louis, 56 ans. » — 1743, 7 octobre : bapt. « Jean-Baptiste, fils de Mr Jacques Dupré, marchand fayancier, et de d[lle] Marie Sénemaud. » — 1744, 31 janvier : bapt. Marie-Joséphine-Bathilde, « fille de Mr Jean-Antoine-Artaud du Rayol, controlleur provincial des Postes de France, et de madame Catherine Sénèque ; parrain Mr Esprit-Joseph Artaud, chanoine de N.-D., de Paris, absent.... » — 5 octobre : mar. « Mr Robert de Verdhilac, conseiller du Roy, élu en l'Election de Confolent, fils à feu Mr Robert de Verdhilac, conseiller du Roy, sénéchal de Morthemart, et de d[lle] Elizabeth Pasquet, avec d[lle] Suzanne de Béon, fille à Mr de Béon, écuyer, s[r] de Biere, et de dame Marie de Savari, habitants du bourg de Mortemard. » — 1745, 20 décembre : ent. Mr François Martin, peintre, 76 ans, veuf de Mlle Françoise Fabrier. — 1746, 16 février : mar. « messire Pierre de Couhé de Lusignan, écuyer, s[r] de Commersat et du Vignaud, capitaine au régiment de la Marche-infanterie, agé d'environ 32 ans, fils de feu messire Jean de Couhé, écuyer, s[r] de Fayolle, et de deffunte dame Marie de Chamborant, de la paroisse de Saint-Sulpice d'Abzac-sur-Vienne, avec d[lle] Marie Edmon Ponchon de Montfort, agée d'environ 16 ans, fille de messire Jacques Ponchon de Montfort, écuyer, ingénieur ordinaire du Roy en cette province, et de dame Marie Okahasy, de cette paroisse ; présent Mgr de Barberie de la Chateneroye de Saint-Contest, Intendant de cette Généralité..... »

GG. 121. (Registre.) — In-f°, 408 feuillets, papier.

1751-1759. — Saint-Michel-des-Lions. — Baptêmes, mariages, enterrements. — Malevergne, Chastaignac, curés ; Lageneste, Dupuy, de Fressanges, Duroux, David, B. Martin, Depéret, Desflottes, vicaires. — 1751, 20 juillet : bapt. Jean-Baptiste-Joseph, « fils de Joseph-Laurent Briest, trompette dans le régiment de Montcalme, compagnie de Grammont, et de Charlotte Brouchont. » — 21 juillet : bapt. Joseph, « fils de messire Charles-Joseph de Chastagnac, écuyer, s[r] de Ligoure, et de dame Anne Texandier de L'Aumonerie ; parrain messire Joseph Pinot, écuyer, s[r] de Magret, conseiller du Roy, receveur général des Domaines et bois de la Généralité de Limoges, et marraine dame Marianne Desmarets, épouse de messire Joseph Desflottes, s[r] de Leychoisier. » — 22 octobre : bapt. Jacques, fils de Mr François Bernard, m[e] sculpteur, et de Catherine Teulier. — 9 décembre : bapt. Louis-Jean, « fils de Bernard Lamoureux de Chaumont, directeur de la Poste de cette ville, et de dame Léonarde Durand du Boucheron ; parrain très-haut et très-puissant s[r] Louis Philipeaux, comte de Saint-Florentin, ministre et secretaire d'Etat, chancelier de la Reine, commandeur de l'Ordre du Saint-Esprit, et marraine très-haute et très-puissante dame Jeanne-Antoinette Poisson, marquise de Pompadour, absents... » — 1753, 31 mai : bapt. Pierre-Viturnien, « fils de s[r] Pierre Verniau et de Catherine Baubiat, son épouse, né le même jour, rue du Clocher ; a été parrain Mr Pierre-Viturnien Dassier, ancien grefier au Bureau des finances de Limoges, et marreine d[lle] Catherine Baubiat, qui ont signés avec moy. Baubiat ; Daches, Lageneste, vic. » — 1754, 2 février : ent. Catherine Boulain, femme de Bertrand Deluret, imprimeur, 90 ans. — 17 février : bapt. Elizabeth-Louyse, « fille de Mr Jean-Louis Bouillet, avocat en Parlement et secrétaire de l'Intendance de Limoges, et de dame Marie-Joseph Leleu ; parrain messire Louis-Jacques de Chaumont de la Millière, m[e] des requêtes, Intendant de la Généralité de Limoges, et marraine dame Charlotte-Elizabeth Héron, épouse de messire de Chaumont, Intendant. » — 18 novembre : bapt. Pierre, « fils de Mr Pierre Dumet, m[e] tapissier, et de d[lle] Catherine Hugon. »

GG. 122. (Registre.) — In-f°, 613 feuillets, papier.

1760-1769 — Saint-Michel-des-Lions. — Baptêmes, mariages, enterrements. — Chastaignac, de Léonard de Fressanges, curés ; Martin, Favard, Dépéret, Sénémaud, Dupuy, Nadaud, Bonnin, Périnaud, Joubet, Dachés, St-Mathieu, Mousnier, Cibot, Vacquand, Nexon, vicaires. — 1760, 31 janvier : ent. « messire Gabriel Blondeau, écuyer, s[r] de Combas, chevalier d'honneur au Présidial, époux vivant de dame Thérèze Rouilhac. »

— 10 février : bapt. « J.-B., fils de messire Guillaume Paschal de Martin, chevalier, sr de la Bastide, ancien capitaine au régiment d'Enghien, chevalier de Saint-Louis à une pension du Roy, et de dame Charlotte-Françoise de Razès d'Auzances. » — 9 septembre : ent. « Mr et Me J.-B. Juge de la Borie, avocat au Parlement de Bordeaux, 47 ans. » — 1761, 9 décembre : bapt. « Marie-Valerie, fille de Martial Londeix, me de psalette du chapitre de Saint-Martial, demeurant dans l'abbaye, et de dlle Françoise Nouhaud. » — 1763, 21 janvier : ent. « Jacques, âgé de 12 ans, fils de François Bernard, sculteur, et de feue Catherine Teulier. » — 22 juin : bapt. « Jean-Pierre-Joseph, fils de messire Jean-Léonard Rogier des Essars, écuyer, conseiller du Roy, lieutenant général de police en cette Sénéchaussée, et de dame Anne-Léonarde de Saint-Cyr ; parrain messire Jean-Pierre Rogier des Essars, écuyer, sr de Leyraud et du Buisson, conseiller du Roy, lieutenant civil en la Sénéchaussée et siège présidial de cette ville. » — 8 juillet : bapt. J.-B., fils de sr Léonard Martinaud, relieur, et de Valerie Voisin ; parrain J.-B. Voisin. — 8 octobre : ent. « dame Françoise Roulhac de Razès, épouse de sr Joseph Muret, ancien inspecteur des Manufactures, 28 ans. » — 1764 : 17 mars : bapt. « Pétronille, née rue Gaignolle, fille de Michel Senèque, tapissier, et de Anne Beaubrun. » — 27 mars : bapt. « Philippe, né place Saint-Michel, fils de sr Michel Bardinet, marchand libraire, et de dlle Pétronille Senémaud. » — 9 octobre : prise de possession de Mr Antoine de Léonard de Fressanges, docteur de Sorbonne, vice-official gérant du diocèse de Limoges, chanoine théologal de l'église royale et collégiale de Saint-Martial.

GG. 123. (Registre.) — In-fo, 356 feuillets, papier.

1770-1775. — Saint-Michel-des-Lions. — Baptêmes, mariages, enterrements. — De Léonard de Fressanges, Martin de la Plaigne, curés ; Mousnier, Périnaud, Joubert, Cibot, Daché, Dupuy, B. Martin, Nexon, Rouard, Muret, Thouvenet, Barthelemy, Imbert, vicaires. — 1770, 6 février : ent. Pierre-Joseph, « fils de messire Jacques de Léonard de Fressanges, chevalier, sr de la baronnie de Nieuil, et de dame Catherine Texandier de Nieuil. » — 16 mai : bapt. « Marie, née dans la maison maternelle rue Ferrerie, fille de sr Etienne Pitet, marchand orfeuvre, et de dlle Marianne Ardant ; parrain sr Pierre Ardant, oncle maternel ; marraine Marie Vergniaud. » — 3 septembre : bapt. « Anne-Marie-Antoinette, fille de Mr Nicolas Defer, capitaine réformé d'infanterie, ingénieur du Roy pour les Ponts et chaussées de la Généralité de Limoges, et de dame Marie-Antoinette Duchesne ; parrain messire Anne-Robert-Jacques Turgot, chevalier, sr baron de l'Aulne, Intendant de la Généralité de Limoges, » (qui a signé). — 1772, 12 janvier : ent. « messire Antoine de Léonard de Fressanges, docteur de Sorbonne, prévost de Linard, et curé de cette paroisse... *signé :* † L. C., Evêque de Limoges. » — 16 janvier : prise de possession de messire Pierre Martin de la Plaigne, « bachelier de la sacrée faculté de théologie de Paris, chanoine théologal de l'église royale et collégiale du chapitre de Saint-Martial. » — 1774, 12 avril : ent. dans la chapelle de Saint-Antoine, « sr Honoré Latache, marchand orfeuvre, époux de Mlle Anne Blanchard, 45 ans environ. » — 14 avril : ent. « messire Pierre de Maleden, chevalier, sr de Feitiat, président trésorier de France au Bureau des finances de Limoges, époux de dame Barbe Faulte de Marsac, âgé de 63 ans. » — 30 septembre : ent. « messire Mathieu Morel, sr de Fromental et de la Clavière, époux en secondes nocces de dame Marie Marans, agé d'environ 74 ans. »

GG. 124. (Registre.) — In-fo, 349 feuillets, papier.

1776-1781. — Saint-Michel-des-Lions. — Baptêmes, mariages, enterrements. — Martin, curé ; Rouard, Périnaud, Imbert, Barthelemy, Sénemaud, Delauze, Thouvenet, B. Martin, Londeix, Ganny, vicaires. — 1776, 8 janvier : bapt. J.-B., fils de Louis Momi, imprimeur, et de Marie Lafont. — 16 janvier : bapt. Pierre, fils de Jacques Betoule, imprimeur, et de Jeanne Benoit. — 14 février : bapt. Psalmet, « fils de messire Mathieu Faulte de Vanteaux, écuyer, chevalier de Saint-Louis, capitaine au régiment d'infanterie de Picardie, et de dame Marie de Brette. » — 10 juin : mar. Léonard Croche, me perruquier, veuf, avec dlle Catherine Desvergne, veuve du sr Joseph Maisonnade, peintre, de la paroisse de Saint-Pierre-du-Queyroix. — 26 novembre : mar. sr Etienne Baignol, tourneur en porcelaine, avec dlle Valérie Roche. — 1778, 10 février : mar. « messire Antoine Faulte du Buisson, écuyer, ancien gendarme de la garde ordinaire du Roy, fils à feu messire J.-B. Faulte du Buisson, écuyer, président trésaurier de France au Bureau des finances de la Généralité de Limoges, et de défunte dame

Magdeleine de la Planche, avec d[lle] Marie Barny de Romanet, fille de feu Mr Barny de Romanet, s[r] de Veirinas, conseiller du Roy, juge magistrat en la Sénéchaussée et siége présidial de Limoges, et de défunte dame Catherine de Favard de Moulins. » — 21 septembre : bapt. « François, né rue du Clocher, fils de Mr François Alluaud, ingénieur-géographe des Ponts et chaussées, et de d[lle] Marie Vergnaud ; parrain messire François Vergnaud, prêtre, bernardin, prieur de Saint-Léonard-les-Chaumes, représenté par M. Pierre Vergnaud, son frère. »

GG. 125. (Registre.) — In-f°, 424 feuillets, papier.

1782-1787. — Saint-Michel-des-Lions. — Baptêmes, mariages, enterrements. — Martin, curé ; Thouvenet, Imbert, Sénemaud, Delauze, Londeix, Ganny, B. Martin, Lambertie, Barthelemy, vicaires. — 1782, 1er février : ent. « messire Jean-François Reynaudin, chevalier, président thrésorier de France au Bureau de Limoges, veuf de dame Françoise-Ursule Cognasse du Carrier, décédé le 31 janvier, rue des Combes, âgé d'environ 80 ans. » — 15 février : bapt. Etienne, « fils de s[r] Martial Martinaud, peintre, et de d[lle] Jeanne Guérin. » — 1783, 13 janvier : ent. « Marie-Claire, fille de s[r] François Merlet des Fougères, capitaine général des Fermes du Roi, et de dame Catherine Avron. » — 13 janvier : ent. Léonarde, « fille de s[r] Nicolas Régnier, entrepreneur pour le Roi, et de d[lle] Louise-Catherine Echassériaud. » — 13 juillet : ent. « messire Maureil-Guingand de Saint-Mathieu, chevalier de Saint-Louis, ancien capitaine au régiment de Lyonnois-infanterie, décédé hier, rue du Temple, fils de feu messire Martial Gingand s[r] de Saint-Mathieu, et de dame Catherine Limousin. » — 4 août : bapt. Gabrielle-Marie, « fille de s[r] Martial Tabaraud, m[e] orphèvre, et de d[lle] Louise Poumaud. » — 1784, 10 février : bapt. « Jeanne, née place Saint-Michel, fille de Léonard Sénèque, tapissier, et de Catherine Delage. » — 1786, 7 mars : ent. « d[lle] Catherine Baubiat, décédée hier, rue du Clocher, agée d'environ 78 ans, épouse de Mr Pierre Vergnaud ; ont assisté à l'inhumation MM. les parents soussignés : DEVARNET, ALLUAUD. » — 23 octobre : ent. « messire Jean-Baptiste Levras de Moschein, chevalier de Saint-Louis, capitaine commandant de l'Arsenal, à Paris, époux de dame Emilie Girard, agé d'environ 56 ans. »

GG. 126. (Registre.) — In-f°, 355 feuillets, papier.

1788-1792. — Saint-Michel-des-Lions. — Baptêmes, mariages, enterrements. — Martin, Laboullinière (constitutionnel), curés ; Imbert, Ganny, Lambertie, Péconnet, Thouvenet, Londeix, Sénemaud, B. Martin, Cruveilher, Mailhot, Pedon, Desvergnes, vicaires ; depuis le 30 octobre 1792, Borde, officier public. — 1788, 19 janvier : bapt. Mathieu, fils de Jacque Dumenus, peintre, et d'Anne Nouhaud. — 21 mars : bapt. Pierre, fils de Jean-Baptiste Dantraygas, imprimeur, et de Marie Audoint. — 21 juin : bapt. Françoise-Magdeleine, « fille de s[r] François Alluaud, ingénieur-géographe du Roy, directeur des porcelaines royales de Limoges, et de dame Marie Vergnaud. » — 1789, 13 janvier : mar. « s[r] Joseph Faure, marchand, et d[lle] Françoise Gondinet, veuve de s[r] Louis Duroussaud, commis à la fabrique de porcelaines de France de cette ville. » — 29 janvier : bapt. Françoise-Marie, « fille de s[r] Jean-Baptiste Huard, sculpteur à la fabrique royale des porcelaines de France de cette ville, et de d[lle] Marie Ardant. » — 5 avril : ent. « Magdeleine Ducros, épouse de Mr Jean-Michel Chamiot-Avanturier, fils aîné, négotiant, décédée hier rue des Taules ; ont assisté à l'inhumation Mess. les parents soussignés : J.-B[te] JOURDAN, CLAUDET, CHAMIOT-AVANTURIER. » — 30 décembre : bapt. « Marie-Marguerite, née rue des Taules, de Mr Jean-Baptiste Jourdan, négociant, et de d[lle] Jeanne Nicolas ; parrain Reverend Père J.-B. Franciquet, religieux Carme déchaussé, représenté par s[r] Martial Chataud, et marraine d[lle] Marie-Marguerite Nicolas. » — 1790, 13 août : bapt. Barthélemy, fils de Philibert Audoin, tapissier, et de Valérie Mamaud. — 1791, 17 janvier : bapt. « Catherine-Angélique, née ce matin, rue des Taules, de Mr J.-B. Jourdan, négociant, et de d[lle] Jeanne Nicolas Martin, son épouse ; parrain Mr Jean-Michel Chamiot-Avanturier, et marraine d[lle] Catherine-Augustine-Paul de Lavaud. » — 2 juillet : bapt. Anne, « fille de s[r] Jacques Garabœuf, docteur en médecine et ministre du Directoire du département de Haute-Vienne, et de dame Jeanne Boudet. »

GG. 127. (Registre.) — In-f°, 571 feuillets, papier.

1603-1759. — Saint-Michel-des-Lions. — Répertoire des baptêmes pour les années 1603-1620 et 1668-1759, rédigé par B. Montégut et B. Martin, vicaires.

GG. 128. (Registre.) — In-f°, 543 feuillets, papier.

1668-1759. — Saint-Michel-des-Lions. — Répertoire des mariages et enterrements, rédigé par J.-B. Martin, vicaire, en 1767.

GG. 129. (Registre.) — In-f°, 252 feuillets, papier.

1760-1780. — Saint-Michel-des-Lions. — Répertoire des baptêmes, mariages et enterrements, rédigé par Léonard de Fressanges, curé, et B. Martin, vicaire.

GG. 130. (Registre.) — In-f°, 137 feuillets, papier.

1781-1791. — Saint-Michel-des-Lions. — Répertoire des baptêmes, mariages et enterrements.

GG. 131. (Registre.) — In-12, 8 feuillets, papier.

29 avril 1641-1642. — Saint-Gérald (*alias* Saint-Gérard) lez Limoges. — Baptêmes. — E. Viroles, Galand, chanoines réguliers; Salesse, Guibal, vicaires. — Actes concernant les familles : Bonnadié, Condat, Bouquet, Barget, Guilhou, Guinot, Puissant, Bardon, Crouchier, Francilhou, Baliaud, Verdier, Defarges, Grenier, Bureau, Neymond, Taulion, Cotebony, Sirven, Eyver, Brouhan, Delatouille, Meusac, Parry, Bonny, Caliabot, Boulicot, Peyrichon, Flory, etc.

GG. 132. (Registre.) — In-12, 50 feuillets, papier.

1643 — 21 novembre 1661. — Saint-Gérald-lez-Limoges. — Baptêmes. — Pasquet, Decordes, Joseph Duverger, Fabre, Renon, Duplessis, vicaires. — Jusqu'au 9 mars 1644 les actes sont en latin. — 1645, 24 mars : bapt. « Janne, fille de Mr et Me Jean Salot, conseiller esleu, sieur de Tourniol et de la Cousture, et de feue Catherine Boyol; parrin Mr et Me Anthonie Boyol, advocat, et marrine dlle Janne Salot, dame de Sauviat. » — Actes concernant les familles Delaplanche, Vigier, Teyssièras, Dureceix, Pateau, Chavaniac, Gallineaud, Montaigne, Dupeyrout, Delatouille, Cheru, Renier, Debos de Mouly, Nicaud, Cognus, Giroud, Verdier, Chavoroche, Boucheyron, Barré, Veyrier, Faugier, Bonnet, Bonnadier, Baudon, etc.

GG. 133. (Registre.) — In-12, 40 feuillets, papier.

1643 — 3 février 1164. — Saint-Gérald-lez-Limoges. — Mariages. — Porquet, Decordes, etc., vicaires. — Jusqu'au 24 janvier 1644 les actes sont en latin. — Mariages de Jean Delouys et Marie Nicaud, Jean Dujoly et Françoise Durousseau, Pierre Catinaud et Anne Devalat, Germain Dubois et Anne Aucamus, Grégoire Fougué et Françoise Martinaud, Léonard Giroud et Marie Brouaud, Jean Delescuras et Denigue Barget, Jean Dumonteil et Catherine Faye, etc.

GG. 134. (Registre.) — In-12, 16 feuillets, papier.

13 août 1650 — 16 novembre 1663. — Saint-Gérald-lez-Limoges. — Enterrements. — Renon, Duplessis, Decordes, vicaires. — Actes concernant les familles : Mouluron, Dupin, Boucheiron, Guillon, Decondat, Gallinet, Girou, Peseu, Bonadié, Tandy, Chaveroche, Faugieras, Sirvent, Descombes, Ganny, Maure, Rouchaud, Buisson, Verdier, etc.

GG. 135. (Registre.) — In-f°, 23 feuillets, papier.

1661-1668. — Saint-Gérald-lez-Limoges. — Baptêmes, mariages, enterrements. — Decordes, Renon, Duplessis, J. Couraud, vicaires. — Recueil factice : baptêmes du 4 décembre 1661 au 28 mars 1668 ; mariages du 19 février 1664 au 4 septembre 1667 ; enterrements du 24 mars 1664 au 26 février 1668. — Actes concernant les familles : Verdier, Boulique, Taulion, Vilogourei, Dereisseys, Grandpey, Petit, Salot, Cartier, Grospetit, Callabot, Texier, Archambaud, Reinaud, Desmaisons, Nardonnet, Trepillaud, Marquet, Bargeas, Bardinet, Vigier, Chassaigne, Poindant, etc.

GG. 136. (Registre). — In-12, 16 feuillets, papier.

1668. — Saint-Gérald-lez-Limoges. — Baptêmes, mariages, enterrements. — J. Couraud, vicaire. — Actes concernant les familles : Galineau, Pouchat, Boulique, Desmaisons, Gault, Frémontel, Morel, Herbier, Blanchard, Laurenque, Devaux, Meusnier, Vigier, Valeri, Marquet, Darnet, Froment, Marsicault, Perrier, Rémond,

Linard, Gondault, Ventault, Meusat, Poulouzat, Condat, Faure, Merillac, etc.

GG. 137. (Registre.) — In-12, 24 feuillets, papier.

1669. — Saint-Gérald-lez-Limoges. — Baptêmes, mariages, enterrements. — J. Couraud. — Actes concernant les familles : Moulinard, Sacquet, Bertrand, Vigier, Patier, Ganni, Gutty, Mey, Beaudemoulin, Pardeau, Gourseyrol, Laplanche, Bonabrit, Vexière, Bouquet, Brault, Nicault, etc.

GG. 138. (Registre.) — In-12, 16 feuillets, papier.

1670 — 3 janvier 1672. — Saint-Gérald-lez-Limoges. — Baptêmes, mariages, enterrements. — J. Couraud et G. Roberday. — Actes concernant les familles : Malabre, Dubec, Patault, Duprat, Bonadié, Saquet, Joannin, Couille, Blanche, Vigier, Debosdemoulin, Chatault, Chauveau, Joly, Girou, Barré, Bobiat, Garnier, Chasault, Coullot, Guillou, Boucheyron, Bouriquaud, Laplanche, Godard, Micault, etc.

GG. 139. (Registre.) — In-12, 15 feuillets, papier.

1672 — 14 janvier 1673. — Saint-Gérald-lez-Limoges. — Baptêmes, mariages, enterrements. — G. Roberday, J. Hacte et P. Lebrun. — Actes concernant les familles : Boulique, Neinon, Deschamps, Graud, Coussinaud, Chasteau, Rennoux, Pouyat, Guty, Célerier, Lagua, Guillou, Chavaignac, Pouzet, Denis, Noailher, Vauselle, Mousnier, Durou, Guingaut, Deroussy, Beaubreuil, Jubila ou Jobillo, Manet, Jourde, etc.

GG. 140. (Registre.) — In-12, 27 feuillets, papier.

1673 — 5 février 1674. — Saint-Gérald-lez-Limoges. — Baptêmes, mariages, enterrements. — P. Lebrun, G. Roberday, J. Hacte. — 2 avril : bapt. Martial, « fils de Simon Daudon, et de Marguerite Héli, du village du Petit-Puisponchet; parrain, Mr Martial Martin, conseiller au Présidial de Limoges et sr de la Bastide; marraine Marie Dupérat, femme de Mr Léonard Beaubreul, conseiller du Roy, advocat des finances. »

GG. 141. (Registre.) — In-12, 23 feuillets, papier.

1673 — janvier-novembre. — Saint-Gérald-lez-Limoges. — Baptêmes, mariages, enterrements. — Double de la partie correspondante du registre précédent.

GG. 142. (Registre.) — In-4°, 208 feuillets, papier.

1674 — 2 mai 1713. — Saint-Gérald-lez-Limoges. — Baptêmes, mariages, enterrements. — Lebrun, Guimoneau, prieurs-curés. — Actes concernant les familles : Plantadie, Berger, Laplanche, Bonabry, Vigier, Silvain, Faye, Ribière, Ponti, Bureau, Bouquet, Pérou, Regeau, Broullaud, Guillou, Pécou, Dupuys, Clément, Patot, Pradot, Renon, Froment, Leger, Nicolas, Sénemaud, Bony de Lavergne, etc.

GG. 143. (Registre.) — In-4°, 16 feuillets, papier.

26 mai 1692 — 2 septembre 1694. — Saint-Gérald-lez-Limoges. — Baptêmes, mariages, enterrements. — Guimoneau, curé. — Double de la partie correspondante du registre précédent.

GG. 144. (Registre.) — In-4°, 170 feuillets, papier.

1740-1759. — Saint-Gérald-lez-Limoges. — Baptêmes, mariages, enterrements. — Mahé, Hennequin, prieurs-curés; Tissier, vicaire. — Actes concernant les familles : Cycart, Rousseix, Prunière, Bray, Jourde, Rabier, Durouge, Peyte, Ramnoult, Gorse, Labesse, Gani, Mignot, Colon, Pommier, Lary, Boncorps, Grenier, Bayle, Denys, Bordelais, Molinard, Bourgay, Menier, Peyrier, Maury, de Loménie de Château, Faulte de Marzat, Moneron, etc.

GG. 145. (Registre.) — In-4°, 216 feuillets, papier.

1760 — 18 novembre 1779. — Saint-Gérald-lez-Limoges. — Baptêmes, mariages, enterrements. — Dorat, Pelletier, Cœurderoy, Magny, prieurs-curés; Theuillier, vicaire. — Actes concernant les familles :

Thuillier, Frugier, Ventaux, Maury, Gérard, Dutreuil, Huchier, Laumonerie, Mouret, Bouyer, Grimaud, Massalou, Lombardie, Gandois, Labrune, Faure, Bauriau, Palier, Legros, Bouzogne, Gerbault, Taraud, Hennequin, Lapierre, Bonnetaud, Château, etc.

GG. 146. (Registre.) — In-4°, 100 feuillets, papier.

1780 — 6 juillet 1791. — Saint-Gérald-lez-Limoges. — Baptêmes, mariages, enterrements. — Magny, Martin, prieurs-curés. — Actes concernant les familles : Maury, Perisson, Naud, Gros, Barat, Liade, Nouhaud, Catalifaud, Pesaud, Patapi, Charenton, Ruben, Merle, Liard, Damin, Mahaud, Bonnardet, Bachelard, Ribière, Sénelas, Barnicaud, Beaubreuil, Blémont, Jenty, Bourdet, etc.

GG. 147. (Registre.) — In-12, 27 feuillets, papier.

2 août 1650 — 10 février 1667. — Saint-Michel-de-Pistorie. — Baptêmes. — J. Lascure, curé. — 1663, 20 avril : bapt. François, « fils à s^r Jehan Romanet, capitaine de la Maison de ville, et à d^lle Catherine de la Rigoudie ; parrain s^r François Pagnon, procureur du Roy ; marraine Barbe Martin, femme de Mr Labiche, s^r de Reignefort. » — Autres actes intéressant les familles : Gervau, Brugeau, Eyraud, Poylevet, Ligaud, Moumy, Ruaud, Gravier, Joffré, Jourde, Dublou, Nivet, Roche, Célérier, Desmaison, Mazurier, Marboutin, Arondeau, Robert, Thomas, Laudin, etc.

GG. 148. (Registre.) — In-12, 36 feuillets, papier.

1668-1673. — Saint-Michel-de-Pistorie. — Baptêmes (f°s 1-19), mariages (f°s 20-27), enterrements. — J. Lascure, curé. — Actes intéressant les familles : Sarro, Bourseyron, Tallaud, Mousnier, Bonnet, Garat, Fourisson, Geneste, Besse, Nivet, Riboulet, Mignon, Betoule, Chevalier, Lafayolle, Chabrol, Durou, Dartou, Virolle, Guérin, Chapoulaud, Baleteau, Chabrier, Peyrusse, Solaniac, Tabareau, etc.

GG. 149. (Registre.) — In-12, 35 feuillets, papier.

1668-1673. — Saint-Michel-de-Pistorie. — Baptêmes, mariages, enterrements. — Double du registre précédent.

GG 150. (Registre.) — In-12, 34 feuillets, papier.

1676-1681. — Saint-Michel-de-Pistorie. — Recueil factice comprenant les baptêmes du 30 août 1676 au 4 juillet 1681, les mariages du 28 août 1676 au 26 juin 1681, et les enterrements du 12 septembre 1676 au 18 avril 1681. — 1676, 18 septembre : bapt. Anne-Thérèse, « fille de M. Léonard Adam, cy-devant procureur du Roy au siege présidial de Sedant, et de d^lle Jeanne Dupré. » — 1680, 18 février : bapt. Pierre, fils de Léonard Chassagne, m^e peintre, et d'Anne Leclerc. — 1678, 8 février : mar. « Mr Léonard Chassagne, demeurant dans la rue des Petites-Maisons, avec Anne Leclerc. » — 1681, 12 février : permission au curé de Saint-Michel-des-Lions « d'épouser s^r Blaise Maisonneufve, advocat, natif de cette paroisse, et d^lle Charlotte Dalesme. » — 1678, 7 juin : ent. « dans la nef de l'église des RR. PP. Jacobins, d^lle Jeanne Dupré, femme de M. Léonard Adam, ancien procureur du Roy de Sedan. »

GG. 151. (Registre.) — In-12, 25 feuillets, papier.

20 juillet 1681 — 26 janvier 1686. — Saint-Michel-de-Pistorie. — Baptêmes, mariages, enterrements. — Peyroche, curé. — 1681, 14 novembre : ent. « Léonarde Veyrier, fille de Léonard Veyrier, m^e d'écolle. » — 29 novembre : ent. « dans la chapelle de Saint-François de Sales de cette église, Jacques Villate, architecte, décédé le jour précédent. » — 1682, 8 octobre : ent. « un garçon aagé de 30 ans, employé à la fabrique des poudres au moulin royal de Limoges, qu'on nous a dit etre natif de Quilla, au diocèse d'Alet en Languedoc. » — 1684, 23 septembre : ent. « dans la nef de cette église, au-dessous du balustre et du coté de l'épitre, d^lle Jeanne de Pompadour, décédée dans la maison de retraitte des d^lles de la Rivière Tronchesene. » — 1685, 17 février : bapt. Pétronille, fille de Léonard Chassagne, m^e peintre, et d'Anne Leclerc. — 19 juillet : « a esté apporté de sa maison le corps de feu Léonard Chassagne, m^e peintre, dans cette église, et rapporté dans celle des Jacobins où il a esté enterré. »

GG. 152. (Registre.) — In-12, 31 feuillets, papier.

1686 — 29 juin 1696. — Saint-Michel-de-Pistorie. — Baptêmes, mariages, enterrements. — Peyroche, curé.

— 1688, 2 mars : mar. « s[r] Jean Lavault, s[r] de la Vauzelle, fils de feu Antoine Lavault et d'Anne de Lafont, avec d[lle] Marie de Laymarie, fille à s[r] Pierre de Lémarie, et de d[lle] Anne de Fageois, de la paroisse de Moutier, à Saint-Yricix. » — 1691, 6 février : mar. « s[r] Henry de Jumillac, escuier, s[r] de Buis, de la paroisse de Saint-Symphorien, avec d[lle] Roze de Faguoa, fille de Mr Jean de Faguoa, vivant juge de la Roche-l'Abeille, mesme paroisse. » — 28 août : ent. « dans l'église des religieuses Carmélites, vénérable messire Louis Peyroche, prestre, curé de Saint-Michel-de-Pistorie..., décedé le jour précédent. PEYROCHE, curé de Saint-Michel-de-Pistorie. »

GG. 153. (Registre.) — In-4°, 89 feuillets, papier.

29 juillet 1697 — 10 juin 1730. — Saint-Michel-de-Pistorie. — Baptêmes, mariages, enterrements. — Peyroche, Chabodie, curés. — 1700, 27 avril : ent. « Marie Bennat, fille de Jean Bennat, marchand, natif de Féletin, et de Marie Grelet. — 1703, 23 mai : ent. « un soldat du régiment de Saint-Germain. » — 1714, 6 mars : ent. « Mr Léonard Adam, cy devant procureur du Roy en la ville de Cédam (*sic*), dans l'église des PP. Jacobins. » — 1715, 4 juin : « a esté apporté le corps de d[lle] Gilleberte Medre, veuve de défunt Pierre Roudeau, lieutenant en la Prevosté et la Sénéchausée de Guéret, dans l'église de Mess. de la Mission pour y estre inhumé, estant décédée dans la maison des d[lles] de la Rivière (1), de ma paroisse. » — 1722, 5 septembre : « décédé venerable M[r] Me Joseph Peyroche, ancien curé de la présente parroisse, duquel le corps a été inhumé dans l'église. » — 1724, 26 août : mar. « messire Gabriel de Johet, fils de feu Mr Jacque de Johet, écuier, s[r] de Beauvais, lieutenant en la Maréchaussée de Limoges, et de dame Jeanne Tourniol, avec Charlotte Peyrol. »

GG. 154. (Registre.) — In-f°, 210 feuillets, papier.

22 juin 1730 — 1760. — Saint-Michel-de-Pistorie. — Baptêmes, mariages, enterrements. — Maleden de Fonjaudran, Brugière, curés. — Actes concernant les familles : Marsalon, Beauregard, Dumas, Singa, Nouaillé, Riboulet, Londeix, Fraissex, Albin, Faure, Bonnot, Verieras, Ramne, Taraud, Tevenin, Nouaud, Deschamps, Falot, Monteix, Chevalier, Dugot, Célerier, Grimaud, Poulinet, Arnaud, Francillou, Michelon, Raymond, Durou, Besse, Mery, Peyrat, Combe, etc.

(1) Cf. GG. 151. 23 sept. 1684.

GG. 155. (Registre.) — In-f°, 154 feuillets, papier.

1761-1777. — Saint-Michel-de-Pistorie. — Baptêmes, mariages, enterrements. — Brugière, Vergniaud, Mathieu, curés. — Actes concernant les familles : Villechenoux, Vincent, Roux, Marquet, Breuilh, Cacate, Guy, Gaston, Hyot, Autier, Bullat, Audouin, Vallière, Deblonde, Chatard, Leyssène, Benoist, Monteix, etc. — 1770, 30 septembre : mar. s[r] Jean-Baptiste Voisin, « fils d'autre s[r] J.-B. Voisin, marchand imprimeur et libraire de cette ville, et de feue d[lle] Pétronille Chasteing, de la paroisse de Saint-Pierre, avec d[lle] Françoise Chabrol. »

GG. 156. (Registre.) — In-4°, 162 feuillets, papier.

1778 — 30 juillet 1791. — Saint-Michel-de-Pistorie. — Baptêmes, mariages, enterrements. — Mathieu, Coste, curés. — Actes concernant les familles : Lavergne, Laplaine, Juge, Plantadis, Mauri, Touvenet, Roche, Marchadier, Faucher, Labuse, Montalescot, Muzet, Salomon, Vinot, Castelnau, Riboulet, Garaud, Durand, Pascaret, Grelonnaud, Renon, Lagrange, etc.

GG. 157. (Registre.) — In-4°, 244 feuillets, papier.

1668 — 7 août 1791. — Saint-Cessateur (*alias* Saint-Cessadre) et Saint-Aurélien. — P. Duplessis, Peyrat, Delacoudre, Ponroy, de Loménie, Martin, Delarue, Singareau, Laboullinière, Romanet, prieurs-curés. — 1714, 23 octobre : mar. Mr Jean Merlin, s[r] des Ribières, « avocat en la Cour, juge-séneschal du marquisat de Saint-Victurnien, veuf à feue d[lle] Elizabeth de Saint-Fraud, demeurant au bourg de Saint-Victurnien, avec d[lle] Elizabeth Dufaure, fille à feu Philippe Dufaure, écuyer, s[r] de l'Aumonerie, et à feue Léonarde Vincent, demeurant au bourg de Verneuil ; présent Pascal Boisgourdon, écuyer, demeurant en son château du Boisgourdon, paroisse de Verneuil. » — A l'année 1737 il est dit que la paroisse comptait 17 feux et 40 communiants. — F° 127, protestation du curé de Saint-Cessateur et Saint-Aurélien signifiée par huissier à la supérieure de la maison du Refuge, susdite paroisse, au sujet d'un mariage publié à Saint-Pierre-du-

Queyroix sans autorisation du prieur-curé de Saint-Cessateur (8 juillet 1755). — F^{os} 143-156, contestation entre le prieur-curé de Saint-Cessateur et le curé de Saint-Michel-des-Lions au sujet des limites des deux paroisses; sentence du lieutenant-général choisi comme arbitre, déclarant que la maison du s^{r} Dada, dit Painbara, située dans les fossés de la ville, près de la porte du Saint-Esprit, dépend de Saint-Cessateur.

GG. 158 (Registre.) — In-f°. 179 feuillets, papier.

16 août 1669 — 5 avril 1682. — L'Hôpital général. — Baptêmes, enterrements, abjurations. — Tardivet, Montayaud, Forsse, Garreau, de Segonzat, Léobardy, Bonnet, Chambinaud, Peyrat, Joseph Mauple, Janclerc, Darche, Meynard, Moluzon, prêtres de la Mission. — 1670, 10 mars : ent. Marguerite Mielle, fille de François Mielle, m^{e} du jeu de paume, de la paroisse de Saint-Michel. — 4 juin : abjuration de Jérémie Thiriot, tisserand, « fils de feu Jérémie Thiriot et de Esther Chaudet, tous deux de la Religion prétendue, âgé d'environ 20 ans, de la ville de Vitry-le-François en Champagne. » — 23 décembre : abj. de Moyses Descombes, « filz de feu Jacques Descombes, vigneron, et de feue Anne Droulhou, du village des Combes, dans la paroisse de la ville de Rochouard, âgé d'environ 18 ans. » — 1673, 23 octobre : abj. de Pierre Dujardin, « de la ville de Saint-Yrieyz, filz de Pierre Dujardin et de Léonarde Touron, tous deux de la Religion catholique. — 1677, 7 janvier : « abj. de l'hérésie de Luther, faite par Jean Coutission, tisserand, de la ville de Colemar en Alsace. » — 13 janvier : abj. de Jean Ancioquefiesse, « alemand, soldat du régiment de Turrene, habitant de la ville de Colemare en Alsace, luthérien. » — 22 janvier : abj. de Mathieu Savatier, « habitant de la ville de Clérat, soldat du régiment de Turrene, calviniste. » — 1678, 8 novembre : ent. Léonard Brie, « m^{e} joueur de guithère, de la paroisse de Saint-Laurens de Paris. » — 1679, 22 février : ent. Jean Japoul dit Saint-André, de la ville de Sarlat, « estant dans le régiment d'Anjou et dans la compagnie du capitaine Courselot, venant de Bouchein en Flandre. » — 1672, 16 août : (f° 177) : abj. de Daniel Dugarry, « fils de feu Pierre Dugarry, marchand, et de Mlle Sara de Laronde, de la ville de La Rochelle, estant dans cest ville depuis le mois de décembre 1671, calviniste. »

GG. 159. (Registre.) — In-4°, 96 feuillets, papier.

12 avril 1682 — 6 juin 1691. — L'Hôpital général. — Baptêmes, enterrements, abjurations. — Garreau, Chambinaud, Gounelledieu, Petiniaud, Lamote, Marginier, Maurensane, etc., prêtres de la Mission. — 1682, 13 avril : ent. Catherine Joutte, « de la paroisse de Saint-Nicolas, dans les Pays-Bas, femme de George, soldat du régiment corsse, italien. » — 1685, 15 février : abj. de Jehan Larue, « agé de 18 ans, de la paroisse d'Ysigeac, diocèse de Sarlat, calviniste. » — 1686, 12 mai : abj. de Joseph Garnier, « agé de 25 ans, de la paroisse de N.-D. de Vitry-le-François, diocèse de Chaalons en Champagne, calviniste. » — 1687, 12 octobre : ent. « un dragon du régiment de Granmond, de la compagnie de M^{r} le chevaillier de Montmorilion. » — 17 octobre : ent. « un dragon du régiment de Languedoc, de la compagnie de Mr Puylaurans. » — 19 novembre : ent. Estienne, dit Lamontaigne, « dragon de la compagnie de Mr Dautrec, du régiment des dragons de Languedoc, natif de l'Agenois. » — 1689, 6 février : ent. Adrien Champi, dit Saint-Germain, « de la paroisse de Saint-Sulpice de Paris, sergent de la compagnie des dragons de M^{r} le chevalier de Peysat. » — 1690, 11 juillet : ent. Catelin Aufran, « valet de M. Saronié Thomasson, capitaine au régiment d'Almy, de la milice de Bourgogne. »

GG. 160. (Registre.) — In-f^{o}, 142 feuillets, papier.

7 juin 1691 — 22 juin 1698. — L'Hôpital général. — Baptêmes, enterrements, abjurations. — Tardivet, Moluzon, etc., prêtres de la Mission. — 1692, 20 octobre : ent. Estienne Dupet de Latreille, « soldat de la compagnie de Mr de la Rode, dans le régiment de Berry. » — 12 décembre : ent. Claude Offe, « soldat du régiment de Laroche, habitant de la ville de Boys en Bretaigne. » — 15 décembre : ent. Olivier Farist, « soldat du régiment Dubois de Laroche. » — 19 décembre — 24 janvier 1693, six autres soldats du même régiment. — 1er février : ent. Noel Perle, « habitant de Saint-Jean-d'Angely, cavalier du régiment de Mauplaisir. » — 1694, 19 août : ent. François Lamote, « sergent espagniol, espoux de Marie Las, de la paroisse de Saint-Michel, du royaume d'Aragon, de la ville de Saragosse, à ce qu'on croit. » — 15 septembre : ent. Dominique-Pierre Gal, « natif de Noxareca, de l'evesché de Astorga, soldat espagnol. »

GG. 161. (Registre.) — In-4°, 230 feuillets, papier.

23 juin 1698 — 30 avril 1710. — L'Hôpital général. — Baptêmes, enterrements, abjurations. — J. Masmichel, Tournyol, Murat, Vérac, Leyssard, Goursaud, Combret, Doulhac, Fumade, Labrosse, etc., prêtres de la Mission. — 1698 : « le régiment de dragons de..... de Bretagne, repassant icy à son retour de Clermont où il avoit été réformé, Lacroix, dragon dudit régiment et de la province de Bretagne, fut blessé à la tête et entra en cet hopital où il décéda le 13 juillet. » — 1700, 12 juillet : ent. Jacques Saboutin, « de la ville de Rome, de la paroisse de Sainte-Marie au-delà du Tibre, agé d'environ 24 ans. » — 1701, 6 octobre : ent. Berthe Plot, fille de Joseph Plot, tapissier de la ville d'Aubusson, et de Léonarde Redond, agée d'environ 3 ans, native de la même ville d'Aubusson. — 1702, 13 mars : ent. Jacques Duchazaud, époux de Marie Brunivière, de la paroisse d'Aubusson, agé d'environ 58 ans. — 27 juillet : ent. Jean Dubois, « soldat du régiment de Saint-Germain, de Rocroix, proche Cedan. » — 5 novembre : ent. Mathieu Farne, « docteur en médecine de cette ville, agé d'environ 70 ans. » — 1704, 12 janvier : ent. Guillaume Donnefort, « soldat dragon dans le régiment de Bouville, de la paroisse de Saint-Denis en Gascogne. » — 7 février : ent. Jean-Charles Paret, « milicien du Bourbonnois, servant dans la compagnie des grenadiers du segond bataillon du régiment de Sillery. » — 13 juin : ent. Jean Malet, « de la compagnie de Labrosse, du régiment de La Boyssière. » — 1705, 30 juin : ent. Jean Sent, « de la paroisse d'Aspect, diocèse de Comminge, valet de Mr Dubrulet, lieutenant de Mr Delaborde, quatrieme capitaine du régiment de Firmarcon. » — 1707, 22 janvier : « abj. solennelle du Calvinisme par René Péron, de la ville de Nonné *(sic)* en Vivarais. » — 1er septembre : ent. Marie Deschazeaux, fille de Jacques Deschaseaux et de Marie Biennousvienne, de la ville d'Aubusson, paroisse de Sainte-Croix.

GG. 162. (Registre.) — In-f°, 100 feuillets, papier.

15 avril 1710 — 7 octobre 1722. — L'Hôpital général. — Baptêmes, enterrements, abjurations. — Labrosse, Rivière, Moulmy, Servientis, Yvernat, Peytavy, Noyret, Lebœuf, etc., prêtres de la Mission. — 1710, 5 août : ent. Marie Biennouvienne, fille de Jean Biennouvienne et de Catherine Beaufinet, de la paroisse de Sainte-Croix d'Aubusson. — 1713, 21 février : ent. François Balate, « dragon du régiment de Saint-Cerneyn, de la compagnie de Mr le chevalier d'Auterüe. » — 1er décembre : ent. sr Louis Sestière, « fils de messire Esprit Sestière, écuyer, et de dame Isabeau de Gassi, de la paroisse de Saint-Sauveur de la ville de Maresque. » — 1715, 4 mai : abj. de Marthe Caveton, « de la paroisse de La Bastide d'Armagnac, diocèse d'Aire, calviniste. » — 1717, 18 février : abj. de Simon Batay, « de la paroisse de Saint-Genest, diocèse de Viviers en Vivarois. » — 3 avril : ent. Pierre Senat, « de la paroisse de Saint-Nisier de la ville de Lyon, soldat de la compagnie de Pouydragrin, commandant du régiment de Neuville-infanterie, surnommé l'Eveillé par son nom de guerre. » — 3 mai : ent. Jean Padioleaux, « soldat de la compagnie de Laserre, du régiment d'infanterie de Neuville, surnommé Tintamarre par son nom de guerre. » — 4 décembre : ent. Jacques Tissart, « soldat dans le régiment de la Gervesé. » — 1718, 3 janvier : « abj. du calvinisme, de Claude Batiste, Suisse de nation, et Noel Planchon, du diocèse d'Alais, tous deux soldats du régiment de la Gervesé-infanterie. » — 14 octobre-25 février 1719, décès de 26 soldats du régiment du Saillant-infanterie, des compagnies d'André, d'Herbeteau, de Pré, de Soulvignac, de Plainville, de Boschaury, de Cornière, de Travet, d'Yndray, de Langlade, de la Noblays, du Bournazel. — 8 janvier : abj. de Jean Denys, calviniste, soldat du régiment du Saillant. — 30 janvier : ent. Jacques Renet, « cavalier de la compagnie de Mr Tocqueville, régiment de Bretagne-cavalerie. » — 1720, 26 janvier : ent. Jean Celé, « dragon dans le régiment de Languedoc, de la compagnie du chevalier d'Arbelet. » — 4 juillet : ent. Jean Bally, « soldat de la compagnie de Bacoven, au régiment d'Orléans. » — 1721, 25 mars : abj. de Samuel Wittebach, « de la ville de Berne en Suisse, soldat au 1er bataillon du régiment du Saillant, compagnie du sr Gay, calviniste. » — 14 juin : ent. François Lambert, « soldat au régiment de Beringuen, compagnie de St-Julien. »

GG. 163. (Registre.) — In-f°, 172 feuillets, papier.

8 octobre 1723-1737. — L'Hôpital général. — Baptêmes, enterrements, abjurations. — Audubert, Deluret, Josselin, Delacouture, Delavergne, etc., prêtres de la Mission. — 1723, 31 octobre : ent. François Morasis, « cavalier de la compagnie de me de camp au régiment de la Reine-cavalerie. » — 1724, 16 novembre : ent. Claude Leroix, « cavalier de la compagnie du s[r] de Sainte-Claire au régiment Royal-Piedmont. » — 1729, 8 avril : ent. Pierre-Antoine Auriat, « cavalier de la compagnie de Mr Valeix au régiment des cuirassiers du Roy. » — 1730, 9 juillet : ent. Antoine Delvalat, « soldat de la compagnie du s[r] Lagreze, régiment de la Gervezet-infanterie. » — 1731, 10 septembre : abj. de Hélie Carri, « de la ville de Manhem, province de Palantin (*sic*) en Allemagne, calviniste. » — 11 décembre : abj. de Marguerite Hoars, « de la ville de Nimes, calviniste. » — 1733, 15 avril : ent. Laurent Auger, « soldat au régiment de Mayol-espagnol-infanterie, compagnie de Mr Figuetrol. » — 1734, 27 janvier : ent. Jean-Claude Racine, « cavalier dans le régiment de Randat, compagnie du m[e] de camp. » — 1735, 8 mars : abj. de Jean Gantin, « coutelier, de la ville de Lauzanne, canton de Berne en Suisse, calviniste. » — 1737, 3 mars : ent. Thomas Duberce, « soldat de la compagnie de Beroch-de-Scleisch, du régiment Royal-Bavière. »

GG. 164. (Registre.) — In-f°, 106 feuillets, papier.

1738-1749. — L'Hôpital général. — Baptêmes, enterrements, abjurations. — Boutineau, Bauzelle, Mazeau, Bourdein, Cabanis, Delagasnerie, etc., prêtres de la Mission. — 1738, 3 septembre : abj. d'Augustin Colombi, de la ville de Genève, calviniste. — 26 septembre : ent. Jean Pérotet, « soldat dragon de la compagnie de Séverac, régiment de Languedoc. » — 1738, 9 mars (f° 11) : ent. Mr Jacques Romanet, « vicaire général de Mgr l'Evêque et supérieur du Séminaire de la Mission, agé d'environ 55 ans. » — 1739, 19 avril : ent. Jean Girard, soldat au régiment de Chatilion-infanterie. — 3 octobre : ent. François Pascal, « cavalier de la compagnie mestre de camp du régiment de Clermont. » — 1742, 8 mars : ent. Jean Durivaud, « soldat de la compagnie de Beaumont, au régiment de Normandie-infanterie. » — 1743, 31 mars : Pierre Jolin, « soldat milicien du bataillon de Saint-Jean-d'Angély. » — 1745, 12 février : ent. René Lebreton, « soldat de la compagnie de la Feronaye, régiment de Chabot-cavalerie. »

GG. 165. (Registre.) — In-f°, 131 feuillets, papier.

30 décembre 1749-1757. — L'Hôpital général. — Baptêmes, enterrements, abjurations. — Lachieze, Chatonier, Bachélerie, Bourzès, Penchaud, Daujan, Valière, Donèves, Boutineau, etc., prêtres de la Mission. — 1752, 16 juillet : ent. Guillaume Saintoux, « dragon de la compagnie de Saragosse au régiment d'Apchon. » — 27 juillet : ent. Mr Jean Bauzelle, « prêtre de la Mission, fils de feu Mr Pierre Bauzelle, praticien, et d'Antoinette Audubert, habitans de la ville de Meyssac. » — 1753, 5 janvier : ent. Joseph Tuon, dit Saint-Denis, « soldat réformé de la compagnie de Saint-Denis au régiment de Mailly. » — 1757, 7 septembre : ent. Léonard Vergne, « soldat milicien de la compagnie de Sauteraud au bataillon des milices d'Angoulême. »

GG. 166. (Registre.) — In-f°, 268 feuillets, papier.

1758 — 3 janvier 1768. — L'Hôpital général. — Baptêmes, enterrements, abjurations. — Massaloux, Donèves, Cabanis, Massard, etc., prêtres de la Mission. — 1758, 16 avril : ent. François Guenuchon, « soldat milicien de la compagnie de Philipeau, au bataillon de Châteauroux. » — 11 novembre : ent. Jacques Melin, « soldat milicien des milices de Bourges. » — 1759, 16 juin : ent. François Henry, « cavalier de la compagnie de Brinihol, au régiment d'Aquitaine-cavalerie. » — 1760, 17 avril : ent. Jean Laurent, « cavalier de la compagnie de Dudressier, au régiment de Bourbon-Busset-cavalerie. » — 1762, 18 mai : ent. Sébastien Chatelin, « soldat de la compagnie d'Allemand, au régiment de la Marche-prince. » — 1763, 25 mars : ent. Pierre-Jérome Eyront, « soldat de la compagnie de Poncet, au régiment des chasseurs, compagnie franche. » — 1764, 13 mai : ent. Jean Elingre, « cavalier de la compagnie de Saint-Chamans, régiment du Roy-cavalerie. » — 15 mai : ent. Baptiste Grandmaison, « soldat du régiment des Suisses de Halluvyt, compagnie cinquième. » — 20 août : ent. François-Paul, « cavalier de la compagnie du mestre de camp, régiment de Condé-cavalerie. » — 1767, 14 août : abj. de Catherine Lecompte, calviniste, de Bergerac.

GG. 167. (Registre.) — In-f°, 257 feuillets, papier.

1768-1775. — L'Hôpital général. — Baptêmes, enterrements, abjurations. — Chabaud, Lenoir, Menot, Chabrol, Brunie, etc., prêtres de la Mission. — 1770, 14 janvier : ent. Jean Cros, « corporal au régiment de la Reyne, compagnie du lieutenant-colonel. » — 23 avril :

abj. de Jean-David-François Vareilles, « cavalier dans le régiment de Condé-cavalerie, compagnie du Passage, natif de Réalmont, diocèse d'Alby, calviniste. » — 23 août : ent. Antoine Nagle, dit Saint-Antoine, « cavalier dans la compagnie de Cambon, régiment de Condé. » — 1771, 7 juin : ent. Gérard Jarrige, « soldat de la compagnie des Paches, régiment de Touraine. »

GG. 168. (Registre.) — In-f°, 335 feuillets, papier.

1776-1783. — L'Hôpital général. — Baptêmes, enterrements, abjurations. — Busson, Rouby, Chabaud, Sénemaud, Morellet, Delavauzelle, etc., prêtres de la Mission. — 1776, 11 octobre : ent. Pierre Guérinot, « fusillier de la compagnie de Desprez, du régiment de Savoye-Carignan-infanterie. » — 7 octobre : ent. sœur Claire-Henriette Tanchon, « novice de la communauté des Filles de Saint-Alexis, fille légitime de Jean Tanchon, avocat en Parlement, juge civil, criminel et de police de la Cité de Limoges, directeur des Oeconomats, et de dame Marie Commet. » — 1777, 15 avril : abj. de Jean-Ambroise Giousse, « natif de la paroisse de Sarneilhe en Grison, luthérien. » — Extrait des registres de l'église paroissiale de N.-D. de la ville d'Eymoutiers. « Le 25 avril 1778 a été inhumé dans la cour de cette église près l'aigle du côté droit, M[r] Me Léonard-Daniel Delagasnerie, prêtre, directeur du Séminaire de la Mission de Limoges... âgé d'environ 67 ans. » — 20-30 septembre : abjuration, baptême sous condition et enterrement de Bernard Bekler, dit Factionnaire, « de la compagnie de Wetteran, régiment d'Aulbanne-suisse, natif de Stokstatte, en la province de Palatinat, jurisdiction de Darmstatte, calviniste. » — 1779, 13 septembre : abj. de Marie Morin, agée de 20 ans, « native d'Aleix en Languedoc, calviniste. »

GG. 169. (Registre.) — In-f°, 276 feuillets, papier.

1784-1789. — L'Hôpital général. — Baptêmes, enterrements, abjurations. — Benech, Brunet, Menot, etc., prêtres de la Mission. — 1786, 30 novembre : ent. Pierre Jean, dit Sansousy, « chasseur de la compagnie des chasseurs du Roy, au régiment de Saintonge-infanterie. » — 3 décembre : ent. Charles-François Voirin, « fugilier (*sic*) de la compagnie de Rossilion, régiment de Saintonge-infanterie. — 22 décembre : ent. Allain Herraud, « chasseur de la compagnie de Saint-Léger, au régiment de Saintonge-infanterie. » — 1787, 7 mars : ent. Guillaume Amable, « appointé de la compagnie de Champignie, régiment de Saintonge-infanterie. » — 18 septembre : ent. Jean Buisson, « recrue au régiment des colonies. »

GG. 170. (Registre.) — In-f°, 175 feuillets, papier.

1790-1792. — L'Hôpital général. — Baptêmes, enterrements, abjurations. — Michon, Cossas, etc., prêtres de la Mission. A partir du 27 août 1792, Beynaud et Cousin, vicaires épiscopaux ; à partir du 29 octobre suivant, Bardonnaud, puis Ganny, officiers publics. — 1790, 13 avril : « décéda Mr Joseph Devoyon, supérieur du Séminaire, vicaire général du diocèse et ancien chanoine de l'église de Limoges, où le corps a été transféré. »

GG. 171. (Registre.) — In-4°, 347 feuillets, papier.

25 décembre 1671 — 3 août 1791. — Saint-Paul-Saint-Laurent. — François Cybot († 27 avril 1693), J. Farne, J.-B. Farne († 17 janvier 1783), Jacquet, Ardant, curés. — Actes concernant les familles : Mandavid, Baile, Mensat, Dugeny, Boutaudon, Ivert, Delatouille, Peyte, Borie, Demathieu, Mérigot, Renon, Rousse, Jourde, Aillot, Thomas, Devilard, Blasi, Marginier, Duvon, Dufournieux, Paquelot, Moreau, Hardy, Bailland, Roys, Pradier, Thamin, Chazaud, etc.

GG. 172. (Registre.) — In-4°, 18 feuillets, papier.

26 novembre 1687 — 31 mars 1692. — Saint-Domnolet (*alias* Saint-Damnolet, *et par corruption*, *quelquefois* Saint-Annolet). — Baptêmes, mariages, enterrements. — De Douhet, curé. — 1688, 15 février : ent. Jeane Vérole, « vefve de Jean Lavaud, m[e] architecte, » 65 ans. — 1688, 31 août : mar. Léonard Soudanas, de la paroisse de Panazol, et Marie Munière. — 1689, 16 juin : bapt. Dominique, fils de Léonard Soudanas, imprimeur, et de Marie Mousnier.

GG. 173. (Registre.) — In-4°, 26 feuillets, papier.

15 avril 1692 — 29 octobre 1698. — Saint-Domnolet. — Baptêmes, mariages, enterrements. — De

Douhet, Desmaisons, curés. — Actes concernant les familles : Valéry, Mazou, Trasforest, Chapetot, Charrier, Paris, Payrat, Maleguise, Malet, Bouchard, Couder, Château, Durou, Senèque, Chevalier, Boisse, Pouyat, Sudrac, Latreille, Tourchier, Masauveis, Frasseis, Roche, Beaubreuil, Rebeyrau, Rayé, Rouchau, Moreau, Bourdon, etc.

GG. 174. (Registre.) — In-4°, 10 feuillets, papier.

15 avril 1692 — 16 août 1699. — Saint-Domnolet. — Baptêmes, mariages, enterrements. — De Douhet, Desmaisons, curés. — Lacune du 15 avril 1692 au 1er août 1693; jusqu'au 29 octobre 1698, c'est un double du registre précédent.

GG. 175. (Registre.) — In-4°, 56 feuillets, papier.

23 août 1699 — 9 février 1706. — Saint-Domnolet. — Baptêmes, mariages, enterrements. — J. Duprat, curé. — 1700, 7 janvier : mar. Jean Bonnet, « journalier de la papeterie du Puymoulinier, paroisse du Palais, » avec Marie Soutillaud. — 1701, 2 août : mar. sr Gabriel Lombard, « fils à feu sr Léonard Lombard, et de dlle Anne Robichon, de la ville d'Aubusson, paroisse Sainte-Croix, avec dlle Magdeleine Colusson ; présent : Me Jean Boutaud, procureur au siège présidial de Guéret. » — 1702, 5 juillet : mar. célébré dans la chapelle du Refuge, « en présence de Jean Touchaud, ouvrier dans la manufacture de l'Hospital général, et de dlle Marguerite Martin, supérieure de la dite maison du Refuge. » — 1703, 3 novembre : bapt. Jean, « fils de sr Balthasard Decordes, sr de Parpayat, et de dlle Françoise Pouyat ; parrain vénérable Mr Jean Pouyat, prestre et prieur-curé de Freyssinet. »

GG. 176. (Registre.) — In-4°, 45 feuillets, papier.

16 février 1706-1715. — Saint-Domnolet. — Baptêmes, mariages, enterrements. — Duprat, curé. — Les actes de l'année 1715 ont été transcrits en 1769 par Muret, curé, d'après des feuilles volantes laissées par Duprat. — Actes concernant les familles : Besse, Rannon, Boisse, Baraud, Favit, Mérigot, Palier, Bordas, Rifeterre, Piquet, Vouzelle, Soudanas, Dourneau, Ventenat, Maisongrande, Sautareau, Faudry, Mazaureix, Porcher, Bardel, Beaubreuil, Bernard, Benoist, Chabelard, etc.

GG. 177. (Registre.) — In-4°, 15 feuillets, papier.

1722-1724. — Saint-Domnolet. — Baptêmes, mariagès, enterrements. — Duprat, curé. — Actes concernant les familles : Chassaigne, Batisson, Durousseau, Morteyrol, Planchadeau, Sudrat, Menu, Villevialle, Bonnefons, Teyssonniéras, Valade, Guillemaud, Dethiat, Célérier, Lavaud, de Chauvet, Manent, Bayle, Peyroche, Caymau, Moreau, Lapeyre, etc.

G. 178. (Registre.) — In-f°, 15 feuillets, papier.

6 décembre 1724 — 26 novembre 1727. — Saint-Domnolet. — Baptêmes, mariages, enterrements. — De Petiot, curé. — Depuis le 4 avril 1727, les actes ont été transcrits par Muret, curé, d'après des feuilles volantes laissées par son prédécesseur. — Actes concernant les familles : Vergnol, Chabelard, Nivet, Faure, Bregeras, Baille, Chassaigne, Batisson, Faudry, Chabrol, Soutaud, Fondeville, Paillard, Buraud, Boisse, Dargento, Narlonti, Porcher, Lombardie, Larue, Ramnou, Tarraud, Beaubreuil, etc.

GG. 179. (Registre.) — In-4°, 18 feuillets, papier.

1728 — 21 septembre 1730. — Saint-Domnolet. — Baptêmes, mariages, enterrements. — De Petiot et Bonnefons, curés. — 1798, 15 avril : ent. dans l'église des Carmes déchaussés, dame Henriette Rose de la Marthonie, « veufve de feu Mr Jacques Romanet de Saint-Priest, âgée d'environ 75 ans. » — 1728, 15 aoust : ent. dans l'église, Mr Jean Descordes, « cappitaine d'une compagnie de milice. » — 1799, 10 février : ent. dans l'église, « vénérable Mr Me Jacques Mauranges, prestre de cette paroisse, âgé d'environ 50 ans. » — 1795, 15 juin : ent. Paul Grivert, de la paroisse d'Allassac, bas Limousin, « lequel était soldat des milices dans le 1er bataillon de Limousin, compagnie de Mr de la Feuillade. »

GG. 180. (Registre.) — In-4°, 178 feuillets, papier.

1728-1739. — Saint-Domnolet. — Baptêmes, mariages, enterrements. — De Petiot, Bonnefons et Hugon, curés ; Cibot, vicaire. — En tête se trouve une table chronologique des naissances, décès et mariages depuis 1755 jusqu'à 1791. — 1731, 7 septembre : ent. dans l'église de l'abbaye de la Règle, d[lle] Susanne du Léry, « âgée d'environ 15 ans, fille de messire Jean du Léry, chevalier, s[r] de Sauviat, et de dame Charlotte de Roffiniac, » — 1733, 9 janvier : ent. d[lle] Marie de Gentil, âgée d'environ 15 ans, fille de feu messire Silvain de Gentil, écuyer, chevalier, s[r] de Granges, et de dame Louise de Jumiliat. »

GG. 181. (Registre.) — In-4°, 238 feuillets, papier.

1740-1754. — Saint-Domnolet. — Baptêmes, mariages, enterrements. — Hugon, curé; Hugon de Thouars, Ardant, vicaires. — 1741, 5 février : mar. Jean Foreau dit Franciquet, « chirurgien, actuellement domicilié sur la présente paroisse, originaire de celle des Salles, âgé de 25 ans, » avec d[lle] Marie Chabelard ; *signé*, J. Faureau. — 1748, 11 février : parrain Etienne Moulinat, « enluminour d'estampes, originaire de Paris et restant sur cette paroisse. » — 17 mai : ent. d[lle] Anne Laurent de Lafaye, « pensionnaire à la Règle, âgée de 17 à 18 ans, dans l'église des Cordeliers, fille de sieur François de Lafaye, bourgeois de la paroisse de Saint-Pardoux-Lavau, et de d[lle] Thérèse Emouin de la Grillère. » — 10 août : mar. « entre messire Jean-Joseph de la Place, écuyer, s[r] de Babaud, fils de défunt messire Jean de la Place, écuyer, s[r] de Deveix, et de dame Marie Authier, du bourg de Saint-Jean-Ligoure, avec d[lle] Marie de Brossequin, fille de défunt messire Jean de Brossequin, écuyer, s[r] de la Narbonne, et de défunte dame Anne Princeau, pensionnaire à la Règle. »

GG. 182. (Registre.) — In-4°, 200 feuillets, papier.

1755-1769. — Saint-Domnolet. — Baptêmes, mariages, enterrements. — Hugon, Muret, curés. — 1757, 14 avril : ent. Magdelaine Chassaigne, femme de Jean Faurissou, « menuisier, aujourd'hui soldat au régiment d'Aquitaine. » — 1758, 7 novembre : parrain messire Antoine-Etienne Touzat de Saint-Etienne, « écuyer, conseiller du Roy, receveur des tailles; marraine vénérable dame Françoise-Henriette de Cosnac, abbesse de la Règle. » — 1761, 9 juin : mar. « s[r] Roch Jourdan, chirurgien, fils à s[r] Jean Jourdan, bourgeois, et à d[lle] Elizabet Gautier, habitans de la paroisse de Mérargues, diocèse d'Aix, avec d[lle] Jeanne Foreau-Francisqnet, fille à feu s[r] Jean Foreau-Franciquet, m[e] chyrugien, et de d[lle] Marie-Catherine Chabelard, de cette paroisse. » — 1762, 30 avril : « J'ai baptisé un garçon né hyer de Mr Roch Jourdan, m[e] chirugien juré de cette ville, et de d[lle] Jeanne Foreau-Franciquet, son épouse; le nom de Jean-Baptiste lui a été donné par messire Jean-Baptiste Dorat, écuyer, secrétaire du Roi, premier président de la cour présidiale de cette ville, et d[lle] Marie-Chaterine Chablard, veuve de feu Mr Forau-Franciquet, aussi m[e] chirugien, qui ont signé avec moi : *Dorat, V. Franciquet, Hugon*, curé de Saint-Domnolet. » — 11 mai : mar. « Mr Jacques Dumas, s[r] du Breüil, fils de défunt Mr Etienne Dumas, notaire royal et juge chatellain de Monismo et Bessine, et de défunte d[lle] Jacquette Dugier, avec d[lle] Valerie Leborlhe de la Chassaigne, fille de Mr Pierre Leborlhe de Chégurat, s[r] de Jurniac, conseiller du Roi en la Sénéchaussée et siège royal de la Basse-Marche à Belac, subdélégué de M[r] l'Intendant, et de dame de la Bajauderie. » — 1763, 26 juillet : bapt. Chaterine-Elizabeth, fille de Mr Jourdan, m[e] chirurgien, et de d[lle] Jeanne Foreau Franciquet. — 1764, 23 septembre : bapt. Marie, fille des mêmes. — 3 octobre : ent. sous le porche de l'église, d[lle] Jeanne Foreau-Francisquet, épouse de Mr Roch Jourdan, m[e] chirugien, âgée de 23 ans environ. — 1765, 12 septembre : ent. Marie-Angélique de Cosnac, « d[lle] âgée d'environ 8 ans, décédée hier dans l'abbaye de la Règle, fille de messire Joseph David, marquis de Cosnac, et de dame Marianne-Françoise de Lostanger. » — 15 octobre : ent. Anne, fille de Mr François Dalesme, marchand libraire, et de d[lle] Chaterine Leysseine. — 1767, 10 octobre : ent. Marie, fille de Mr Roch Jourdan, m[e] chirurgien, et de défunte Jeanne Franciquet.

GG. 183. (Registre.) — In-4°, 201 feuillets, papier.

1770-1779. — Saint-Domnolet. — Muret, curé. — 1776, 8 septembre : « J'ai fais solennellement la bénédiction de la chapelle de Notre-Dame-de-la-Pitié, en la Baissaille, assisté de MM. Géry, curé de Saint-Jean en Saint-Etienne, Chapotte, prêtre, vicaire de la cathédrale, et Denis, vicaire de la cathédrale. Par le dénombrement que j'ai fait de la paroisse, j'y ai trouvé 930 habitants, dont 618 communians et 312 enfans. » — Actes concernant les familles : Demoulin, Parjadie, Degain, Brunet, Couder, Maison, Batissou, Dupuimoulinier, Nouhaud, Masmichel, Nicot, Pommier, Cardinal, Peiroche, Catérinaud, Renon, Villevialle, etc.

GG. 184. (Registre.) — In-4°, 161 feuillets, papier.

1780-1785. — Saint-Domnolet. — Baptêmes, mariages, enterrements. — Muret, curé. — F° 28 v° : « Par le dénombrement fait par ordre de la Cour, il résulte qu'il y a dans la paroisse 182 maisons, 970 habitants, dont 644 communiants et 325 enfants, non y compris l'abbaye de la Règle où il y a 52 religieuses, 26 pensionnaires, 7 servantes, et les Carmes déchaussés où il y a 9 religieux et un domestique. » — F° 130 : « *Nota* que la même année (1784) la chapelle du Crucifit a été daurée comme elle se trouve, ce qui n'avoit jamais été ; il en a coûté 170 fr. ; c'est Larose, daureur, qui a fait l'ouvrage. La même année les deux grands vitreaux du chœur ont été remontés à neuf ; de plus, il a été fourni quatre grandes napes pour le grand hauteil, sçavoir deux de dessus et deux de dessous : les deux du dessus sont onorées et fort propes. » — F° 155 v°, 1785 : « Les quates vitreaux de l'église ont été rétablis et les six petis faits à neuf ; le gendre de la veuve Marcha, dit Piaulette, a fait l'ouvrage ; il en a coutté 40 fr. Cette même année il a été bati une maison neuve vis-à-vis de celle du Mignar, vis-à-vis du petit chemain qui va au Maroume. Il a été fourni la même année deux napes pour la communion avec le petit surpelis, sans manches. » — Actes concernant les familles : Morteirol, Chatenet, Béchade, Lavaud, Peyroche, Vernajou, Brunet, Gatin, Peyrat, Chassaigne, etc.

GG. 185. (Registre.) — In-4°, 177 feuillets, papier.

1786 — 5 août 1791. — Saint-Domnolet. — Muret, curé ; Gay de Vernon, vicaire épiscopal, régent. — 1787, 29 décembre : ent. d^{lle} Marie Chabellard, veuve de Mr Jean-Baptiste Forau dit Franciquet, « maître chirurgien de cette ville, décédée hier rue Petits-Carmes, âgée d'environ 80 ans ; ont assisté à son enterrement : Mr Jean-Baptiste Jourdan, son petit-fils, et Mr Jean-Baptiste Lavaud, son neveu, qui tous les deux ont signé, de ce par moi requis. *Signé :* ... Jourdan... » — 1791, 21 mai : « Je déclare ne donner aucun consentement à mon déplacement. *Signé :* Muret, curé de Saint-Domnolet. » — 1791, 21 juin : acte autographe signé : *de Gay de Vernon, Evêque du département de la Haute-Vienne.* — Actes concernant les familles : Bataille, Faute, Denys, Masbatein, Maumy, Desbordes, Redon, Paulhac, Ribière, Nicot, Duquet, Boulique, Fort, etc.

GG. 186. (Registre.) — In-4°, 477 feuillets, papier.

11 avril 1692 — 1792. — Saint-Christophe-lez-Limoges. — Baptêmes, mariages, enterrements. — Decordes, Constant, Gérald, Benoist, Michel, de Compreignac, curés ; Tarneaud, vicaire. — 1695, dorure du tabernacle. — 1697 : « la chapelle de Saint-Jamet, autrement Saint-Jacques, fut démolie, toutes les formalités pour ce ayant été faites, parce que la dite chapelle menaçoit de ruine et étoit en fort mauvais état ; et des matériaux d'icelle il en fut basti une autre chapelle à l'honneur du mesme saint dans l'église paroissiale de Saint-Christophe, à costé droit en entrant. En mesme temps fut fait le vitral qui est dans le sanctuaire de la dite église, ce que j'ay voulu marquer dans le présent registre pour servir de mémoire ; *signé*, Decordes, curé. » — 1705, juin : réparations au clocher « ... Pierre Nouhaud donna 15 fr., moyennant quoi on lui donna et aux siens droit de tombeau dans la chapelle de Saint-Jamet ou Saint-Jaques... » — 1710, 12 août : « le sieur Belay, m^e sculpteur, fit les deux figures du grand autel avec les ornements au quadre du tableau et à tous le retable, et le blanchit ; pour cela je lui donné 115 ll... » — Actes concernant les familles : Reculès, Razès, Couvidou, Ancelot, Cheirou, Pommier, Gandoy, Queymañ, Joubert, Fourestier, Poutou, Delamour, Pajot, Salcix, Peyrat, Peyte, Baubiat, etc.

GG. 187. (Registre.) — In-4°, 11 feuillets, papier.

3 octobre 1694 — 7 octobre 1701. — Saint-Julien-Saint-Afre. — Dupuy, curé. — Actes concernant les familles : Marnier, Desudrat, Deneufille, Savy, Dubouchet, Bouyer, Planchadeau, Valérie, Gondaud, Tandy, Girou, Deluret, Marcellin, Blancher, Pouret, Lafarge, Alphonse, Paquet, Mortesaigne, Marjoulet, Monange, Lacombe, Porcher, Mousnier, Sazeyrat, Chabrol, Chatenet, etc.

GG. 188 (Registre.) — In-4°, 304 feuillets, papier.

21 février 1718 — 29 juin 1791. — Saint-Julien-Saint-Afre. — Dupuy, Ducouret, Dorat, Dupasquier, Popart de Nargis, Boisse, Bonnardel, Delarue, Singareau, Natel, Aubreton, prieurs-curés. — Actes concernant les familles : Mortesagne, Cibot, Duvour, Reullier, Thévenot, Boine, Desbordes, Jaroud, Vilard, Lachaume,

Beinaud, Martin, Guibert, Lamart, Roche, Diacre, Basdonneau, Beaubiat, Texieras, Praugier, Vareillas, Maisongrande, Bonin, Samie, Constantin, etc.

GG. 189. (Registre.) — In-4°, 6 feuillets, papier.

13 janvier — 29 juin 1791. — Saint-Julien-Saint-Afre. — Aubreton, prieur-curé. — Double de la partie correspondante du registre précédent.

GG. 190. (Registre.) — In-f°, 12 feuillets, papier.

10 avril 1700 — 2 juin 1703. — Saint-Jean-en-Saint-Etienne (*alias* Saint-Jean-de-la-Cathédrale, Saint-Jean-en-la-Cité). — Baptêmes, mariages, enterrements. — En tête se trouve un « Etat des enfants nés sur la paroisse de Saint-Christophe-lès-Limoges, qui ont été baptisés dans l'église paroissiale de Saint-Jean-de-la-Cité » de 1676 à 1751 ; et une copie de deux sentences de la Sénéchaussée de Limoges, des 23 février 1696 et 16 février 1758, maintenant le curé de Saint-Jean en possession du droit de baptiser tous les enfants qui naissent pendant les octaves de Pâques et de la Pentecôte dans toutes les paroisses de la ville, cité et faubourg du pont Saint-Martial. — Martin, curé. — 1702, 4 juin : « maraine Marie Malombre, épouze de Jérome Nilliaud, m° peintre. » — 9 juin : bapt. Marguerite Bellot, née le jour précédent sur la paroisse de Saint-Michel-des-Lions, fille de Martin Bellot, m° sculpteur, et de Marguerite Bougier. — 1703, 10 avril : parain Léonard Bargeas, fils de Martial Bargeas, libraire ; maraine Anne Vergnau, femme d'Estienne Bargeas, « laquelle a signé : *Anne Vergniaud.* » — 1er juin : « parain Martial de Lasseine, pretre, docteur en droit canon de la faculté de Paris, curé de Compreignac. »

GG. 191. (Registre.) — In-4°, 115 feuillets, papier.

22 mars 1704-1741. — Saint-Jean-en-Saint-Étienne. — Baptêmes, mariages, enterrements. — Dupré, Chabodie, Ardant, curés. — Du 28 octobre 1723 au 20 mai 1725 les actes sont en double. — 1704, 14 mai : bapt. « Toinette, fille de Germain Grenaud, m° peintre, rue des Combes, paroisse de Saint-Michel-des-Lions, et de dlle Marie Malombre. » — 1705, 13 avril : « marreine Léonarde Chabanes, femme de sr Jean Faure, m° imprimeur, » — *Id.* bapt. Simien, fils de Martial Legros, « émalieur, » et Claire Guitard (Saint-Pierre). — 1709, 19 mai : bapt. Martial, fils de Mr Jacques Laudin, « œmalieur, » (*sic*) et de dlle Anne Ribouille. — 1715, 22 avril : bapt. Jacque, fils de Mr Martial Bardinet, libraire, et dame Marie Nadau. — 1718, 18 avril : bapt. Magdelaine, fille de Pierre Paramptoy, imprimeur, et de Catherine Boulen ; parain Bertrand Deluret. — 1721, 6 juin : bapt. Gabriel, fils de Mr Marc David, dit Lavalée, graveur, et de Marie Dupré ; parrain Mr Gabriel Blanchard, « orfeuvre. » — 1730, 30 mai : bapt. Anthoine, fils de Pierre Dumay, tapissier, et de Marguerite Royère (Saint-Michel-des-Lions). — 1735, 12 avril : bapt. Pierre, fils de Bernard Noylier, « émalieur, » et de Valérie Ouvret.

GG. 192. (Registre.) — In-4°, 293 feuillets, papier.

1742-1770. — Saint-Jean-en-Saint-Étienne. — Baptêmes, mariages, enterrements. — Ardant, Gery, curés. — En tête et à la fin se trouvent des essais de liste chronologique des curés de Saint-Jean depuis 1393 ; à la fin, « Remède souverain pour toutes sortes de rhumatismes et paralysies, de feu Mr Joseph Dubois de la Briolière, médecin chirugien bréveté du Roy pour la distribution des remèdes publics du magazin royal de Rouen. » — Au f° 19 : « En l'année 1778 et le 25 avril, décéda Mr messire Étienne Maledent de Bonabry, prêtre, docteur et mon bienfaiteur ; il donna par son testament son calice à l'église de Saint-Jean : *Ad perpetuam rei memoriam. Requiescat in pace, amen. Signé :* Jugo, curé de Saint-Jean. » — 1745, 25 juillet : mar. « Mr Henry Froment, receveur des tailles à Guéret, fils de deffunt Mr David Froment, bourgeois de Paris, et de défunte dame Suzanne Sabatier, avec dlle Silvie Guillon de la Vilate-Billon, fille de deffunt Mr Léonard Guillon, sr de la Villatte-Billon, conseiller du Roy, lieutenant général criminel de la Sénéchaussée de la Marche à Guéret, et de dame Quitterie Constant. » — 1750, 26 novembre : mar. « messire Antoine Coussaud, sr du Bost, conseiller du Roy, lieutenant particulier assesseur criminel de la Sénéchaussée de la Basse-Marche au siége royal du Dorat, » avec dlle Marie Duclos du Verger. — 1751, 17 octobre : bénédiction du cimetière de Saint-Jean par l'Évêque de Limoges, Jean-Gilles de Cœtlosquet. — 1753, 1er août : ent. « messire J.-B.-Martial Marchandon, docteur en théologie, prêtre, chanoine de l'église de Limoges, official général et syndic du clergé du diocèse de Limoges, environ 78 ans. » — 1762, 16 février : ent. « Mr Mathurin d'Avril, pretre, docteur en théologie, et chanoine de l'église de Limoges, âgé d'environ 63 ans : *Signé :* J. Nadaud, curé de Teyjac. — 1764, 25 avril : bapt. « Pierre-Marc, fils de Mr Martial Chapoulaud, bourgeois et marchand libraire et imprimeur, et de dlle Marguerite Labiche ; parrain Mr Pierre Chapoulaud, bourgeois et marchand libraire-imprimeur des Fermes générales du Roi de la province. » — 1765, 31 mai : bapt. Marie, fille de Mr Joseph Chauvin, « architecte et arpenteur juré de la maitrise des Eaux et forets établies en la ville de Bellac, » et de dame Catherine Belut. — 1768, 22 mai : bapt. Marie, fille de Pierre Flacard, libraire, et de Marie Pradeau. — 1770, 2 janvier : mar. « Izaac Chorlon de Saint-Léger, 40 ans, conseiller du Roy, lieutenant des Eaux et forets de la Haute et Basse-Marche, fils de feu noble Alexis Chorlon de Saint-Léger et de défunte dame Marie Tournyol du Rateau, demeurant à Guéret, » avec dlle Jeanne de Lespine.

GG. 193. (Registre.) — In-4°, 220 feuillets, papier.

1771 — 11 juin 1791. — Saint-Jean-en-Saint-Étienne. — Baptêmes, mariages, enterrements. — Gery, Juge, Ragot, curés. — 1775, 20 avril : parrain Léonard Sénêque, « me tapissier de la paroisse de Saint-Michel. » — 3 juin : bapt. Marie, fille de Mr Pierre Begougne, me tapissier, et de dlle Jeanne Dupuy. — 7 juin : bapt. Jeanne, fille de Mr Estienne Pictet, « marchand orpheuvre, » et de dlle Marie-Anne Ardant. — 1776, 11 avril : parrain Mr André-François-Xavier de Golbery, « ancien officier au régiment de Royal-Suède. » — 27 novembre : ent. « messire Joseph Géri, prêtre, curé de Saint-Jean-en-Saint-Étienne, un des 14 grands vicaires de la dite église, âgé d'environ 64 ans. » — 1778, 19 mai : mar. « messire J.-B. du Authier, chevalier, sr de la Brugère, capitaine de dragons au régiment de Penthièvre, demeurant en son château dudit lieu de la Brugère, paroisse de Quinsac, » avec dlle Marie-Léonarde de Rieublanc. — 1785, 14 mai : bapt. Catherine, fille de sr François Combe, « marchand orpheuvre, » et de dame Thérèse Roulet. — 1789, 4 mars : procès-verbal de la pose de la première pierre du me autel de Saint-Jean, avec le sceau armorié de Mgr d'Argentré, Evêque de Limoges. — 4 juin : bapt. Nicolas, fils à Pierre Voisin, marchand imprimeur, et de Marie Chabrol.

GG. 194. (Registre.) — In-f°, 151 feuillets, papier.

1700-1747. — Sainte-Claire-de-Soubrevas. — Moulinier et Nicolas, curés. — Actes concernant les familles : Pouyat, Périnaud, Vigier, Barny, Blanchier, Belleœil, Ganny, Demay, Marsicat, Legier, Rougier, Picat, Bardet, Beleix, Téliaud, Lavaud, Bosseron, Laplanche, Pradeau, Brueil, Ribière, Fournier, Girout, Bareau, Savary, Eymard, Poutou, Baylo, Mérigne, Peigneau. Rouzeil, Boulique, etc.

GG. 195. (Registre.) — In-4°, 171 feuillets, papier.

1748-1774. — Sainte-Claire-de-Soubrevas. — Nicolas et Sénemaud, curés. — Aux folios 123-24 se trouve une « copie du rôle pour la maison presbitérale, et noms des contribuables, propriétaires de cette paroisse. » — Actes concernant les familles : Maud, Chabrol, Frugier, Labrune, Porcher, Thomas, Verger, Gros, Auriat, Mondon, Damet, Catin, Guillot, Adam, Degot, Guionet, Malefont, Roche, Fargeaud, Robert, Fournier, David, Pissonneau, Maudeix, Frizon, Gaumi, Baubiat, Varinaud, etc.

GG. 196. (Registre.) — In-4°, 176 feuillets, papier.

1775 — 4 septembre 1791. — Sainte-Claire-de-Soubrevas. — Sénemaud, curé. — Actes concernant les familles : Tillet, Fournier, Dartou, Valérie, Blancher, Patapy, Mounier, Gay, Durieux, Brissaud, Brouaud, Coussy, Coulaud, Nouhaud, Nicot, Picat, Malet, Petiniaud, Granger, Deglane, Roumieux, Feiry, Grosbras, Buisson, Gayou, Rouzeix, Chauveau, Alifa, Gourinchou, Sauteraud, etc.

GG. 197. (Registre.) — In-f°, 204 feuillets, papier.

7 novembre 1729 — 1765. — Sainte-Félicité et Saint-Lazare-lez-Limoges. — Constant, Petiniaud, Labesse, Martin, curés ; Boudier-Raby, vicaire. — Actes concernant les familles : Molonie, Morio, Peyrat, Dumay, Simon, Chastain, Bousogne, Caillau, Gondin, Laville, Jarnac, Surgère, Choreix, Labrune, Hereau, Fournier, Cheyrou, Lajudie, Saquot, Robonti, Poumaret, Sabourdy, Verdelle, Maledent, Tamen, Bouquer, Basset, Faurie, Casse, Varinaud, Chateau, Boisson, Dutreix, Perinau, Ribière, Chaselas, Silvain, Chabrol, etc.

GG. 198. (Registre.) — In-f°, 197 feuillets, papier.

1766 — 5 août 1791. — Sainte-Félicité et Saint-Lazare-lez-Limoges. — Mathieu et Rouard, curés. — Actes concernant les familles : Fournier, Guitard, Roche, Martinaud, Faye, Broussaud, Thomas, Richaud, Duron, Anady (abjuration), Boutinaud, Froment, Veyrier, Baudoù, Fleurat, Ragonti, Gros, Barat, Dubois, Faure, Theillaud, Faurisson, Canardou, Nicole, Célérier, Nicot, Augustin, Mandonnau, Magnon, etc.

GG. 199. (Registre.) — In-f°, 60 feuillets, papier.

7 août 1791 — 1792. — Saint-Thomas-d'Aquin. — Romanet, curé; Tarneaud, Dupré, Bachelerie, Sauvage, vicaires. — A partir du 24 octobre 1792, les actes sont dressés à la maison commune par l'officier public. — 1791, 18 septembre : « Avant la célébration de la messe paroissiale, la municipalité de cette ville s'est transportée dans la présente église pour mettre en possession de la cure de Saint-Thomas-d'Aquin le s[r] Romanet, ancien curé de Saint-Cessateur et Saint-Aurélien de cette ville, élu le 11 du présent mois par l'assemblée électorale à la dite cure, muni du visa de M[r] l'Évêque du département. »

GG. 200. (Registre.) — In-f°, 92 feuillets, papier.

8 août 1791-1792. — Saint-Étienne. — Baptêmes, mariages, enterrements. — Guillen, Biron, Gay de Vernon, Beynaud, Aubreton, Déperet, Betolaud, Dubois, Ganny, Cousin, Foucaud, etc., vicaires épiscopaux. — Le premier acte est écrit et signé par Gay de Vernon, Évêque de la Haute-Vienne et curé de Saint-Etienne. — 1791, 21 septembre : bapt. Gilbert, fils de Jean-Louis-François Bardonneaud, « marchand balencier, lieutenant de la garde nationale de la Cité. » — Actes concernant les familles : Bourgouin, Durenay, Pinchaud, Deluret, Deproge, Gobert, Denys, Rogerie, Sénemaud, Couturier, Faugère, Durand, Muret, Boulaud, Mazebraud, Roux, Bonnet, Lalet, Duroux, Bethoule, etc., etc.

GG. 200 *bis*. (Registre.) — In-4°, 119 feuillets, papier.

18 mai 1713 — 28 décembre 1739. — Saint-Gérald-lez-Limoges (1). — Baptêmes, mariages, enterrements. — Maignol, de la Coudre, F. Abraham, Mahé, curés; Selles, de Saint-Jean, Chotar, Langlois, Chataigner, Froissent, F. du Courret, etc., vicaires. — 1714, 11 janvier : mar. de Joseph de Pauze, fils de Marie-Thérèse Jammot, « maîtresse de poste de la present ville de Limoges. » — 1716, septembre : mariage par devant Guérin, curé de Chalus, qui a signé. — 1717, 14 décembre : mar. d'Antoine Dubourg, « soldat au régiment de Baville ?, compagnie de Camusel. » — 1722, 26 mai : ent. dans la nef de l'église, de Jean-Baptiste Champalimaud, agé d'environ 62 ans. « Présens tous les pénitens blancs. » — 9 janvier : « Présent Me Pradeau, prêtre de Saint-Pierre. » — 1726, 16 février : ent. « dans l'église de Saint-Gérard... du R. P. Raymond la Coudre, prieur-curé de Saint-Cessadre et Saint-Aurélien, ci-devant prieur de cette maison et curé de Saint-Gérard, en présence de la communauté et de plusieurs autres témoins. Il a été enterré sous la tombe qui est devant le marchepied de l'autel du Crucifix, dans l'endroit où se dit l'*Introïbo* de la messe. » — 1729, 2 février : mar. de François Boyer, m[e] chirurgien, avec d[lle] Anne Deschamps, « veusve de s[r] Hierosme Maisondieu. » Présents « François Dumas, maistre d'escole, Léonard Proux, estudiant en théologie. » — 1729, 4 avril et ailleurs, actes signés *Ponroy*, prieur-curé de Saint-Cessateur et Saint-Aurélien, son annexe. — 1709, 3 juin : ent. « dans l'église de Saint-Géral, proche l'entrée du cœur (*sic*) à gauche... de Catherine-Agathe Faute, fille de messire Pierre Faute de Puydutour, procureur du Roy des thrésoriers de France de Limoges... en presence de messire Joseph Garat, président thrésorier de France, et de M. Pierre Faute, conseiller du Roy, certificateur des criées. » — 1730, 16 janvier : bapt. de Marie, « fille de Jean Chatart... Parrein M. Joseph Juge, fils de feu messire Juge de Saint-Martin, conseiller du Presidial de Limoges. »

GG. 201. (Liasse.) — 25 pièces, papier.

1665-1740. — État-civil. — Feuilles volantes provenant de différentes paroisses. — L'Hôpital général :

(1) Ce registre n'a pu prendre place avec ceux de la paroisse Saint-Gérald (voy. ci-dessus, art. 131-146), parce qu'il n'a été retrouvé qu'au cours de la publication du présent Inventaire, dans les archives du tribunal civil de Limoges.

abjuration du sieur Jacques de Liaure, natif du canton de Berne en Suisse, du 8 septembre 1665. — Saint-Pierre-du-Queyroix : baptême de deux jumeaux de Mr Jean Pigné, « s[r] de Chabanetes, conseiller du Roi et élu en l'Élection de Limoges » et de d[lle] Martiale Mouret, du 20 juin 1666. — Saint-Domnolet : baptêmes, mariages et enterrements de partie des années 1715 et 1727.

GG. 202. (Liasse.) — 49 pièces, papier; 22 sceaux.

1256-1791. — Clergé régulier et séculier. — Saint-Martial : extraits de titres depuis 1256, relatifs à l'obligation des Consuls vis-à-vis du monastère de payer 5 fr. par an sur le revenu des foires de la place des Carmes, et d'entretenir trois cierges ardents dans l'église ; — lettres de M. de Chaumont, intendant, et de M. de Lamoignon, relatives à la prétention du curé de Saint-Pierre d'empêcher les Consuls de faire célébrer un service funèbre dans l'église Saint-Martial (1754) ; — lettre des Consuls au père Lavergne, le dispensant sur sa demande de prêcher l'Avent à Saint-Martial (1762) ; — état de la distribution à faire pour le service solennel que MM. les maire et échevins de cette ville ont fait faire dans l'église de Saint-Martial, le 12 janvier 1775, pour le repos de l'âme de feu s[r] Pierre Grellet, échevin en charge ; — lettre du prévôt de Saint-Martial aux Consuls, les priant d'intervenir énergiquement pour que le projet d'union du chapitre de Saint-Martial au chapitre cathédral ne soit pas mis à exécution : les Consuls écrivent en conséquence à M. de Breteuil et à l'Évêque de Limoges ; réponse favorable de ce dernier (1786). = Saint-Michel des-Lions et Saint-Cessateur : contestation entre les curés au sujet des limites de leurs paroisses (1759). = Lettres de collation de la prêtrise et des ordres inférieurs à différents ecclésiastiques (1748-1786), les dites lettres émanant de Henri-Gaston de Lévis, Évêque de Pamiers ; Jean-Gilles de Coethosquet et Louis-Charles Duplessis d'Argentré, Évêques de Limoges; François de Crussol d'Uzès, Évêque de Blois ; Guillaume d'Hugues, Archevêque de Vienne ; Antoine de Malvin de Montazet, Archevêque de Lyon ; Christophe de Beaumont, Archevêque de Paris; François-Joseph de La Rochefoucauld, Évêque de Beauvais ; Joseph Dominique de Cheylus, Évêque de Bayeux ; Jules-Bazile Ferron de la Ferronays, Évêque de Lisieux ; Jean-Baptiste Duplessis d'Argentré, Évêque de Seez, etc. — Certificat d'études au collège des Frères mineurs, à Paris, de frère Andéol Biron (1769), et autorisations données au même (1777-1791) de prêcher et confesser dans différentes églises et couvents, par les Archevêques ou Évêques de Senlis (Jean-Arnaud), de Vienne (Jean-George Le Franc de Pompignan), de Lyon (de Malvin de Montazet), de Chalon (J.-F. d'Andigné de la Chasse), de Besançon (Raymond de Durfort), et de Paris (Chr. de Beaumont, A.-E.-L. Leclerc de Juigné et J.-B. Joseph Gobel).

GG. 203. (Liasse.) — 4 pièces, parchemin ; 2 pièces, papier.

XIIIe siècle. — 1777. — Confréries. — Confrérie de Saint-Martial de la Courtine : état des revenus au commencement du XIIIe siècle, en provençal, avec ce titre latin : *Hi sunt reditus confratrie sancti Marcialis de Cortina.* « Les indications topographiques à l'encre rouge sont les suivantes : *a l'Estanc; a la Peira Alboi ; en Banclatgier; en Manania; en Vielha Moneda ; fors la Porta de Bocharia; au Quairoi ; en la rua Saint-Nicholau ; en la Fauria ; a la Porta... ; en Fongrauleu ; en Crochados ; au Fossat ; fors la Porta Monmelier ; en Chasteu.* = Confrérie de Saint-Jacques, se célébrant alternativement une année à Saint-Pierre-du-Queyroy, et l'autre à Saint-Michel-des-Lions : reconnaissances de rentes sur une maison sise rue du Saint-Esprit, *alias* de l'Ouchette (1528 et 1571); — condamnation de divers confrères à payer aux bailes les sommes qu'ils avaient promises pour employer à l'acquisition d'un poêle à l'usage de la dite confrérie (1597). = Confrérie des Pèlerins, célébrée dans l'église Saint-Christophe-loz-Limoges : reconnaissance de rentes sur une maison sise au coin des rues Uchette et Pierre Au Bois (*sic*), et vente de ladite maison (1777).

GG. 204. (Registre.) — In-f°, 257 feuillets, parchemin.

1551-1691. — Confrérie du Corps de Dieu. — Livre des comptes. — « Comme soit ainsy que par cy devant noz antécesseurs bailes de la tres dévote Confrayrie du précieux Corps de Jésus, anciennement appelée du Sacrifice, célébréé chascun an en nostre esglise parrochiale de Sainct-Pierre-du-Queyroir de Lymoges, commencée l'an de salut mil deux centz trente cincq, ayant par cy devant par bon zele et devotion tant bien exercé et faict leur debvoir pour l'augmentation du service divin... que despuis l'an de grace mil quatre cens quarante sept eussent faict faire ung grand livre en parchemin commençant : ***Remembransa sia a tous presens et advenir***... pour en icelluy rediger par escript tous les comptes annuelz des bailes qui depuis le dict temps seroient esté commis et esleuz..., ensemble pour audict livre faire et enregestrer la supputation des comptes des bailes et figurer et peindre toutes les réparations que les dicts bailes ont faict faire... ce jour d'huy qu'on compte l'an de grace mil cinq centz cincquante finissant, mil cincq cens cincquante ung..., ayant entre noz mains le susdit livre de parchemin remply et complect d'escripture... avons... faict faire le présent livre de parchemin appellé le Livre des Comptes... » = On peut relever les noms et mentions suivantes : Jehan Guibert, orfèvre ; Jehan d'Engolesme, « livraire, » (1551); Jehan Jabessier, « orpheuvre, » (1556); Pierre Veyrier ainé, « orfeuvre, » (1558). — Longue digression sur les méfaits des protestants en France et spécialement à Limoges (1562); famine; peste qui fait mourir de 6 à 7,000 personnes (1563). — Pierre Reymond, « painctre, » (1563) ; Jehan Yvert, « orfeuvre, » (1575). — Perte sur les rentes par suite de la « combustion des maisons estantz aux fauxbourgs de Boucherie sur lesquelles sont deues principallement les dites rentes. » — Le chapitre ne se trouvant pas en sûreté dans la Cité, se retire dans la ville et officie à Saint-Martial jusqu'à l'Édit de pacification (mai 1576). — François Roussel, « orfeuvre, » (1583) ; Pierre Guibert et Martial Raymond, « orfeuvres, » (1591); « syre Psaumet Texandier, fils de Pierre Texandier, m° orfeuvre, demeurant aux faulx bourgs de Maignynie ; » Jehan Verier, « orfeuvre, » (1600) ; Barthelomée Guiber, « orfeuvre, » (1601); Joseph Boisse, « orfeuvre, » (1626) ; Léonard Boisse, « orfebvre, » (1627-1628).— Récit de la peste (1631). — Joseph Ruau, m° brodeur, (1637). = Liste des miniatures reproduisant les objets acquis ou réparés par les bailes : pilier de candelabre d'airain (1561) ; calice d'argent (1567, peint par Pierre Raymond) ; navette d'argent (1568, Pierre Raymond); soubassement de candelabre en cuivre (1574, peint par m° Anthoine, peintre); bourdon d'argent doré (1575, Pierre Reymon); candelabre en cuivre (1576); autre (1579, peint par Martial Courtey); pannonceau d'argent doré (1580, peint par Lymozin) ; pilier de candelabre en cuivre (peint par Pierre Raymon) ; encensoir d'argent (1600) ; croix d'argent dorée (1600); autre, avec pierres incrustées (1623); vitre et grillage (1630) ; calice doré (1630); plat et burettes d'argent (1636, peint par Nilliaud); voile brodé (1637) ; deux chandeliers d'argent (1639); six autres (1684) ; custode d'argent (1658, Nilland); deux burettes d'argent (1661).

GG. 205. (Liasse). — 5 pièces, parchemin ; 10 pièces, papier (imprimées); 3 sceaux.

1755-1790. — Instruction publique. — Lettre du marquis des Cars priant les Consuls de Limoges d'assister en son nom à une thèse que les PP. Jacobins lui avaient dédiée (20 juillet 1755). — Lettres émanant du Parlement de Bordeaux, annonçant aux Consuls l'arrêt d'expulsion prononcé contre les Jésuites, et les invitant à pourvoir à leur remplacement au Collège de Limoges. — Lettre du duc de Fitz-James aux consuls leur recommandant les PP. Dominicains, établis depuis 500 ans à Limoges, pour remplacer les Jésuites (1762). — État des revenus et des franchises dont jouit le Collège de Limoges (1764). — Diplôme de bachelier en droit civil et canonique de l'Université de Poitiers en faveur de Bernard Nouhaud, du diocèse de Limoges (1780). — Diplômes de licencié et de docteur en théologie de l'Université de Paris en faveur d'Andéol Biron, frère mineur (1786). — *Nomina et ordo, diœceses et domicilia DD. baccalaureorum præsentem licentiam decurrentium, anno domini M.DCC.XC.* (*Paris 1790*).

GG. 206. (Registre.) — In-12, 35 feuillets, parchemin. Reliure en bois.

1461. — Assistance publique. — Aumônes Sainte-Croix et Pains de Noel : terrier. — « *In nomine patris et filii et spiritus sancti, amen. Renembransa sia que en l'an mil quatre cens seixanta et ung, honorables senhors mess*[ors] *los consolz deu chastel et chastelania de Limoges, soy assabeyr : Mathieu Beyneyt, Guill. de Julia, Johan Gregori, Mathieu Trotau, Marsau Bermondet, Johan Dechamps, Jacme Rogier, Franceys Querci, Barthomieu Bonet, Johan Sirac, Peyr Cibot, et Guill. Chivalier, per aucunas causas et razos que los mogrent, et per deliberacieu deu conseilh de la vila, assesserent a me, Andrieu de Possa, procurayre general de mes dis s*[ors] *et de la dicha vila, las Aumonas de sancta Crot per lo près et soma de cinquanta doas lieuras, moneda corent, pagar chasque an avant la ma la velha de la dicha sancta*

Crot de may, et aussi las aumosnas deus Pas de Nadau per lo près de quatre vingt sestiers de blat, meystat froment et meylat seigle, a pagar eu pa cuech, redutz a mes diz s^ors quatre ho cinq jours avant Nadau, et so a cinq ans ho annadas a comptar deudich an ; et deguis far terrier-noveu tant de lasdichas aumosnas de Sancta Crot que deusdichz Pas de Nadau, et far fas reconoyssensas novelas davant lo greffier de mesdiz s^ors ho autre notari cum appart per lettra receubuda per meystre Johan Breu, greffier de mesdiz s^ors los cossollz. — On peut relever les noms et mentions suivantes : *Me Marsal d'Auvernha ; Johan Formier, s^r de la Vilata; Johan Mercier, argentier ; Mossen Aymeric Vincen, vicari de Saint-Estephe ; la meygo que fo de moss. Johan de Lacheny, chanoyne de Limoges, laqual eys mantenant de moss. Johan Rogier, chanoyne et soubchantre de Saint-Estephe ; Jacme Lo Gros, miralier ; la meygo deu gendre de Johan Roy, ymaginayre, au bot deu Cluchier ; Esteve Darnac, pinctre ; Johan Mercier, l'argentier de las Taulas ; Peyr Sudre, chapela de Saint-Maurici ; mons^or lo jutge de la vila ; mieystre Marsau d'Auvernha.* — Sur la garde, écriture du xve siècle : « Ce livre appartient à Messrs les consulz du chasteau de Limoges » (*bis*). — xvie siècle : « Ce livre est à mesieuz les conseulz de la ville de Limoges, l'an 1554. » — F° 1, r° : « Vive Charles de Valoys, roy de France ; que puisse regner en bonne prospérité et Limoges bient guoverner ! » — F° 35, v°, écriture du commencement du xvie siècle : « Qui de l'aultrui le sien veult faire, pas ne quier paix, ains serche guerre. » — Fin xvie siècle : « Qui bien se mire bien se voyt : Qui bien se voyt bien se connoyt : Qui bien se connoyt peu se prise : Qui peult se prise sait qu'il est. »

GG. 207. (Registre.) — In-f°, 160 f^os, parchemin.

1495-1627. — Assistance publique. — Aumônes Sainte-Croix et Pains de Noël. — Série de reconnaissances notariées rendues aux Consuls, en latin jusqu'en 1513, puis en français. En tête, deux répertoires en provençal (commencement xvie siècle) : « *Taule de las reconoissensas et autras lettras et documens escript en aquest libre, tochant certanas fondaltatz et rendas degudas en l'ostal de consullat de la ville de Limoges* » ; « *Taule de las reconoissensas de las quartarias.* » — On peut relever les noms et mentions suivantes : *Domum sitam in rua de arbore picta, inter domum Anthonii* Tornuou, *mercatoris de Garacto, ex una parte* (1495) ; *Bartholomeus* Mercier, *aurifaber* (1495) ; *Petrus* Veyrier, *aurifaber, filius Jacobi* Veyrier ; Jehan Dupayrat, élu en Haut-Limousin ; *Matheus* Veyrier, *aurifaber ; domus que fuit quondam venerabilis viri Jacobi de Pirpirolio, canonici, tempore quo vivebat, ecclesie Lemovicensis* (1495) ; *domus sita in rua* de Bochario, *inter domum Petri* Veyrier, *aurifabri* (1502) ; Me Martin Balestier, licencié en médecine (1502) ; *Guillelmus* Saleys, *aurifaber*, etc.

GG. 208. (Registre.) — In-f°, 48 feuillets, papier.

Vers 1550. — Assistance publique. — Aumônes Sainte-Croix et Pains de Noël. — Répertoire de titres dont beaucoup intéressent la ville de Limoges elle-même. En voici le contenu : 1° « *Item* (1), ung contraict de recognoissance faicte par les Consulz à l'abbé [de] S. Marcial d'ung solar joignant à la sale de consulat et six solz de fondalité, du dixiesme de juing l'an MCCCC nonante six, signé M. Caroli ; cothé A. — 2° *Item*, certain extraict et vidimus des coustumes, priviléges et usaiges de la ville de Lymoges... et franchises concédées par Henry, Roy d'Angleterre, duc de Guyenne, aux Consulz et Communauté de Lymoges, en date du XXVIIIe janvier, l'an du regne dudit Henry XLIIII ; et quant a l'extraict premier, faict par le vicomte de Saint-Saulveur, lieutenant en France de par ledit Henry, du XVe décembre l'an MCCCLXI, et par le dernier extraict, faict par auctorité du seneschal de Poictou et de Lymosin du IIIIe de may MCCCLXII, scellé en cire rouge, signé dessus : *collation est faicte*, Pichart ; cothé dessus Gggg. — 3° *Item*, les lettres patentes du Roy Charles par lesquelles révoque toutes donnations paravant faictes des biens des Consulz, manans et habitans de Limoges, données à Paris le XXVe janvier MCCC septante ung, scellées du grant seel ; cothées B. — 4° *Item*, la charte des priviléges royaulx contenant les confirmations des priviléges de la ville ; la derniere est du Roy moderne, scellée du grant seel,

(1) Les numéros d'ordre ne sont pas dans le manuscrit ; ils ont été ajoutés pour faciliter les renvois.

donnée à Paris l'an mil cinq cens quatorze, signée sur le reply : Par le Roy, DUTEILLET ; cothée par C. (En marge) : *Nota :* y a sans préjudice du proces pendent en la court de Parlement. (En marge des n°s 2°, 3° et 4°) : Ces troys pièces sont dans ung coffret long cothé dessus par V. — 5° *Item*, les lettres patentes du Roy Loys XI contenans la creation du maire et eschevins de Lymoges et LXX conseillers o les qualités y déclarées, données aux Plessis-las-Tours en février l'an MIIIIcLXXV, signées sur le reply M. PICOT, cotées D. A une boete longue; cothée dessus C. — 6° *Item*, trois contraictz signés BREVIS faisant mention que les consulz lhors estans vendirent à dame Daulphine de Montverd, femme de messire Jehan de Bonneval, chevalier, s^gr de Blanchefort LX l. t. de rente pour les affaires communs de la ville et les assignarent sur le revenu d'icelle; fust faicte la vendicion en l'an MCCCC quatre et le rachapt d'icelle en l'an MCCCC huict. Sont les dictes troys pièces à ung coffret long non couvert; cothé par D. (En marge) : *non operiatur*. — 7° *Item*, lettres du Roy Charles contenans interdiction à la court de Parlement de Paris de cognoistre de la cause pendant en icelle par laquelle les abbé et religieux [de] Saint-Martial pretendoient l'hommaige de la chastelleine de Lymoges leur appartenir; données à Paris l'an MCCCC six, seellées en simple cuhe. Sont a ung aultre coffret non couvert; cothé dessus par E. — 8° *Item*, les lettres patentes du Roy Charles par lesquelles de son propre mouvement et pour le proffit de son royaulme, il unit à la corone de France les chastel et chastellenye de Lymoges et jurisdiction d'icelle, et baille recompense a dame Jehanne, duchesse de Bretaigne et à ses successeurs M livres de rentes avecques son chasteau de Nemoux; et sont scellées du grant seel en laz de soye du XXVI° decembre MCCCLXXI. Et nota qu'il y a aultres lettres patentes par lesquelles faict aussi la dicte union et promect la recompense, et sont en date du XXVIII° dudit moys dudit an, expediées en mesme forme. Sont dans ung coffret long, cothé dessus F, qui est couvert et est a fleurs de lys d'or. — 9° *Item*, l'appoinctement faict et auctorizé par la court de Parlement de Paris, et extraict faict seellé du seel du Roy, entre les Consulz de Lymoges et les abbé et religieux de Saint-Marcial, à cause de la garde et gouvernement de la ville et contributions aux reparations d'icelle, en date de l'an MCCCLX^to, et dessus signé : *Extractum a registris curie Parlamenti;* et doit chascun an par ledit tracté le dit abbé dix livres. — 10° *Item*, lettres patentes de Edoard, Roy d'Angleterre, contenant que les Consulz de Lymoges firent serment au dit Roy par commandement du Roy de France, Jehan, données à Hesmoster (*sic*) le sixiesme juillet l'an du regne dudit Edoard trente-six. — 11° *Item*, autres lettres du Roy Loys XI par lesquelles declare que les habitans de Limoges contribuables aux tailhes ne sont tenuz servir au ban et arrierban, scellées en simple cuhe, du IIII° de fevrier l'an MCCCCIIII^xx, avecques l'attache et executoire du commissaire. (En marge des n°s 9, 10, 11) : ces troys sont a une aultre boete longue non couverte; cothée dessus G. — 12° *Item*, deux lettres patentes du Roy Charles, qui avoit faict l'union et donation de la jurisdiction, par lesquelles remect et pardonne aux Consulz, manans et habitans de Lymoges tous delictz, offenses et desobeissances, daté des XXVI° décembre et XXVI° janvier MCC septante ung, scellées en cire verd. Dans une boete longete semée à fleurs de lys; cothée H. — 13° Lettres patentes que Edoard, filz aisné du Roy d'Angleterre, se disant Roy de France bailla sa maison du gras ou se vendent les poissons, aux consulz, manans et habitans, du XX° janvier l'an mil IIIcLXIX; cothée dessus HHH. — 14° Lettres à simple cuhe du Roy Loys XI° par lesquelles mande aux Consulz visiter les munitions et arnoys de guerre ez ville et faulzbourgs de Limoges, du IIII° septembre l'an mil CCCC septante quatre; cothées dessus B. — 15° *Item*, lettres en forme de chartre patente du Roy Charles, scellées en filetz de soye et cire verd, du XXVI° janvier MCCCLXXII, par lesquelles, narratives faictes de la donation, promect aux Consulz les descharger de l'hommaige vers l'abbé et religieux de Saint-Marcial. — 16° *Item*, autres lettres patentes du Roy Charles du XXII d'avril MCCCLXXI, par lesquelles remect et quicte aux Consulz et habitans tous les debtes esquelz luy estoient tenuz. — 17° *Item*, lettres patentes du Roy Edoard, Roy d'Angleterre, qui couvre aux Consulz puissance [de] créer ung gardien et confirmateur de leurs privilèges et libertés, du X° juing, le XXXVI° an de son règne. (En marge des n°s 15, 16, 17) : Ces trois sont à un coffret long; cothé J. et je l'ay cothé C. — 18° *Item*, ung instrument par lequel les abbé et religieux de Saint-Marcial sont tenuz contribuer aux reparations de la ville, du XV° decembre l'an MCCCLXI, signé sur le reply : *per dominum locum tenentem in suo consilio*, scellé en cire rouge; cothé dessus C. — 19° Quathre instrumentz concernentz la puyssance de faire par les Consulz la taxe du vin chacun an, qu'on appelle communement le fort leal; et dessus

D. — 20° Ung instrument en parchemyn, datée (*sic*) : *die jovis in vigilia beati Leonardi anno Domini millesimo ducentesimo sexagesimo quinto, mense novembri*, scellé, par lequel apert que certain different fut meu pour raison de la Motte entre les Consulz de la ville de Limoges et damoyselle Pleixade, vefve de feu Jordain Vigier, administratrisse de la maison de la Motte, située au chasteau de Limoges, et laude et sentence arbitraire sur ledit different ; et dessus cottée E. — 21° Certaine transaction contenent appoinctement et concorde faictz entre les habitans de la Cité et du chasteau de Limoges, par lequel toutes haynes et injures precedentz leur sont remises respectivement, en date du moys de febvrier l'an mil II^{cc} quarante-six, signée de deux ceaulx ; cottée G. — 22° Ung instrument du Xe d'apvril mil III^{c}LXX, contenent le pris du salaire que les escoliers doibvent payer aux maistres regens des escoles de Limoges ; coté dessus H. — 23° Quatre vidimus des contraictz antiens, en date des années mil II^{c}II, II^{c}XV, II^{cc}XVII, II^{cc}XXIII, par lesquelz apert les Consulz de la ville de Limoges avoir seel à contraitz ; attachés ensemble et cottés O. — 24° Lettres du Roy Jehan par lesquelles est mandé faire contribuer les gens d'eglise et monnoyeurs de la ville de Limoges à la reparation des murs, pavés et rues publicques de la dicte ville de Limoges, à la requeste des Consulz d'icelle ville, en date du XXVIe novembre mil III^{ec}LVII ; cottées dessus LLL. — 25° Vidimus de lettres de Jehanne de Savoye, duchesse de Bretaigne et vicontesse de Limoges, faisant mention de pavage mis sus en la dicte ville pour cause des pontz, maulx pas et males voyes ; cottée dessus P. (En marge) : Retiré. *Videatur*. En y a deux : l'autre cothé numéro LXXVI. — 26° Vidimus de lettres du Roy Philippes par lesquelles mande que les gens d'esglise et monnoyeurs soyent contrainctz à contribuer aux murailles, tours, pavés et reparations de ladicte ville, du XXXe de juing mil III^{cc}XLVII ; coté dessus Q. — 27° Ung vidimus soubz le seel royal, faict en l'an V^{c}XIII signé Michaelis et Bardin et scellé, de lettres royaulx commençans : *Karolus*, datées : « *Parisius XXVI^{a} die mensis decembris anno Domini millesimo trecentesimo septuagesimo primo*, » par lesquelles le Roy, de grace special et plaine puyssance, bailloit aux Consulz et habitans de Limoges qui pour lors estoient et à leurs successeurs un soquet de vin, c'est assavoir la douziesme partie de tout le vin qui se vendroit à detail audit chasteau et chastellenie de Limoges, et l'imposition de quatre deniers pour livre de toutes marchandises, pour les necessités, charges et reparations de la ville de Limoges ; n° I. — 28° Unes lettres royaulx commençans : *Charles*, données à Amboyse le XVe jour de may l'an de grace mil IIII^{c}IIII^{xx}neuf, signées et scellées, contenent confirmation de privilieges faitz et donnés aux Consulz, manans et habitantz de Limoges de tenir noblement fiefz jusques à vingt-cinq livres et au dessoubz, sans pour ce les exempter de payer tailles, et en icelles payant ne sont tenuz d'aler ne envoyer a l'arrierban, par lesquelles estoit mandé au seneschal de Limosin delivrer la main mise qu'avoit esté faicte sur lesdiz habitans tenent noblement par le s^{gr} de Montbardon, commissaire pour lever ledit arrierban ; n° II. — 29° Ung contract (1) du premier jour de janvier mil V^{c}XXXV, signé Bardin, contenent transaction faicte entre mess^{rs} les Consulz de Limoges et les bouchiers dudit Limoges, sur le procès et different meu entre les dictes parties, ensemble l'omologation et auctorisation d'icelluy faicte par la court de Parlement de Bourdeaux y attachée, signée De Pontac, en date du Ve de fevrier oudit an ; n° III. — 30° Ung instrument du sen^{al} de Limosin, donné à Limoges soubz le seel de la Senechaussée, le XXVIIIe d'apvril l'an quatre cens unze, signé Dauvergne et scellé, par lequel, requerent les Consulz, gardes et prevost de la monnoye de Limoges, est mandé à Estienne de Saint-Martin, dit le masson, et à Lienard Benoist, charpentier, réparer certaines places et hostelz antiens apartenens esdiz Consulz, esquelz de leur permission l'on soloit et avoit acostumé baptre la monnoye du Roy, sans prejudice du Roy ne desdiz Consulz esquelz l'on disoit les dictes places apartenir ; n° IIII. — 31° Ung instrument sellé de deux seelz, *datum mense februario anno Domini millesimo ducentesimo quadragesimo sexto*, contenent confederation et alliance faictz entre les Consulz et université de la Cité, et les Consulz et université du Chasteau de Limoges, et quictance et remissions de tous forfaictz et injures paravant faictz respectivement ; n° V. — 32° Ung petit instrument antien par lequel apert qu'il fut accordé entre les consulz et prodhommes de l'Hospital que le mesrain de fuste ou sercles seroit mené et vendu en la place de l'Arene, sinon que celluy qui en a affaire le fit descharger en sa maison ou il bastit, sinon qu'il fust mené au Naveys ; daté : *anno Domini millesimo CC°XX°IX°*, et a esté scellé ; n° VI. — 33° Ung instru-

(1) Il y en a la copie dans le 1er registre consulaire.

ment scellé de troys seelz, *datum mense martii die dominica qua cantatur* Reminiscere, *anno Domini millesimo ducentesimo quinquagesimo tertio*, contenent sentence arbitraire entre les abbé et couvent de Saint-Marcial et les Consuls du chasteau de Limoges sur le différent du chemyn du vergier dudit abbé près des murailles de l'abbeye et couvent; n° VIII. — 34° Ung vidimus faict par le garde de la Prevosté de Paris d'unes lettres du Roy Charles estantz en date du XXVI° de janvier l'an mil CCCLXXI, signé et seellé, par lesquelles est faicte mention de l'union du Chasteau de Limoges avec toute justice haulte, moyenne, basse, mere, mixte, impere à la couronne de France; et sur ce que l'abbé [de] Saint-Marcial disoit luy apartenir l'hommage à cause de son abbeye, le Roy le promist recompenser; n° VIIII. — 35° Instrument contenent accord faict entre les Consulz et communaulté de la Cité et Chasteau de Limoges, en langue vulgaire antienne, daté : *anno millesimo ducentesimo LXVIII°*, seellé de deux seels; n° X. — 36° Unes petites lettres du Roy Charles du XXII° de may mil III^{cc}XXV, contenentz mandement au sen^{al} de Limosin contraindre les clercz et gens d'esglise contribuer pour les charges reales de la ville de Limoges pour raison des acquisitions par eux faictes, scellées et signées; n° XI. — 37° Un obligé signé Bermondeti, daté : *XXIII° maii anno Domini millesimo quadringentesimo septimo*, par lequel Marcial Bilhon et Jehan Pabau, du Chasteau de Limoges, recognoissoient avoir heu et promectoient rendre aux Consuls dudit Chasteau certaines lettres royaulx en forme concédés ausdiz Consulz, par lesquelles lesdiz Consulz dudit Chasteau et aultres qui l'avoient esté ou seroient pour l'advenir ne pourraient estre punys criminellement pour crime qu'il heust (*sic*) commis; n° XII. — 38° Ung acte ou instrument signé Gamand, contenent responsc des juge et procureur des Combes, et aultre acte au pied signé Nantiac, de l'an V°XXVIII, par lesquels apert que le prevost de Limoges ou la court ordinaire prend cognoissance des crimes commis en la justice des Combes et que le prevost des Combes n'a que justice basse; n° XIII. — 39° Ung vidimus faict par Monsieur Verjus, conseiller du Roy à Paris et président des Enquestes, des lettres patentes de Mgr le Daulphin de France, commençans : *Karolus*, par lesquelles en l'an mil quatre cent vingt-ung, passant par Limoges, il donna et octroya à la ville et communaulté de Limoges que les armoiries de la ville ayent escu vermeil en teste de bleu avec troys fleurs de lys d'or, et au millieu d'icelluy le chief Saint-Marcial avec les lettres S.M. des deux costés et un daulphin sur l'espaulle dextre; n° XIIII. — 40° Ung vidimus faict par le garde de la Prevosté de Paris des lettres de l'union du Chasteau de Limoges à la couronne de France, faicte par le Roy Charles, et compensation faicte à Jehanne, duchesse de Bretaigne de mil livres sur le chasteau de Nemoux, signé Desmares et scellé; n° XV. — 41. Ung instrument scellé de deux seelz daté : *V° idus decembris anno Domini millesimo CCC° octavo*, par lequel le chantre et official de Limoges appoincta que l'abbé et chapitre de Saint-Marcial baillerent et assignerent aux Consulz et université de la ville perpetuellement dix livres tournois de rente sur le mas Saint-Marcial, qu'est près Sainte-Valerie, pour contribution ez reparation et clostures des murs de la ville, desquelles moyennent la dite somme demeurerent quictes et exemptz; n° XVI. — 42° Ung vidimus de lettres commençans : *Karolus*, datées du XXVIII° de décembre l'an mil III^{cc}LXXI, faict par Monsieur Verjus, president des Enquestes, de l'union faicte à la couronne de France des Chasteau et ville de Limoges, [justice] haulte, moyenne et basse, mere, mixte et impere, avec les cens, rentes, peages et la Motte; n° XVII. — 43° Ung vidimus de lettres royaulx commençans : *Karolus*, du XXVI° de janvier l'an mil III^{cc} LXXI, faict par le seneschal de Limosin, contenentz don et permission aux Consulz de pouvoir faire et eslire ung gardien et le presenter au senechal de Limosin pour le creer gardiateur des Consulz et habitans par auctorité royal; n° XVIII. — 44° Ung instrument soubz seel royal, par lequel apert que les Consulz de Limoges baillerent à assense perpetuelle à Guillaume Aury, manouvrier, paroisse de Sainte-Félicité, une vigne et terre qui furent de Jehan Mouret, situés au territoire du Préviscontal, pour le pris de cinq solz tournois, avec la seigneurie foncière et acaptement acostumé, daté : *decima sexta mensis augusti anno Domini millesimo quadringentesimo LXVIII°*, signé par *B. Durandi* et *J. Durandi*, commissaires; n° XIX. — 45° Ung instrument soubz seel royal daté : *die secunda mensis januarii anno Domini millesimo CCC^{mo}LXV*, signé Petrus Petri, Johannis R., scellé, par lequel apert que les Consulz du Chasteau de Limoges achaptèrent de Hillaire Duboix, paroisse de Coseys, une sexterée de champ ou terre appellé le Cros-Tartan, ou quel sont les fourches patibulaires desdiz Consulz, qu'est sur le chemyn tirant de Limoges à Ortrigieras, parroisse de Coseys; n° XX. — 46° Ung vidimus de lettres patentes du Roy

Loys contenentz confirmation des privileges contenuz ez lettres de monsgr. Charles, pour lors Daulphin, sur les privileges donnés et octroyés aux Consulz du Chasteau de Limoges pour lors passés, presentz et advenir, de tenir noblement et librement comme nobles, sans aulcune reprehension ou rachapt, tous fiefz nobles qu'ilz pourroient acquerir; donnees les premieres lettres a Limoges au moys de janvier l'an mil quatre cens vingt ung, signé par deux commissaires et scellé; n° XXI. — 47° Ung contract scellé en cire vert par lequel apert que Faulcon Aulbert, chevalier du Chasteau de Limoges, et Pierre Albert, escuyer, son filz, assensarent aux Consulz de Limoges la moytié de la leyde qu'ilz avoient sur les pain, froumages, eufz, febves, poix et farine qui se vendoient à Limoges, et que l'aultre moytié apartenoit esdiz Consulz, daté : *tertio kalendas decembris* l'an mil II^cc^LXIX ; n° XXIIII. (En marge) : *Videatur priusquam eo utatur*. Retiré. — 48° Ung petit instrument soubz le seel de l'official, daté la première date : *die jovis ante festum apostolorum Symonis et Jude anno Domini millesimo ducentesimo sexagesimo tercio*, contenent comme dame Marguerite, fille du duc de Bourgongne, vicontesse de Limoges, fit hommage et serement de fidélité pour raison de ce qu'il apartient au Chasteau et Chastellenye de Limoges et autres lieux circumvoysins, et est scellé ; n° XXVII. — 49° Ung instrument daté le XIXe jour de mars l'an mil quatre cens nonante cinq, signé P. Laborie, contenent comment les Consulz de Limoges donnèrent à Marcial Botin l'office de garde-porte des portes de Maignenye et Bocherie, aux gaiges de vingt livres pour an, et ce, tant que ausdiz Consulz et leurs successeurs qui pour l'advenir seroient plairoit et non autrement; n° XXVIII. — 50° Unes lettres du Roy Loys données à Chartres le quatriesme jour de novembre l'an mil troys cens soixante sept, signées et scellées, par lesquelles le Roy déclaira exemptz d'aller à la guerre et s'armer les manans et habitantz de Limoges tenentz fiefz noblement et iceulx nonobstant, lesquelz payent les tailles et deniers du Roy et leva la main mise sur lesdiz fiefz et autres biens par Loys Gaste, chevalier, qui les vouloit contraindre aler à l'arrierban, ensemble l'atache du seneschal de Limosin ; n° XXX. — 51° Deux actes émanés de la Seneschaucée de Limosin, datés du mesme jour : *die lune post festum Beate Marie Virginis anno Domini millesimo quadringentesimo nonagesimo nono*, signés Ardent, par lesquelz apert que, requérent le procureur des Consulz du Chasteau de Limoges, frère Jehan Chezaud, religieux du monastaire Saint-Marcial de Limoges, fut condempné se purger du vin qu'il avoit vendu à détail et à payer le soquet, suyvant sa purgation, les deux attachés ensemble en nombre, et la condempnation et sentence est scellée; n° XXXIII. — 52° Ung instrument soubz seel royal signé J. de Montibocherii, daté : *die sexta decembris anno Domini millesimo quadringentesimo* LXXXXVI°, par lequel Mathieu de Julien revendit ausdiz Consulz douze livres dix sols de rente, restantz de la somme de cent cinquante livrres de rente que feu Guillaume de Julien avoit acquis sur la maison de Consulat et revenu d'icelle; n° LII. — 53° Ung mandement commençant : *Karolus*, daté : *ultima die decembris anno millesimo quadringentesimo quarto*, signé et scellé, par lequel estoit mandé au seneschal de Limosin contraindre les abbé et religieux de Saint-Marcial aux réparations et nécessités de la ville ; n° LX. — 54° Ung extraict ou vidimus faict soubz seel royal du livre de papiers (*sic*) qu'est un dictionnaire (?) estant en l'esglise Saint-Estienne de Limoges, de l'origené de Limoges, en l'an mil IIII^cc^VIII, signé et scellé ; n° LXII. = « Au sac qu'est (*sic*) dont l'aticquette (*sic*) porte : « Les pièces touchant le ban et arrierban et aussi des garnisons, » sont les pièces qui s'ensuyvent : — 55° Premierement unes lettres royaulx commençans *Charles*, données à Paris l'an mil troys centz soixante et onze, le XXVIe jour de janvier, scellées, contenent exemption et franchise de ne recepvoir aulculnes gens d'armes ou garnisons en la ville de Limoges, avec plusieurs attaches ; cottées dessus A. — 56° Lettres patentes (1) du Roy Loys données à Bloys le XIIe jour de mars mil V^c^XII jour de mars mil V^c^XII, signées et scellées, contenent l'exemption des habitans de Limoges de n'aler au ban ni arrierban pour raison des fiefz qu'ilz tiennent avec l'attache du sén^al^ de Limosin ; cottées par B. — 57° Lettres patentes du Roy Loys données a Compiegne au mois de juing l'an quatre centz quatre vingt dix huict, signées et scellées, contenentz confirmation des privileges donnés et octroyés à la ville de Limoges par ses predecesseurs ; cottées C. — 58° Ung extraict ou vidimus faict par monsieur Verjus, president des Enquestes à Paris, le XVIIe d'apvril l'an mil cinq centz dix-neuf, estant en livre ou forme de chartre, commençant : *Francoys*, contenent confirmation des privileges donnés et octroyés par les prédécesseurs Roys de France

(1) Copie dans le 1er registre consulaire.

à la ville et chasteau de Limoges, onquel seront insérés lesdiz privileges et confirmation d'iceulz, contenentz vingt feuilletz; ensemble unes lettres d'attache par mons' le gouverneur de Bonneval, le tout collationné aux originaux par le dit Verjus; dessus cotté D. — 59° Ung vidimus de l'exemption (1) du ban et arrierban par mons^{r} le gouverneur de Montchenu, faict par mons^{r} de Prouhet, lieutenant general en la Sen^{cée} de Limosin, le pénultiesme de may mil V^{c}XXXIIII; cotté par E. — 60° Deux lettres adressantes aux Consulz de Limoges, commençans : *Charles*, signées et scellées, par lesquelles est mandé ne mettre ou recepvoir au Chasteau de Limoges aulcuns gens d'armes si ne sont du sang royal, officier du Roy ou aultres ayant de luy lettres expresses; attachées ensemble et cottées par F. — 61° Sentence (2) donnée par mons^{r} le gouverneur de Montchenu sur l'exemption donnée aux Consulz, manans et habitans du Chasteau de Limoges de ne comparoir et ne aller au ban et arrierban du hault pays de Limosin, signée et scellée, datée du XXIe de may mil V^{c}XXXIIII; ensemble l'acte de l'exemtion (3) d'icelle, du penultiesme dudit moys. Une aultre sentence du s^{gr} de St-Victor, lieutenant du sén^{al} de Limosin, des tiers et quatriesme jour d'apvril V^{c}XXXVI; aussi y a une déclaration d'exemption de comparoir audit ban faicte par le s^{gr} de St-Vic, lieutenant de mons' le gouverneur de Bonneval, par laquelle donnoit deffault contre tous tenentz fiefz, demeurant hors ledit chasteau, du dix-huictiesme de mars mil V^{c}XIII, signé Bardaud, greffier; le tout attaché ensemble; cotté dessus par G. — 62° Aultre sentence de mons^{r} le gouverneur de Pontbriant, signée et scellée, du cinquiesme jour de juillet, V^{c}XLIII, par laquelle lesdiz Consulz, manans et habitans du Chasteau de Limoges sont exemptés dudit ban et arrier ban touchant leurs fiefz et arrier fiefz non ayant justice et jurisdiction; ensemble aultre sentence (4) de mons^{r} Bormondet du XXVe d'octobre V^{c}XLII; le tout attaché ensemble, et dessus cotté par H. — 63° Ung vidimus faict par mons^{r} le lieutenant de Prouhet des lettres patentes du Roy Loys (5) par lesquelles les appellations interjettées par aulcuns des diz Consulz et habitans de Limoges sont mises au néant et iceulx payantz tailles et aultres subsides declairés exemptz d'aler ou envoyer au ban et arrierban; ensemble l'attache (1) de mons^{r} le gouverneur de Bonneval, lesdictes lettres datées du deux^{me} de mars mil V^{c}XII; dessus cottées par I. — 64° Ung relief d'appel obtenu par le sindic des Consulz, manans et habitans de Limoges, de certains deffaultz contre eulx donnés et mainmise du revenu de la ville par le s^{r} de Maulmont, ayant charge de mener le ban et arrierban de Limosin, de l'an V^{c}XXIII, IXe de septembre, signé et scellé; cotté K. = « Dans ung sac de cuyr dont le brevet porte : « Pièces touchant les francz fiefz », entre aultres pièces sont les pièces qui s'ensuyvent : 65° Premièrement, deux sentences par mons^{r} Prouhet, commissaire sur le faict des francz fiefz et nouveaulx acquestz, données a Aixe le XXIIe jour de novembre V^{c}XXII, en présence de Pasquier Lemoyne, procureur et recepveur du Roy, sur ledict faict, par l'une desquelles les habitans de la ville, chasteau et jurisdiction de Limoges, qui ont esté et sont Consulz et leurs successeurs sont renvoyés sans jour, sans estre tenuz payer aulcune finance pour raison du droit desdiz francz fiefz pour les choses par eulz noblement tenues ez pays de Limosin et la Marche, contenant main levée; et l'aultre sentence par laquelle les manans et habitans desdictes ville, chasteau et jurisdiction de Limoges, aultres toutesfoys que ceulx qui sont ou ont esté Consulz et nez ou procréés desdiz Consulz furent receuz en general à composition de finance, tauxée et modérée à la somme de mil livres pour raison des choses par eulx tenues noblement en fief, arrierfief, aleuf ou franc aleuf; le tout attaché ensemble, signé dessus par L. — 66° Certain vidimus des lettres de privilieges touchant l'union de la ville à la corone avec toute justice, faict par Mes Pierre Gayeti de Bastida et Jehan Bardin, notaires, *die vicesima prima novembris anno millesimo quadringentesimo nonagesimo tertio*; signé dessus M. — 67° Ung relief d'appel commençant : *Françoys*, de l'an V^{c}quinze, signé et scellé, en vertu duquel fut inhibé à Me Michel Brandon, commissaire, et aultres officiers sur le faict des francz fiefz et nouveau acquestz de n'atempter ou innover au préjudice de l'appellation par les Consulz, manans et habitans de Limoges interjectée; signées et scellées, cottées dessus N. — 68° Vidimus d'une commission du Roy Charles sur le faict des francz fiefz et nouveaulx acquestz, signée par J. de Charchoury et P. Soulier, de l'an V^{c}XXXIIII, scellé; et

(1) Copie dans le 1er Registre consulaire.
(2) *Idem.*
(3) *Idem.*
(4) *Idem.*
(5) *Idem.*

(1) Copie dans le 1er Registre consulaire.

dessus O. Lesquelles pièces sont dans ledit sac de cuyr soulz le ply desdictes sentences; cottée L (*sic*). — 69° Ung acte de l'an III^ccLXXV receu par M° *Petrus Petri*, notaire royal, contenent proclamation faicte à son de trompe et cry public de ne vendre ailleurs le blé que à la claustre et de ne fere ou tenir marché si n'est aux lieux acostumés; signé dessus par nombre LXIII. — 70° Ung instrument ou acte contenent commandement faict par les Consulz à certains habitans du Chasteau de Limoges de garder les tours, portalz, forteresses et murailles d'icelluy, receu par M° Pierre Botin; dessus en nombre LXIIII. — 71° Ung vidimus faict soubz seel royal des lettres de noble Guy de Brutia, chevalier, datées : *VII° idus aprilis anno Domini millesimo ducentesimo quinquagesimo*, signé et collationné par deux conseilheurs (*sic*) du Roy et commissaires, le penultime de janvier mil IIII^ccVIII, faisantz mention lesdictes lettres de quelque different meu entre ledit noble Guy, chevalier, et les Consulz et habitans du Chasteau de Limoges sur le faict de la monnoye; LXV. — 72° Ung vidimus des lettres du Roy Loys contenent main levée et exemption ausdiz Consulz et habitans de Limoges paians taille de n'aler ou envoyer pour raison de leurs fiefz à la guerre; données à Chartres le IIII° de novembre mil IIII^ccLXVII, signé *Penicaudi* et Laborie, estant soulz seel royal; LXVI. — 73° Ung contraict ancien d'afferme faict par le s^gr de Montberoux, diocese d'Engoulesne, ayant charge de mons^gr le vicomte de Lymoges, [par lequel il] afferme et assense à Helies Bolhon, bourgeois de Lymoges, les cens, rentes, leide, peage et aultres droitz dudit vicomte à lui appartenans aux Chasteau et Chastellenie de Lymoges et environs pour six ans, pour le pris desdiz six ans de troys mil cinq cens solz, monnoye de Lymoges; faict mention que lesdiz droitz sont séparés et dispersés et ne se peuvent lever sans grant peine et mise, du *III° ydus novembris MII^cXLVI*, seellé du seel dudit vicomte; cothé dessus LXIX. — 74° Ung monitoire de l'official de Lymoges contre Geoffroy et Jehan Gaultier, obligés à fere une partie des murailhes de la ville, en date du XII juillet MIII^cXLVI; cothé LXX. — 75° Une sentence du juge du vicomte par laquelle l'execution faicte par ung des sergens du vicomte ayant prins ung guychet ou porte d'une maison d'ung privé des habitans de Lymoges fust déclarée nulle; daté du mercredy, après la XV° de la feste St Marcial, l'an MCCCXXXIII, signée *P. Gaudini, regia publicus auctoritate notarius*; cottée LXXI. — 76° Neuf contraictz anciens seellés du seel aux contraictz du Consulat de Limoges entre les privés, pour montrer que les Consulz avoient seigneurie et auctorité tenir seel aux contractz; et en y a troys faisans mention des haulmosnes et rentes d'icelles, et sont en date de l'an MII^cXL, L^te et environ, fort antiques; sont datés en l'inventaire des pieces bailhées aux delegués alles devers le Roy de Navarre; cothés LXXII. — 77° *Item*, six tiltres anciens par lesquelz appert que anciennement, quant mess^grs les vicomtes de Lymoges faisoient battre monnoye, les Consulz de la ville de Lymoges y commectoient le maistre comme les diz s^grs vicomtes, et y mectoient une garde pour eulx et prenoient la quarte partie du proffit de la dicte monnoye; cothés dessus LXXV, sont désignés audit inventaire baillé aux délégués pour pacifier avecques le Roy de Navarre. — 78° Ung vidimus ancien des lettres de dame Jehane de Savoye, duchesse de Bretaignhe, vicomtesse de Lymoges, par lequel deffend a ses officiers mectre à sa recepte le pavage et le fere convertir aux reparations, de l'an MCCCXLI; LXXVI. — 79° *Item*, cinq pieces attachées par lesquelles appert que les gens d'eglise et monnoyeurs sont contribuables aux réparations de la ville de Lymoges; cothées dessus LXXVII. »

GG. 209. (Registre.) — In-f°, 28 feuillets, papier.

XVI° siècle. — Assistance publique. — Aumônes Sainte-Croix et Pains de Noël. — Inventaire de titres portant au dos la cote contemporaine : « Extraict faict des aultres tiltres des haulmosnes des Pains de Lymoges et de la feste Sainte-Croix de may, non comprins en l'inventaire de ceux que MM. les délégués emportent; cothé AVE. » — Les actes analysés vont de 1271 à 1529. — On peut relever : Aymeri Bosc, 1329; Bernard Barrelier, 1335; Guillaume Brevis, 1330; Pierre Bayle, 1329; Jehan Lubault, de Mairebuou, 1326; Helie Labrugière, 1305; Aymeri Audenard, 1329; Pierre Boyer, 1337; Jehan de Balazis, « orfeuvre de Limoges », et Johanna, sa femme, 1329; Jehan Parnac, « cousturier du chasteau de Limoges », 1365; Jacques Nadau, « bayle des haulmosnes des pauvres de Limoges », 1373; Suzanne, « relicte d'Aymery Dupeyrat, monnoyer », 1309, etc.

GG. 210. (Registre.) — In-f°, 48 feuillets, papier.

XVI° siècle. — Assistance publique. — Aumônes

Sainte-Croix et Pains de Noël. — « C'est le terrier... des cens, rentes, censives et aultres droitz et devoirz appelez vulgairement *de las quarterias*, appartenans à Mess. les Consulz de Limoges pour la quarte partie à la Frérie du saint sacriffice de l'esglise parrochiale de Saint-Pierre-du-Queyroir, dicte du *Pabalhon* (Pavillon), pour une aultre part, et à sire Jehan de la Roche, dit Vouzele, l'aisné, pour la moitié; fait à la requeste du dit Vouzele. » — Dressé vers 1540, avec des notes postérieures de 1560, 1565, 1575, 1586. — « Maison qui fut de Philibert Aubusson, de Bourganeuf, et a present de Jehan Deschamps, assize en la rue de Crochedoz... »

GG. 211. (Registre.) — In-f°, 55 feuillets, papier.

1553. — Assistance publique. — Aumônes Sainte-Croix et Pains de Noël. — Série de reconnaissances rendues aux Consuls. — Chaque pièce est signée VINCENDON, et porte à la fin : « Collation des présentes a été faicte à l'original d'icelles par moy, notère soubzsigné, trouvez entre les papiers de feu Me Albert Vincendon, mon père, quand vivoyt procureur du Roy en l'Élection du haut Limousin ; à ce requérans MM. les Consulz de Lymoges, comme administrateurs des Aulmosnes Sainte-Croix. Faict au dit Lymoges le 26 mai 1585. VINCENDON. » — Il y a un répertoire et à la fin une copie de la sentence de Martial de Petiot, « docteur en droitz, juge civil et criminel de la cour, justice et jurisdiction de Lymoges, pour le Roy de Navarre, Sr Vicomte du dict Lymoges. » — Ordre d'expédier la dite copie. — Pierre Vigenaud, dit Courtaud, « orpheuvre de Limoges, déclaire qu'il tient une maison située en la rue de la Faurie. » — Actes concernant les familles : Bardinet, Bandon, Gaugan, Ydeulx, Detruffy, Montodon, Daureilh, Dupeyrat, Gellibert, Denouveau, Pouyat, Parrot, Sourdoysson, Malinvaud, etc.

GG. 212. (Registre.) — In-f°, 61 feuillets, papier.

1553. — Assistance publique. — Aumônes Sainte-Croix et Pains de Noël. — Série de reconnaissances rendues aux Consuls. — Copie du registre précédent faite en 1610 à la requête des Consuls par Darfeulhe et Desvignes, notaires.

GG. 213. (Registre.) — In-12, 38 feuillets, papier.

1557. — Assistance publique. — Aumônes Sainte-Croix et Pains de Noël : terrier. — « C'est le papier des cens et rentes, tant de blé que argent deubz à MM. les Consuls de Lymoges à cause des aulmosnes Sainte-Croix et Pains de Noël, commencé le huictiesme jour du moys d'apvril, l'an 1557. » — Actes concernant les familles : Benoyst, Bardinet, Cybot, Plenas-Meygoux, Armaignac, Bouty, Gayaud, Verthamon, Parot, Sauty, Gay, Bechameilh, etc.

GG. 214. (Registre.) — In-4°, 44 feuillets, papier.

1570-1585. — Assistance publique. — Aumônes Sainte-Croix et Pains de Noël. — Recettes. — « S'ensuit la recepte des cens et rantes dheues aulx Aulmosnes Sainte-Croyx et Pain de Noël tant de blé, froument que seigle et argent, estant affermiés Pierre Bonnet, sergent royal de la ville de Lymoges. » — Actes concernant les familles : Cibot dit *Las Vachas*, Bardinet, Bardinet dit Legros, Cybot, Plenasmeyjoulx, Farne dit Juge, Farne dit Petitfray, Verthamond, Ringaud, Cibot dit Goudendaulx, Selier, Verthamond dit Delacommay, Cibot dit Pylat, Bardinet dit Papaud, Cibot dit Lejalat, Cibot dit Cibotas, Bouty dit Pastoureau, Cibot dit Lebureau, Cybot dit Ringaud, etc.

GG. 215. (Registre.) — In-f°, 42 feuillets, papier.

1570-1584. — Assistance publique. — Aumônes Sainte-Croix et Pains de Noël. — Recettes. — Registre identique au précédent.

GG. 216. (Registre.) — In-f°, 33 feuillets, papier.

1570-1585? — Assistance publique. — Aumônes Sainte-Croix et Pains de Noël. — Recettes. — Registre identique au précédent.

GG. 217. (Registre.) — In-f°, 32 feuillets, papier.

1586. — Assistance publique. — Aumônes Sainte-Croix et Pains de Noël. — Recettes. — « S'ensuit la recepte des cens et rantes deues aux aumosnes Sainte-Croix et Pains de Noël, tant de bled froment que seigle et argent, estans affermiers Pierre Jambier dict Bouschaud et Guilhaume Bernard, gagier de la dite ville, en l'année 1586. »

GG. 218. (Registre.) — In-f°, 93 feuillets, papier; reliure antique.

Vers **1588.** — Assistance publique. — Aumônes Sainte-Croix et Pains de Noël : terrier. — « Terrier ou sont contenues les maisons dont Mess. les Consulz, les bailhes du Pavilhon de Saint-Pierre-du-Queyroix, et honnorable Mᵉ Pierre de la Roche, visceneschal, sont fonciers et quarteniers. » *Signé :* Delaroche. — En provençal, mais des notes en français ont été ajoutées jusqu'en 1664. — F° 3 : « *La plasse Saint-Micheu : la meytat de VIII d. de ceys et III s. d'achapteis sur douas meigous que furent deus de Lomenia, tout en d'une maigou situade devant la plasse de St-Micheu, joste et davant lou rieu Paute, fazent queyrie, confrontades entre la meigou de Mᵉ Peir de Lagorce, d'une part, et à la meigou deu hers Mᵉ Peir Bardaud, ung charreyrou entre deus, d'autre part*, etc. » — F° 80 : « Cy dessoubz sont par ranvoy et ordre contenues toutes les rentes foncières volantes ou emprunts deus à moy Pierre Delaroche, dit Vouzelle, visénéchal de Lymosin. »

GG. 219. (Registre.) — In-f°, 30 feuillets, papier.

1609-1610. — Assistance publique. — Aumônes Sainte-Croix et Pains de Noël : terrier. — « S'ensuict les cens, rantes deuhes aulx Aulmosnes Saincte-Croix et Pains de Noël, et ce pour l'année 1609 à 1610, tant de bled froment, seigle que argent, estant affermier les dites années Jehan Vironneau, gaiger de et demeurant dans la maison de ville, comme s'ensuict. »

GG. 220. (Registre.) — In-f°, 32 feuillets, papier.

1609-1612. — Assistance publique. — Aumônes Sainte-Croix et Pains de Noël. — Séries de reconnaissances rendues aux Consuls et reçues par Darfeulhe, notaire, avec un répertoire à la fin. — Aux f°s 9-10 : reconnaissances rendues par Jehan Moury, imprimeur, habitant de Limoges, pour une maison sise rue des Arènes.

GG. 221. (Registre.) — In-f°, 180 feuillets, parchemin et papier.

1609. — Assistance publique. — Aumônes Sainte-Croix et Pains de Noël. — Terrier avec un inventaire méthodique des titres justificatifs de chaque rente. — « C'est le papier et répertoire des cens et rentes et debvoirs deubz chescung an à MM. les Consulz de Limoges, comme administrateurs des aulmosnes Saincte-Croix et Pain de Noël, contenant inventaire des actes et documens justificatifs des dicts debvoirs, lesquelz sont estés veuz et mis à part dans chescung leur sac et délaissés dans la maison de Consulat, au mois de janvier 1609, que le présent invantère et répertoire fust faict et dressé à la dilligence de Mʳˢ Mʳˢ Gaspard Benoist, esleu; sʳ Pierre Duboys, sʳ du Bouscheyron; Martial Verthamond, trésorier général de France; Jehan Bonin, procureur du Roy; sʳˢ Claude Maillot et Anthoyne Verrier, bourgeois du dit Lymoges et Consulz de ladite ville, et les dicts sacz par entier avec les dictz tiltres mis dans le segond coffre du costé des fenestres du jardin de la dicte maison du Consulat. *Signé :* Mailhot, Duboys, A. Veyrier. » En tête se trouve un répertoire. = On peut relever les noms et mentions suivants : Jehan Mathieu, « orfeuvre, » en 1451; Guillaume Saleys, orfèvre, en 1507; — « sur la maison en la rue... qu'a esté de Pierre Genesty dit Gorbas, laquelle tient Hillaire Lemoyne, imprimeur, argent, 2 sols; » — à la table : « La maison de Hillaire Lemoyne, imprimeur à la Ferrarie; » — « sur une autre maison que fust de Mᵉ Léonard Gay, après de Hillaire Courtaud, orphèvre, à présent de André Guiber, orfèvre, située au-devant de l'église Saint-Michel, argent, 2 sols. »

GG. 222. (Registre.) — In-f°, 78 feuillets, papier.

1609. — Assistance publique. — Aumônes Sainte-Croix et Pains de Noël. — Terrier-répertoire. — Copie du précédent.

GG. 223. (Registre.) — In-f°, 153 feuillets, papier.

1609. — Assistance publique. — Aumônes Sainte-Croix et Pains de Noël. — Terrier-répertoire. — Copie du précédent.

GG. 224. (Registre.) — In-f°, 159 feuillets, papier.

1609. — Assistance publique. — Aumônes Sainte-Croix et Pains de Noël. — Terrier-répertoire. — Copie du précédent.

GG. 225. (Registre.) — In-f°, 146 feuillets, papier.

1609. — Assistance publique. — Aumônes Sainte-Croix et Pains de Noël. — Terrier-répertoire. — Copie du précédent. — Manque le premier feuillet.

GG. 226. (Registre.) — In-f°, 84 feuillets, papier.

1609-1631. — Assistance publique. — Aumônes Sainte-Croix et Pains de Noël. — Terrier-répertoire. — Copie du précédent, faite en 1631, par Mathieu David.

GG. 227. (Registre.) — In-f°, 85 feuillets, papier.

1609-1632. — Assistance publique. — Aumônes de Sainte-Croix et Pains de Noël. — Terrier-répertoire. — Copie du précédent, faite en 1632.

GG. 228. (Registre.) — In-f°, 72 feuillets, papier.

1609-1639. — Assistance publique. — Aumônes Sainte-Croix et Pains de Noël. — Terrier-répertoire. — Copie du précédent, faite vers 1637, avec observations en marge. — A la fin se trouvent des fragments d'état des sommes reçues par le fermier, en 1637, 1628 (lisez 1638) et 1639.

GG. 229. (Registre.) — In-f°, 51 feuillets, papier.

1609 — XVIIIe siècle. — Assistance publique. — Aumônes Sainte-Croix et Pains de Noël. — Terrier-répertoire. — Copie du précédent, faite en 1665; observations en marge et quelques additions postérieures.

GG. 230. (Liasse.) — 5 pièces, papier.

XVIe-XVIIe siècle. — Assistance publique. — Aumônes Sainte-Croix et Pains de Noël. — Fragments de lièves, recettes, etc., de peu d'importance. — On remarque dans le nombre un fragment en provençal qui paraît être du second tiers du XVIe siècle; — un extrait des sommes payées en 1609 et 1610 à un fermier inconnu; — et en 1630 à Claude Lajoumard, praticien, et à Nicolas Poumier, marchand de Limoges, fermiers des Aumônes Sainte-Croix et Pains de Noël, etc.

Département de la Haute-Vienne

VILLE DE LIMOGES

INVENTAIRE-SOMMAIRE

DES

ARCHIVES COMMUNALES ANTÉRIEURES A 1790

SÉRIE HH.

(Agriculture, Commerce, Industrie.)

HH. 1. (Liasse.) — 8 pièces, parchemin ; 13 pièces, papier.

1634-1786. — Agriculture, commerce et industrie. — Foires : établissement de la foire des Rameaux (juin 1634 ; lettres de Louis XIII, avec sceau bien conservé); — pétition des habitants du faubourg des Arènes, demandant que ceux qui tiennent les foires de bestiaux n'empiètent pas sur le faubourg, et se contentent de la place des Arènes (sans date). — Lettre d'un médecin de Marvejols, relative à une bête féroce ravageant les campagnes du Gévaudan (1764). — Modèle de certificat pour les bêtes non atteintes de la maladie épidémique, conformément à l'arrêt du Conseil du 19 juillet 1746. — Bouchers, boulangers, cafetiers et menuisiers : différentes lettres de maîtrises et quittances des droits dus pour ce ; — procès entre les bailes des boulangers et le sieur Jean Robert, prêtre (1745) ; — ordonnances sur la taxe du pain (1776 et 1786) ; — certificat de bonne vie et mœurs délivré au sieur Gaspard Bott, cafetier, par la commune et vallée de Monastère dans les Grisons (1785), scellé ; légende du sceau : *Sigillum comunitatis Vallis Monasterii*. — Sel : « discussion des observations remises à M. le controlleur général par M. Bastard, chancelier de Mgr le comte d'Artois, sur l'arrêt du Conseil du 3 octobre 1773, portant règlement pour la fourniture des sels aux dépôts limitrophes au païs de gabelle. » — Manufactures : lettres du Roi portant règlement pour les maîtres et ouvriers (12 septembre 1781). — Mesurage des grains, légumes, etc. : ordonnance de l'Intendant maintenant les Consuls en possession de ce droit, en vertu d'actes des 13 décembre 1322, 20 août 1353 et 12 novembre 1622.

HH. 2. (Liasse.) — 5 pièces, parchemin ; 63 pièces, papier.

1723-1745. — Boulangers. — Pièces d'un procès venu devant le lieutenant général de police de Limoges, puis devant le Parlement de Bordeaux, entre le s[r] Barbaud, boulanger, le syndic des boulangers adjoint avec lui, contre le s[r] Jacques Bouriaud, son ancien apprenti, au sujet de l'admission illégale de ce dernier dans la corporation des maîtres boulangers.

HH. 3. (Registre.) — In-f°, 104 feuillets, papier.

1782-1793. — Forléaux. — « Registre contenant le prix des grains vendus au marché public de la ville de Limoges pour les jours, semmaines et mois de chaque année, commancé le 1er juin 1782. »

Département de la Haute-Vienne

VILLE DE LIMOGES

INVENTAIRE-SOMMAIRE

DES

ARCHIVES COMMUNALES ANTÉRIEURES A 1790

SÉRIE II.

(Documents divers, Inventaires, Objets d'Art, etc.)

II. 1. (Liasse.) — 18 pièces, parchemin ; 1 pièce, papier (3 imprimées)

XIIe siècle — 1650. — Fragments de manuscrits latins, et autres pièces provenant de couvertures de registres. — Vie de saint Filibert, écrite par un moine de Jumièges, son contemporain (2 feuillets, commencement du XIIe siècle. Voy. *Acta Sanct. Aug.* IV, p. 75). — Traité de médecine, avec un commentaire interlinéaire (XIIe siècle ; 4 feuillets de 31 lignes à la page). — Autre sans commentaire (XIIIe siècle ; 2 feuillets, à 2 colonnes de 54 à 57 lignes). — Commentaire sur le Nouveau-Testament (XIIe siècle ; 2 feuillets, 16 lignes de texte par page, avec commentaire entre les lignes et de chaque côté du texte). — Commentaire sur l'Ancien-Testament (XIIIe siècle ; 6 feuillets ou fragments de feuillets, 2 colonnes de plus de 60 lignes). — Fragments de diverses parties du *Corpus juris civilis*, de Justinien, avec un commentaire (XIIIe siècle ; Ms. soigné, avec des lettres ornées et coloriées). — Traité sur les vêtements ecclésiastiques (?) (XIIIe siècle ; 2 feuillets à 2 colonnes d'environ 50 lignes). — Traité de droit canonique (?) (XIIIe siècle ; 1 feuillet, 2 colonnes de 54 lignes). — Autre (XIIIe siècle ; 2 colonnes, 1 feuillet tronqué). — Missel paraissant être un incunable (4 feuillets qui ont les nos 21 et 44 (?), 34 et 39. Impression gothique, rubriques. Le fo 39 débute ainsi : Titre courant (rubrique) : *Fria. VI. post dñicam.* III. XL. A l'angle droit : fo *XXXIX.* texte : *Dicit dñs : omnipotẽs.....*) — Affiche de soutenance de thèses dans le couvent des Frères prêcheurs de Limoges, par Baltazar Volondat, de Limoges, et Antoine Texier, de Grandmont. (1650. *Lemovicis, apud Martialem Chapoulaud, typographum et bibliopolam ante Collegium.*)

II. 2. (Liasse.) — 6 pièces, parchemin.

XVe siècle — 1587. — Chartes provenant de couvertures de registres. — Contrat de vente d'une pièce de vigne entre particuliers de la ville de Lyon (xve siècle). — Quittance donnée par Jean Tixier (*Textoris*), curé de Peysac, à Jean Valette, chanoine de Limoges, de 35^{li} pour décharger d'une rente de 35 sols un jardin accensé par ledit Texier audit Valette (xve siècle; sous le sceau du bailliage de Limoges). — Ajournement à huitaine dans un procès entre Martial et autre Martial Grégoire, frères, fils et héritiers de feu Jean Grégoire, bourgeois de Limoges, d'une part, et François Duboys, aussi bourgeois, au sujet d'une terre située à Saint-Lazeix (17 janvier 1513). — Vente (sous le sceau de la Vicomté de Limoges) de 12 quintaux de foin pour 403 fr. par Jean Piteau, dit Lefaure, et Pierre, dit Peyrot, Broulhaud, habitant du village d'Ortrigieras, paroisse de Couzeix, à François Belut, marchand de Limoges (10 mai 1563). — Sentence du Parlement de Toulouse en faveur du chapitre de Saint-Pierre-de-Moissac contre les sieurs Héraud et Castilhon (12 août 1587).

II. 3. (Registre.) — In-f^{o}, 28 feuillets, papier.

Fin du **XVIIIe siècle.** — « Répertoire des papiers contenus dans les archives de l'Hotel commun de cette ville, cottés par lettres alphabétiques. » Les lettres employées vont de A à Z, de AA à ZZ et de AAA à CCC.

II. 4. (Registre.) — In-f^{o}, 3 feuillets, papier.

1856. — Inventaire des archives de la ville de Limoges, sans nom d'auteur. — L'écriture est celle de Maurice Ardant; cet inventaire n'a que cinq pages et ne comprend que vingt articles cotés de A 1 à T 20. — (Voy. notre *Introduction*, au début.)

TABLES

TABLE DES NOMS DE LIEUX

A

ABZAC-SUR-VIENNE (Charente). GG. 120.
AFRE (St). Voy. *Julien (St)*.
AFRIQUE. CC. 72.
AGE (L') (Haute-Vienne). GG. 90.
AGEN. Voy. *Ayen*.
AGENOIS, province. GG. 159.
AHUN (Creuse). GG. 94, 95.
AIGUEPERSE (Haute-Vienne). GG. 18, 42.
AIGOULÈNE, quartier de Limoges. AA. 1 ; — BB. 3 ; — DD. 4.
AIRE (Landes). GG. 162.
AIX (Bouches-du-Rhône). CC. 23 ; — GG. 182.
AIXE (Haute-Vienne). CC. 8 ; — GG. 82, 208 (nº 65).
ALAIS (Gard). CC. 23 ; — GG. 162, 168.
ALBY (Tarn). GG. 167.
ALENÇON (Orne). CC. 23.
ALET (Aude). GG. 151.
ALLASSAT (Corrèze). CC. 8 ; — GG. 179.
ALLEMAGNE. GG. 101, 163.
ALLOIS (Les), abbaye de Limoges. GG. 98.
ALSACE, province. GG. 158.
AMBOISE (Loir-et-Cher). GG. 208 (nº 28).
AMÉRIQUE. CC. 22.
ANDRÉ (St), prieuré de Limoges. AA. 2.
ANGLETERRE. AA. 1, 3, 4.
ANGOULÊME (Charente). GG. 165.
ANGOUMOIS, province. AA. 2.
ANNONAY (Ardèche). GG. 161.
ANTOINE (St), quartier de Limoges. CC. 14.
ARAGON. GG. 160.
ARÈNES (Creuse). GG. 81.
ARÈNES (Les), quartier de Limoges. AA. 1 ; — DD. 1, 2, 6 ; — GG. 208 (nº 32), 220 ; — HH. 1.
ARGENTON (Indre). CC. 23.
ARMAGNAC, province. GG. 162.
AURAY (Morbihan). CC. 23.
AURILLAC (Cantal). CC. 23.
ARTIGE (L'), prieuré près de St-Léonard (Haute-Vienne). GG. 13.
ASPECT (Haute-Garonne). GG. 161.
ASTORGA (Espagne). GG. 160.
AUBUSSON (Creuse). GG. 21, 36, 77, 79, 161, 162, 175.
AULAIRE (St) (Corrèze). GG. 115.
AUMONERIE (L') (Haute-Vienne). GG. 81, 157.
AURÉLIEN (St), église de Limoges (réunie à St-Cessateur). GG. 157, 199, 200 *bis*.
AUVERGNE, province. BB. 2.
AVAILLES (Vienne). GG. 32.
AYEN, comté (Corrèze). GG. 77.

B

BABAUD (Haute-Vienne). GG. 181.
BACHALARIA, quartier de Limoges. AA. 1.
BAISSAILLE, quartier de Limoges. GG. 183.
BALANGEAS (Haute-Vienne). GG. 83.
BANC-LÉGER, *Banxotgier*, *Banclatgier*, quartier de Limoges. AA. 1 ; — GG. 203.
BANCS (place des), à Limoges. CC. 16 ; — DD. 4 ; — FF. 1.
BANIZETTE, commune de La Nouaille (Creuse). GG. 63.
BANXOTGIER. Voy. *Banc-Léger*.
BARÈGES. GG. 102.
BASTIDE (La) (Haute-Vienne ?). GG. 114, 117, 122, 140.
BASTIDE-D'ARMAGNAC (La) (Landes). GG. 162.
BASTIMENT (Le) (Mayenne ou Morbihan). GG. 81, 96.
BAR-SUR-AUBE (Aube). CC. 23.
BARDE (La) (Dordogne ou Charente). GG. 56.
BARRIÈRE (Dordogne). GG. 118.

Bavière. GG. 56.
Bayeux (Calvados). GG. 202.
Bayonne (Basses-Pyrénées). CC. 23; — GG. 44.
Beachy (cap), bataille. BB. 3.
Beaucaire (Gard). CC. 23.
Beaupeyrat (Haute-Vienne). GG. 82.
Beauvais, *Beuveer*, près de Limoges. AA. 1; — GG. 48, 153.
Beauvais (Oise). GG. 202.
Bellac (Haute-Vienne). CC. 12; — FF. 2; — GG. 16, 37, 182, 192.
Bergerac (Dordogne). CC. 23; — GG. 166.
Bernaudie (La) (département de ?). GG. 25.
Berne (Suisse). GG. 100, 162, 201.
Berry, province. GG. 94.
Besançon (Doubs). CC. 23; — GG. 202.
Bessines (Haute-Vienne). FF. 2; — GG. 182.
Beuveer. Voy. *Beauvais*.
Béziers (Hérault). CC. 23.
Blanchefort, commune de Lagraulière (Corrèze). GG. 208 (nº 6).
Blémond (Haute-Vienne). GG. 20.
Blois (Loir-et-Cher). GG. 202, 208 (nº 56).
Bœuil, abbaye (Haute-Vienne). GG. 79.
Boisgourdon, commune de Verneuil (Haute-Vienne). GG. 157.
Bonnefont (Haute-Vienne ?). GG. 93.
Borde (La), (département de ?). GG. 48.
Bordeaux (Gironde). BB. 2; — CC. 8, 9, 11; — GG. 20, 39, 100, 122, 205, 208 (nº 29).
Bort (Corrèze). CC. 8.
Bost (Corrèze ou Haute-Vienne ?). GG. 192.
Bostdemouly (Haute-Vienne). GG. 39.
Bouchain (Nord). GG. 153.
Boucherie, quartier et porte de Limoges. AA. 1; — DD. 2, 4; — GG. 71, 85, 88, 89, 90, 95, 99, 203, 207, 208 (nº 49).
Boucheron (Le) (Haute-Vienne). GG. 41, 221.
Boulay (Meurthe-et-Moselle). CC. 23.
Bourbonnais, province. GG. 161.
Bourg (Ain). CC. 23.
Bourganeuf (Creuse). FF. 2; — GG. 25, 41, 83, 101, 107, 210.
Bourges (Cher). CC. 23.
Bourgogne, province. GG. 150.
Boys-en-Bretagne (Côtes-du-Nord). GG. 160.
Bregère, *Brugère* (La), commune de Limoges (Haute-Vienne). GG. 66.
Bretagne, province. GG. 90, 160, 161, 162.
Breuil-Lavergne (Le) (Haute-Vienne). GG. 9, 69.
Breuilpont (Eure). GG. 84.
Briderie (La) (Haute-Vienne). GG. 85, 93.
Brigueil (Haute-Vienne). GG. 94.
Brillac (Haute-Vienne). GG. 95.
Brive (Corrèze). CC. 8, 22, 23; — GG. 100.
Brosse (La) (Vienne). GG. 44.
Brugère (La), commune de Quinsac (Haute-Vienne). GG. 193.
Buisson (Le) (Haute-Vienne). GG. 122.
Bujaleuf (Haute-Vienne). GG. 65.
Busson (Le). = *Aubusson*. Voy. ce nom.

C

Cabane (La) (Dordogne ou Charente). GG. 23, 112.
Cahors (Lot). CC. 23.
Cairoi. Voy. *Queiroix*.
Calais (Pas-de-Calais). AA. 4.
Campagne (Dordogne). GG. 44.
Cambrai (Nord). BB. 1; — CC. 23.
Carcassonne (Aude). CC. 23.
Candie, île. GG. 84.
Carentan (Manche). GG. 20.
Carlat (Cantal). GG. 77.
Carmes déchaussés, couvent de Limoges. AA. 2; — CC. 15; — DD. 6; — GG. 79, 152, 179, 181, 202.
Castelnaudary (Aude). CC. 23.
Cars (Les) (Haute-Vienne). GG. 26.
Caslevat, au diocèse de Lectoure (Gers). GG. 95.
Cateau-Cambrésis (Nord). BB. 1.
Catray. Voy. *Chastreix*.
Cessateur (St), église de Limoges. GG. 157 (réunie à St-Aurélien), 199 (id.), 200 *bis* (id.), 202.
Chabanes, commune de Compreignac (Haute-Vienne). GG. 50.
Chabanes (Haute-Vienne). GG. 94.
Chabanetes (Corrèze). GG. 201.
Chaillac (Haute-Vienne). GG. 81.
Chalard (Le) (Haute-Vienne). GG. 65.
Chalon (Saône-et-Loire). GG. 202.
Chalons (Marne). CC. 23; — GG. 159.
Chalus-Chabrol (Haute-Vienne). CC. 8; — FF. 2; — GG. 200 *bis*.
Chalusset, commune du Vigen (Haute-Vienne). BB. 2.
Chamberaud, commanderie (Creuse). GG. 89.
Chamboursac (Haute-Vienne). GG. 112.
Champagne, province. GG. 158, 159.
Champsat (Haute-Vienne). GG. 99.
Chapelle-St-Martial (La) (Creuse). GG. 102.
Chapelle-Taillefer (La) (Creuse). GG. 97.
Chapelles (Les) (Haute-Vienne). GG. 102.
Chartres (Eure-et-Loire). GG. 208 (nº 72).
Chastreix, *alias Chartreix* (Puy-de-Dôme). GG. 21, 26, 39, 56.
Chateaubouchier (Dordogne). GG. 20.
Chateaudun (Eure-et-Loire). GG. 32.
Chateaugiron (Ile-et-Vilaine). CC. 23.
Chateaumorant (Loire). GG. 29.
Chateauneuf-en-Thimerais (Eure-et-Loir). GG. 100.
Chateauroux (Indre). CC. 23.
Chatellerault (Vienne). GG. 29.
Chatonnie (La) (Dordogne). GG. 42.
Chatre (La) (Indre). CC. 23.
Chaussin (Jura). CC. 23.
Chazonce ? en Champagne. CC. 23.
Chazot, abbaye en la paroisse de Ste-Croix-de-Léon (département de ?) GG. 95.
Cherdupeat (Creuse). GG. 120.
Christophe (St), église de Limoges. CC. 3; — GG. 75, 186, 190, 203.
Cité (La), quartier de Limoges. AA. 2, 5; — CC. 2, 3, 8, 12, 13; — GG 9, 69, 73, 77, 81, 89, 94, 168, 190, 200, 204, 208 (nºs 21, 31, 35).
Claire (Ste), couvent de Limoges. AA. 2; — GG. 81, 82, 84.
Claire (Ste) de Soubrevas, église de Limoges. CC. 5; — GG. 191 à 196.
Clairettes (Les), quartier de Limoges. CC. 14.
Clavière (La) (Vienne ou Charente). GG. 123.
Clérac (Charente-Inférieure). GG. 158.
Clermont-Ferrand (Puy-de-Dôme). CC. 8, 23, 44, 161.
Colmar (Alsace). GG. 158.
Colonge (La) (Rhône ?). GG. 30.
Combas (Haute-Vienne). GG. 101, 122.
Combes (Les), quartier de Limoges. AA. 1; — CC. 1; — GG. 119, 125, 208 (nº 38).
Combes (Les), commune de Rochechouart (Haute-Vienne). GG. 158.
Commersat (département de ?) GG. 120.
Comminge, diocèse. GG. 161.
Condom (Gers). CC. 23.
Compiègne (Oise). GG. 208 (nº 57).
Compreignac (Haute-Vienne). GG. 6, 20, 114, 190.
Confolens (Charente). GG. 119.

CORDELAS (Haute-Vienne). GG. 66.
COSNAC (Corrèze). GG. 182.
COUR (La) (Vienne ou Charente). GG. 91.
COURADES (Les) (Charente). GG. 85.
COURBEFY (Haute-Vienne). GG. 44.
COURET (Le) (Vienne ?). GG. 96.
COURIÈRES (Les) (Haute-Vienne). GG. 62.
COURTINE (La), quartier de Limoges. CC. 1.
COUSEIX (Haute-Vienne). GG. 112, 203 (nº 45).
COUTURE (La) (Haute-Vienne). GG. 132.
CROCHADOS, auj. Cruche-d'Or, quartier de Limoges. GG. 203, 210.
CROS (Le), seigneurie (Haute-Vienne ?). GG. 12.
CYR (St) (Haute-Vienne). GG. 117.

D

DARMSTADT (Allemagne). GG. 168.
DAUPHINE (place), à Limoges. BB. 4; — CC. 22; — DD. 3, 5.
DAUPHINÉ, province. CC. 23; — GG. 35. 38.
DENAIN (Nord). BB. 3.
DENIS (St), en Gascogne. GG. 161
DEVEIX (Haute-Vienne). GG. 181.
DIÉ (St) (Vosges). CC. 23.
DISANT (St) (Charente-Inférieure). GG. 81.
DOGNON (Le), commune de Chatenet-en-Dognon (Haute-Vienne). GG. 36.
DOMNOLET (St), église de Limoges. AA. 2; — GG. 16, 76, 172 à 185, 201.
DONZENAC (Corrèze). CC. 8.
DORAT (Le) (Haute-Vienne). CC. 5, 8, 12; — FF. 2; — GG. 192.
DOUAI (Nord). BB. 3.
DOUILLAT, commune de St-Yrieix (Haute-Vienne). GG. 118.
DOUVRES (Angleterre). AA. 4.
DURANCE, en Gascogne (Lot-et-Garonne). GG. 89.
DRAGUIGNAN (Var). CC. 23.

E

ECKEREN (Allemagne). BB. 3.
EGLISES-DU-DOGNON (Les) (Haute-Vienne). GG. 36.
ERMONT-BOUTEVENT (Somme). GG. 88.
ESPAGNE. GG. 94, 160.
ESPRIT (St), quartier de Limoges. CC. 14.
ETAIN (Meuse ?). CC. 23.
ETANG (L'), quartier de Limoges. GG. 203.
ETIENNE (St), cathédrale de Limoges. (Voy. *Cathédrale*, à la table des matières.) — Paroisse. GG. 200.
ETIENNE-DU-MONT (St), église de Paris. GG. 79.
EVAUX, en Combraille (Creuse). CC. 8.
EYMOUTIERS (Haute-Vienne). CC. 8, 12; — FF. 2; — GG. 26, 168.

F

FAURIA. Voy. *Fourie*.
FAYOLE (La) (département de ?). GG. 77, 83.
FAYOLLE (Vienne). GG. 120.
FÉLICITÉ (Ste), église de Limoges. CC. 1; — GG. 91, 197 et 198 (réunie à St-Lazare), 208 (nº 44).
FÉLIX, seigneurie (Haute-Vienne). GG. 10,
FELLETIN (Creuse). GG. 53, 71, 77, 153.
FERRERIE, quartier de Limoges. GG. 123, 221.
FEUILLADE (La), commune de Faux-la-Montagne (Creuse). GG. 91.
FEURS (Loire). CC. 23.
FEYRE (Ste), près Guéret (Creuse). GG. 84.
FEYTIAT (Haute-Vienne). GG. 89, 94.
FITZ-JAMES (place), à Limoges. BB. 4; — DD. 1, 3.
FLANDRE, province. AA. 4; — GG. 158.
FLAVIGNAC (Haute-Vienne). GG. 26.
FLEURUS (Belgique). BB. 3.
FLORENCE (Italie). GG. 44.
FONGRAULEU, quartier de Limoges. AA. 1; — GG. 203.
FONJODRAND (Haute-Vienne). GG. 20, 56.
FONT-CERVERIA, quartier de Limoges. AA. 1.
FONT-CHARLET, quartier de Limoges. AA. 1.
FONT-JAUMAR, quartier de Limoges. AA. 1.
FONTMOBERT (Haute-Vienne). GG. 48.
FOSSAT, quartier de Limoges. GG. 203.
FOUGERAS (Haute-Vienne). GG. 42.
FOURIE, *Fauria*, quartier de Limoges. AA. 1; — GG. 203, 211.
FOURMAGNAC (Lot). GG. 48.
FRANCHE-COMTÉ, province. GG. 81.
FRANÇOIS (St), église de Limoges. GG. 42.
FREDIÈRE (Charente-Inférieure). GG. 91.
FREISSINET (Haute-Vienne). GG. 175.
FRESNE (Le) (département de ?). GG. 93.
FRIEDLINGEN (Allemagne). BB. 3.
FRIOLZHEIM (Wurtemberg). GG. 35.
FROMENTAL (Haute-Vienne). GG. 123.

G

GANNAT (Allier). CC. 8.
GAP (Hautes-Alpes). GG. 38.
GARDE (La) (Haute-Vienne). GG. 42.
GARTEMPE, *Gardempe* (Creuse). GG. 83.
GASCOGNE, province. GG. 89, 161.
GENCE (St) (Haute-Vienne). GG. 71, 75.
GENEST (St) (Ardèche). GG. 162.
GENÈVE (Suisse). GG. 164.
GENEYTOUSE (La) (Haute-Vienne). GG. 42.
GEORGES-PRÈS-LE-BUSSON (St) = Saint-Georges-la-Pouge (Creuse). GG. 79, 96.
GÉRALD (St), église de Limoges. CC. 1, 6; — DD. 6; — GG. 94, 131 à 146 et 200 *bis*.
GERMAIN (St) (Haute-Vienne). CC. 8; — GG. 83.
GERMAIN-BEAUPRÉ (St) (Creuse). BB. 1.
GERMAIN-LAVAL (St) (Loire). CC. 23.
GÉVAUDAN, province. HH. 1
GORRE (Haute-Vienne). GG. 99.
GORSE (La) (Haute-Vienne ?). GG. 75.
GOURDON (Lot). CC. 23; — GG. 117.
GOUSSAUD (St) (Creuse). GG. 94
GRANDMONT, commune de Saint-Sylvestre (Haute-Vienne). GG. 76; — II. 1.
GRANDMONT (département de ?). GG. 118.
GRANGE (La) (Haute-Vienne ?). GG. 23, 51, 58, 66.
GRANGES (département de ?). GG. 180.
GRAVIER (Le) (Haute-Vienne ou Dordogne). GG. 53.
GRISONS (Suisse). GG. 168; — HH. 1.
GUÉRET (Creuse). CC. 8; — GG. 77, 81, 92, 91, 153, 175, 192 *(bis)*, 207.
GUYENNE, province. BB. 1; — GG. 27, 43.
GUYERNAUD (département de ?). GG. 20.

H

HAINAUT, province de Belgique. AA. 4.
HAVRE (Le) (Seine-Inférieure). CC. 23.

Heidelberg (Palatinat). BB. 3.
Honfleur (Seine-Inférieure). CC. 23.
Hirschau (Wurtemberg). GG. 35.
Hongrie. GG. 99.
Hopital-général (L'), paroisse de Limoges. GG. 158 à 170, 175.

I

Issoudun (Indre). CC. 23.
Italie. BB. 3; — GG. 44.
Ivrée (Italie). BB. 3.

J

Jacobins (Les), église de Limoges. GG. 73, 150, 151, 153.
Jabodie (La), commune de Brigueil (Haute-Vienne). GG. 91.
Jean (St), église de Limoges. AA. 2, — GG. 183.
Jean-d'Angély (St) (Charente-Inférieure). GG. 160.
Jean-Ligoure (St) (Haute-Vienne). GG. 44, 181.
Jésuites (l'église des), à Limoges. GG. 79.
Joubertie (La) (Haute-Vienne ou Corrèze). GG. 42.
Jourdanie (La) (Haute-Vienne). GG. 18.
Jourgnac (Haute-Vienne). GG. 182.
Judie (La) (Haute-Vienne ou Charente). GG. 29.
Juillac (Haute-Vienne ou Corrèze). CC. 8.
Julien (St), église de Limoges. GG. 71 *(bis)*, 88, 187 à 189 (réunie à Saint-Afre).
Julien-le-Petit (St) (Haute-Vienne). GG. 95.
Jumièges (Seine-Inférieure). II. 1.
Jumillac (Haute-Vienne). GG. 80.
Junien (St) (Haute-Vienne). CC. 8, 12; — FF. 2; — GG. 106.
Junien-les-Combes (St) (Haute-Vienne). GG. 44.
Jussanie (La) (département de?). GG. 109.

L

Ladignac (Haute-Vienne). GG. 109.
Langres (Haute-Marne). CC. 23.
Lansacot, quartier de Limoges. AA. 1.
Laon (Aisne). CC. 23
Laurard, seigneurie, près d'Aubusson (Creuse). GG. 5.
Laurent (St), paroisse de Limoges. Voy. *Paul (St).*
Laurent-sur-Gorre (St) (Haute-Vienne). GG. 117.
Laurière (Haute-Vienne). GG. 119.
Lausanne (Suisse). GG. 163.
Lavaux (département de ?). CC. 23.
Lazare (St) (Haute-Vienne). AA. 1; — II. 2. Voy. *Félicité (Ste).*
Lazeix (St). = *Lazare (St)*
Lectoure (Gers). GG. 95.
Léger-la-Montagne (St) (Haute-Vienne). GG. 95.
Léonard (St) (Haute-Vienne). CC. 8, 12; — FF. 2; — GG. 36.
Léonard-les-Chaumes (St) (département de ?). GG. 124.
Leychoisier, commune de Bonnat (Haute-Vienne). GG. 121.
Leyraud (Haute-Vienne). GG. 122.
Libourne (Gironde). CC. 23.
Ligoure, commune de Saint-Priest-Ligoure (Haute-Vienne). GG. 121.
Limagne, pays d'Auvergne. GG. 44.
Linard (Creuse ou Haute-Vienne). GG. 123.
Linières (Indre) GG. 94.
Lisieux (Calvados). CC. 23; — GG. 202.
Lombez (Gers). GG. 34.
Lorey (Eure). GG. 84.
Lubersac (Corrèze). CC. 8; — GG. 98.
Lunéville (Meurthe-et-Moselle). CC. 23.
Lure (Haute-Saône). CC. 23.
Lussat-les-Chateaux (Vienne). GG. 90.
Lyon (Rhône). CC. 23; — GG. 84, 162, 202; — II. 2.

M

Magdebourg (Allemagne). GG. 101.
Magnac-Laval (Haute-Vienne). CC. 8, 12.
Magret (Haute-Vienne). GG. 121.
Mailhartie, seigneurie (Haute-Vienne?) GG. 10.
Mairabou. Voy. *Mirebeuf.*
Maixent (St) (Deux-Sèvres). GG. 62.
Malaga (Espagne). BB. 3.
Manent (Le), peut-être *Le Manin* (Haute-Vienne). GG. 75.
Maniania. Voy. *Manigne.*
Manigne, *Magnine, Maniania,* quartier et porte de Limoges. DD. 1, 2, 4; — GG. 77, 79, 82, 83, 84, 89, 91, 98, 99, 203, 204, 208 (nº 49).
Mannheim (Allemagne). GG. 163.
Marche (La), province. BB. 2; — GG. 16, 37, 87, 102, 118, 182, 192, 208 (nº 65).
Maresque, peut-être pour *Maresche* (Nord). GG. 162.
Maringues (Puy-de-Dôme). BB. 2.
Marseille (Bouches-du-Rhône). CC. 23.
Martial (St), abbaye et quartier de Limoges. BB. 1; — CC. 1; — DD. 2; — GG. 6, 25, 48, 54, 56, 69, 73, 93, 110, 119, 122, 123, 202, 204, 208 (nºˢ 1, 7, 9, 15, 18, 33, 34, 41, 51, 53).
Martial-le-Mont (Creuse). GG. 87.
Martin (St), abbaye et quartier de Limoges. AA. 1; — CC. 1; — GG. 70, 106.
Marvejols (Lozère). HH. 1.
Mas (Le) (Haute-Vienne?). GG. 94.
Martin-Oradour (St) (Vienne). GG. 42.
Masbilier (Le) (Haute-Vienne). GG. 42.
Masjambost (Haute-Vienne). GG. 18.
Masléau, peut-être pour *Masléon* (Haute-Vienne). GG. 113.
Masneuf (Le) (Haute-Vienne). GG. 26.
Masrome (ou Masrome), faubourg de Limoges, sur la rive gauche de la Vienne. GG. 184.
Mathieu (St) (Haute-Vienne). GG. 125.
Maupas, quartier de Limoges. DD. 2.
Maurice (St), église de Limoges. AA. 2; — GG. 69 à 105, 206.
Maurice-las-Broussas (St) (Haute-Vienne). GG. 42.
Mazeau (Le), commune de Saint-Priest-Taurion (Haute-Vienne). GG. 95.
Meilhac (Haute-Vienne). GG. 84.
Meirargues (Bouches-du-Rhône). GG. 182.
Metz (Alsace-Lorraine). CC. 23; — GG. 34.
Meymac (Corrèze). CC. 8.
Meyssac (Corrèze) GG. 165.
Meyze (La) (Haute-Vienne). GG. 16, 73, 84, 112
Michel-des-Lions (St), église de Limoges. CC. 23; — DD. 4; — GG. 12, 13, 16, 36, 39, 41, 42, 56, 71, 82, 85, 89, 105-130, 150, 157, 158, 190, 191, 202, 203, 218, 221.
Michel-de-Pistorie (St), église de Limoges. AA. 1; — GG. 147 à 156.
Minorque (Ile). FF. 1
Mirebeuf, *Mairabou,* quartier de Limoges. AA. 1; — DD. 2; — GG. 209.
Moissac (Tarn-et-Garonne). II. 2.
Moissaguet (Haute-Vienne). GG. 39
Monastère, dans le canton des Grisons (Suisse). HH. 1.
Monband (département de ?). GG. 118.

Mon-Melier. Voy. *Montmailler.*
Mons (Puy-de-Dôme). GG. 44.
Mons (Hainaut). BB. 3.
Montauban (Tarn-et-Garonne). CC. 23; — FF. 1; — GG. 22.
Montcocu (Haute-Vienne). GG. 96.
Montjauvi, *male* Montjovis, quartier de Limoges. AA. 1; — BB. 3; — GG. 6, 23, 91, 117.
Montmailler, quartier de Limoges. AA. 1; — BB. 2, 4; — DD. 2, 5, 6; — GG. 71, 203.
Montmeillan (Savoie). BB. 3.
Montmorillon (Vienne). CC. 23.
Mortemar (Haute-Vienne). GG. 120.
Motte (place de la), à Limoges. AA. 2; — CC. 16; — DD. 2, 3; — GG. 208 (nos 20, 42).
Mounismes (Haute-Vienne). GG. 62, 182.
Mouve (La), au diocèse de Lectoure? GG. 95.

N

Nancy (Meurthe-et-Moselle). CC. 23.
Narbonne (Aude). CC. 23.
Narbonne (La) (département de?). GG 181.
Naveix (Le), quartier de Limoges. DD. 4; — GG. 208 (no 32).
Nemours (Seine-et-Marne). GG. 208 (nos 8, 40).
Neuchateau (Vosges). GG. 42.
Neuvic (Haute-Vienne). CC. 8; — GG. 118.
Neuvic (Corrèze). GG. 84.
Nexon (Haute-Vienne). GG. 44.
Nice (Alpes-Maritimes). BB. 8.
Nicolas (St), dans les Pays-Bas. GG. 159.
Nieuil (Haute-Vienne). GG. 83, 89, 123.
Nimes (Gard). CC. 23; — GG. 163.
Noalhas (Haute-Vienne?). GG. 27.
Noailles, duché (Oise). GG. 92.
Normandie, province. GG. 20.
Noxareca, diocèse d'Astorga (Espagne). GG. 160.
Noyon (Oise). CC. 23.

O

Oléron (île). GG. 95.
Oranges (Les), faubourg de Limoges. CC. 6.
Orléans (Loiret). AA. 4; — CC. 23.
Orsay (place d'), à Limoges. DD. 2.
Ortigieras, près Couzeix (Haute-Vienne). GG. 208 (no 45); — II. 2.

P

Pagnac (Haute-Vienne). GG. 44.
Palais (Le) (Haute-Vienne). CC. 1; — GG. 175.
Palant (Le) (Haute-Vienne). GG. 90.
Palatinat (Allemagne). GG. 168.
Pamiers (Ariège). CC. 23; — GG. 202.
Panazol (Haute-Vienne). GG. 172.
Pardoux (St) (Haute-Vienne). GG. 96.
Pardoux-Lavaud (St) (Creuse). GG. 181.
Paris (Seine). AA. 2; — BB. 1; — CC. 22, 23; — DD. 5; — GG. 48, 49, 66, 79, 120, 125, 158, 181, 192, 202, 205, 208 (nos 3, 4, 7, 9, 27, 34, 39, 58).
Parpayat (Haute-Vienne). GG. 175.
Paul (St), église de Limoges. GG. 7, 56, 73, 171 (réunie à Saint-Laurent).
Paul (St) (Haute-Vienne). GG. 87
Paumet, seigneurie (Haute-Vienne). GG. 7.
Peira-Alboi. Voy. *Pierre-Auboi.*
Perigères (Puy-de-Dôme). GG. 44.
Périgny (Vienne). GG. 20.
Périgord, province. GG. 41.
Périgueux (Dordogne). BB. 1; — CC. 23; — GG. 85, 118.
Peycher (Le) (Dordogne). GG. 79.
Peyrat-le-Chateau (Haute-Vienne). GG. 95.
Peyzat (Dordogne). II. 2.
Picardie, province. GG. 88.
Pierre-Auboi, *Peira-Alboi*, *male* Pierre-aux-Bois, quartier de Limoges. AA. 1; — GG. 203.
Pierre-Buffière (Haute-Vienne). CC. 8; — FF. 2; — GG. 10, 47, 84.
Pierre-la-Montagne (St) (Haute-Vienne). GG. 95.
Pierre-du-Queiroix (St), église de Limoges. AA. 1; — CC. 1; — DD. 2, 4; — GG. 1 à 67, 79, 89, 91, 118, 121, 157, 200 *bis*, 201, 202, 203, 204, 210.
Pissevache, *Pischavacha*, quartier de Limoges. AA. 1; — DD. 2, 4.
Plaix (Le) (Indre). GG. 28.
Plessis-lez-Tours (Indre-et-Loire). GG. 208 (no 5).
Poitiers (Vienne). CC. 23; — EE. 2; — GG. 29, 205.
Poitou, province. GG. 65, 90, 208 (no 2).
Poligny (Doubs). GG. 84.
Polsa, quartier de Limoges, auj. les Pousses. AA. 1.
Pont-Saint-Martial, quartier de Limoges. AA. 1; — CC. 1; — FF. 2; — GG. 84, 190.
Portugal. AA. 3.
Poumeroux (Le) (département de?). GG. 96.
Priest (St) (Dordogne). GG. 44.
Priest-Taurion (St) (Haute-Vienne). GG. 32, 79, 89, 95.
Puydenus (Haute-Vienne). GG. 27, 56.
Puymoulinier (Le) (Haute-Vienne). GG. 57, 77, 175.
Puyfonchet (Le petit), commune de Limoges (Haute-Vienne). GG. 140.

Q

Quatre-Chemins (Les), quartier de Limoges. CC. 14.
Queiroix, *Quairol, Cairoi*, quartier de Limoges. AA. 1; — GG. 203. Voy. aussi *Pierre-du-Queiroix (St).*
Quesnoi (Le) (Nord). BB. 3.
Quilla, au diocèse d'Alet (Aude). GG. 151.
Quimper (Morbihan). CC. 23.
Quinsac (Haute-Vienne). GG. 193.

R

Rancon (Haute-Vienne). GG. 118.
Réalmont (Tarn). GG. 167.
Rebière (La) (Dordogne). GG. 83.
Refuge (Maison et Chapelle du), à Limoges. GG. 175.
Règle (La), couvent de Limoges. AA. 2; — GG. 9, 180, 181, 184.
Régnefort (Haute-Vienne). GG. 40, 89, 147.
Repaire (Le) (Haute-Vienne ou Dordogne). GG. 90.
Reygolène, peut-être pour *Rigoulène* (Haute-Vienne). GG. 58.
Ribeireix, commune de Saint-Priest (Dordogne). GG. 44.
Richères (Les) (Haute-Vienne). GG. 157.
Rilhac-las-Tours (Haute-Vienne). GG. 106.
Riom (Puy-de-Dôme). CC. 14, 23.
Rivière (La) (Haute-Vienne?). GG. 42.
Roche-l'Abeille (Haute-Vienne). GG. 152.
Roche-du-Saillant (La), seigneurie, commune de Saint-Quentin (Creuse). GG. 5.

ROCHECHOUART, *Rochouart* (Haute-Vienne). GG. 81, 158.
ROCHELLE (La) (Charente-Inférieure). CC. 23 ; — GG. 158.
ROCHETTE (La) (Haute-Vienne). GG. 118.
ROCROI (Ardennes). GG. 161.
RODEZ (Aveyron). CC. 23.
ROMANET (Haute-Vienne ou Corrèze). GG. 94, 116.
ROME (Italie). AA. 1 ; — GG. 65, 161.
ROUEN (Seine-Inférieure). AA. 4 ; — CC. 23 ; — GG. 51, 191.
ROUFIGNAC, commune de Lubersac (Corrèze). GG. 98.
ROUFILHO, quartier de Limoges, auj. Rafillou. CC. 1.
RUA-FILO, quartier de Limoges, auj. Rafillou. AA. 1.
RUELLE (Charente). CC. 22.

S

SADOS (St), quartier de Limoges. CC. 1.
SALLES-LA-VAUGUYON (Les) (Haute-Vienne). GG. 181.
SALVANIAC (département de ?). GG. 48.
SANNAT (Haute-Vienne ou Creuse). GG. 41.
SARAGOSSE (Espagne). GG. 160.
SARLAT (Dordogne). GG. 120, 158, 159.
SAUVIAT (Haute-Vienne). GG. 132, 180.
SAVIGNAC (Haute-Vienne). GG. 84.
SAZEIRAT, commune d'Arènes (Creuse). GG. 81.
SÉDAN (Ardennes). GG. 150, 153, 161.
SÉEZ (Orne). GG. 202.
SÉGUR (Corrèze). AA. 2.
SENLIS (Oise). GG. 202.
SESCHÈRES, *Seychères* (Les), prévôté (Haute-Vienne). GG. 7, 16.
SÉVERIN (St), paroisse de Paris. GG. 66.
SIGONIA, quartier de Limoges. AA. 1.
SIVERGNAC (Haute-Vienne). GG. 42.
SOLIGNAC (Haute-Vienne). GG. 108, 113.
SOMMIÈRES (Gard). CC. 23.
SOUTERRAINE (La) (Creuse). CC. 8, 12 ; — GG. 95, 96.
STAFFARDE (Piémont). BB. 3.
STRASBOURG (Alsace-Lorraine). CC. 23.
SUISSE. Voy. *Berne, Grisons*
SULPICE-LE-DONZEIL (St) (Creuse). GG. 94.
SULPICE-LE-GUÉRÉTOIS (St) (Creuse). GG. 10.
SUSE (Piémont). BB. 3.
SYMPHORIEN (St) (Haute-Vienne). GG. 152.

T

TAILLEFER (Lot ?). GG. 118.
TANDEAU (Charente). GG. 27, 50.
TARN, paroisse d'Aixe (Haute-Vienne). GG. 82.
TAULES (Les), quartier de Limoges. AA. 1 ; — GG. 126, 203.
TAVERNY (Seine-et-Oise). GG. 48.
TEXONIÈRAS, commune de Couzeix (Haute-Vienne). GG. 7, 110.
TEYJAC (Dordogne). GG. 192.
THOMAS-D'AQUIN (St), paroisse de Limoges. GG. 199.
TOULOUSE (Haute-Garonne). CC. 23 ; — II. 2.
TOURNIOT (Haute-Vienne). GG. 132.
TOURNY (porte), à Limoges. BB. 3, 4 ; — DD. 2, 4.
TOURON (Haute-Vienne). GG. 112.
TOURS (Indre-et-Loire). CC. 23 ; — GG. 20.
TRANCHELION, *Trencheillon* (département de ?). GG. 76.
TRARIEUX, commune de Saint-Julien-le-Petit (Haute-Vienne), GG. 95.
TREIGNAC (Corrèze). CC. 8
TROYES (Aube). CC. 23
TULLE (Corrèze). BB. 4 ; — CC. 8, 22.
TURENNE (Corrèze). GG. 29.
TYRAC (Le Haut) (département de ?). GG. 99.

U

USSEL (Corrèze). CC. 8.
UZERCHE (Corrèze). CC. 8 ; — GG. 109.

V

VALADE (La) (Haute-Vienne). GG. 81.
VALADE, commune de Saint-Martial-le-Mont (Creuse). GG. 87.
VALENCE (Drôme). GG. 35.
VALIÈRE, diocèse de Metz. GG. 34.
VAURY (St) (Creuse). CC. 8.
VÉNITIENS (porte des), à Limoges. BB. 3.
VENTADOUR, vicomté (Corrèze). GG. 84.
VERDIER (Le) (Haute-Vienne). GG. 81.
VERGER (Le) (Haute-Vienne ?). GG. 112.
VERGNE (La) (Haute-Vienne ?), GG. 44, 109.
VERNEUIL (Haute-Vienne). GG. 157.
VERSAILLES (Seine-et-Oise). CC. 23 ; — FF. 1.
VESOUL (Haute-Saône). CC. 23.
VEVEY (Suisse). GG. 100.
VEYRINAS (Haute-Vienne). GG. 39, 116, 124.
VIALE (La) (Haute-Vienne). GG. 83.
VIC (St), château (Haute-Vienne). BB. 1.
VICTURNIEN (St) (Haute-Vienne). GG. 157.
VIEILLE-MONNAIE, *Veila-Moneda*, quartier de Limoges. AA. 1 ; — DD. 4 ; — GG. 203.
VIENNE (Drôme). GG. 202.
VIGNAUD (Le) (Haute-Vienne). GG. 26, 120.
VILLAMBLARD (Dordogne). GG. 118.
VILLATE (La) (Haute-Vienne ?). GG. 206,
VILLATE-BILLON (La) (Creuse). GG. 192.
VILLAGER (département de ?) GG. 90.
VILLEFAVARD (Haute-Vienne). GG. 96.
VILLEFRANCHE (Alpes-Maritimes). BB. 3.
VILLENEUVE, château (Haute-Vienne ?). BB. 1.
VITRY-LE-FRANÇOIS (Marne). GG. 158, 159.
VIVARAIS, province. GG. 162.

W

WESTMINSTER (Angleterre). GG. 208 (n° 10).
WURTEMBERG. GG. 35.

X

XAINTRAILLES (Lot-et-Garonne). GG. 89.

Y

YRIEIX (St) (Haute-Vienne). AA. 9 ; — CC. 8, 12, 23 ; — FF. 2 ; — GG. 152, 158.
YRIEIX-LES-BOIS (St) (Creuse). GG. 94.
YRIEIX-SOUS-AIXE (St) (Haute-Vienne). GG. 32, 72.
YSSIGEAC (Dordogne). GG. 159.

TABLE DES NOMS DE PERSONNES

A

Abraham, famille. GG. 200 *bis*.
Adam, famille. GG. 150, 153, 195.
Adelene, famille. GG. 50.
Aguesseau (d'). AA. 4; — CC. 11, 12; — GG. 20, 67.
Aillot, famille. GG. 171.
Aine (d'), intendant de Limoges. AA. 4; — CC. 7, 11, 13; — DD. 1; — EE. 1; — FF. 2.
Albin, famille. GG. 154.
Alboin, *Arboin*, famille. GG. 20, 57, 88.
Albret (Henri d'), roi de Navarre. BB. 1.
Alesme (d'). Voy. *Dalesme*.
Alifa, famille. GG. 196.
Allegraud, famille. GG. 81.
Alluaud, famille. AA. 7; — DD. 1, 3; — GG. 124, 125, 126.
Alogny (d'), famille. GG. 44.
Alphonse, famille. GG. 187.
Amable, famille. GG. 169.
Amelot, ministre. AA. 3.
Amady, famille. GG. 198.
Ancelot, famille. GG. 186.
Ancioquepiesse, famille. GG. 158.
Andigné de la Chasse (d'), évêque de Châlon. GG. 202.
André, famille. GG. 94, 95 (*Pierre*, orfèvre); — GG. 117.
Angoulême (comte d'). AA. 4; — CC. 22.
Angoulême (*Jean d'*), libraire. GG. 204.
Anjou (le duc d'). BB. 2.
Anne d'Autriche. BB. 2.
Anthoine, maître peintre. GG. 204.
Arboin. Voy. *Alboin*.
Arbonneau, famille. GG. 79, 93, 94, 96, 97, 100.
Archambaud, famille. GG. 135.
Ardant, famille. AA. 7; — CC. 16; — GG. 2 (*Martial*, orfèvre), 6, 22 (*Pierre*, id.; *Jean*, id.), 23 (*Pierre*, id.), 26 (id.; *Jean*, id; *François*, id.), 27 (*Pierre*, id.), 28 (*Jean*, id.), 29, 31, 32, 33, 37 (id.), 42 (*Isaac*, id.), 45, 46 (*Léonard*, id.), 52 (*Pierre*, id.), 58 (*Jean*, id. *bis*), 59 (*Pierre*, id.), 62 (*Léonard*, id.), 77 (*Jean*, argentier), 91 (*Isaac*, id.), 94 (id.), 96, 97, 99 *(du Masjambaux)*, 106 (*Martial*, orfèvre), 109, 110 (*Jean*, id.), 111 (id.), 112 (id.), 113 (*Isaac*, argentier), 114 (id., orfèvre), 117 (*Jean*, id.), 119 (id.), 123, 126, 171, 182, 191, 192, 193, 208 (n° 51); — II. 4.
Ardillier, famille. GG. 120.
Argentré (Mgr d'). Voy. *Duplessis d'Argentré*.
Armaignac, famille. GG. 213.
Arnaud, famille. GG. 154.
Arondeau, famille. GG. 147.
Artaud, famille. GG. 120.
Artois (comte d'). AA. 4; — HH. 1.
Aubert (Faucon), chevalier de Limoges. GG. 208 (n° 47).
Aubreton, famille. GG. 188, 189, 200.
Aubusson, famille. GG. 43, 54, 93, 112, 210.
Aucamus, famille. GG. 133.
Audebert-de-Fontmobert, famille. GG. 48.
Audenard (*Aymeri*). GG. 209.
Audier, *Oudier*, *Hodier*, famille. CC. 1; — GG. 10, 106.
Audoin, *Audoy*, famille. GG. 48, 89, 102, 126 (*Philibert*, tapissier), 155.
Audubert, famille. GG. 163, 165.
Aufran, famille. GG. 159.
Auger, famille. GG. 163.
Augustin, famille. GG. 198.
Aulaire (le marquis de St). BB. 3.
Aumont (le maréchal d'). BB. 1.
Auriat, famille. GG. 163, 195.
Aury (*Guillaume*). GG. 208 (n° 44).
Auten, famille. CC. 1.
Autier, famille. GG. 155, 181:
Authier (du), famille. GG. 193.
Auvergne (d'). Voy. *Dauvergne*.
Avril, famille. GG. 28, 69, 75, 77, 84, 85, 86, 95, 192.
Avron, famille. GG. 125.

B

Bachelard, famille. GG. 146.
Bachélerie, famille. GG. 165, 199.
Bagnaud, famille. GG. 83.
Baignol, famille. AA. 7; — GG. 83, 124.
Baile, famille. GG. 171, 178.
Bailhot (*Martial*), juge de la Salle épiscopale. GG. 81.
Bailland, famille. GG. 171.
Baillot, famille. GG. 114 et suiv.
Bajauderie (de la), famille. GG. 182.
Balate, famille. GG. 162.
Balestier, famille. GG. 207.
Baleteau, famille. GG. 148.
Balezy, famille. AA. 7 (*Jean*, orfèvre); — GG. 200.
Baliaud, famille. GG. 131.
Bally, famille. GG. 162.
Balsse, famille. GG. 71 (*Pierre*, orfèvre; *Léonard*, id.), 73 (*Pierre*, id.; *Joseph*, id.).
Ban, famille. CC. 23.

Banc-Léger (*Hélie de*). AA. 1.
Bandel, famille. GG. 75.
Bandon, famille. GG. 211.
Bandy, famille. GG. 35, 48, 66, 114.
Barat, famille. GG. 146, 193.
Baraud, famille. GG. 176.
Barbaud, boulanger. HH. 2.
Barberie-de-la-Chataigneroie de Saint-Contest, intendant de Limoges. GG. 120.
Barbier (*Jean*), juge sénéchal d'Agen. GG. 77.
Bardou, famille. AA. 6 (*Léonard*, imprimeur), 7 (id.); — GG. 3, 10 (*Antoine*, id.), 20 (*Martial*, id.), 31, 33 (id.), 35 (*Léonard*, id.), 45 (*Martial*, id.), 62, 69 (*Jacques*, id.), 71 *Antoine*, id.), 73 (id.), 81 (*Martial*, id.), 85 (*Pierre*, id.), 106 (*Jacques*, id.).
Bardut, famille. GG. 119 (*Joseph*, sculpteur).
Dardaud, greffier. GG. 208 (nº 61), 218.
Bardel, famille. GG. 176.
Bardet, famille. GG. 194.
Bardin, notaire. GG. 208 (nºs 27, 29, 66).
Bardinet, famille. AA. 7; — FF. 2; — GG. 10, 12, 22 (*Jean*, libraire), 23, 24 (id., mº imprimeur), 26 (id., libraire, *bis*), 27 (id.), 28 (id.), 31, 32, 35 (id.), 41 (id.), 56, 58 (id.), 60 (id.), 83, 89, 94 (*Pierre*, id., *bis*), 115 (id.), 116, 118, 122 (*Michel*, id.), 135, 191 (*Martial*, id.), 211, 213, 214.
Bardon, famille. GG. 131.
Bardonnaud, famille. GG. 26, 28, 111, 170, 188, 200.
Barbau, famille. GG. 191.
Barèges, famille. GG. 111, 113, 120.
Barelhier, famille. CC. 1; — GG. 209.
Bargeas, famille. GG. 20 (*Etienne*, libraire), 23 (*Léonard*, id.; *Martial*, id.), 24 (*Léonard*, id.), 26 (id.), 28 (*Martial*, id., *bis*; *Pierre*, id; *Etienne*, id., *ter*), 31 (*Etienne*, id.), 37 (id.), 50 (*Joseph*, id.; *Etienne*, id.), 53 (*Léonard*, id.), 56 (*Etienne*, id.), 59 (*Léonard*, id.; *Martial*, id.), 60 (...., id.; *Pierre*, id.), 61 (...., id.), 83 (*Martial*, id., *bis*; *Etienne*, id.; *Léonard*, id.), 88 (*Léonard*, id.), 94 (*Etienne*, id.; *Pierre*, id.), 95 (*Joseph*, id., *alias*, relieur, *quater*), 103 (*Etienne*, id.), 115 (id.), 119 (*Léonard*, id.), 185, 190 (*Martial*, id.).
Barget, famille. GG. 131, 133.
Barier, famille. GG. 12 (*Mathieu*, émailleur), 74 (*Pierre*, id.).
Bariot, famille. GG. 77.
Barjon, famille. GG. 91.
Barnicaud, famille. GG. 146.
Barny, famille. GG. 7, 15, 94, 111, 112, 113, 116, 121 (*de Romanet*), 194.
Baron, famille. CC. 9; — GG. 33.
Baronnet, famille. GG. 110.
Barré, famille. GG. 132, 138.
Barrière, famille. GG. 26 (*Pierre*, tapissier), 28 (*J.-B.*, graveur; *Hierosme*, id.), 84 (*Pierre*, tapissier).
Barrot, famille. GG. 29, 31, 45, 62, 94.
Barthe, famille. GG. 85.
Barthélemy, famille. GG. 123, 124, 125.
Barton (*Jean*), évêque de Limoges. AA. 1.
Basset, famille. GG. 197.
Bastard, chancelier du comte d'Artois. HH. 1.
Bastide, famille. GG. 72.
Bastier, famille. CC. 1.
Bataille, famille. GG. 185.
Batay, famille. GG. 162.
Batissou, famille. GG. 177, 178, 183.
Batiste, famille. GG. 162.
Baubiat, famille. GG. 121, 125, 186, 188, 195.
Baudin, famille. GG. 62.
Baudon, famille. GG. 132, 198.
Baudras, famille. GG. 36.
Bauriau, famille. GG. 145.
Bauzelle, famille. GG. 164, 165.
Bayard, famille. CC. 1; — GG. 4.
Bayle, famille. GG. 144, 177, 194, 209.
Bazillac (de), famille. GG. 95.
Beaubreuil (*Jean de*), avocat et poète. BB. 2; — famille. GG. 20, 75, 78, 107, 110, 139, 140, 146, 173, 176, 178. Voy. *Breil*.
Beaubrun, famille. GG. 122.
Beaudemoulin, famille. GG. 137. Voy. *Debosdemouly*.
Beaufinet, *Beauphinet*, *Boffinet*, famille d'Aubusson. GG. 21, 77 (*passim*), 162.
Beaujan, famille. GG. 30.
Beaulaigue. Voy. *Beulaigue*.
Beaulieu (de), subdélégué. AA. 4; — CC. 13; — EE. 1.
Beaumesnil, *male Beauminy* (*Pierre de la Ruelle de*), membre de l'Académie des inscriptions. GG. 66.
Beaumont (*Christophe de*), archevêque de Paris. GG. 202.
Beaune (de), famille. GG. 42.
Beaupoil-de-St-Aulaire (de), famille. GG. 114.
Beauregard, famille. GG. 95, 154.
Beauvillers (de), famille. GG. 113.
Béchade, famille. GG. 181.
Béchameil, *Bechameys*, famille. GG. 20, 23, 24, 51, 53, 55.
Beerwinckel, famille. GG. 99.
Begogne, famille. GG. 33 (*Pierre*, tapissier, *bis*), 193 (id.).
Bekler, famille. GG. 168.
Beleix, famille. GG. 194.
Bellay (*Martin*), sculpteur. GG. 62, 115, 186, 190.
Belleville (de), famille. GG. 24.
Belloeil, famille. GG. 194.
Belot, famille. GG. 22.
Belut, famille. GG. 3, 192; — II. 2.
Belvezé-de-Jonchères, famille. GG. 44.
Benech, famille. GG. 169.
Beneyton, famille. GG. 75, 81.
Bennat, famille. GG. 153.
Benoit, famille. CC. 1; — GG. 2, 6, 8, 20, 31, 32 (*de Lostende*), 56, 114, 124, 155, 176, 186, 206, 208 (nº 30), 213, 221.
Béon (de), famille. GG. 120.
Bérange, famille. GG. 102.
Béraud, famille. GG. 87.
Berger, famille. GG. 142.
Bermondet, famille. GG. 206, 208 (nºs 37, 62).
Bermondie (de la), famille. GG. 20.
Bernard, famille. GG. 37, 121 (*François*, sculpteur), 122 (id.), 176, 217.
Berny, famille. GG. 116.
Bertrand, famille. GG. 28, 32 (*Jacques*, tapissier), 137.
Besse, famille. GG. 20, 22, 26, 55, 59, 111, 148, 154, 176.
Bessines, famille. GG. 82.
Betolaud, famille. GG. 200.
Betoule (*Jacques*), imprimeur. GG. 124; — famille. GG. 148, 200.
Beulaigue, *Beaulaigue*, famille. CC. 1; — GG. 11, 58 (*Pierre*, peintre; *Jean*, id.), 71, 84 (*Psalmet*, id.), 89 (id.). Voy. *Boileau*.
Beynau, famille. GG. 170, 188, 200.
Beynett. Voy. *Benoit*.
Beyrou (*Martial*), architecte. GG. 59.
Biarnay, famille. GG. 62.
Biays, famille. GG. 112.
Bidé (*Joseph*), intendant de Limoges. GG. 84.
Bigorie, famille. GG. 115.
Biencourt (de), famille. GG. 84.
Biennousvienne, famille. GG. 161, 162.
Bilhon (*H.*), vicaire de St-Pierre. GG. 13, 14.
Bilhon (*Martial*), bourgeois. GG. 28 (nº 37).
Billanges, famille. GG. 1, 3 (*Jean*, émailleur), 58 (*Nalias*, imprimeur), 83 (*Léonard*, imprimeur).

Biron, famille. GG. 200, 202 (frère *Andéol*), 205 (id.).
Blaitot, famille. GG. 48.
Blanchard, famille. GG. 3 (*Julien*, orfèvre), 5, 8 (id), 10 (*Joseph*, id.), 13 (*Julien*, id.), 20 (*Jacques*, id.), 28 (*Gui*, libraire), 29 (*Gabriel*, id.), 30, 31 (id.), 34 (*Pierre*, id.), 47 (id.), 50 (*Jacques*, id.), 52 (id.), 56 (id.), 57 (id), 59 (*Léonard*, id.), 61 et suiv., 63 (*Gabriel*, id.), 65 (*J.-B.*, id.), 69 (*Guillaume*, id.), 70 (*Julien*, id.), 71 (id.), 89, 95 (...., id.), 106 (*Joseph*, id.), 107 (*Julien*, id.), 123, 136, 191 (*Gabriel*, id.).
Blanche, famille. GG. 138.
Blancher, famille. GG. 187, 194, 196.
Blanchon, famille. GG. 32.
Blasi, famille. GG. 171.
Blémont, famille. GG. 146.
Blondeau, famille. GG. 101, 112, 114, 118, 122.
Blondeau de Laurière, famille. GG. 65, 102, 119.
Bodiat, famille, GG. 138.
Boileau *(Psalmet)*, maître peintre. GG. 54. Voy. *Beulaigue*.
Boine, famille. GG. 188.
Boisgourdon, famille. GG. 157.
Boisse, famille. CC. 15; — GG. 3 *(Joseph*, orfèvre; *Pierre* et *Léonard*, id.), 25, 96, 107 (*Joseph.*, id., *ter*), 173, 176, 178, 188, 204 (id., *Léonard*, id.).
Boisson, famille. GG. 197.
Bonabry, famille. GG. 137, 142.
Bonair, *alias Bonnœil*, famille. GG. 29, 59. 63.
Boncorps, famille. GG. 144.
Boneffan, famille. CC. 1.
Bonnadier, famille. GG. 31 (*Martial*, sculpteur), 63, 131, 132, 134, 138 (id.).
Bonnardel, famille. GG. 188.
Bonnardet, famille. GG. 146.
Bonnat, famille. GG. 10, 28, 117.
Bonnefons, famille. GG. 177, 179, 180.
Bonnet, famille. GG. 132, 148, 158, 175, 200, 206, 214.
Bonnetaud, famille. GG. 55, 145.
Bonneval (de), famille. GG. 35, 96, 208, nº 6 (*Jean*, sieur de Blanchefort), nºs 58, 61, 63.
Bonnin, famille. GG. 33, 34, 47, 56, 61, 65, 69, 118, 188, 221.
Bonnin-de-Nouit, famille. GG. 35.
Bonnin du Fraixeis. AA. 7.
Bonnœil. Voy. *Bonair*.
Bonnot, famille. GG. 154.
Bonny, famille. GG. 131.
Bonribau, famille. CC. 1.
Bony-de-Lavergne, famille. GG. 142.
Bordas, famille. GG. 26, 38, 108, 176.
Borde, famille. BB. 3; — GG. 126.
Bordeau. Voy. *Bourdeau*.
Bordelais, famille. GG. 144.
Bordier, acteur des Variétés. AA. 4.
Bordier, *Bourdier*, famille. GG. 3, 13, 33.
Borie, famille. GG. 171.
Borie (de la), famille. GG. 44.
Borye *(Etienne)*, vicaire, puis curé de St-Maurice. GG. 79, 83 et suiv.
Bosc *(Aimeri)*. GG. 209.
Bosseron, famille. GG. 194.
Botin *(Martial)*. GG. 208 (nº 49).
Botin *(Pierre)*, GG. 208 (nº 70).
Bott *(Gaspard)*. HH. 1.
Bouchard, famille. GG. 173.
Boucher *(Charles)*, sr d'Orsay, intendant. DD. 2.
Boucherat, famille. GG. 84.
Bouchеyron, famille. GG. 132, 134, 138.
Boudet, famille. GG. 126.
Boudier-Raby, famille. GG. 197.
Bouillet, famille. GG. 121.
Bouillon (le duc de), maréchal de France. BB. 2.
Bouillon, famille. GG. 87.
Boulaigue (M. de), fournisseur d'artillerie. CC. 22.
Boulainvilliers (*Jean-Louis*, comte de). GG. 33.
Boulaud, famille. GG. 200.
Boulen, *Boulain*, famille. GG. 116, 121, 191.
Boulestey, famille. GG. 108.
Boulet, famille. GG. 16, 88.
Boulhon, *Boulion*, *Boulhiout*, famille. GG. 3, 5, 12, 13, 31 (*Pierre*, imprimeur), 62 (id.), 208 (nº 73).
Boulicot, famille. GG. 131.
Boulaque, famille. GG. 135, 136, 139, 185, 194.
Bouquer, famille. GG. 197.
Bouquet, famille. GG. 131, 137, 142.
Bourbon (duc de). AA. 1.
Bourdeau, famille. GG. 33, 45, 97, 98, 119.
Bourdein, famille. GG. 161.
Bourdet, famille. GG. 146.
Bourdon, famille. GG. 173.
Bourdonnois (le), famille. GG. 94.
Bourgay, famille. GG. 144.
Bourgogne (le duc de). BB. 3.
Bourgogne *(Marguerite de)*, vicomtesse de Limoges. GG. 208 (nº 48).
Bourgouin, famille. GG. 200.
Bouriaud *(Jacques)*, boulanger. HH. 2.
Bouriquaud, famille. GG. 138.
Bourseyron, famille. GG. 148.
Bourzès, famille. GG. 165.
Bousier, famille. GG. 115, 190.
Boutaud, famille. GG. 175.
Boutaudon, famille. GG. 171.
Boutet, famille. GG. 99.
Boutineau *(Jean)*, archiprêtre de La Meyze. GG. 16; — famille. GG. 78, 95, 98, 99, 164, 165, 198.
Bouty, famille. GG. 213, 214.
Bouyer, famille. GG. 145, 187.
Bouyol, *Boyol*, famille. GG. 9, 132.
Bouzogne, famille. GG. 145, 197.
Boyer, famille. AA. 7; — GG. 26, 200 *bis*, 209.
Boys, famille. GG. 23.
Boys (du). Voy. *Duboys*.
Brabant *(Pierre)*, lanspessade. GG. 59.
Brachet (de), famille. GG. 98.
Brandon *(Michel)*. GG. 208 (nº 67).
Brault, famille. GG. 137.
Bray, famille. GG. 144.
Bregefert, famille. GG. 21.
Brégéras, famille. GG. 178.
Breu, famille. GG. 206.
Breuil, *Brueil*, *Breyl*, *Breilh*, *Beaubreilh*, famille. GG. 3 (*Martial*, libraire; *alias* relieur, *ter*), 62, 155, 194. Voy. *Dubrueilh*.
Breteuil (M. de), ministre. BB. 5; — GG. 202.
Brette (de), famille. GG. 124.
Brevis, Notaire. GG. 208 (nº 6), 209.
Bricaille, famille. GG. 35 (*Gabriel*, orfèvre).
Brudières (de), famille. GG. 83.
Brie, famille. GG. 158.
Briest, famille. GG. 121.
Brifoulier *(Henri)*, écuyer, capitaine au régiment de Piémont. GG. 3.
Brissaud, famille. GG. 71, 75, 196.
Brisset, famille. GG. 45.
Brosse (Gui de la), chevalier. GG. 208 (nº 71).
Brouchaud, famille. GG. 40.
Brouchont, famille. GG. 121.
Brouhau, *Brouaud*, famille. GG. 131, 133, 196.

Broullaud, famille. GG. 142; — II. 2.
Brousse (de la), famille. GG. 8.
Brousseaud, famille. AA. 7; — GG. 198.
Brousseaux, famille. CC. 22; — DD. 3, 5.
Bruchard-de-la-Pommélie, famille. GG. 117.
Brugeau, famille. GG. 147.
Brugère, *Brugière*, famille. GG. 4, 20, 56, 88, 95, 154, 155.
Brun, famille. GG. 45, 53.
Brun-de-Butler, famille. GG. 112.
Brunet, famille. GG. 169, 183, 184.
Brunet, famille. GG. 42, 99 *(de Pougol)*.
Brunie, famille. GG. 167.
Brunier, famille. GG. 33, 37, 120.
Buelly, famille. GG. 71.
Bugeaud-de-la-Piconnerie (*Thomas-Robert*, maréchal). GG. 35; — famille. GG. 65.
Buisson, famille. GG. 134, 160, 196.
Bullat, famille. GG. 35, 155.
Buraud, famille. GG. 178.
Bureau, famille. GG. 131, 142.
Burgueil, famille. GG. 73.
Burlat, famille. AA. 7.
Busson, famille. GG. 168.
Buxeraud *(Bertrand)*, sculpteur. GG. 81 *(bis)*, 82, 83 *(ter)*, 89.

C

Cabanis, famille. GG. 164, 165.
Caboutin, *Cabouty*, famille. GG. 108 (*Pierre*, peintre; *Jean*, id.).
Cacatte, famille. AA. 7; — GG. 155.
Cadié, ingénieur. DD. 1.
Caillau, famille. GG. 197.
Caliabot, famille. GG. 131, 135.
Calignon (de), famille. GG. 35.
Canardou, famille. GG. 198.
Canténac, famille. GG. 114
Carbonnières (de), famille. GG. 93.
Cardinal, famille. GG. 183.
Carnot, famille. GG. 30.
Carqueil, famille. GG. 32 (*Jacques*, libraire), 45 (id.).
Carri, famille. GG. 163.
Carrier *(Antoine)*, docteur en théologie. GG. 26.
Cars (le marquis des), gouverneur du Limousin. AA. 3; — BB. 3, 4; — EE. 1; — GG. 205.
Cartau *(Antoine)*, tapissier. GG. 110.
Cartier, famille. GG. 135.
Carvalay, famille. GG. 107.
Casse, famille. GG. 197.
Castelnau, famille, GG. 156.
Castillon (le sr). II. 2.
Castonet *(Isaac)*, tapissier. GG. 110.
Catalifaud, famille. GG. 146.
Catherinaud, famille. GG. 183.
Cathue, famille. GG. 26 (*Jean*, libraire), 27, 28, 42.
Catin, famille. GG. 184, 195.
Cattinaud, famille. GG. 133.
Caveton, famille. GG. 162.
Cayman, famille. GG. 177.
Cazot, famille, de Montauban. GG. 22.
Celé, famille. GG. 162.
Celerier, famille. AA. 7; — GG. 139, 147, 154, 177, 198.
Celière, famille. GG. 2 (*Jean*, orfèvre), 4 (id.), 7 (*François*, id.), 20 (*Léonard*, id.), 26, 55, 113, 117.
Celle *(Etienne de la)*, écuyer, sr du Plaix. GG. 28.
Chabanes, famille. GG. 191.
Chabaud, famille. GG. 167, 168.
Chabelard, famille. GG. 176, 178, 181, 182, 185.
Chabodie, famille. GG. 158, 191.
Chabrier, famille. GG. 148.
Chabrol, *Chabrou*, *Chabrout*, famille. GG. 12, 20, 32, 33, 46, 50, 52, 57, 66, 90, 114, 115, 116, 117, 148, 155, 167, 178, 187, 193, 195, 197.
Chamberet (le sieur de), lieutenant général. BB. 2.
Chambinaud, famille. GG. 15, 158, 159.
Chambon, famille. CC. 1; — GG. 3, 11, 70, 79, 94, 118, 119, 120.
Chamborant (de), famille. GG. 91, 120.
Chamboux, famille. GG. 83.
Chamiot-Avanturier, famille. GG. 126.
Champaignac *(Jacques)*, prévôt de St-Martin de L... GG. 70.
Champalimaud, famille. GG. 20, 22, 24, 26, 33, 55, 57, 200 *bis*.
Champeyre, famille. GG. 60.
Champi, famille. GG. 159.
Chandos *(Jean)*, vicomte de St-Sauveur. GG. 208 (no 2).
Chantoys de l'Aumônerie, famille. GG. 81.
Chapelas, famille. GG. 47 (*Etienne*, tapissier), 82, 120 (id.).
Chapotte, famille. GG. 188.
Chapoulaud, famille. GG. 3 (*Nicolas*, libraire), 12 (id.), 20 (*Martial*, me imprimeur), 22, 23 (id.), 24 (id.), 28 (*Jean*, id.), 29 (id. *bis*), 33 (*Martial*, id.), 35 (*François*), 46 (*Pierre*, id.), 51 (*Martial*, id.), 53 (id.), 55 (id. *bis*), 60 (*Jean*, id.), 64 (*Pierre*, id.), 65 (*Martial*, id.), 107 (*Nicolas*, id.), 148, 192 (*Martial*, id.; *Pierre*, id.); — II. 1 (*Martial*, id.).
Chapelle *(Léonard de la)*, curé de St-Domnolet. GG. 16.
Chappetot, famille. GG. 81, 173.
Charbonnier-Pachy *(François)*, imprimeur. GG. 25, 26 *ter*, 27, 28, 41, 58, 119.
Charchoury *(J. de)*, notaire. GG. 208 (no 68).
Charenton, famille. GG. 146.
Charles IV, roi de France. GG. 208 (no 36).
Charles V. AA. 1; — CC. 16; — GG. 208 (nos 3, 8, 12, 15, 16, 27, 34, 40, 42, 43, 55).
Charles VI. GG. 208 (nos 7, 53).
Charles VII. AA. 1; — GG. 208 (nos 30, 46).
Charles VIII. GG. 208 (no 28).
Charles IX. GG. 206.
Charrier, famille. GG. 173.
Chasault, famille. GG. 138.
Chaselas, famille. GG. 197.
Chassagne, famille. GG. 135, 150 (*Léonard*, peintre, *bis*), 151 (id., *bis*), 177, 178, 182, 184.
Chastaigniac, *Chasteniat*, famille. GG. 9, 23, 28, 29, 31, 32, 44, 59, 64, 113, 121, 122.
Chastanet (de), famille. GG. 107.
Chasteau, famille. GG. 139.
Chastaing, *Chasteins*, famille. GG. 29 (*J.-B.*, orfèvre), 31 (*Jean*, id.), 32, 45, 46, 62 (*Léonard*, id.), 63 (*Jean*, id.), 94 (id.), 155, 197.
Chataigner, famille. GG. 200 *bis*.
Chatard, famille. GG. 155, 200 *bis*.
Chataud, famille. GG. 126, 138.
Chateau, famille. GG. 145, 173, 197.
Chateauvert (de), famille. GG. 94.
Chatel, assassin de Henri IV. BB. 2.
Chatelin, famille. GG. 166.
Chatenet, famille. GG. 181, 187.
Chatfort, famille. CC. 1.
Chatonier, famille. GG. 165.
Chatus, famille. CC. 1.
Chaud, famille. GG. 18, 117.
Chaudet, famille. GG. 158.
Chaumette, famille. GG. 21, 36.
Chaumont (de), intendant. CC. 7; — GG. 121, 202.
Chaumonteil (*Guillaume de*), écuyer, de Normandie. GG. 20, 21.
Chaussonier (*Pierre*), exécuteur des hautes œuvres. GG. 62.

Chauveau, famille. GG. 138, 196.
Chauveron (de), famille. GG. 35.
Chauvet (de), famille. GG. 177.
Chauvin, famille. GG. 192 (*Joseph*, architecte).
Chavaignac, famille. GG. 72, 132, 139.
Chaveroche, famille. GG. 132, 134.
Chazal, famille. GG. 102.
Chazard, famille. GG. 91.
Chazaud, famille. GG. 26 (*Pierre*, graveur), 35, 171.
Chérut, famille. GG. 132.
Chevaille (*Étienne de*), docteur en théologie, doyen de Limoges. GG. 30; — famille. GG. 109, 112.
Chevalier, famille. GG. 22, 26, 148, 154, 173, 206.
Cheylus (*Joseph–Dominique de*), évêque de Bayeux. GG. 202.
Cheyrou, famille. GG. 32, 33, 46, 64, 186, 197.
Cheyssou, famille. GG. 26.
Chezaud (*frère Jean*). GG. 208 (nº 51).
Chinkle, famille. GG. 101.
Cholet (*François*), imprimeur. GG. 26 *bis*, 88, 110, 111, 114.
Choreix, famille. GG. 197.
Chorlon-de-Saint-Léger, famille. GG. 192.
Chotar, famille. GG. 200 *bis*.
Chouly (*Yriciæ de*), sieur de Permangle, gouverneur de Limoges. BB. 3.
Choury, famille. GG. 27, 28, 31, 42, 43, 58.
Chouvey, *Chosven*, famille. GG. 26 (*Élie*, émailleur), 27 (id.).
Cibot, *Cybot*, famille. GG. 2, 3, 6, 9, 10, 24, 25, 26, 27, 31, 32, 33, 41 et suiv., 54 et suiv., 63, 80, 81, 82, 83, 89, 96, 98, 99, 110, 122, 123, 171, 180, 188, 206, 213, 214.
Clary, famille. GG. 16.
Claude (*François*), sculpteur. GG. 26, 28, 42.
Claudet, famile. GG. 126.
Clément, famille. GG. 2, 142.
Cluseaux, famille. GG. 20 (*Jean*, architecte), 23 (id.), 26 (id.), 61, 82 (*François*, id.), 113 (id.).
Cortlosquet (*Jean-Gilles de*), évêque de Limoges. GG. 192. 202.
Cœurderoy, famille. GG. 145.
Cogniasse, famille. AA. 7; — GG. 20, 22, 24, 56, 125 (*du Carrier*).
Cognus, famille. GG. 132.
Collin, *Coulin*, famille. GG. 23 (*Martial*, tapissier), 53 (id.).
Collinet, *Coliny*, famille. GG. 85, 89, 90, 91.
Collusson, famille. GG. 111, 113, 114, 175.
Colomb, famille. GG. 64, 98.
Colombi, famille. GG. 164.
Colon, famille. GG. 144.
Combe, famille. GG. 154, 194 (*François*, orfèvre).
Combret, famillé. GG. 161.
Commet, famille. GG. 168.
Complainville (de), famille. GG. 117.
Compreignac (de), famille. GG. 186.
Condat, famille. GG. 131, 136.
Constant, famille. GG. 82, 106, 186, 192, 197.
Constantin, famille. GG. 188.
Contet, régisseur. CC. 9.
Corberon (Mr de), intendant du Limousin. GG. 77.
Cordes (de). Voy. *Decordes*.
Cortey. Voy. *Courteiæ*.
Cortin, famille. GG. 94.
Cosnac (de), famille. GG. 182, 183.
Cossas, famille. EE. 1; — GG. 170.
Coste, famille. GG. 156.
Cotebony, famille. GG. 131.
Couder, famille. GG. 173, 183.
Coudre. Voy. *Delacoudre*.
Couhé-de-Lusignan (de), famille. GG. 120 *bis*.
Couillaud, famille. GG. 20 (*Jean*, tapissier), 22 (id.), 24 (id.), 26 (id.), 51 (id.), 55 (id.), 57 (id.).
Couille, famille. GG. 138.
Coulanges (de), famille. GG. 95.
Coulaud, famille. GG. 196.
Coulin. Voy. *Collin*.
Coullot, famille. GG. 138.
Coulomb, famille. GG. 23, 24, 25, 39, 41, 42, 53 et suiv.
Cour, *Court*, *Cortz*, famille. GG. 3 (*Jean le jeune*, émailleur, *bis*), 7 (id.), 9 (id.), 10 (id., appelé *Jean Vigier*).
Couraud, famille. GG. 135, 136, 137, 138.
Courselot (le capitaine). GG. 158.
Courtaud (*Hilaire*), orfèvre. GG. 221.
Courteix, *Cortey*, *Courtois*, famille. CC. 1; — GG. 28, 69, 77, 88, 201 (*Martial*, peintre).
Courville (baron de). AA. 4.
Cousin, famille. GG. 170, 200.
Coussinaud, famille. GG. 139.
Coussy, famille. GG. 196.
Coutission, famille. GG. 158.
Couturier, famille. GG. 200.
Couturon, famille. AA. 7.
Couvidou, famille. GG. 186.
Cramaille, famille. AA. 7.
Cramouzaud, famille. GG. 33.
Croche, famille. GG. 121.
Croisier, famille. GG. 28 (*François*, imprimeur), 29 (*Jean*, id.).
Cros, famille. GG. 167.
Crouchier, famille. GG. 131.
Crussol-d'Uzès (*François de*), évêque de Blois. GG. 202.
Cruveilhier, famille. GG. 126.
Cruzy, famille. GG. 26.
Cycart, famille. GG. 144.
Cyr (de St), famille. GG. 122.

D

Dachès, famille. GG. 121, 122, 123.
Dacheter, famille. GG. 20.
Dada, famille. GG. 157.
Dalesme, famille. GG. 16, 29, 32, 33 (*François*, libr.-impr., *bis*), 34, 47, 58, 61 (....., libraire), 63 (*J.-B.*, id.), 64 (id., *bis*), 77, 100 (*François*, id.), 150, 182 (id.).
Damet, famille. GG. 195.
Damin, famille. GG. 146.
Darfeuille, notaire. GG. 212.
Daniel, famille. GG. 3, 47, 63; (*de Guirenne*).
Dantraygas, famille. GG. 23, 126 (*J.-B.*, imprimeur).
Darche, famille. GG. 158.
Dargente, famille. GG. 178.
Darnac, famille. GG. 37, 206 (*Étienne*, peintre).
Darnet, famille. GG. 136.
Darsy, famille. GG. 117.
Dartigeas, famille. GG. 119, 120.
Dartou, famille. GG. 118, 196.
Dassier, famille. GG. 121.
Daudet, famille. GG. 28 (*Martial*, imprimeur).
Daudon, famille. GG. 140.
Daujan, famille. GG. 165.
Daureilh, famille. GG. 211.
Dauryat, famille. GG. 98.
Dautrec (Mr). GG. 159.
Dauvergne, famille. GG. 6, 85, 108, 206, 208 (nº 30).
David, famille. GG. 9, 19 (*Jean*, sculpteur), 31, 32, 41, 45, 56, 63, 74, 81 (id.), 115, 116, 121, 191 (*Marc*, graveur), 195, 226.
Dayma, famille. AA. 7.
Deaux, famille. GG. 26, 55.
Deblonde, famille. GG. 155.
Debosdemouly, famille. GG. 132, 138.

Debroa, famille. GG. 36 (*Maureil*, imprimeur), 77, 79, 81, 82, 83 (id.), 89.
Debuat, *Debuct*, famille. GG. 26, 113.
Dechès, famille. GG. 33, 100.
Decondat, famille. GG. 134.
Decordes, *Descordes*, famille. GG. 6 (*Jacques*, libraire), 9, 10, 20, 25, 69 (id.), 106, 132, 133, 134, 135, 175, 179, 186.
Decourteix, famille. GG. 102.
Decubes, famille. GG. 26, 114.
Dedouhet. Voy. *Douhet (de)*.
Defarges, famille. GG. 131.
Defer, famille. GG. 123.
Degain, famille. GG. 183.
Deglane, famille. GG. 196.
Degot, famille. GG. 195.
Dejanaliac, famille. CC. 1.
Dejulien, famille. GG. 2, 3, 9, 11, 15, 106, 206, 208 (nº 52).
Delaborde, famille. GG. 161.
Delabruelhe, famille. GG. 42.
Delacharlonye, famille. GG. 109.
Delachauvinnerie, régisseur. CC. 9.
Delachassaigne, famille. GG. 95.
Delacoudre, famille. GG. 157, 200 *bis*.
Delacouture, famille. GG. 163.
Delafon, famille. CC. 1.
Delagasnerie, famille. GG. 165, 168.
Delage, famille. GG. 32 (*François*, imprimeur), 125.
Delamotte, régisseur. CC. 9.
Delamour, famille. GG. 186.
Delaplanche, famille. GG. 132.
Delaquintenie. Voy. *Laquintinie*.
Delaroche. Voy. *Roche (de la)*.
Delarue, famille. GG. 157, 188.
Delatouille, famille. GG. 131, 132, 171.
Delatreille-du-Ponter, famille. GG. 94.
Delauze, famille. GG. 124, 125.
Delavauzelle, famille. GG. 168.
Delavergne, famille. GG. 163.
Delescuras, famille. GG. 133.
Delor, famille. GG. 42.
Delouys, famille. GG. 133.
Deluret, famille. GG. 116 (*Bertrand*, imprimeur), 121 (id.), 163, 187, 191 (id.), 200.
Delvalat, famille. GG. 163.
Demare, famille. GG. 114.
Demathieu, famille. GG. 171.
Demoulin, famille. GG. 183.
Dénard (*Jean*), orfèvre. GG. 33.
Deneufville, famille. GG. 187.
Denis, famille. GG. 139, 144, 162, 183, 185, 200.
Denoier, famille. GG. 28.
Denouveau, famille. GG. 211.
Dentreigas. Voy. *Dantraygas*.
Depéret, famille. GG. 32, 121, 122, 200.
Depetiot, *Petiot*, *de Petiot*, famille. GG. 6, 10, 12, 50, 106, 107, 120 (*du Masbouchet*), 178, 179, 180, 211.
Depousses (*Jean*), imprimeur. GG. 114.
Deprès, famille. GG. 12.
Deproge, famille. GG. 200.
Derreisseys, famille. GG. 135.
Deroussy, famille. GG. 139.
Desbordes, famille. GG. 185, 188.
Deschamps, famille. GG. 2, 4, 6, 22 (*Pierre*, mᵉ imprimeur), 80, 89 (*Pierre*, mᵉ sculpteur, *bis*), 91 (id.), 92 (id.), 110 (*Pierre*, impr.), 111, 139, 154, 200 *bis*, 206.
Descombes, famille. GG. 31 (*Jacques*, orfèvre), 134, 158.
Descordes. Voy. *Decordes*.
Descoutures (le sieur), avocat du Roi. BB. 2; — famille. GG. 88, 112.
Desplottes, famille. GG. 9 (*Léonard*, orfèvre), 10, 57, 69, 106 (*Pierre*, id.), 121.
Desmaisons, famille. GG. 70, 77, 90, 93, 107, 109, 112, 135, 136, 147, 173, 174.
Desmares, notaire. GG. 208 (nº 40).
Desmarestz, famille. GG. 88.
Desmichel, famille. GG. 26.
Despeyrut, famille. GG. 42.
Despuys, famille. GG. 79.
Desraine, famille. GG. 100, 101, 102, 103, 104, 105.
Desroches, famille. GG. 26 (*Nicolas*, sculpteur *bis*), 27 (id.), 28 (id.), 42 (id.; *René*, id.), 60 (*Nicolas*, id.), 65.
Dessables, famille. GG. 24 (*Martin*, imprimeur), 26 (id.), 27, 28, 60, 91 (*Léonard*, id.), 113 (*J.-Martin*, id.).
Desudrat, famille. GG. 187.
Desvergnes, famille. AA. 7; — GG. 98, 124, 126.
Desvignes, notaire. GG. 212.
Dethiat, famille. GG. 177.
Detruffy, famille. GG. 211.
Devalat, famille. GG. 133.
Devarnet, famille. AA. 7; — GG. 125.
Devaux, famille. GG. 136.
Devillard, famille. GG. 106 et suiv., 171.
Devoyon, famille. AA. 7; — GG. 84, 170.
Diacre, famille. GG. 188.
Didier, famille. GG. 108.
Dillon, famille. GG. 73.
Dinamandi. Voy. *Dinematin*.
Dinematin, *Dinamandi*, famille. CC. 1; — GG. 2, 3, 12 *(dit le Daurat)*, 20, 32, 47, 61 *(des Salles)*, 106.
Dominique, famille. GG. 31.
Donèves, famille. GG. 165, 166.
Donnefort, famille. GG. 161.
Dorat, famille. GG. 40, 145, 182, 188.
Douhet, *de Douhet*, *Dedouhet*, *de Doyet*, famille. GG. 1, 5, 6, 7, 12, 13, 16, 25, 44, 54, 56, 57, 72, 77, 99 *(du Puymoulinier)*, 172, 173, 174.
Doulhac *(Pierre)*, mᵉ écrivain. GG. 38; — famille. GG. 161.
Dourneau, famille. GG. 176.
Dreyer, famille. GG. 99.
Droictz, famille. GG. 10.
Drouillette, famille. GG. 120.
Droulhou, famille. GG. 158.
Dubec, famille. GG. 138.
Duberce, famille. GG. 163.
Dublon, famille. GG. 147.
Dubois, famille. GG. 3, 9, 11, 18, 25, 26, 41, 44, 106, 112, 133, 161, 192 *(de la Briolière)*, 198, 200, 221; — II. 2.
Dubouchet, famille. GG. 187.
Dubourg, famille. GG. 200 *bis*.
Dubrueilh, *alias Breuil*, famille. GG. 31 (*Léonard*, libraire), 33, 95 (id.), 101, 119 (id.).
Dubuisson, famille. GG. 31.
Duchazaud, famille. GG. 161.
Duchesne, famille. GG. 28 (*Antoine*, sculpteur), 29 (id.), 31, 35, 44 (id.), 48, 60 (id.), 61, 62 (*Jacques*, id., *bis*), 63, 94, 123.
Duchez *(Antoine)*, orfèvre. GG. 33.
Duclos-du-Verger, famille. GG. 192.
Duclou, famille. GG. 39, 119 *(Léonard)*.
Ducouret, famille. GG. 183, 200 *bis*.
Ducros, famille. GG. 126.
Dufaure, famille. GG. 42, 157.
Dufour, famille. GG. 117, 188.
Dufourneux, famille. GG. 31 (*Pierre*, imprimeur), 62 (id.), 171.
Dugarry, famille. GG. 158.
Dugeny, famille. GG. 171.

Dugier, famille. GG. 182.
Dugot, famille. GG. 154.
Dujardin, famille. GG. 158.
Dujoly, famille. GG. 133.
Dumas, famille. GG. 28, 44, 81, 95, 102, 154, 182, 200 *bis*.
Dumay, *Dumès*, *Dumet*, *Demès*, *Demay*, famille. GG. 26 (*Pierre*, tapissier), 28 (id., *bis*; *Antoine*, id.), 33 (*Mathieu*, id.), 54 (*Jacques*, id.), 119 (*Pierre*, id.), 121 (id.), 191 (id.), 194, 197.
Dumenus *(Jacques)*, peintre. GG. 126.
Dumonseau, famille. GG. 92.
Dumont, famille. GG. 25.
Dumonteil, famille. GG. 133.
Dumontet *(François)*, écuyer, sieur de la Colonge. GG. 30.
Dupasquier, famille. GG. 188.
Dupet-de-Latreille, famille. GG. 160.
Dupeyrat, famille. CC. 1; — GG. 1, 2 (*Hélie*, orfèvre), 10, 15, 18, 80, 112, 140, 207, 209, 211.
Dupeyront, famille. GG. 132.
Dupin, famille. GG. 5, 11, 26, 134.
Duplessis, famille. GG. 132, 134, 135, 157.
Duplessis-d'Argentré *(Charles-Louis)*, évêque de Limoges. GG. 35, 100, 193, 202.
Duplessis-d'Argentré *(J.-B.)*, évêque de Séez. GG. 202.
Dupont, famille. CC. 1.
Duprat *(Pierre)*, tapissier. GG. 113; — famille. GG. 138, 175, 176, 177.
Dupré, famille. GG. 18, 21, 25, 26, 28 (*Léonard*, tapissier), 33, 42, 84, 120, 150, 191, 199.
Dupuimoulinier, famille. GG. 183.
Dupuy, famille. GG. 88, 119, 120, 121, 122, 123, 142, 187, 188, 193.
Dupuytren, famille. GG. 47.
Duquet, famille. GG. 185.
Durand, famille. GG. 71, 73, 84, 121 *(du Boucheron)*, 156, 200, 208 (nº 44).
Durand de Richemont. AA. 7.
Durecaix, famille. GG. 132.
Durenay, famille. GG. 200.
Durfort *(Raymond de)*, archevêque de Besançon. GG. 202.
Duribeux, famille. GG. 65, 196.
Durivaud, famille. GG. 161.
Duronge, famille. GG. 144.
Durousseau, famille. GG. 98, 126, 133, 177.
Duroux, famille. GG. 121, 139, 148, 154, 173, 198, 200.
Duteillet, secrétaire du Roi. GG. 208 (nº 4).
Duthueil, *Duteyt*, famille. GG. 3, 11, 26, 58, 60.
Dutreuil, *Dutreil*, *Dutreix*, famille. AA. 7; — GG. 17, 33, 56, 95, 145, 197.
Duval, famille. GG. 35 (*Pierre*, orfèvre), 48 (id.).
Duvon, famille. GG. 171.

E

Ebrart, famille. GG. 95.
Échassériaud, famille. GG. 125.
Échaupre, famille. GG. 47.
Édouard, prince de Gales. AA. 1.
Édouard III, roi d'Angleterre. GG. 208 (nºs 10, 17).
Édouard, prince de Galles, dit le *Prince Noir*. GG. 208 (nº 13).
Élesme, famille. GG. 2.
Élinore, famille. GG. 166.
Énap *(Louis)*, dit Comte, de Montauban. FF. 1.
Épernon (le duc d'), gouverneur du Limousin. BB. 2.
Esmoingt, famille. GG. 81, 95, 181 *(de la Grillère)*.
Espagne (Roi d'). GG. 63, 84.
Étienne de la Rivière. AA. 7; — CC. 22.
Évrard, famille. GG. 91 (*Jean*, tapissier).
Expilly (l'abbé d'). AA. 5.
Eymard, famille. GG. 194.
Eyraud, famille. GG. 147.
Eyront, famille. GG. 166.
Eyver, famille. GG. 131.

F

Fabre, famille. GG. 132.
Fabrier, famille. GG. 120.
Fagas, famille. GG. 81.
Fagrois ou Fagoua (de), famille. GG. 152.
Failly (de), famille. GG. 66.
Falot, famille. GG. 154.
Fargeaud, famille. GG. 195.
Fargeyron, famille. GG. 78.
Fargue, famille. GG. 108 (*Jacques*, émailleur).
Farist, famille. GG. 160.
Farne, famille. AA. 6 (*Jacques*, imprimeur); — BB. 4 (id.); — DD. 3 (id.); — GG. 28 (*Gabriel*, id.), 29 (id., libraire), 31 (*Jacques*, id., *bis*), 35 (id.), 45 (*Gabriel*, id.; *Jacques*, id.), 47 (*Jacques*, id.; *J.-B.*, id.), 58 (*Gabriel*, id.), 59 (id., *bis*), 62 (*Jacques*, id., *bis*), 63 (*J.-B.*, id.), 64 (*Jacques*, id.), 161, 171, 214.
Faucher, famille. GG. 156.
Faucon, imprimeur à Poitiers. EE. 2.
Faucon, dit Terrasson, famille. GG. 22 (*Martial*, émailleur; *Antoine*, id.), 25 (*Martial*, id.; *Pierre*, id.), 26 (*Martial*, id., *bis*), 28 (id.), 54 (*Antoine*, id.), 56 (*Martial*).
Faudrant-de-Laval *(Toussaint de)*, capitaine de cavalerie. GG. 31.
Faudry, famille. GG. 176, 178.
Faugère, *Faugères*, famille. GG. 59, 99, 100, 101, 116 (*Jean*, tapissier), 119 (*Antoine*, id.), 200.
Faugier, famille. GG. 132.
Faugièras, famille. GG. 134.
Faure, famille. AA. 7; — GG. 28, 47, 110, 115, 119, 126, 136, 145, 154, 178, 191 (*Jean*, imprimeur), 198.
Faureau, dit Franciquet, famille. GG. 181, 182, 185.
Faurie, famille. GG. 197.
Faurisson, famille. GG. 46, 62, 132, 198.
Faute, *Faulte*, famille. GG. 28, 40, 61, 62, 80, 123 (*de Marsac*), 124 (*de Vanteaux*; — *du Buisson*), 144 (*de Marsac*), 185, 200 *bis* (*de Puydutour*).
Favart, famille. GG. 112, 122, 124 (*de Moulins*).
Favit, famille. GG. 176.
Faye, famille. GG. 26 (*Martial*, libraire), 27 (id.), 28 (id.), 42 (id., imprimeur), 43, 58 (id., libraire), 133, 142, 198.
Faye-Gerlande (de), famille. GG. 80 *bis*.
Feiry, famille. GG. 196.
Fernoël-de-Nieuil (le marquis de). GG. 31.
Ferré, famille. GG. 94.
Ferron de la Ferronays *(Jules-Basile)*, évêque de Lisieux. GG. 202.
Fésibet, famille. GG. 119.
Feuillade (Mr de la). GG. 179.
Feuvre *(Élisabeth)*, supérieure des sœurs de l'Instruction chrétienne. GG. 50.
Feydeau, famille. GG. 94.
Filiastre, famille. GG. 31, 62, 63.
Filibert (St). II. 1.
Filz, famille. GG. 22, 25, 26, 56.
Fitz-James *(Jacques de)*, gouverneur du Limousin. AA. 3, 4; — BB. 3; — CC. 11, 15, 22, 23; — DD. 1, 5; — EE. 1; — GG. 205.

Flacard, famille. GG. 33 (*Pierre*, libraire), 192 (id.).
Flecher, famille. GG. 99.
Fleurat, famille. GG. 198.
Florentin (de St), ministre. AA. 3; — GG. 121.
Floret, famille. GG. 96.
Flory, famille. GG. 26, 28, 42, 131.
Fondan (de), famille. GG. 81.
Fondeville, famille. GG. 178.
Forceville, régisseur. CC. 9.
Foreau. Voy. *Faureau*.
Forges *(Pierre de)*, courrier de cabinet du Roi. GG. 76.
Formier, famille. GG. 206.
Forsse, famille. GG. 158.
Fort, famille. GG. 185.
Foucalet, famille. GG. 101 (*Jean*, tapissier).
Foucaud, famille. GG. 22, 23, 26, 52, 200.
Fougué, famille. GG. 133.
Fouque, famille. GG. 99.
Fourestier, famille. GG. 186.
Fourisson, famille. GG. 148.
Fournaud, famille. AA. 7.
Fournier, famille. AA. 7; — GG. 194, 195, 196, 197, 198.
Fouveau (de), famille. GG. 90.
Fraisseix, famille. GG. 39, 154, 173.
Francboisie (de la), famille. GG. 22.
Francilhou, famille. GG. 131, 154.
Franciquet, famille. GG. 100, 126. Voy. *Faureau*.
François Ier, Roi de France. GG. 208 (nos 58, 67).
Frangnie (de la), famille. GG. 42.
Fraud (de St), famille. GG. 157.
Fredon, famille. GG. 99.
Freixinaud, famille. GG. 114.
Frémontel, famille. GG. 136.
Fressanges (de), famille. GG. 121. Voy. aussi *Léonard*.
Frisson, famille. GG. 88.
Frizon, famille. GG. 195.
Froissent, famille. GG. 200 *bis*.
Froment, famille. GG. 31, 45, 136, 142, 192, 198.
Froment (de), famille. GG. 5.
Frugier, famille. GG. 145, 195.
Fumade, famille. GG. 161.
Fumée (*Jean*). CC. 12.
Fumel (de), à tort *Femel*, famille. GG. 114.

G

Gadaud, *Gadault*, famille. GG. 6, 16, 18, 111, 114, 115.
Gaignadour, famille. GG. 26.
Gal, famille. GG. 160.
Galand, famille. GG. 88, 131.
Galhard, famille. GG. 16.
Gallineaud, famille. GG. 132, 136.
Gallinet, famille. GG. 134.
Gamand, notaire. GG. 208 (no 38).
Gandois, famille. GG. 145, 186.
Ganit *(Mathieu)*, imprimeur. GG. 94.
Ganny, famille. GG. 124, 125, 126, 134, 137, 144, 170, 194, 200.
Gantin, famille. GG. 163.
Garabœuf, famille. GG. 126.
Garat, *Garath*, famille. AA. 7; — CC. 1, 3, 16, 22, 32, 42, 54, 96, 97, 98, 148, 200 *bis*.
Garaud, famille. GG. 156.
Garnier, famille. GG. 138, 159.
Garreau, famille. GG. 77, 158, 159.
Garreau (du), famille. GG. 83.
Gassi (de), famille. GG. 162.
Gaste *(Louis)*, chevalier. GG. 208 (no 50).
Gastineau, famille. GG. 90.
Gaston, famille. GG. 34, 35, 155.
Gaudin, notaire. GG. 208 (no 75).
Gaudon, famille. GG. 106.
Gaudy, famille. GG. 51.
Gaugand, famille. GG. 211.
Gault, famille. GG. 136.
Gaumy, famille. GG. 195.
Gautier, famille. GG. 182, 208 (no 74).
Gavaret *(Louis)*, de Montauban, me paumier. GG. 22.
Gay, *de Gay*, famille. GG. 5, 31, 32, 44, 63, 65, 185 (*de Vernon*), 196, 200 (id.), 213, 221.
Gayaud, famille. GG. 213.
Gaye (de), famille. GG. 109.
Gayet, notaire. GG. 208 (no 67).
Gayot, famille. GG. 95.
Gayou, famille. GG. 196.
Gelibert, famille. GG. 79, 211.
Genieste, famille. GG. 148.
Geneyti, *Genesty*, famille. GG. 4, 221.
Gentil (de), famille. GG. 180.
Genty, famille. GG. 88, 118.
Georges (Mme de St). GG. 79.
Gerald, famille. GG. 186.
Gérard, famille. GG. 91, 145.
Gerbault, famille. GG. 145.
Germain, *Germo*, *Germe*, famille. AA. 7; — GG. 3 (*Jean*, libraire), 11 (id.), 33, 70 (id.), 79 (id.), 119.
Gervau, famille. GG. 147.
Géry, famille. GG. 183, 191, 193.
Gibus, famille. GG. 80.
Gilles, dit Peyret, famille. GG. 79, 84, 88.
Gilhon-de-Traslage, famille. GG. 23.
Gimbert. Voy. *Guimbert*.
Giousse, famille. GG. 168.
Girard, famille. GG. 125, 161.
Giroud, famille. GG. 132, 133, 134, 138, 187, 194.
Glane (de), famille. GG. 76.
Gobel, archevêque de Paris. GG. 202.
Gobert, famille. GG. 200.
Godard, famille. GG. 138.
Golbéry (de), famille. GG. 193.
Gondaud, *Gondeau*, famille. GG. 33 (*Pierre*, tapissier), 47 (id.; *Léonard*, id.), 136, 187.
Gondin, famille. GG. 1, 12, 27, 197.
Gondinet, famille. GG. 126.
Gorsas, famille. GG. 27, 32.
Gorse, famille. GG. 144.
Gouchet, famille. GG. 88.
Gounelledieu, famille. GG. 159.
Gourinchou, famille. GG. 196.
Goursaud, famille. GG. 161.
Goursyrol, famille. GG. 137.
Gouslin *(Aimée)*, veuve de Beaumesnil. GG. 66.
Granaud, dit Nilland, famille. GG. 3 (*Jacques*, peintre), 20 (*Hierosme*, id.), 22 (id. le jeune), 23 (id.), 26 (id.), 27, 28 (id.), 52 (id.), 57, 58 (id.), 79 (...., peintre; *Pierre*, id.), 82 (*Pierre*, id.), 111 (*Jérôme*, id.), 114 (id.), 190 (id.), 191 (*Germain*, id.), 204 (...., id.).
Grandmaison, famille. GG. 166.
Grandpey, famille. GG. 135.
Gransaigne (de), famille. GG. 2, 6.
Graud, famille. GG. 139.
Gravier, famille. GG. 147.
Grégoire, famille. GG. 35 *(de Roulhac)*; — II. 2.
Gregori, famille. GG. 206.
Grellet, famille. GG. 102, 153, 202.

GRELONNAUD, famille. GG. 156.
GRENAUD. Voy. *Granaud*.
GRENIER, famille. GG. 131, 144.
GRIMARD (de), famille. GG. 27.
GRIMAUD, famille. GG. 145, 154.
GRIVERT, famille. GG. 179.
GROS, famille. GG. 9, 28 (*Antoine*, émailleur), 29 (*Martial*, id.), 31 (*Martial*, imprimeur, *bis*), 61 (*Martial*, émailleur, *bis*), 62 (id., *bis* ; id., imprimeur), 146, 191 (*Martial*, émailleur), 195, 198.
GROSBRAS, famille. GG. 196.
GROSPETIT, famille. GG. 135.
GUENUCHON, famille. GG. 166.
GUÉRIN, famille. GG. 13, 125, 200 *bis*.
GUÉRINOT, famille. GG. 168.
GUIBAL, famille. GG. 131.
GUIBERT, famille. GG. 2 (*Barthélemi*, *bis*, et *Aimeri*, orfèvres), 3 (*Barthelemi*, *bis*, id. ; *Jean*, émailleur ; id., orfèvre), 7, 10 (*Barth.*, orfèvre), 11, 13, 25 (*Pierre*, id. ; autre, id.), 26 (*Pierre*, id.), 32, 36, 37, 49, 69 (*Emery*, orfèvre), 77 (*Léonard*, id.), 80, 81 (id.), 85 (*Pierre*, id.), 95 (...., id.), 106 (*André*, id. ; *Barthélemy*, id.), 107 (*Bart.*, id. *bis*), 108 (*Bart.* et *François*, id.), 111 (*Pierre*, id.), 119, 188, 201 (*Jean*, id. ; *Pierre*, id. ; *Barthelemy*, id.), 221 (*André*, id.).
GUILHOT, famille. GG. 54, 195.
GUILHOU, famille. GG. 131, 138, 139, 142.
GUILLAUME (de), famille. GG. 19, 23, 49, 58, 66 (*de Rochebrune*), 112, 113.
GUILLEMAUD, famille. GG. 177.
GUILLEN, famille. GG. 200.
GUILLON, famille. GG. 134, 192.
GUIMBERT, famille. GG. 28 (*Pierre*, orfèvre), 58 (id.), 70 (*François*, id.), 71 (*Jean*, id. ; *François*, id.), 73, 77 (*Pierre*, id.), 109.
GUIMONEAU, famille. GG. 142, 143.
GUINEAU, famille. GG. 28, 44, 74, 75, 79.
GUINGAND-DE-ST-MATHIEU, famille. GG. 125.
GUINGAUT, famille. GG. 139.
GUINOT, famille. GG. 131.
GUIONET, famille. GG. 195.
GUITTARD, famille. GG. 28, 29, 61, 62 (*Mathieu*, imprimeur), 110, 112, 191, 198. Voy. *Quitard*.
GUTTY, famille. GG. 137, 139.
GUY, famille. GG. 3, 5, 7, 155.

H

HACTE, famille. GG. 139, 140.
HARDY, famille. GG. 27, 171.
HARLOT (du), famille. GG. 70, 107.
HAUTEFORT (le sieur de), lieutenant-général. BB. 1.
HAUTERUE (le chevalier d'). GG. 162.
HÉLI, famille. GG. 140.
HENNEQUIN, famille. GG. 144, 145.
HENRI III, roi d'Angleterre. AA. 1 ; — GG. 208 (nº 2).
HENRI IV, roi de France. BB. 1, 2 ; — GG. 69.
HENRY, famille. GG. 166.
HÉRAUD (le sieur). II. 2.
HERDIER, famille. GG. 136.
HÉREAU, famille. GG. 197.
HERMITE (de L'), famille. GG. 95.
HÉROLDE, famille. GG. 29.
HÉRON, famille. GG. 121.
HERRAUD, famille. GG. 169.
HEYRAUD, famille. GG. 29, 30, 31, 60 et suiv.
HIEROSME, famille. GG. 88.
HOÄRS, famille. GG. 163.
HODIER. Voy. *Audier*.
HUARD (*J.-B.*), sculpteur. GG. 126.
HUCHIER, famille. GG. 145.
HUGON, famille. GG. 31, 180, 181, 182.
HUGUES (*Guillaume d'*), archevêque de Vienne. GG. 202.
HUMBERT, famille. GG. 45.
HYOT, famille. GG. 155.

I

IMBERT, famille. GG. 123, 124, 125, 126.
ISAAC, *Iscoq*, famille. GG. 31 (*Nicolas*, libraire), 33 (*Jean*, id.), 63 (*Nicolas*, mᵉ relieur).
IVERT, famille. GG. 171. Voy. *Yvert*.

J

JABERT, famille. GG. 31.
JABESSIER (*Jean*), orfèvre. GG. 204.
JACQUET, famille. GG. 171.
JALASSON (*François*), marchand, d'Aubusson. GG. 70.
JALON, famille. GG. 20.
JAMBIER (*Pierre*), dit Bonschaud. GG. 217.
JAMBLEVILLE (le sieur de). BB. 2.
JAMMOT, famille. GG. 200 *bis*.
JANCLERC, famille. GG. 158.
JAPOUL, famille. GG. 158.
JARDOU, famille. GG. 73.
JARNAC, famille. GG. 197.
JAROUD, famille. GG. 188.
JARRIGE, famille. GG. 167.
JAUBERT (*Jean-François de*), comte de Châteaumorant. GG. 20.
JAUBERT (*Marie-Denise*), comtesse de Bonneval. GG. 35.
JAYAC, famille. GG. 42, 84, 112.
JEAN, famille. GG. 169.
JEAN-LE-BON, roi de France. GG. 208 (nºˢ 10, 21).
JEAN (de St), famille. GG. 200 *bis*.
JENTY, famille. GG. 138.
JOFFRÉ, famille. GG. 147.
JOHET (de), famille. GG. 153.
JOLIN, famille. GG. 164.
JOLIVET, famille. GG. 75.
JOLY, famille. GG. 138.
JOLY DE FLEURY, ministre d'État. CC. 11, 16.
JOMART. Voy. *Lajaumard*.
JOSSELIN, famille. GG. 163.
JOUBERT, famille. GG. 33, 122, 123, 186.
JOURDAN, famille. AA. 4 ; — BB. 4 (*J.-B.*, depuis maréchal) ; — GG. 100, 126 (id., *passim*), 182 (id.), 185 (id.).
JOURDE, famille. GG. 139, 144, 147, 171.
JOUSSELINIÈRE (de la), famille. GG. 22.
JOUSSEM, famille. GG. 8.
JOUTTE, famille. GG. 159.
JOYÉ, famille. GG. 95.
JOYET (de), famille. GG. 109.
JUAUD, famille. GG. 117.
JUBERT, famille. GG. 48.
JUBERT DE BOUVILLE (*André*), intendant de Limoges. GG. 88.
JUBILA, famille. GG. 139.
JUGE, famille. CC. 22 ; — GG. 11, 19 et suiv., 37 et suiv., 49 et suiv., 59 et suiv., 68, 122 (*de la Borie*), 156, 192, 193, 200 *bis* (*de St-Martin*).
JULIEN (de). Voy. *Dejulien*.
JULIEN (*Jean de St*). GG. 28.
JUMILLAC (de), famille. GG. 152, 180.

K

Kiam (*Jean*), écuyer. GG. 31.

L

Labesse, famille. GG. 144, 197.
Labiche, famille. GG. 33, 40, 76, 78 (*de Reignefort*), 83 (id.), 89 (id.), 147, 192.
Laborde, notaire. GG. 208 (nos 49, 72).
Laborne, famille. GG. 95.
Laboulinière, famille. GG. 126, 157.
Laboureys (de), famille. GG. 94.
Labrosse, famille. GG. 161, 162.
Labrousse, famille. GG. 110.
Labrugière (*Hélie*). GG. 209.
Labrune, famille. GG. 145, 195, 197.
Labuse, famille. GG. 156.
Lachaume, famille. GG. 188.
Lacheny (de), famille. GG. 206.
Lachèse, famille. GG. 84, 165.
Lacombe, famille. GG. 187.
Lacroix, famille. GG. 49, 73, 75, 79, 161.
Lafarge, famille. GG. 85. 187.
Lafaye (de), famille. GG. 181.
La Fayette (*Claude de*). GG. 81.
La Fayette (*François de*), évêque de Limoges. GG. 16, 77 *bis*, 81 *bis*, 81, 112.
La Fayette (*Philippe-Emmanuel de*), commandeur de Carlat. GG. 77.
Lafayolie, famille. GG. 148.
Lafont (*B.*), prévôt. AA. 1; — famille. GG. 152.
Lafosse, famille. GG. 27, 52, 57, 96.
Lagarde, sculpteur. GG. 29.
Lagaron, famille. GG. 88.
Lageneste, famille. GG. 120.
Lagorse, famille. GG. 54, 218.
Lagrange, famille. GG. 156.
Lagua, famille. GG. 139.
Laguyonie, famille. GG. 77.
Lajasse, famille. GG. 6.
Lajaumard, *Lagomart*, *Jomart*, famille. GG. 3, 9, 10, 58, 230.
Lajudie, famille. GG. 197.
Lalet, famille. GG. 101, 200.
Laloubie, magistrat. CC. 9.
Lamart, famille. GG. 188.
Lambert, contrôleur général. CC. 7; — famille. GG. 162.
Lambertie, famille. GG. 125, 126.
Lamoignon (Mr de). GG. 202.
Lamontaigne, famille. GG. 159.
Lamotte (*Jean*), imprimeur. GG. 62; — famille. GG. 159, 160.
Lamoureux-de-Chaumont, famille. GG. 121.
Lamy, famille. GG. 114.
Lançade, famille. GG. 81.
Langelaud, famille. GG. 90.
Langlois, famille. GG. 200 *bis*.
Lanier, famille. GG. 31, 63.
Lapeyre, famille. GG. 177.
Lapierre, famille. GG. 145.
Laplaine, famille. GG. 156.
Laplanche, famille. GG. 137, 142, 194.
Laquintinie, *Laquintainie* (*de*), famille. GG. 28 (*Jacques*, libraire), 29 (id.), 31 (id.), 33 (*Léonard*, id.), 59 (*Jacques*, id., *bis*), 63 (id.).
Larey (*Hierosme*), peintre. GG. 7.
Laroche, famille. GG. 42 (*Jean*, peintre), 65 (*Martial*, sculpteur).
Laronde (de), famille. GG. 158.
Larose, famille. GG. 34, 184.
Larue, famille. GG. 159.
Lary, famille. GG. 144.
Las, famille. GG. 160.
Lascure, famille. GG. 2, 147, 148.
Lasmaliharias (*Léonard*), libraire. GG. 117, 118.
Lassaigne, famille. GG. 45; — *de Saint-George*. GG. 63, 96.
Lasseine, famille. GG. 190.
Latache (*Honoré*), orfèvre. GG. 123.
Latreille, famille. GG. 173.
Laudrepy (*Martin de*), famille. GG. 47.
Laudi (*Pierre*), florentin. GG. 44.
Laudin, famille. BB. 2; — GG. 23 (*Nicolas*, émailleur), 25, 31, 42 (*Jacques*, id.), 50 (*Noel*, id., *bis*), 60 (id., *bis*), 63, 74 (*Noel*, id., *bis*), 75 (id.), 77 (id.), 79 (id.), 83 (*Nicolas*, id.), 89 (*Noel*, id.; autre, id., *bis*; *Jacques*, id.; *Nicolas*, id.), 91 (iid.), 92 (*Jacques*, id.), 94 (id., *bis*), 95 (*Nicolas*, id., *ter*), 147, 191 (*Jacques*, id.)
Laudon, famille. GG. 45.
Laumonerie, famille. GG. 145.
Laurans de la Grange, famille. AA. 7.
Laurenque, famille. GG. 136.
Lavaud, famille. GG. 111, 114, 126, 152, 172 (*Jean*, architecte), 177, 184, 185, 194.
Laverdy (de), contrôleur général. CC. 14.
Lavergne, famille. GG. 156, 202.
Laville, famille. GG. 107.
Lebeau, famille. GG. 99.
Leblois, famille. GG. 33.
Lebœuf, famille. GG. 162.
Leborlie, famille. GG. 182.
Lebreton, famille. GG. 43, 164.
Lebrun, famille. GG. 139, 140, 142.
Lecène. Voy. *Leyssenne*.
Leclerc, famille. GG. 94, 113 (*Étienne*, imprimeur), 150, 151.
Leclerc-de-Juigné (*A.-E.-L.*), archevêque de Paris. GG. 202.
Lecompte, famille. GG. 166.
Leduc (*Gilles*), curé de Saint-Maurice. GG. 94.
Lefebvre (*Étienne*), secrétaire du président d'Aguesseau. GG. 20.
Lefranc-de-Pompignan (*Jean-Georges*), archevêque de Vienne. GG. 202.
Léger, famille. AA. 7; — GG. 28 (*Léonard*, imprimeur), 142, 194.
Legros, famille. GG. 145, 206. Voy. aussi *Gros*.
Lejeune (*Jean*), dit le Père-Aveugle. GG. 84.
Leleu, famille. GG. 121.
Lemaçon, famille. GG. 35, 48, 66.
Lemoine, famille. GG. 2 (*Jean*, libraire; *Michel*, maître imprimeur), 3 (*Jean*, libraire), 6 (*Mathieu*, id.), 9, 81 (*Jean*, id., *bis*), 106 (*Michel*, id.), 107 (*Jean*, id.), 108 (*Michel*, id.), 111 (*Léonard*, id.; *Jacques*, id.; *Pierre*, id.), 112, 114 (*Léonard*, id.), 208 (no 65), 221 (*Hilaire*, id.).
Lemperieyro (*Jean*), libraire. GG. 3.
Lenoir, famille. GG. 167.
Léobardy, famille. GG 153.
Léonard, *Lionar*, famille. GG. 2, 26, 72, 117, 122 (*de Fressanges*), 123 (id.), 129 (id.).
Léonet, famille. GG. 35.
Lepicard (*J.-B.*), sieur de Périgny, maître des requêtes de l'hôtel. GG. 20.
Lépine (de), famille. GG. 100.
Lequard, *Lou Card*, famille. GG. 1, 17, 23, 53, 80.
Léris-de-Peyramond (du), famille. GG. 90, 180.
Leroix, famille. GG. 163.
Lesme (*Claude*), orfèvre. GG. 47.

Lespinasse (de), famille. GG. 118.
Lespine (de), famille. GG. 192.
Letocq, famille. GG. 34.
Lévis (*Gilbert de*), comte de Ventadour. BB. 1.
Lévis-Leyran (*Henri-Gaston de*), évêque de Pamiers. GG. 102, 202.
Levras-de-Meschein, famille. GG. 125.
Leychouzier, famille. GG. 26, 111, 113.
Leymarie, famille. GG. 112, 152.
Leypicier, famille. GG. 113.
Leyssard, famille. GG. 161.
Leyssenne, famille. GG. 33, 91, 92, 94, 98, 100, 155, 182.
Liade, famille. GG. 146.
Liard, famille. GG. 146.
Liaure (de), famille. GG. 201.
Ligaud, famille. GG. 147.
Ligny (le chevalier de). GG. 59.
Limosin, *Lemosin*, *Lymousit*, famille. GG. 1, 2 (*Léonard*, émailleur), 3 (id., *ter; François*, id.), 4 *Léonard*, id.), 5 (*François*, id.; *Léonard*, id.), 10 (iid.), 11 (*Léonard*, id.), 15 (id.), 16, 19, 20 (id.), 26, 47, 118, 125, 204 (...., peintre).
Lingaud, famille. CC. 15, 22; — EE. 1; — FF. 2.
Lodein. Voy. *Laudin*.
Lombard, famille. GG. 175.
Lombardie, famille. GG. 32, 33, 34, 35, 47, 64, 65, 66, 145.
Loménie (de), famille. GG. 16, 25, 52, 144 (*de Château*). 157, 218.
Londeix, famille. GG. 8, 84, 122, 124, 125, 126, 154.
Lostanges (de), famille. GG. 182.
Louis XI, roi de France. AA. 1; — GG. 208 (nos 5, 11, 14, 46 et 72).
Louis XII. BB. 1; — GG. 208 (nos 50, 56, 57 et 63).
Louis XIII. BB. 2; — HH. 1.
Louis XIV. AA. 3; — BB. 3; — CC. 15.
Louis XV. AA. 3; — BB. 3.
Louis XVI. AA. 3; — BB. 4; — CC. 16.
Lubersac (de), famille. GG. 81.
Luillier (*Jacques*), batteur d'or. GG. 26, 28, 88.
Luxémont (de), aide-major. DD. 6.

M

Magniac (*Martial*), d'Aubusson, me tapissier. GG. 21.
Magnon, famille. GG. 198.
Magny, famille. GG. 145, 146.
Mahaud, famille. GG. 146.
Mahé, famille. GG. 144, 200 *bis*.
Maignol, famille. GG. 200 *bis*.
Maillot, famille. GG. 29, 56, 60, 126, 221.
Maillard (*Pierre*), docteur en théologie, conseiller et aumônier du roi. GG. 19; — famille GG. 29, 85, 102.
Maillot (*Grégoire*), trésorier de France. GG. 25.
Maire, famille juive. GG. 34.
Mais (de), famille. GG. 81.
Maison, famille. GG. 183.
Maisondieu, famille. GG. 200 *bis*.
Maisongrande, famille. GG. 176, 188.
Maisonnade, famille. GG. 20 (*Annet*, sculpteur), 23 (id., *Martial*, id.), 26 (iid., *Julien*, id.), 27, 28 (*Martial*, id.; *Joseph*, peintre), 42 (*Martial*, sculpteur; *Julien*, id), 52 (*Annet*, id.), 53 (id.), 54 (*Joseph*), 56 (*Annet et Julien*), 59 (*Martial*, libraire), 61 (*Joseph*, peintre), 77 (*Martial*, sculpteur), 80 (*Joseph*, peintre, et *Martial*, sculpteur, *bis*), 90 (iid.), 95 (*Joseph*, peintre, *bis*), 98 (id.), 99, 100 (id.), 121 (id.).
Maisonneuve, famille. GG. 150.
Malavergne, *Malevergne*, famille. GG. 69, 78, 82, 120, 121.
Maledent (de), famille. CC. 12; — GG. 8, 11, 20, 23, 24, 26, 30, 41, 53, 56, 80, 84, 106, 109, 112, 123, 154 (*de Fonjaudran*), 192 (*de Bonabry*), 197.
Malefont, famille. GG. 195.
Maleguise, famille. GG. 173.
Malet, famille. GG. 161, 173, 196.
Malinvaud, famille. GG. 211.
Malissein, famille. GG. 32 (*François*, graveur), 65 (*Pierre*, orfèvre).
Malombre, famille. GG. 111, 190.
Malvin-de-Montazet (*Antoine de*), archevêque de Lyon. GG. 202.
Mamaud, famille. GG. 126.
Mandat, famille. GG. 27, 56.
Mandavid, famille. GG. 171.
Mandeix, famille. GG. 195.
Mandillon, famille. GG. 8.
Mandonnaud, famille. GG. 198.
Manent, famille. GG. 177.
Manet, famille. GG. 118, 139.
Maomet (*Laurent*), bourgeois. AA. 1.
Maquoy, famille. GG. 85.
Marais, famille. GG. 32.
Marans, famille. GG. 123.
Mardoutin, famille. GG. 147.
Marc, famille. GG. 31, 45.
Marcelet, famille. GG. 31.
Marcellin, famille. GG. 187.
Marcha, famille. GG. 184.
Marchadier, famille. GG. 156.
Marchand, *Marchent*, famille. GG. 12.
Marchandon, famille. GG. 44, 106, 192.
Marchas, famille. GG. 82.
Marginier, famille. GG. 70, 159, 171.
Margrait, architecte. DD. 5.
Marjoulet, famille. GG. 187.
Marneys, famille. GG. 53.
Marnier, famille. GG. 187.
Marpienas, famille. GG. 80.
Marquet, famille. GG. 135, 136, 155.
Marrand, famille. GG. 71, 108, 109.
Marsalon, famille. GG. 154.
Marsaudon, famille. GG. 38, 52 (*Pierre*, sculpteur).
Marsicault, famille. GG. 136, 194.
Marthonie (*Gaston de la*), seigneur de Trancheliou. GG. 70.
Marthonie (*Henri de la*), évêque de Limoges. GG. 69.
Marthonie (*Raymon de la*), évêque de Limoges. GG. 103.
Marthonie, famille. GG. 90, 179.
Martial (*Noel*), architecte. GG. 79; — famille. GG. 84, 88.
Martialot, famille. GG. 62.
Martin, famille. GG. 1, 2, 4, 6, 10, 13, 19, 20, 22, 23-27, 36. 37, 38, 39, 40, 41, 51 et suiv., 56, 71, 78, 80, 83, 89, 96, 99 (*du Tyrac*), 106, 107, 108, 114, 117, 120 (*François*, peintre), 121, 122 (*de la Bastide*), 123 (*de la Plaigne*), 124-129, 146, 147, 157, 175, 188, 190, 197.
Martin-Dessables. Voy. *Dessables*.
Martin (Saint), famille. GG. 32, 208 (no 30).
Martin-de-Bagnac (de Saint), famille. GG. 102.
Martinaud (Mme), mère de Turgot. CC. 15; — famille. GG. 122, 125 (*Martial*, peintre), 133, 198.
Masaureix, famille. GG. 173, 176.
Masbatein, famille. GG. 185.
Masfaure, famille. GG. 52.
Masleau, *Malaud*, famille. GG. 95 (*passim*).
Masmichel, famille. GG. 161, 180.
Massalou, *Masselout*, famille. GG. 28, 115, 166.
Massard, famille. GG. 166.
Massegui, famille. GG. 28, 44.
Masson, régisseur. CC. 9.
Massy, famille. AA. 7; — GG. 28 (*Martial*, imprimeur).
Mathieu, famille. GG. 99, 155, 156, 198, 221 (*Jean*, orfèvre).

Mathieu (Saint), famille. GG. 34, 35, 47, 48, 65, 66, 122.
Maubaye, famille. GG. 20, 56.
Maud, famille. GG. 195.
Maulmont (de), famille. GG. 65, 208 (nº 61).
Maumy, famille. GG. 85 (*Joseph*, tapissier), 89, 185.
Maupetit, régisseur. CC. 9.
Mauple, famille. GG. 10, 158.
Mauranges, famille. GG. 179.
Maure, famille. GG. 134.
Maurelieras, famille. GG. 81.
Maurensane, famille. GG. 47, 65, 159.
Maury, *Maurit*, *Moury*, famille. AA. 7; — GG. 106 (*Jean*, imprimeur), 107 (id.), 110, 144, 145, 146, 156, 220 (id.).
Maussac (de), famille. GG. 48.
Maxière, famille. GG. 79.
Mazeau, famille. GG. 113, 164.
Mazebras, famille. GG. 94.
Mazerraud, famille. GG. 200.
Mazou, famille. GG. 173.
Mazurier, famille. GG. 147.
Meilhac, famille. GG. 29 (*François*, imprimeur et libraire, *bis*), 47, 60 (id.), 62 (id.), 63, 64, 71.
Melin, famille. GG. 166.
Ménager, famille. GG. 20, 23, 26, 37, 51, 53, 60, 119.
Menier, famille. GG. 144.
Menot, famille. GG. 167, 169.
Mensat, famille. GG. 171.
Menu, famille. GG. 177.
Mercier (*Jean* et *Barthélemy*), orfèvres. GG. 206, 207.
Merigne, famille. GG. 194.
Merigot, famille. GG. 171, 176.
Mérigou, famille. GG. 7, 103 (*Pierre*, émailleur; peut-être déjà 107, où le nom de famille a été omis par le scribe).
Merillac, famille. GG. 136.
Merle, famille. GG. 146.
Merlet, famille. GG. 125 (*des Fougères*).
Merlin, famille. GG. 1, 157.
Méry, famille. GG. 154.
Meulan d'Ablois, intendant. AA. 4; — BB. 5; — CC. 7, 13; — EE. 1; — FF. 2.
Meusac, famille. GG. 131, 136.
Meusnier, famille. GG. 136.
Mey, famille. GG. 137.
Meyjounade. Voy. *Maisonnade*.
Meynard, famille. GG. 73, 158.
Meynieux, famille. GG. 46.
Meyza, famille. CC. 1.
Michaelis, famille. GG. 208 (nº 27).
Michel, famille. GG. 1, 78, 91, 99, 100, 115, 186.
Michel-de-Leirac, famille. GG. 48.
Michelon, famille. GG. 12, 52, 154.
Michon, famille. GG. 169.
Midre, famille. GG. 94, 153.
Mielle, famille. GG. 158.
Mignon, famille. GG. 147.
Mignot, famille. GG. 144.
Milier (*Melchior*), émailleur. GG. 56.
Miomandre (de) famille. GG. 5, 63, 77.
Moli, famille. CC. 1.
Molinard, famille. GG. 144.
Molinier, famille. GG. 16. Voy. *Moulinier*.
Molonie, famille. GG. 197.
Moluzon, famille. GG. 158, 160.
Moni, famille. GG. 121 (*Louis*, imprimeur).
Monamy, famille. GG. 5.
Monange, famille. GG. 187.
Mondaud, famille. GG. 113.
Mondion (de), famille. GG. 33.
Mondon, famille. GG. 195.
Monerон, famille. GG. 144.
Mongibaud (de), famille. GG. 42.
Monho, famille. CC. 1.
Monluron, famille. GG. 134.
Monson, famille. GG. 26, 27, 41, 42, 55.
Montagut, famille. GG. 59.
Montaignac (de), famille. GG. 76.
Montaigne, famille. GG. 132.
Montaigu, famille. GG. 101.
Montalembert (*Charles, marquis de*). GG. 33; — famille. GG. 118.
Montalescot, famille. GG. 156.
Montaudon, député à l'Assemblée nationale. AA. 7; — FF. 1.
Montayaud, famille. GG. 158.
Montbardon (le sire de). GG. 208 (nº 28).
Montberoux (Mr de). GG. 208 (nº 73).
Montboucher (*J. de*), notaire. GG. 208 (nº 52).
Montchenu (Mr de), gouverneur de Limousin. GG. 208 (nºs 59, 61).
Montégut, famille. AA. 7; — GG. 117, 118, 119, 120, 127.
Monteix, famille. GG. 154, 155.
Montesquieu (de), famille. GG. 89.
Montholon (M. de). CC. 14.
Montmorency (de), famille. GG. 83.
Montmorillon (le chevalier de). GG. 159.
Montodon, famille. GG. 211.
Montréal (M. de), gouverneur de Limousin. BB. 1.
Montverd (*Dauphine de*). GG. 208 (nº 6).
Moras, famille. GG. 56.
Morasis, famille. GG. 163.
Moreau, famille. GG. 171, 173, 177.
Moreil, famille. GG. 50, 109.
Morel, famille. GG. 95, 136.
Morel-de-Chabanes, famille. GG. 95.
Morel-de-Fromental, famille. GG. 120, 123.
Morellet, famille. GG. 168.
Morin, famille. GG. 168.
Morio, famille. GG. 197.
Morisan, famille. GG. 29 (*Philippe*, sculpteur), 31 (id.), 61 (id.), 63 (id.), 64 (*Jean*, id.), 65, 94 (*Philippe*, id.).
Mormier, famille. GG. 21 et suiv., 37, 38, 52.
Morpie, famille. GG. 112.
Mortesaigne, famille. GG. 187, 188.
Morteyrol, famille. GG. 177, 184.
Mouffle, famille. GG. 37.
Moulinard, famille. GG. 5, 6.
Moulinat, famille. GG. 181.
Moulinier, famille. GG. 43, 80, 93, 118, 119, 194.
Moulinot, famille. GG. 107.
Moulmy, famille. GG. 147, 162.
Moureau, famille. GG. 3.
Mouret, famille. GG. 2 (*Pierre*, orfèvre), 3 (id.), 5 (id.), 10 (id.), 15 (*Dominique*, id.), 49 (*Jean*, id.), 70 (*Pierre*, id.), 74 (*Jean*, id.), 106 (*Martial*, id., *bis*), 107 (*Dominique*, id., *bis*), 108 (id., *bis*), 109 (*Jean*, id.), 145, 201, 208 (nº 44).
Moury. Voy. *Maury*.
Mousnier, famille. GG. 3, 69, 71, 73, 108, 109, 122, 123, 139, 148, 172, 196.
Munier, famille. GG. 2. Voy. *Mousnier*.
Murat, famille. GG. 161.
Muret, famille. CC. 14; — GG. 33, 123, 176, 178, 182, 183, 184, 185, 200.
Muzet, famille. GG. 156.

N

Nadaud, famille. CC. 15, 20, 21; — GG. 46, 64, 85 (*Jean*, tapissier), 89 (id., *ter*), 90 (id.), 91 (id.), 94 (*Joseph*, id.,

ter), 95 (id., *bis; Psalmet*, id., *ter*), 99, 116, 117, 122, 191, 192 (*J.*, curé de Teyjac), 209.
NAGLE, famille. GG. 167.
NANTIAC, famille. GG. 18, 31, 208 (nº 38).
NARDONNET, famille. GG. 135.
NATEL, famille. GG. 188.
NAUD, famille. GG. 146.
NAUDIN, famille. GG. 82.
NAURISSARD, député à l'Assemblée nationale. AA. 7; — BB. 5; — FF. 1.
NAVARRE (Roi et Reine de). AA. 2: — GG. 208 (nºs 76, 77), 211.
NAVIÈRES, famille. GG. 3, 8, 33, 34, 47, 63, 64.
NAVIÈRES DE LA BOISSIÈRE. AA. 7.
NECKER, ministre. AA. 4.
NEPVEU, famille. GG. 75.
NESMOND (*Henri de*), intendant de Limoges. GG. 81.
NEXON, famille. GG. 122, 123.
NEYMOND, famille. GG. 131, 139.
NICAUD, famille. GG. 132, 133, 139.
NICOLAS, famille. GG. 16, 30, 72, 126, 142, 194.
NICOLE, famille. GG. 47, 198.
NICOT, famille. GG. 33, 183, 185, 198.
NIVET, famille. GG. 147, 148, 178.
NOBLET, famille. GG. 97.
NONI, famille. GG 4.
NOUAILHIER, *Noalher*, *Noilier*, famille. GG. 1, 2 (*Jean, dit Chabrou*), 11 (*Martin*, émailleur), 19, 20, 22 (*Jacques*, id.), 24 (id.), 28 (*Pierre*, id., *bis; Joseph*, id., *bis*), 29 (*Joseph*), 31 (*Baptiste*, id., *ter; Martial*, id., *bis*; *Bernard*, id.), 32 (*Baptiste*, id., *bis*), 34 (id.), 35 (id.), 44 (*Joseph*, id., *bis; Bernard*, id.), 49, 55, 56 (*Jacques, bis*), 61 (*Pierre*, id.), 62 (*Joseph* et *Baptiste*), 63 (*Bernard*, id.; *J.-B.*, id.; *Martial*, id.), 65 (*J.-B.*, id., *bis*), 77 (...., id.), 106, 111, 116, 120, 139, 154, 191 (*Bernard*, id.).
NOUHAUD, famille. GG. 122, 126, 146, 154, 183, 186, 196, 205.
NOYRET, famille. GG. 162.
NOZERINES, famille. GG. 25, 115.
NYVERT (le sieur de), gouverneur de Limoges. BB. 3.

O

O'COLLANAM (*Thadée*), irlandais. GG. 59.
OFFE, famille. GG. 160.
OKAHASY, famille. GG. 120.
OLIVIER, famille. GG. 32.
ORME-DE-PAGNAC (de l'), famille. GG. 44.
ORMESSON (d'), contrôleur général. CC. 7.
ORSAY (d'). Voy. *Boucher*.
ORSONVAL (d'), famille. GG. 93.
OUDYER. Voy. *Audier*.
OUVRAY, *Ouvret*, famille. GG. 31, 44, 63, 191.
OVADY, famille. GG. 99.

P

PADOT, *Pabau*, famille. GG. 22, 26, 109, 110, 111, 208 (nº 37).
PACHY. Voy. *Charbonnier*.
PADIOLEAUX, famille. GG. 162.
PAGORAS, vicaire de Saint-Pierre-du-Queyroix. GG. 2, 4, 5 et suiv.
PAIGNON, famille. GG. 27, 56, 77, 147.
PAJOT, famille. GG. 186.
PALAIS (*Simon*), sieur du Breuil-Lavergne, juge de la Cité. GG. 9, 69, 75 (*Henri*), son fils (id.); — GG. 77, 89.
PALIER, famille. GG. 24, 40, 50, 89 (*Louis*, sculpteur), 137, 145, 176.
PALLUAU (le sieur de). BB. 2.
PANTENAUD, famille. GG. 20.
PAQUELOT, famille. GG. 171.
PAQUET, famille. GG. 187.
PARAMPTOY (*Pierre*), imprimeur. GG. 191.
PARAU, famille. AA. 7.
PARDEAU, famille. GG. 137.
PARET, famille. GG. 161.
PARIS, famille. GG. 173.
PARJADIE, famille. GG. 183.
PAROT, famille. AA. 7; — GG. 33, 211, 213.
PARRY, famille. GG. 131.
PASCAILLE, famille. GG. 26, 27.
PASCAL, famille. GG. 164.
PASCARET, famille. GG. 156.
PASQUET, famille. GG. 120, 132, 133.
PASTOUREAU (*Jean*), mᵉ organiste. GG. 81.
PATAPI, famille. GG. 146, 196.
PATEAU, famille. GG. 132.
PATOT, famille. GG. 142.
PAULHAC, famille. GG. 185.
PAUTHUT (*Léonard*), curé de Saint-Maurice. GG. 69-76.
PAUZE (de), famille. GG. 200 *bis*.
PAVILLON, famille. GG. 25 (*Jacques*, sculpteur), 40 (id.).
PAYRAT, famille. GG. 173.
PÉCONNET, famille. AA. 7; — GG. 1, 2 (*Pierre*, orfèvre; *Spannet*, id.), 7 (*Jean*, id.), 11 (id.), 20 (id.), 21 (id.), 25, 26 (*J.-B.*, id.), 56 (*Jean*, id., *ter*), 60 (*Psaumet*, id.), 126.
PÉCOU, famille. GG. 142.
PEDON, famille. GG. 126.
PEIGNEAU, famille. GG. 194.
PÉJOU, curé de Saint-Germain. GG. 82.
PELLETIER, famille. GG. 145.
PENCHAUD, famille. GG. 165.
PÉNICAUD, famille. GG. 1, 16, 20, 21, 56, 71 (*Léonard*, orfèvre), 95, 208 (nº 72).
PÉRAN, famille. GG. 83.
PERELLIS (*Antoine de*), curé de Saint-Maurice. GG. 75.
PÉRENS, famille. GG. 82.
PÉRET, famille. AA. 7.
PERI, famille. CC. 1.
PÉRIER, famille. GG. 20 (*Pierre*, sculpteur), 22 (id.), 25 (id.), 28, 29 (*Étienne*, imprimeur), 53 (*Pierre*, sculpteur), 136.
PÉRIGORD, famille. AA. 7.
PÉRINAUD, famille. GG. 122, 123, 124, 194, 197.
PÉRISSON, famille. GG. 146.
PERLE, famille. GG. 160.
PÉRON, famille. GG. 161.
PÉROU, famille. GG. 142.
PEROTET. GG. 164.
PERPEROLLES (*Antoine de*), écolier. GG. 73.
PERPEROLLES (*Jacques de*), chanoine. GG. 207.
PERRIÈRE. Voy. *Peyrière*.
PESAU, famille. GG. 146.
PESCHANT-DE-MALLERET (dˡˡᵉ). GG. 31.
PESEU, famille. GG. 134.
PÉTINIAUD, famille. CC. 15; — GG. 92, 93, 99, 100, 101, 102, 117, 118, 159, 196, 197.
PÉTINIAUD DE BEAUPEYRAT. AA. 7; — BB. 4, 5.
PETIOT (de). Voy. *Depetiot*.
PETIT, famille. GG. 12, 28, 111 (*Jacques*, tapissier), 135.
PEYRAMOND (de). Voy. *Leris-de-Peyramond-(du)*.
PEYRAT, famille. GG. 22, 23 (*Jean*, orfèvre), 26, 27, 52, 111, 113, 154, 158, 184, 186, 197.
PEYRET, famille. Voy. *Gilles*.
PEYRICHON, famille. GG. 131.
PEYRIER, famille. GG. 144.
PEYRIERE, famille. GG. 12, 18, 20, 24, 26, 39, 56, 118 (de *Proximart*).

Peyrimony, famille. GG. 84.
Peyrinaud, famille. GG. 1.
Peyroche, *Péroche*, famille. GG. 91, 113, 114, 151, 152, 153, 177, 183, 185.
Peyrol, famille. GG. 153.
Peyrusse, famille. GG. 148.
Peysat (le chevalier de). GG. 159.
Peytavy, famille. GG. 162.
Peyte, famille. GG. 144, 171, 186.
Pezaud, famille. GG. 35, 48.
Phalempin (*J.-B.*), orfèvre. GG. 33.
Phélypeaux, famille. GG. 93. Voy. *Florentin (de Saint)*.
Philipon, famille. GG. 84.
Philippe VI, roi de France. GG. 208 (nº 26).
Picat, famille. GG. 20 (*Pierre*, mº libraire), 113 (id.), 194, 196.
Pichart, famille. GG. 208.
Pichon, famille. GG. 95.
Picot (M.), secrétaire du Roi. GG. 208 (nº 5).
Picquet, famille. GG. 35, 66, 116, 117, 118, 176.
Pictet (*Étienne*), orfèvre. GG. 123, 193.
Pigeard, famille. GG. 31.
Pigné, famille. GG. 44, 63, 201.
Pinchaud, famille. GG. 8 (*Albert*, orfèvre). 8 (id.), 9, 20 (*Pierre*, id.), 22, 23, 24, 28 (id.), 50, 57 (id.), 59 (*Jacques*, id.), 60 (id.), 200.
Pinet, famille. GG. 49.
Pinot, famille. GG. 39, 44, 117 (*de la Grilière*), 121.
Pissoneau, famille. GG. 195.
Piteau (*Jean*). II. 2.
Place (de la), famille. GG. 44, 181.
Planchadeau, famille. GG. 177, 187.
Planche (de la), famille. GG. 124.
Planchon, famille. GG. 162.
Plantadis, famille. GG. 96, 142, 156.
Pleinemaison, *Plenameyjoux*, famille. AA. 7; — GG. 80, 119, 213, 214.
Plot, famille. GG. 161.
Poëttiers, régisseur. CC. 9.
Poiadant, famille. GG. 135.
Poisson. Voy. *Pompadour*.
Pommier, famille. GG. 26 (*Bonaventure*, peintre), 144, 183, 186, 230.
Pompadour (*Jeanne de*). GG. 151.
Pompadour (*Jeanne-Antoinette Poisson, marquise de*). GG. 121.
Poncet, famille. GG. 5, 97, 111 (*Philippe*, émailleur), 113 (id.), 117.
Ponchon-de-Montfort, famille. GG. 120.
Ponroy, famille. GG. 21 (*François*, graveur), 25 (id.), 26 (id.), 65, 157, 200 *bis*.
Pont, famille. GG. 20.
Pontac (de), notaire. GG. 208 (nº 29).
Pontbriant (*François de*), gouverneur et sénéchal de Limousin. BB. 1; — GG. 208 (nº 62).
Ponti, famille. GG. 142.
Popart de Nargis, famille. GG. 188.
Porcher, *Pourchier*, famille. GG. 173, 176, 187, 195.
Porte (de la), famille. GG. 94.
Pouchat, famille. GG. 136.
Pouget-de-Nadaillac (du), famille. GG. 96.
Poulinet, famille. GG. 154.
Poulouzat, famille. GG. 136.
Poumaret, famille. GG. 197.
Poumeau, *Poumaud*, famille. GG. 47, 125.
Pouret, famille. GG. 187.
Pousse (*André de*). GG. 206.
Pouthe (de), famille. GG. 96.
Poutou, famille. GG. 186, 194.
Pouyat, famille. GG. 3, 8, 13, 32, 71, 139, 173, 175, 194, 211.
Pouzet, famille. GG. 139.
Poylevé, famille. GG. 1, 27, 49 (*Mathieu*, sculpteur), 147.
Pradaud, *Pradeau*, famille. GG. 33, 91, 194, 200 *bis*.
Pradier, famille. GG. 171.
Prouhet (M. de), lieutenant général. GG. 208 (nºs 59, 63, 65).
Pradillhon, famille. GG. 25.
Pradot, famille. GG. 142.
Prange, famille. GG. 96.
Prangier, famille. GG. 188.
Princeau, famille. GG. 181.
Progent, famille. GG. 112.
Proux, famille. GG. 200 *bis*.
Prunière, famille. GG. 144.
Psialot. Voy. *Sialot*.
Puget-de-Saint-Victor (du), famille. GG. 35.
Puissant, famille. GG. 131.
Puylaurens (de), famille. GG. 81, 159.
Puynesge, famille. GG. 31 (*Pierre*, imprimeur), 32 (id.), 100, 118.

Q

Quenos (*Gaëtan*), romain, peintre. GG. 65.
Querci, famille. GG. 206.
Query, famille. GG. 28, 29, 60.
Queryman, famille. GG. 186. Voy. *Cayman*.
Quichaud, famille. GG. 33.
Quillet, famille. GG. 24, 26, 27, 28, 36, 60, 114.
Quitard, famille. GG. 31 (*Mathieu*, imprimeur, *bis*). Voy. *Guittard*.

R

Ramer, famille. GG. 141.
Raby, famille. GG. 45 (*Guillaume*, orfèvre), 58, 95, 98, 100, 120 (*de Vallette*).
Racine, famille. GG. 163.
Radet, famille. GG. 35.
Radoin, famille. GG. 35.
Ragot, famille. GG. 193.
Ragouti, famille. GG. 198.
Raimond, famille. GG. 74, 85, 154. Voy. *Reymond*.
Rameru (de), famille. GG. 92, 94 (*passim*).
Ramne, famille. GG. 154.
Rannon, famille. GG. 176.
Ramnoult, famille. GG. 141.
Rataud, famille. AA. 7.
Rayé, famille. GG. 173.
Razès, famille. GG. 2 (*Pierre*, vicaire à Saint-Pierre-du-Queyroix), 3 (id.), 4 (id.), 5 (id.), etc., 122 (*de — d'Ausances*), 186.
Réal (de), famille. GG. 81.
Rebeyran, famille. GG. 173.
Rebière, famille. GG. 111.
Rémy (*Pierre*), de Felletin, compagnon tapissier. GG. 53.
Reculet, *Reculés*, famille. AA. 7; — GG. 25, 28, 50, 111, 115, 116, 117, 186.
Redier (*Guillaume*), archiprêtre de Saint-Sulpice-le-Guérétois. GG. 10.
Redon, famille. GG. 84, 161, 185.
Regean, famille. GG. 142.
Reginal-de-Lambla, famille. GG. 99.
Regnaudin, famille. GG. 114.
Regnaudin (de), famille. GG. 63.
Régnier, famille. GG. 125.

REICHARD, famille. GG. 35.
REIGNAUD. Voy. *Reynaud.*
REINBEUF, famille. GG. 32.
REIX, famille. GG. 34, 65.
RÉMOND, famille. GG. 136.
RENAUDIN, famille. GG. 9, 106.
RENET, famille. GG. 162.
RENNOUX, famille. GG. 139.
RENODIE (de la), famille. GG. 78.
RENON, famille. GG. 132, 134, 135, 142, 156, 171, 183.
RENOUARD (de), famille. GG. 90.
RESTOUIL, *Reytouilh*, famille. GG. 3, 8.
RETOURET, famille. GG. 35, 66.
REVELARD (*Mathurin*), imprimeur. GG. 51. Voy. *F. Veyriac.*
REVELIAT (*Mathurin*), imprimeur. GG. 108.
REYMOND, *Raymon*, famille. GG. 2, 3 (*Jean*, émailleur; *Pierre*, orfèvre), 4, 5 (*Martial*, émailleur), 6 (id.), 7, 10, 12, 18, 38, 201 (*Pierre*, peintre; *Martial*, orfèvre).
REYNAUD ou REIGNAUD (*Claude*), imprimeur. GG. 26, 27, 57.
REYNAUD, famille. GG. 31, 32, 63, 87, 135.
REYNAUDIN, famille. GG. 125.
REYNIER, famille. GG. 95.
RIBEIREIX (de), famille. GG. 44.
RIBEYROL, famille. GG. 96.
RIBIÈRE, famille. GG. 142, 146, 185, 194, 197.
RIBOUILLE, famille. GG. 59, 60, 89 *ter*, 91 *bis*, 91, 191.
RIBOULET, famille. GG. 148, 154, 156.
RICHAUD, famille. GG. 198.
RIEUBLANC (de), famille. GG. 193.
RIFFATERRE, famille. GG. 28, 176.
RIGOLET, famille. GG. 88.
RIGOUDIE (de la), famille. GG. 147.
RINGAUD, famille. GG. 9, 214.
RIVIÈRE, famille. GG. 162.
ROBERDAY, famille. GG. 138, 139, 140.
ROBERT, famille. GG. 95, 147, 195; — HH. 1.
ROBICHON, famille. GG. 175.
ROBOUTI, famille. GG. 197.
ROBY, famille. GG. 28, 31 (*Martial*, imprimeur), 62 (id.), 63 (id.).
ROCHE, famille. GG. 33 (*Baptiste*, libraire), 96, 99, 124, 147, 156, 178, 188, 195, 198.
ROCHE (*Jean de la*), dit Vouzelle. GG. 210, 218.
ROCHECHOUARD (de), famille. GG. 81.
ROCHEFOUCAULD (de la), famille. GG. 88, 202 (*Fr.-Jos.*, évêque de Beauvais).
RODE (Mr de la). GG. 160.
RODEAU, *Roudeau*, famille. GG. 94.
ROFFAY (*Hiérome*), conseiller du Roi. GG. 29.
ROGER, *Rogier*, famille. GG. 39, 114, 206.
ROGERIE, famille. GG. 200.
ROGIER-DES-ESSARS, famille. GG. 122.
ROLAND, *Rolland*, *Rouland*, famille. GG. 3 (*Étienne*, libraire), 4 (id.), 69, 72 (id.), 107 (*Nicolas*. id.).
ROMANET, famille. GG. 2, 3, 5, 6, 15, 16, 29, 49 (*Pierre*, tapissier), 69, 75, 79, 83, 85, 89, 93, 94, 96, 100, 147, 157, 164, 179, 199.
RONCHEROLLES (le sieur de). BB. 2.
ROQUET, famille, originaire d'Aubusson. GG. 21 (*Étienne*, maître tapissier; *Gilbert*, id.), 36 (*Étienne*, id.), 49 (*Gilbert*, id.), 77 (id., *passim*), 90, 110.
ROSE, famille. GG. 38.
ROTOIER (*Pierre*), banni. AA. 1.
ROUARD, famille. GG. 107, 123, 124, 198.
ROUBY, famille. GG. 168.
ROUCHAUD, famille. GG. 56, 134, 173.
ROUDEAU, famille. GG. 94, 153.
ROUFFIGNAC (de), famille. GG. 44, 180.
ROUGET (*Claude*), capitaine de ville. GG. 26.
ROUGIER, famille. GG. 8, 42, 108, 194.
ROULET, famille. GG. 198.
ROULHAC (de), famille. AA. 3, 4; — CC. 16, 19, 23; — FF. 1; — GG. 33, 35, 42, 85, 94, 96, 122.
ROUMIEUX, famille. GG. 196.
ROUSSE, famille. GG. 171
ROUSSEAUD, famille. CC. 2.
ROUSSEIX, famille. GG. 144.
ROUSSET (*François*), orfèvre. GG. 204.
ROUX, famille. GG. 155, 200.
ROUYÉRAS, famille. GG. 119, 191.
ROUZEIL, famille. GG. 194, 196.
ROY, famille. GG. 206.
ROYÈRE (de), famille. GG. 29.
ROYS, famille. GG. 171.
RUAUD, famille. CC. 1; — GG. 7, 72, 73, 75, 77, 80, 83, 95, 97, 147, 204.
RUBEN, famille. AA. 7; — GG. 27, 35 (*J.-B.*, orfèvre), 83, 146.
RUELLE (de la). Voy. *Beaumesnil.*

S

SABATIER, famille. GG. 192.
SABOURDY, famille. GG. 194.
SABOURIN (*André de*), conseiller en la grand Chambre du Parlement de Bordeaux. GG. 27; — famille. GG. 56.
SABOUTIN, famille. GG. 161.
SACQUET, famille. GG. 137, 138.
SAIGE, famille. CC. 9; — GG. 79.
SAILLANT (le sieur du), sénéchal. BB. 3.
SAINTOUX, famille. GG. 165.
SALESSE, famille. GG. 131.
SALEIX, famille. GG. 7, 42, 186, 207 (*Guillaume*, orfèvre), 221 (id.).
SALLÉ, famille. GG. 83, 100.
SALOMON, famille. GG. 156.
SALOT, famille. GG. 6, 89, 132, 135.
SAMIE, famille. GG. 188.
SANDEMOIS, famille. GG. 35.
SAQUOT, famille. GG. 197.
SARDINE, famille. GG. 21 (*Jacques*, impr. et md libraire), 26 (id., libraire), 27 (id.), 28 (id.), 56 (id.), 60 (id., *bis*), 61 (*Martial*, id., *bis*), 91 (*Jacques*, id.), 95 (*Martial*, id.).
SARRO, famille. GG. 148.
SAUTEREAU, famille. GG. 176, 196.
SAUTY, famille. GG. 213.
SAUVAGE, famille. GG 199.
SAUVEBOEUF (de), famille. GG. 37.
SAUVEUR (le vicomte de Saint). Voy. *Chandos (Jean).*
SAVARI (de), famille. GG. 120, 194.
SAVATIER, famille. GG. 158.
SAVY, famille. GG. 187.
SAVOIE (*Jeanne de*), vicomtesse de Limoges. GG. 208 (nos 8, 25, 40, 78).
SAZERAT-DE-SAINT-VIANCE (de), famille. GG. 81.
SAZEYRAT, famille. GG. 187.
SCHOMBERG (le comte de), gouverneur de la Marche. BB. 2.
SEGONZAC (de), famille. GG. 158.
SELIER, famille. GG. 214.
SELIERE. Voy. *Celiere.*
SELLES, famille. GG. 200 *bis*.
SÉNAT, famille. GG. 162.
SÉNELAS, famille. GG. 146.
SÉNEMAUD, famille. GG. 1, 29, 30, 31, 32, 33, 45, 60 et suiv., 78, 102, 107, 113, 114, 120, 122, 124, 125, 126, 142, 168, 195, 196, 200.
SÉNÈQUE, famille. GG. 65 (*Léonard*, tapissier), 120, 122 (*Michel*, id.), 125 (*Léonard*, id.), 173.

SENT, famille. GG. 161.
SERVIENTIS, famille. GG. 162.
SESTIÈRE, famille. GG. 162.
SEYNAT, famille. GG. 6.
SIALOT, famille. GG. 20, 23, 26, 52, 54, 56.
SILARS (*Hugues de*). FF. 1.
SILHOUETTE (*Hierome-Arnaud*). GG. 29; — famille. GG. 44.
SILVAIN, famille. GG. 142, 197.
SIMON, famille. GG. 31, 45, 46, 63, 64, 197.
SINGA, famille. GG. 154.
SINGAREAU, famille. GG. 157, 188.
SIRAC, famille. GG. 206.
SIRE, famille. GG. 89, 91, 92.
SIRVENT, famille. GG. 92, 131, 134.
SOLANIAC, famille. GG. 148.
SOUDANAS, famille. GG. 31 (*Léonard*, imprimeur), 62, 63, 171 (id.), 176.
SOULIER (*P.*), notaire. GG. 208 (nº 68).
SOURDET, famille. GG. 35 (*Jean-Pierre*, imprimeur).
SOURDOISSON, famille. GG. 211.
SOUTILLAUD, famille. GG. 175.
STAUB (*François*), peintre. GG. 32.
STERKIN, famille. GG. 99.
SUDRAT, famille. GG. 173, 177.
SUDRE, famille. GG. 206.
SUIDRAUX, famille. GG. 56.
SURGÈRE, famille. GG. 197.
SURGÈRES (de), famille. GG. 82.
SUTTON DE CLOUARD, famille. GG. 34, 65.

T

TABALHO, famille. CC. 1.
TABARAUD, famille. GG. 33, 46, 47 (*Martial*, orfèvre), 125 (id.), 148.
TAILHANDIER, famille. GG. 3, 4, 29, 60, 95.
TAILLEFER (de), famille. GG. 118.
TAILLEFERT, famille. GG. 7.
TALLAUD, famille. GG. 148.
TANCHON, famille. GG. 168.
TALENDIER, famille. GG. 34.
TAMEN, famille. GG. 197. Voy. *Thamin*.
TANDEAU, famille. GG. 32, 45, 46, 63.
TANDY, famille. GG. 134, 187.
TARAUD, famille. GG. 145, 154.
TARAYRAU, famille. GG. 76.
TARDIEU, famille. GG. 80, 90.
TARDIVET, famille. GG. 158, 160.
TARNEAUD, famille. GG. 186, 199.
TAULION, famille. GG. 131, 135.
TEILLAUD, famille. GG. 95, 194, 198.
TEITEIZ, famille de Felletin. GG. 71.
TEIXIER. Voy. *Texier*.
TERRASSON, *Tarasson*, famille. GG. 83 (*Jean*, émailleur). Voy. aussi *Faucon*.
TERRAY (l'abbé). CC. 9.
TERRÉ (*Marie-Catherine*). CC. 23.
TEULIER, famille. GG. 32, 33, 34, 46, 61, 121, 122, 145, 188.
TÉVENIN, famille. GG. 154.
TEXANDIER, famille. AA. 7; — BB. 5; — GG. 20, 23, 24, 39, 40, 61, 121 (*de l'Aumônerie*), 123 (*de Nieuil*), 204 (*Pierre*, orfèvre).
TEXIER, famille. GG. 32, 34 (*de Sénèque*), 113, 114, 135; — II. 1, 2.
TEXIERAS, famille. GG. 132, 188.
TEYLIAUD. Voy. *Teillaud*.
TEYSSIERAS. Voy. *Texieras*.
TEYSSONIERAS, famille. GG. 177.
THAMIN, famille. GG. 171. Voy. *Tamen*.
THÉVENOT, famille. GG. 188.
THILLET. Voy. *Tillet*.
THIRIOT, famille. GG. 158.
THOMAS, *Thommas*, famille. CC. 2; — GG. 147, 171, 195, 198.
THOMAS-DE-BOSMIE, famille. AA. 7.
THOMASSON, famille. GG. 159.
THOUVENET, famille. GG. 123, 124, 125, 126, 156.
THUILLIER, famille. GG. 145.
TILLET, *Tilhiet*, *Thilhiet*, famille. GG. 2 (*Antoine*, orfèvre), 3 (*Jean*, id., *bis*; *Antoine*, id.), 7 (*Antoine*, id.), 8 (id.), 11 11 (iid.), 12 (*Jean*, id.), 20 (*Antoine*, id.), 22, 57 (*Antoine*, id.), 84 (*Jean*, id.), 85 (id.), 88 (*Ant.*, id.), 196.
TISSART, famille. GG. 162.
TISSIER, famille. GG. 144.
TIXIER-LA-CHAPELLE, famille. GG. 102.
TORCY (de), ministre. AA. 3.
TORNUOU. Voy. *Tourniol*.
TOUCHAUD, famille. GG. 175.
TOUNIAUD, famille. GG. 108.
TOUR (de la), famille. GG. 93.
TOUR-DU-PIN (de), ministre de la guerre. EE. 1.
TOURNIOL, famille. GG. 153, 161, 192 (*du Rateau*), 207.
TOURON, famille. GG. 158.
TOUZAC, famille. GG. 97, 182.
TRAMONTEIL, famille. GG. 95.
TRASFOREST, famille. GG. 173.
TRAVERSIER, famille. GG. 43.
TRÉMOILLE (*Gui et Guillaume de la*). FF. 1.
TRÉPILLAUD, famille. GG. 135.
TRESAGUET, ingénieur. DD. 4.
TRICARD, famille. GG. 10.
TRION-DE-MONTALEMBERT (de), famille. GG. 44.
TROMPODON, famille. GG. 90.
TROTAU, famille. GG. 206.
TROUTIER, famille. GG. 3.
TUON, famille. GG. 165.
TURAIN, famille. GG. 117, 118, 119, 120.
TURGOT, intendant et ministre. AA. 5; — BB. 4; — CC. 5, 11, 14, 15, 22, 25; — DD. 6; — EE. 1; — FF. 2; — GG. 123.

U

URFÉ (*Louis d'*), évêque de Limoges. GG. 88.

V

VA (*Jacques-Louis-François*), orfèvre. GG. 102.
VACHERIE, famille. CC. 5.
VACHETTE, famille. GG. 77.
VACQUAND, famille. GG. 122.
VACQUIER, famille. GG. 120.
VALADE, famille. GG. 28, 114, 177.
VALERI, famille. GG. 136.
VALERIE (Sainte), miniature. AA. 1.
VALERIE, famille. GG. 187, 196.
VALERY, famille. GG. 173.
VALETE, famille. II. 2.
VALLER, *Vallard*, famille, de Tours. GG. 20, 21.
VALLIÈRE, famille. GG. 155, 165.
VARACHEAUD, famille. GG. 1, 26.
VAREILLES, famille. GG. 167, 183.
VARINAUD, famille. GG. 195, 197,

Vaudet, famille. AA. 7 ; — GG. 47.
Vauselle, famille. GG. 139.
Vendôme (le duc de). GG. 94.
Ventault, famille. GG. 136, 145.
Ventenat, famille. GG. 33, 49, 176.
Vérac, famille. GG. 161.
Verdelle, famille. GG. 197.
Verdier (*Pierre du*), abbé de Saint-Martial. GG. 6; — famille. GG. 85, 131, 132, 134, 135.
Verdilhac (de), famille. GG. 8, 119, 120.
Verger, famille. GG. 195.
Vergne, famille. GG. 165.
Vergne (de la), famille. GG. 79, 100.
Vergniaud, *Vergnau*, *Verniaud*, famille. CC. 14; — DD. 4; — GG. 1, 41, 60, 77 (*Barthélemy*, émailleur), 116 (*Léonard*, imprimeur), 121 (*Pierre-Victurnien*), 123, 124, 125, 126, 155, 190.
Verièras, famille. GG. 151.
Verjus (Mr), président des Enquêtes à Paris. GG. 208 (nos 39, 42, 58).
Vernajou, famille. GG. 184.
Vérole, famille. GG. 172.
Vertamon, *Verthamont (de)*, famille. GG. 1, 2, 7, 10, 11, 26, 42, 43, 50, 56, 57, 75, 93, 107, 110, 117, 213, 214, 221.
Vessière (*Jean*), imprimeur. GG. 28.
Vexière, famille. GG. 138.
Veyriac (*Mathurin*), libraire. GG. 56.
Veyrier, famille. GG. 1, 2 (*Jean*, orfèvre), 3 (id.), 5 (id.), 7 (id.). 8 (*Antoine*, id.), 20 (*Jean*, id.), 29, 30, 31, 49 (id.), 56 (id., *bis*), 106 (*Antoine*, id.), 107 (id.), 132, 151, 198, 201 (*Pierre*, id.; *Jean*, id.), 207 (*Pierre*, id.; *Mathieu*, id.), 221.
Vialateys, famille. CC. 1.
Viance (de Saint), famille. GG. 81.
Vic (Mr de Saint), lieutenant du gouverneur. GG. 208 (no 61).
Victor (Mr de Saint), lieutenant du sénéchal. GG. 208 (no 61).
Vidal, famille. GG. 33.
Vidaud, famille. GG. 12, 18, 80, 110, 118 (*du Dognon*).
Vigenaud, famille. GG. 82, 211 (*Pierre*, orfèvre).
Vigier (*Jean*). Voy. *Court (Jean)*.
Vigier, famille. GG. 132, 135, 136, 137, 138, 142, 191, 208 (no 20)
Vilard, famille. GG. 188.
Villatte. Voy. *Villette*.
Villautreix, famille. GG. 56, 85.
Villechenoux, famille. GG. 155.
Villegoureix, *Vilogoureix*, famille. GG. 135.
Villelume (de), famille. GG. 96.
Villemonteys (de), famille. GG. 73.
Villetas (de Las), famille. GG. 70.
Villette, famille. GG. 22 (*Jacques*, architecte), 88 (id.), 151 (id.).
Villevialle, famille. GG. 177, 183.
Villoutreix (*Marc-Antoine de*), chevalier, sieur de la Judie. GG. 29.
Vincendon, famille. GG. 211.
Vincent, famille. GG. 155, 206.
Vinot, famille. GG. 156.
Viroles, famille. GG. 131, 148.
Vironneau (*Jean*). GG. 219.
Vitrac (l'abbé). DD. 5; — famille. GG. 29, 34, 35, 48, 64, 66, 77.
Vohrin, famille. GG. 169.
Voisin, famille. GG. 9 (*Antoine*, me libraire et imprimeur), 26 (id., impr.), 28 (*Barthélemy*, id.; *Antoine*, id.), 32 (*J.-B.*, id., *bis; Antoine*, id.), 33 (*J.-B.* père et fils, id.), 36, 45 (*J.-B.*, id.), 46 (id., *bis*), 59 (*Antoine*, id., *bis; Jean*, id.), 60 (*Barthelemy*, id.), 63 (*J.-B.*, id.), 66 (*Pierre*, id.), 90, 106 (*Antoine*, id., *bis*), 107 (id.), 111 (*Léonard*, id.; *Ant.*, id.), 122, 155 (*J.-B.*, id.), 193 (*Pierre*, id.).
Volondat, famille. GG. 38, 39, 80, 116; — II. 1.
Vouveys, famille. GG. 50.
Vouzelle, famille. GG. 13, 25, 26, 27, 28, 41, 176.

W

Wittebach, famille. GG. 162.

Y

Ydeulx, famille. GG. 211.
Ytier, famille. AA. 1.
Yvernat, famille. GG. 162.
Yvert (*Jean*), orfèvre. GG. 201.

TABLE DES MATIÈRES

A

ABJURATIONS du protestantisme. GG. 29, 35, 75 (*bis*), 79, 100, 101, 158 à 168 *passim*, 198, 201.
ACADÉMIE des inscriptions et belles-lettres. GG. 66.
ALEXIS (filles de Saint). GG. 168.
APOTHICAIRES. AA. 7, 8 ; — GG. 73.
ARCHITECTES. Voy. les noms de famille : *Beyrou*, *Chauvin*, *Cluseaux*, *Lavaud*, *Margrait*, *Martial* et *Villette*.
ARGENTIERS. AA. 1 ; — GG. 77. Voy. *Orfèvres*.
ARMOIRIES de Limoges. GG. 208 (nº 39).
ARMURIERS. AA. 7, 8.
ARQUEBUSIERS. GG. 76.
ASSEMBLÉE Nationale. FF. 1.
ASSEMBLÉE des Notables. AA. 3 ; — CC. 23.
ASSEMBLÉE du Tiers-État de Limoges. AA. 7, 8, 9 ; — CC. 23.
ASSISTANCE publique. GG. 206 à 230.
AUBERGISTES. AA. 7, 8.
AUGUSTINS. GG. 49.
AUMÔNES Sainte-Croix. CC. 14 ; — GG. 206 à 230.
AVOCATS. AA. 7, 8.

B

BAILES de la marque. AA. 1.
BAN et arrière-ban. GG. 208 (nºs 11, 28, 50, 56, 59, 61, 62, 63, 72).
BAPTÊMES (règlement sur les). AA. 1.
BARRAGE (droit de). AA. 2.
BARTHÉLEMY (massacre de la Saint). BB. 1.
BASTIERS. AA. 7, 8.
BATTEURS d'or. GG. 26, 28, 88.
BOUCHERS. AA. 7, 8 ; — GG. 208 (nº 29) ; — HH. 1.
BOULANGERS. AA. 7, 8 ; — HH. 1, 2.
BOULEVARDS. DD. 2.
BOURRELIERS. AA. 7, 8.
BRIDIERS. AA. 7, 8.
BRIGANDS. AA. 1.
BRODEURS. GG. 7, 204.
BUREAU des finances. AA. 7, 8 ; — DD. 4, 6 ; — FF. 1. Voy. *Trésoriers généraux*.
BUSTE du chancelier d'Aguesseau. AA. 4.

C

CADASTRES. CC. 1, 2, 3, 4, 5, 6, 7.
CAFETIERS. HH. 1.
CALENDRIER. AA. 1.
CANONS de la ville. BB. 1, 3, 4 ; — CC. 22 ; — EE. 1.
CAPITAINE de ville. EE. 1 ; — GG. 6, 9, 147.
CAPITAINE de la cité. GG. 94.
CAPUCINS. BB. 2.
CARMES. GG. 70, 126.
CARTIERS. GG. 26, 51.
CASERNE (construction d'une). EE. 1.
CATHÉDRALE. GG. 16, 22, 26, 75. 83, 183, 202.
CENSIVES. AA. 2.
CHAMBRE des Comptes. CC. 14.
CHAMOISEURS. GG. 77, 88.
CHAPELIERS. AA. 7, 8 ; — GG. 99.
CHARPENTIERS. AA. 7, 8.
CHARRONS. AA. 7, 8.
CHAUDRONNIERS. AA. 7, 8.
CHIRURGIENS. AA. 7, 8 ; — GG. 73, 89, 100, 181, 182, 192, 200 *bis*.
CLERGÉ (exemption du). CC. 8, 11.
CLOCHES de Saint Maurice (bénédiction des). GG. 75 ; — *de Saint-Michel-des-Lions* (id.). GG. 108.
CLOUTIERS. AA. 7. 8.
CODE Justinien. II. 1.
COLLÈGE de Limoges. BB. 1, 3 ; — GG. 63, 205.
COLLÈGE de médecine à Limoges. GG. 96, 97, 100.
COMITÉ des subsistances et Comité patriotique. CC. 16.
COMMANDERIE. GG. 89.
CONFÉRENCES ecclésiastiques. GG. 68.
CONFRÉRIES. AA. 1 ; — CC. 1 ; — GG. 203, 204, 209.
CONSEIL d'État. AA. 2 ; — BB. 2, 4, 5 ; — CC. 8, 13, 14, 16 ; — DD. 2, 5 ; — EE. 2 ; — GG. 20.
CONSULS. AA. 1, 2, 5 ; — BB. 1, 2, 3, 4, 5 ; — CC. 10, 12, 13, 15, 25 ; — DD. 6 ; — EE. 1 ; — FF. 1 ; — GG. 89, 94, 115, 202, 205, 206, 207, 208 *passim*.
CORDELIERS. GG. 99, 181.
CORDONNIERS. AA. 1, 7, 8.
CORPORATIONS. AA. 7, 8.
CORROYEURS. AA. 1 ; — GG. 85.
COSTUME des femmes (règlement sur le). AA. 1.
COUR des aides de Clermont-Ferrand. CC. 8.
COURONNEMENT de Louis XI. AA. 1.
COURRIER de cabinet. GG. 76.

Courtage. CC. 16, 17.
Couteliers. AA. 7, 8.
Coutumes de Limoges. AA. 1; — GG. 208 (nº 2).
Crieurs publics. AA. 1.
Croisade (pardon général pour la). BB. 1.

D

Décimes. GG. 33, 100.
Dominicains. GG. 205.
Don gratuit. AA. 5; — CC. 8, 9, 10, 11.
Douzains de mauvais aloi. BB. 2.
Droit canonique (traité de). II. 1.

E

Eaux et forêts. GG. 20, 100, 118.
Eaux minérales d'Availles. GG. 32.
Écoles (maîtres régents des). GG. 208 (nº 22).
Écoliers. GG. 73, 84 (*bis*), 87, 90, 92, 120, 200 *bis*, 208 (nº 22).
Économats. GG. 168.
Éducation publique. AA. 8.
Élection. AA. 7, 8; — CC. 8; — GG. 2, 5, 6, 29, 41, 44, 49, 62, 86, 106, 107, 110, 116, 201, 207, 211.
Émailleurs. Voy. les noms de famille : *Barier*, *Billanges*, *Chouncy*, *Cour*, *Fargue*, *Faucon*, *Gros*, *Guibert*, *Laudin*, *Mérigou*, *Milher*, *Nouailhier*, *Poncet*, *Reymond*, *Terrasson* et *Vergniaud*.
Émeutes. AA. 4; — BB. 2; — FF. 2; — GG. 91.
Emprunt. CC. 16; — DD. 3.
Enlumineurs. GG. 26 (*ter*), 38, 56, 181.
Enregistrement d'édits royaux. CC. 9.
Éperonniers. AA. 7, 8.
Ermite de Montjauvy. GG. 117.
États généraux. AA. 4, 6, 7, 8, 9; — BB. 1, 4; — CC. 23.
États provinciaux. AA. 8; — BB. 1, 4.
Évêques de Limoges. CC. 13; — GG. 16, 19, 31, 35, 44, 69, 71, 77, 84, 88, 100, 108, 112, 123, 192, 193, 202.
Exécuteurs testamentaires. AA. 1.

F

Famine. BB. 2; — GG. 204.
Fayenciers. GG. 31, 120.
Fédération. BB. 4.
Ferblantiers. AA. 7, 8.
Feuillants. GG. 75, 93.
Foires. AA. 1; — CC. 14; — GG. 202; — HH. 1.
Fondeurs. AA. 7, 8; — GG. 21, 69.
Fontaines. BB. 2, 3, 4; — CC. 22; — DD. 2, 3, 4.
Forléaux. AA. 1; — GG. 208 (nº 19); — HH. 3.
Fourneaux économiques. DD. 1.
Francs-Fiefs. BB. 3; — CC. 11; — GG. 208 (nºs 28, 46, 65, 67, 68).
Francs-Taupins. GG. 6, 7.
Frères mineurs. AA. 1; — GG. 70.

G

Garde nationale. BB. 4; — GG. 35, 200.
Graveurs. Voy. les noms de famille : *Barrière*, *Chazaud*, *David*, *Malissein* et *Ponroy*.
Guet (compagnie du). BB. 3; — DD. 3; — FF. 2, 3; — GG. 26, 35.

H

Halle au blé. DD. 3.
Halle au poisson. Voy. *Poissonnerie*.
Horlogers. AA. 7, 8; — GG. 90.
Hôtel-de-Ville (construction de l'). CC. 16; — DD. 3.
Huissiers. AA. 7, 8.

I

Imageurs. GG. 26, 206.
Impôts. AA. 2; — BB. 1, 3; — CC. *passim*; — GG. 91.
Imprimeurs-Libraires. AA. 7, 8. Voy. les noms de famille : *Angoulême (d')*, *Barbou*, *Bardinet*, *Bargeas*, *Betoule*, *Billanges*, *Blanchard*, *Boulhon*, *Breuil*, *Carqueil*, *Cathue*, *Chapoulaud*, *Charbonnier*, *Cholet*, *Croisier*, *Dalesme*, *Dontraygas*, *Daudet*, *Debroa*, *Decordes*, *Delage*, *Deluret*, *Depousses*, *Dessables*, *Dufournieux*, *Farne*, *Faucon*, *Faure*, *Faye*, *Flacard*, *Ganit*, *Germain*, *Guittard*, *Gros*, *Isaac*, *Lamotte*, *Laquintinie*, *Lasmailharias*, *Leclerc*, *Léger*, *Lemoine*, *Lemperieyro*, *Massy*, *Maury*, *Meilhac*, *Momi*, *Paramptoy*, *Perier*, *Picat*, *Puynesge*, *Quitard*, *Reeclard*, *Reynaud*, *Roby*, *Roche*, *Roland*, *Sardine*, *Soudanas*, *Sourdet*, *Vergniaud*, *Vessière*, *Veyriac* et *Voisin*.
Incendies. DD. 6; — GG. 204.
Incunables. II. 1.
Irlandais. GG. 53, 59.

J

Jacobins. GG. 205.
Jardiniers. AA. 7, 8; — GG. 94.
Jésuites. BB. 3; — GG. 63, 70, 205.
Journal de Paris (le). DD. 5.
Jeu de paume. GG. 22, 55, 158.
Joueur de guitare. GG. 158.
Juridiction consulaire. AA. 1, 7, 8; — FF. 1.

L

Lanternes. FF. 2.
Leyde (droit de). AA. 2; — GG. 208 (nº 47).
Libraires. Voy. *Imprimeurs-Libraires*; la distinction est très difficile à faire.
Lieutenant-Criminel. GG. 106.
Lods et Ventes. CC. 12.
Loto (interdiction du). FF. 1.
Luthériens. Voy. *Abjurations*.

M

Maçons. AA. 7, 8.
Maire et échevins (création des). GG. 208 (nº 5).
Maître de danse. GG. 30.

MAITRES d'école. GG. 22 (*bis*), 24, 25, 50, 58, 151, 200 (*bis*).
MAITRES écrivains. GG. 38.
MAITRE de musique. GG. 111.
MAITRE des œuvres. GG. 62.
MALTE (chevalier de). GG. 88, 89.
MANUFACTURE royale de porcelaine. GG. 33, 102.
MANUFACTURE de soie. GG. 96.
MANUSCRITS (fragments de). II. 1.
MARÉCHAUSSÉE. FF. 2; — GG. 153.
MARÉCHAUX. AA. 7, 8.
MARIAGES (règlement sur les). AA. 1.
MÉDECINS (traité de). II. 1.
MÉDECINS. AA. 7, 8; — BB. 2; — GG. 49, 54, 77, 79, 94, 96, 97, 100, 126, 161, 192, 207; — HH. 1.
MENUISIERS. AA. 7, 8; — GG. 182; — HH. 1.
MESSAGERIES de Limoges à Bordeaux. GG. 39.
MESURAGE des grains. HH. 1.
MILICE bourgeoise. EE. 1.
MILICE provinciale. EE. 1; — GG. 92, 159, 179.
MILLE DIABLES (compagnie des). BB. 1.
MINIATURES. AA. 1; — GG. 204; — II. 1.
MIRALIERS. GG. 206.
MISSEL. II. 1.
MISSION (prêtres de la). GG. 158 à 170.
MONNAIE et MONNAYEURS. AA. 7, 8; — CC. 7; — GG. 4, 41, 95, 97, 99, 102, 208 (nos 24, 30, 71, 77, 79), 209.
MURAILLES. GG. 208 (no 74).
MUSIQUE. GG. 111.
MYSTÈRE de la Passion. BB. 1.
MYSTÈRE de Sainte-Barbe et Théophile. BB. 1.

N

NÉGOCIANTS et MARCHANDS. AA. 7, 8.
NOTAIRES. AA. 7, 8.

O

OCTROIS et PATRIMONIAUX. CC. 13, 14, 15, 16, 17, 18, 19.
ORAISON funèbre. GG. 115.
ORATORIENS. GG. 84, 115.
ORFÈVRES. Voy. les noms de famille : *André*, *Ardant*, *Balezy*, *Balsac*, *Blanchard*, *Bricaille*, *Celière*, *Chasteing*, *Combe*, *Courtaud*, *Deflottes*, *Denard*, *Descombes*, *Duchez*, *Dupeyrat*, *Duval*, *Guibert*, *Guimbert*, *Jabessier*, *Latache*, *Lemasit*, *Lesme*, *Malissein*, *Mathieu*, *Mercier*, *Mouret*, *Péconnet*, *Pénicaud*, *Peyrat*, *Phalempin*, *Pictet*, *Pinchaud*, *Raby*, *Reymond*, *Rousset*, *Ruben*, *Saleix*, *Tabaraud*, *Texendier*, *Tillet*, *Veyrier*, *Vigenaud*, et *Yvert*.
ORGANISTES. GG. 81.

P

PAIN (règlement sur le). AA. 1.
PAINS de Noël. CC. 14; — GG. 206 à 230.
PANAGE (droit de). AA. 2.
PAPETIERS. GG. 52, 84, 175.
PAQUEBOT de Douvres à Calais. AA. 4.
PARLEMENT de Bordeaux. CC. 8, 9, 14; — GG. 20, 27, 43, 70, 109, 122.
PARLEMENT de Paris. AA. 2; — BB. 1.
PARLEMENT de Rennes. GG. 90.
PATISSIERS. AA. 7, 8.
PAUMIERS. GG. 22.
PAVAGE, impôt. GG. 208 (nos 25, 78).
PAVÉ. GG. 208 (no 24).
PÉAGE (droit de). AA. 2.
PEINTRES. Voy. les noms de famille : *Anthoine*, *Beulaigue*, *Boileau*, *Caboutin*, *Chassagne*, *Courteix*, *Darnac*, *Dumenus*, *Granaud*, *Larey*, *Laroche*, *Maisonnade*, *Martin*, *Martinaud*, *Pommier*, *Quenos*, *Reymond* et *Staub*.
PÉNITENTS blancs. GG. 81, 200 *bis*.
PERRUQUIERS. AA. 7, 8; — GG. 124.
PESEUR des draps (règlement pour l'office de). AA. 1.
PESEUR de bois à brûler. AA. 6.
PESTE. BB. 2; — GG. 16, 76, 204.
PINTIERS (statuts des). AA. 1.
PLASSAGE (droit de). CC. 16.
POÉSIES françaises et latines. BB. 2.
POÉSIES françaises. GG. 206.
POÉSIES provençales. CC. 1.
POIDS du Roi. CC. 16.
POISSONNERIE. CC. 16; — DD. 2, 3; — GG. 208 (no 13).
PONTS ET CHAUSSÉES. GG. 45, 62, 123.
PORCELAINE. GG. 124, 126 *passim*.
PORTRAIT du chancelier d'Aguesseau. AA. 4.
PORTRAIT de Louis XIV. CC. 15.
POSTE. GG. 72, 76, 120, 121, 200 *bis*.
POUDRES et salpêtres. GG. 33, 88.
POUDRIÈRE. GG. 81, 88, 151.
PRÉDICATEURS. GG. 84, 202.
PRÉSIDIAL. AA. 7, 8; — GG. 4, 6, 8, 9, 10, 13, 20, 21, 26, 27, 42, 43, 50, 54, 56, 69, 70, 72, 82, 83, 94, 106, 109, 115, 122, 140, 182.
PRÉVÔT et prévôté. AA. 1; — GG. 56, 75, 90, 113, 208 (no 38).
PRISE de la Bastille. AA. 4.
PRISONNIERS espagnols. BB. 2.
PRIVILÈGES et franchises de Limoges. AA. 1; — GG. 208 (nos 1, 3, 17, 57, 58, 66).
PROCESSION solennelle du 27 août. BB. 3.
PROCUREURS. AA. 7, 8.
PROPOS séditieux contre l'Assemblée nationale. FF. 1.
PROTESTANTS. BB. 1; — GG. 33, 69, 73 (*bis*), 201. Voy. aussi *Abjuration*.
PROTOCOLES d'actes. AA. 1.
PROVENÇAL (textes en). AA. 1; — CC. 1; — GG. 203, 204, 206, 207, 208 (no 35), 218.
PROVIDENCE (maison de la), à Limoges. GG. 79, 88, 99.

R

RÉGIMENTS casernés à Limoges. DD. 6; — EE. 1; — GG. 3, 31, 33, 34, 35, 44, 92, 99, 117, 118, 120, 121, 122, 124, 158, 159, 160, 161, 162, 198, 200 *bis*.
RELIEURS. AA. 7, 8; — GG. 122.
REMONTRANCES du Tiers-État de Limousin. BB. 1.

S

SABOTIERS. AA. 7, 8.
SAVETIERS. AA. 7, 8.
SCULPTEURS. Voy. les noms de famille : *Barbut*, *Bellay*, *Bernard*, *Bonnadier*, *Buxeraud*, *Claude*, *David*, *Desroche*, *Duchesne*, *Huard*, *Lagarie*, *Laroche*, *Maisonnade*, *Marsaudon*, *Morisan*, *Palier*, *Pavillon*, *Périer* et *Poylevé*.

SEL (règlements sur le). AA. 1 ; — HH. 1.
SELLIERS. AA. 1, 7, 8.
SÉMINAIRE. GG. 97, 170.
SÉNÉCHAUSSÉE. AA. 9 ; — BB. 2 ; — CC. 23 ; — GG. 20, 26, 27, 94, 190, 208 (nos 29, 51).
SERRURIERS. AA. 7, 8.
SŒURS de charité. DD. 1.
SŒURS de l'instruction chrétienne. GG. 59.
SOIE. GG. 88, 96.
SORBONNE (docteurs de). GG. 65, 94, 119, 122, 123.
SOUQUET (droit de). CC. 14 ; — GG. 208 (nos 27, 51).
SUISSES. GG. 69.

T

TABAC. GG. 118.
TAILLANDIERS. AA. 7, 8.
TAILLEURS. AA. 7, 8.
TANNEURS. AA. 1, 7, 8.
TAPISSERIES. CC. 15.
TAPISSIERS. Voy. les noms de famille : *Audoin*, *Barrière*, *Begogne*, *Bertrand*, *Cartau*, *Castonet*, *Chapelas*, *Couillaud*, *Collin*, *Dumay*, *Duprat*, *Dupré*, *Écrard*, *Faugère*, *Foucalet*, *Gondeau*, *Magniac*, *Maumy*, *Nadaud*, *Petit*, *Reby*, *Romanet*, *Roquet* et *Sénèque*.
TEINTURIERS. AA. 7, 8.
THÉATRE, à Limoges. DD. 6.
THÉATRE DES VARIÉTÉS, à Rouen. AA. 4.
TISSERANDS. GG. 158.
TRÉSORIERS généraux. GG. 16, 19, 23, 24, 25, 26, 27, 32, 44, 49, 53, 97, 100, 109, 112, 113, 117, 118, 124, 125.
TROUPES (passage et logement de). AA. 5 ; — BB. 2, 3 ; — EE. 1, 2.

V

VAGABONDS. — FF. 1.
VICE-SÉNÉCHAUSSÉE. GG. 70, 77, 93, 106, 107, 109.
VIGNERONS. GG. 158.
VINAGE (droit de). AA. 2.
VITRAUX. GG. 184.
VITRIERS. AA. 7, 8 ; — GG. 79, 84, 88.

ERRATA

INTRODUCTION, p. 11, ligne 20,	*au lieu de*	Palempin,	*lisez*	Phalempin.
SÉRIE AA. 1, p. 2, col. 1, ligne 8,	—	Cerocira,	—	Cerveira.
— — *ibid.* —	—	Denan,	—	Devan.
— — *ibid.* ligne 11,	—	jostan,	—	jostau.
— — 8, ligne 1,	—	1798,	—	1789.
SÉRIE BB. 3, ligne 6,	—	Nyert,	—	Nyvert.
SÉRIE CC. 1, col. 1, ligne 17,	—	loceu P. Auten,	—	lo ceu. — P. Auten.
SÉRIE FF. 1, col. 2, lignes 9 et 10,	—	comte de Montauban,	—	Comte, de Montauban.
SÉRIE GG. 12, ligne 6,	—	orfpèvre,	—	orfepvre.
— — 12, ligne 10,	—	Gondin,	—	Goudin.
— — 12, ligne 13,	—	Boulhiout,	—	Boulhiont.
— — 24, ligne 8,	—	Chapalimeau,	—	Champalimeau.
— — 27, ligne 8,	—	Gondein,	—	Goudein.
— — 29, ligne 30,	—	Hérolde,	—	Héralde.
— — 45, ligne 10,	—	Laudon,	—	Landon.
— — 50, col. 2, ligne 6,	—	Vouveys,	—	Voureys.
— — 56, ligne 4,	—	Pecoune,	—	Pecouné.
— — 63, lignes 25 et 26,	—	Niomandre,	—	Miomandre.
— — 96, col. 2, ligne 1,	—	Lassaigue,	—	Lassaigne.
— — 101, ligne 2,	—	Desranie,	—	Desraine.
— — 106, col. 2, ligne 29,	—	Descardes,	—	Descordes.
— — 107, ligne 7,	—	Moumy,	—	Moury.
— — 117, ligne 5,	—	Tarain,	—	Turain.
— — 119, ligne 7,	—	Barbut,	—	Barbat.
— — 119, ligne 18,	—	Rouyras,	—	Rouyéras.
— — 119, ligne 21,	—	Vandilhac,	—	Verdilhac.
— — 122, ligne 4,	—	Joubet,	—	Joubert.
— — 126, ligne 37,	—	ministre,	—	membre.
— — 131, ligne 8,	—	Delatonille,	—	Delatouille.
— — 132, ligne 12,	—	Cognus,	—	Cognas.
— — 133, ligne 2,	—	Porquet,	—	Pasquet.
— — 135, ligne 9,	—	Callabot,	—	Tallabot.
— — 137, ligne 4,	—	Patier,	—	Pallier.
— — 139, ligne 4,	—	Neinon,	—	Némon.
— — 153, ligne 10,	—	Médre,	—	Midre.
— — 161, ligne 16,	—	Bruniviére,	—	Biennousvienne.
— — 168, ligne 15,	—	la cour,	—	le cœur (chœur).
— — 182, col. 2, ligne 28,	—	Lostanger,	—	Lostanges.
— — 187, ligne 3,	—	Deneufille,	—	Deneufville.
— — 188, ligne 5,	—	Reullier,	—	Teullier.
— — 188, p. 53, ligne 1,	—	Basdonneau,	—	Bardonneau.
— — 198, ligne 4,	—	Duron,	—	Durou.
— — 206, ligne 12,	—	Audrieu,	—	Andrieu.
Table des noms de lieux,	—	Orances, faubourg de Limoges.	—	Orances, banlieue de Limoges.

Département de la Haute-Vienne

VILLE DE LIMOGES

INVENTAIRE-SOMMAIRE

DES

ARCHIVES COMMUNALES ANTÉRIEURES A 1790

(COMPLÉMENT)

AA. 9 *bis*. (Registre.) — In-4°, 185 feuillets, papier.

Décembre 1788 — Juin 1790. — États généraux. — « Registre pour servir à enregistrer ce qui sera relatif à la convocation des États généraux et les décrets de l'Assemblée nationale sanctionnés par le Roy. » Signé : Lingaud, secrétaire greffier. — F° 1 r° : « Délibération de MM. les officiers municipaux et conseillers politiques de la ville de Limoges, en l'assemblée générale tenue le 24 décembre 1788, d'après le vœu général et unanime de différens députés et membres des corps, communautés et corporations de l'ordre du Tiers-État de la dite ville, concernant son admission aux prochains États généraux. » — F° 3 v° : Copie de la lettre du Roi concernant la convocation des États généraux à Versailles le 27 avril 1789, et règlement y relatif en 50 articles. — F° 12 r° : Copie de la lettre de M. Lamy de la Chapelle aux officiers municipaux de Limoges pour leur notifier la lettre précédente. — F° 13 r° : Procès-verbal de l'assemblée des bourgeois et autres habitants non compris dans les corporations de la ville de Limoges, 23 février 1789. — F° 14 v° : Procès-verbal de l'assemblée du Tiers-État de Limoges, 26 février 1780. — F° 17 r° : Délibération des officiers municipaux et conseillers politiques de la ville de Limoges, en l'assemblée tenue le 22 juillet 1789, pour être présentée à l'Assemblée nationale. — Copie des décrets de l'Assemblée nationale des 4, 6, 7, 8 et 11 août 1789, en 19 articles. — F° 20 r° et suivants : Copie de divers décrets de l'Assemblée nationale et du Conseil d'État, de lettres patentes, proclamations et déclarations royales, d'un intérêt général. — F° 51 v° et suivants : Copie des lettres adressées par le comte de Saint-Priest, ministre secrétaire d'État, et autres ministres, à l'Intendant de Limoges, au sujet de divers décrets de l'Assemblée nationale; — copie des lettres d'avis de l'Intendant aux officiers municipaux de Limoges. — F° 58 r° et suivants : Nombreux extraits de procès-verbaux des séances de l'Assemblée nationale. — F° 133 v° et suivants : Copie des lettres du Roi relatives à la division de la France en 83 départements : « ..... Département de la Haute-Vienne. L'assemblée de ce département se tiendra à Limoges. Il est divisé en six districts dont les chefs-lieux sont : Limoges, le Dorat, Bellac, Saint-Junien, Saint-Yrieix, Saint-Léonard. Réservé à la ville de Rochechouart un tribunal, s'il en est établi un dans le district. »

AA. 9 *ter*. (Liasse.) — 3 pièces, papier (2 imprimées).

1791? — Prestations de serment civique. — « Nous, soussignés, promettons et jurons sur notre honneur et conscience, de maintenir de tout notre pouvoir la constitution civile décrétée par l'Assemblée nationale et acceptée par le Roi; de sacrifier nos biens et même nos vies, s'il le faut, pour le maintien de cette constitution; de dévoiler tous ses ennemis, de vivre libres ou de mourir, de respecter les personnes et les propriétés individuelles, même d'employer tout notre pouvoir contre ceux qui y attenteroient; de prêter main-forte à la Loi sur la réquisition des Municipalités et des Corps administratifs; de reconnoître ces corps dans toutes les circonstances, en conséquence d'obéir aux officiers et sous-officiers militaires dès que nous serons dans les rangs, de ne quitter notre drapeau qu'à la mort. Si nous contrevenons à ces obligations, nous consentons tous à perdre l'estime et l'amitié de nos concitoyens et d'être déclarés indignes du nom françois. » Sans date. Suivent les signatures autographes au nombre d'environ 64, entre lesquelles figurent : J.-B. Pénicaud, maire; L. Gay de Vernon, « Évèque du département de la Haute-Vienne et notable; » J.-J. Cousin, G. Biron, Bandy, Depéret, Dubois, François Aubreton et Bétolaud, vicaires épiscopaux; Martial Roger, officier municipal; Noyant, L. Tharaud, L. Couder, Dutreix et autres, se disant notables; P. Lamaud, commis aux Aides; F. Lamarche, huissier de paix; Brigueil, administrateur au Directoire du district; Pierre Villevialles (?), chirurgien juré; Martial Tharaud, marchand; Bourdeau, négociant; Pierre Rouberol, teinturier; Léonard Dumay, manufacturier; Veyriras, huissier aux Tailles; etc. — Autre exemplaire de la formule de serment susdite, portant 16 noms de personnes qui ont déclaré ne savoir signer, entre autres : Élie Marchat et Pierre Morterol, manufacturiers.

CC. 6 *bis*. (Registre.) — In-f°, 355 feuillets, papier.

1782. — Les Orances de Limoges (1). — « État général des fonds des Orances de la ville de Limoges, ensemble de quelques-unes des paroisses voisines, ces derniers faisant-partie de domaines, corps de biens ou de fermes des dittes Orances, ou appartenant à des particuliers y domiciliez, les exploitants, au mesurage et estimation desquels nous, Jean Vacherie, arpenteur, abbonnateur et notaire royal demeurant en la ville du Dorat, en exécution de la délibération de MM. les officiers municipaux de la ville de Limoges, et l'ordonnance de Monseigneur l'Intendant de cette Généralité, du.................... .... Après avoir prêté serment par devant M. de Beaulieu, son subdélégué général, de nous acquiter de nos commissions, fidèlement et conformément à ses instructions, avons procédé comme il s'ensuit : Ce jourd'huy, premier jour du mois de septembre mil sept cent quatre-vingt-deux, nous, arpenteur et abbonnateur susdit, nous nous sommes transporté en la ville de Limoges, en l'auberge de *l'Autruche*, faubourg Montmailler, où étant nous aurions informé les sindic, consuls et principaux habitants du dit Limoges du sujet de notre transport, que nous aurions requis de nous accompagner aux dits mesurage et abbonnement, tant pour voir et connoître par eux-mêmes l'exactitude des dittes opérations, que pour nous indiquer les véritables propriétaires et exploitants de chaque pièce d'héritages des dittes Orances, à quoi ils auroient satisfait. En conséquance, nous avons vaqué aux opérations dont s'agit, en les mesurant à la séterée; la séterée est composée de cinquante perches, chaque perche de vingt-deux pieds de Roy, revenantes en superficie à vingt-quatre mille deux cents pieds, les numérotant touttes l'une après l'autre par ordre de numéro, depuis la première jusqu'à la dernière, et procédé comme il s'ensuit. » — Il y a 4,820 articles, indiquant : la nature du tènement, terre, vigne, pré ou maison; sa contenance; ses confrontations avec d'autres tènements désignés seulement par leur numéro d'ordre; son possesseur actuel. Parmi les dits possesseurs figurent : Vitrac aîné, prêtre, principal du Collège de Limoges; Me Dupuy, prêtre; François Besoir, cabaretier; Jean Lemasson, apothicaire à Limoges; le sieur Colon, procureur à Limoges; Pierre Marsicat, cabaretier; Martial Rathier, cabaretier; le s[r] Pinet, prêtre; Martial Brizefer, m[e] tailleur; le chapitre Saint-Martial de Limoges; le s[r] Nadaud, prieur de Chamboret; Chapoulaud, imprimeur; Vitrac jeune, prêtre; Devoyon, avocat du Roi au Bureau des Finances; Me Dupeyrat du Vaginal, écuyer; les dames Carmélites de Limoges; Pradié, cabaretier; Vergnaud, huissier; Vac-

(1) Cf. Inventaire des Archives départ. de la Haute-Vienne. C. 108.

quant, chanoine de Saint-Étienne; Lapisse de Peyramond, écuyer; le s[r] Puymoulinier, « en son vivant lieutenant criminel à Limoges ; » Me Dublondeau, « ancien lieutenant-colonel ; » Coutaud, fondeur de cloches à Limoges ; Bouthet, directeur général du Domaine ; Javaud, « conducteur des grands chemins ; » Brissaud, marchand de fer à Limoges ; Lingaud, « receveur des deniers royaux de la ville de Limoges ; » Delaquinière, secrétaire de l'Intendance ; Constant, chirurgien à Limoges ; d[elle] David, « en son vivant fille devote ; » Devoyon-Dubuisson, avocat du Roi à Limoges ; Traud, voiturier à Limoges ; la communauté de la Règle ; Grangier, cabaretier ; les PP. Feuillants de Limoges ; le s[r] de Fayat, chevalier de Saint-Louis ; Guittard, huissier à la Bourse ; Vergnaud, « en son vivant armurier ; » les PP. Augustins de Limoges ; Carpentier, secrétaire de l'Intendance ; Mauret, cabaretier ; Ardant, notaire à Limoges ; Rougerie, cabaretier ; Pouyat, curé de Chalus ; Joyeux, cabaretier ; Bagnol, huissier à la Bourse ; Bardet, chirurgien à Limoges ; l'abbaye de Saint-Martial ; Filiatre, marchand cartier ; Roche, filassier ; Pinot, architecte à Limoges, etc. — F° 354 v° : « Ce fait, nous arpenteur royal susdit, nous nous sommes retiré au faubourg Montmailler de la ville de Limoges en notre auberge, où le présent état contenant cent soixante dix-sept feuilles écrites de deux mains, sans rature ny interligne qu'elles ne soient approuvées, savoir depuis le procès-verbal jusqu'au numéro 4,215 d'une même main et depuis le n° 4,216 jusqu'a la fin d'une autre main, a été le dit arpentement et abbonnement clos et arrêté le vingtième jour du mois de novembre mil sept cent quatre-vingt-deux, après midi. » Signé Vacherie. — F° 355 r° : Table des ténements mentionnés dans le présent registre, au nombre d'environ 150.

CC. 6 *ter*. (Registre.) — In-f°, 330 feuillets, papier.

1782. — Les Orances de Limoges. — Recueil factice des minutes de l' « État général des fonds des Orances. » Première partie. (Voy. l'art. précédent). — Les articles vont de 1 à 636, avec quelques lacunes et plusieurs pièces annexes.

CC. 6 *quater*. (Registre.) — In-f°, 372 feuillets, papier.

1782. — Les Orances de Limoges. — Recueil factice des minutes de l' « État général des fonds des Orances. » Seconde partie. (Voy. l'art. précédent.) — Les articles vont de 4 à 634, avec quelques lacunes et plusieurs pièces annexes.

CC. 15 *bis*. (Registre.) — In-f°, 28 feuillets, papier.

1764 — Octobre 1789. — Octrois et Don gratuit. — « Sommier destiné à inscrire les délibérations, ordres et décisions du Bureau de commission concernant la régie des Octrois et Don gratuit, commencé le 1er octobre 1764. » — F° 1 r° : « Plan de régie, » avec les sous-titres suivants : Bureau de commission. Caissier. Inspecteurs ou Sous-Inspecteurs. Controleurs ambulants. Arrondissement pour le Don gratuit. Receveurs. Poids du Roi. Foires fermées. Bureaux de recettes. — Les dits bureaux sont situés aux points suivants : Pont Saint-Martial, Pont Saint-Étienne, Place des Carmes, Poids-du-Roi, Porte des Arènes, Porte Manigne, Trou Sainte-Ursule, Place Saint-Gérald, Porte Boucherie, Porte Tourny et Porte Montmailler. — F° 5 r° : Nomination des dits receveurs. — F° 6 r° et suivants : Procès-verbaux des délibérations du Bureau de commission.

FF. 3 *bis*. (Liasse.) — 10 pièces, papier.

1763-1782. — Casernements. — Baux passés entre la ville et différents particuliers, de maisons destinées au logement du régiment de Condé-cavalerie, 1763 ; — et du régiment d'Artois-dragons, 1780. — Trois lettres signées d'Aine, et deux lettres signées de Beaulieu, adressées aux officiers municipaux de Limoges, touchant les réparations à faire aux casernes de la ville et la construction d'un manège, 1781. — État des réparations à faire « dans les maisons servant de cazernes au régiment de dragons d'Artois, en quartier en cette ville, » 1782.

BH. 3 *bis*. (Registre.) — In-f°, 23 feuillets, papier.

1748-1792. — Forléaux de Limoges. — « Registre.... pour servir au greffe de la Police de Limoges, à insérer le prix des grains, vin, foin et huile de noix ; a été cotté, paraphé et signé par premier et dernier feuillet, par nous, Jean-Pierre Rogier des Essarts, seigneur du Buisson, Beaune, Mayéras, l'Eyraud, le Bouchet et autres lieux, conseiller du Roy, lieutenant général civil et de Police en la Sénéchaussée de Limosin et siége présidial de Limoges. » — F° 1 r° : « Aujourd'huy, 16 aout 1747, par devant nous, J.-P. Rogier des Essarts...... en notre hôtel s'est présenté le procureur du Roy de la Police qui a dit que, pour le bien public et le bon ordre, il est d'usage tous les ans, aprez le 15 d'aout, de procéder à l'évaluation des grains, vin, foin et huile de noix, suivant les mercuriales de la présent ville ; à l'effet de laquelle évaluation le grefier de la Police a rapporté les états du prix des dits grains qui lui ont été remis par les bailes des boulangers, suivant qu'ils ont valu au marché public jour par jour pendant la dite année, à commancer depuis le 16 aout 1748 jusqu'à ce jour ; lesquels états les dits bailes ici présens ont affirmé véritables moyennant leurs sermens. Après quoi nous en avons fait faire les calculs et réductions semaine par semaine et ensuite mois par mois comme s'ensuit : Sept. 1748 : froment, 6 ll. 10 sols ; seigle, 3 ll, 18 sols 9 deniers. Octobre : froment, 6 ll. 13 sols un denier ; seigle, 4 ll. 2 sols 7 deniers. Novembre : froment, 6 ll. 3 sols 9 deniers ; seigle, 4 ll. 3 sols 7 deniers, etc. Aprez quoi nous avons trouvé que le setier du froment pour la dite année 1748 doit être fixé à la somme de 5 ll. 6 sols 2 deniers ; celui du seigle à 3 ll. 11 sols 4 deniers ; l'éminal de la grosse avoine à 22 sols 2 deniers, celui de la petite à 14 sols 10 deniers ; la charge du vin à 11 ll. 10 sols ; le quintal du foin à 26 sols 6 deniers ; le setier de l'huile de noix à 9 ll. ; dont et de quoi nous avons concedé acte pour servir et valoir ainsi que de raison. » — Cette formule et le tableau qui la suit sont répétés à chaque page, *mutatis mutandis*, pour les années 1748-1792.

TABLES DU COMPLÉMENT

TABLE DES NOMS DE LIEUX

A

ARÈNES (les), porte et quartier de Limoges. CC. 15 *bis*.
AUTRUCHE (l'), auberge de Limoges. CC. 6 *bis*.

B

BEAUNE (Haute-Vienne ?). HH. 3 *bis*.
BELLAC (Haute-Vienne). AA. 9 *bis*.
BOUCHERIE, porte et quartier de Limoges. CC. 15 *bis*.
BOUCHET (le) (Haute-Vienne ?). HH. 3 *bis*.
BUISSON (Haute-Vienne ?). HH. 3 *bis*.

C

CARMES (les), place de Limoges. CC. 15 *bis*.
CHALUS (Haute-Vienne). CC. 6 *bis*.
CHAMBORET (Haute-Vienne). CC. 6 *bis*.

D

DORAT (le) (Haute-Vienne). AA. 9 *bis* ; — CC. 6 *bis*.

E

ÉTIENNE (Saint), église cathédrale de Limoges. CC. 6 *bis*.
EYRAUD (l') (Dordogne). HH. 3 *bis*.

F

FRANCE, en général. AA. 9 *bis*.

G

GÉRALD (Saint), place de Limoges. CC. 15 *bis*.

H

HAUTE-VIENNE (département de la). AA. 9 *bis*.

J

JUNIEN (Saint) (Haute-Vienne). AA. 9 *bis*.

L

LÉONARD (Saint) (Haute-Vienne). AA. 9 *bis*.
LIMOGES (Haute-Vienne), ville. AA. 9 *bis* ; — CC. 6 *bis* ; — FF. 3 *bis* ; — HH. 3 *bis*.
LIMOGES (quartiers de). CC. 15 *bis*.
LIMOGES (territoire de). CC. 6 *bis*, *ter* et *quater*.

M

MANIGNE, porte et quartier de Limoges. CC. 15 *bis*.

MARTIAL (Saint), abbaye de Limoges. CC. 6 *bis*.
MAYERAS, commune de Chaptelat ou de Verneuil (Haute-Vienne). HH. 3 *bis*.
MONTMAILLER, faubourg de Limoges. CC. 6 *bis*.
MONTMAILLER, porte et quartier de Limoges. CC. 15 *bis*.

O

ORANGES (les), banlieue de Limoges (Haute-Vienne). CC. 6 *bis*, *ter* et *quater*.

P

POIDS DU ROI, quartier et bureau de recette, à Limoges. CC. 15 *bis*.
PONT SAINT-ÉTIENNE, quartier de Limoges. CC. 15 *bis*.
PONT SAINT-MARTIAL, quartier de Limoges. CC. 15 *bis*.

R

RÈGLE (la), communauté de femmes, à Limoges. CC. 6 *bis*.
ROCHECHOUART (Haute-Vienne). AA. 9 *bis*.

T

TOURNY, porte et quartier de Limoges. CC. 15 *bis*.
TROU SAINTE-URSULE, passage de Limoges. CC. 15 *bis*.

V

VERSAILLES (Seine-et-Oise). AA. 9 *bis*.

Y

YRIEIX (Saint) (Haute-Vienne). AA. 9 *bis*.

TABLE DES NOMS DE PERSONNES

A

AINE (d'), intendant de Limoges. FF. 3 *bis*.
ARDANT, notaire. CC. 6 *bis*.
AUBRETON (*François*), vicaire épiscopal. AA. 9 *ter*.

B

BAGNOL, huissier à la Bourse. CC. 6 *bis*.
BARDET, chirurgien. CC. 6 *bis*.
BANDY, vicaire épiscopal. AA. 9 *ter*.
BEAULIEU (de), subdélégué général de l'intendant. CC. 6 *bis*; — FF. 3 *bis*.
BESOIR (*François*), cabaretier. CC. 6 *bis*.
BÉTOLAUD, vicaire épiscopal. AA. 9 *ter*.
BIRON (*J.*), vicaire épiscopal. AA. 9 *ter*.
BOURDEAU, négociant. AA. 9 *ter*.
BOUTHET, directeur général du Domaine. CC. 6 *bis*.
BRIQUET, administrateur au Directoire du district. AA. 9 *ter*.
BRISSAUD, marchand. CC. 6 *bis*.
BRIZEFER (*Martial*), m[e] tailleur. CC. 6 *bis*.

C

CARPENTIER, secrétaire de l'Intendance. CC. 6 *bis*.
CHAPELLE. Voy. *Lamy de la Chapelle*.
CHAPOULAUD, imprimeur. CC. 6 *bis*.
COLON, procureur à Limoges. CC. 6 *bis*.
CONSTANT, chirurgien. CC. 6 *bis*.
COUDER (*L.*), notable. AA. 9 *ter*.
COUSIN (*J.-J.*), vicaire épiscopal. AA. 9 *ter*.
COUTAUD, fondeur de cloches. CC. 6 *bis*.

D

DAVID (D[elle]), fille dévote. CC. 6 *bis*.
DELAQUINIÈRE, secrétaire de l'Intendance. CC. 6 *bis*.

Depéret, vicaire épiscopal. AA. 9 *ter*.
Devoyon, avocat du Roi au Bureau des Finances. CC. 6 *bis*.
Devoyon-Dubuisson, avocat du Roi. CC. 6 *bis*.
Dublondeau, lieutenant-colonel. CC. 6 *bis*.
Dubois, vicaire épiscopal. AA. 9 *ter*.
Dumay (*Léonard*), manufacturier. AA. 9 *ter*.
Dupeyrat du Vaginal, écuyer. CC. 6 *bis*.
Dupuy, prêtre. CC. 6 *bis*.
Dutreix, notable. AA. 9 *ter*.

E

Essarts (*Jean-Pierre-Rogier des*), lieutenant général civil et de police à Limoges. HH. 3 *bis*.

F

Fayat (de), chevalier de Saint-Louis. CC. 6 *bis*.
Filiatre, cartier. CC. 6 *bis*.

G

Gay de Vernon (*L.*), évêque du département de la Haute-Vienne. AA. 9 *ter*.
Grangier, cabaretier. CC. 6 *bis*.
Guittard, huissier à la Bourse. CC. 6 *bis*.

J

Javaud, « conducteur des grands chemins. » CC. 6 *bis*.
Joyeux, cabaretier. CC. 6 *bis*.

L

Lamarche (*F.*), huissier de paix. AA. 9 *ter*.
Lamaud (*P.*), commis aux Aides. AA. 9 *ter*.
Lamy de la Chapelle. AA. 9 *bis*.
Lapisse de Peyramont, écuyer. CC. 6 *bis*.
Lemasson (*Jean*), apothicaire. CC. 6 *bis*.
Lingaud, secrétaire-greffier de la maison de ville. AA. 9 *bis*.
Lingaud, receveur des deniers royaux. CC. 6 *bis*.
Louis XVI, Roi. AA. 9 *bis*; — AA. 9 *ter*.

M

Marchat (*Élie*), manufacturier. AA. 9 *ter*.
Marsicat (*Pierre*), cabaretier. CC. 6 *bis*.
Mauret, cabaretier. CC. 6 *bis*.
Morterol (*Pierre*), manufacturier. AA. 9 *ter*.

N

Nadaud, prieur de Chamboret. CC. 6 *bis*.
Noyant, notable. AA. 9 *ter*.

P

Pénicaud (*J.-B.*), maire de Limoges. AA. 9 *ter*.
Peyramond (de). Voy. *Lapisse de Peyramond*.
Pinet, prêtre. CC. 6 *bis*.
Pinot, architecte. CC. 6 *bis*.
Pouyat, curé de Châlus. CC. 6 *bis*.
Pradié, cabaretier. CC. 6 *bis*.
Puymoulinier, lieutenant criminel à Limoges. CC. 6 *bis*.

R

Rathier (*Martial*), cabaretier. CC. 6 *bis*.
Roche, filassier. CC. 6 *bis*.
Roger (*Martial*), officier municipal. AA. 9 *ter*.
Roucherol (*Pierre*). AA. 9 *ter*.
Rougerie, cabaretier. CC. 6 *bis*.

S

Saint-Priest (comte de), ministre secrétaire d'État. AA. 9 *bis*.

T

Tharaud (*L.*), notable. AA. 9 *ter*.
Tharaud (*Martial*), marchand. AA. 9 *ter*.
Traud, voiturier. CC. 6 *bis*.

V

Vacherie (*Jean*), « arpenteur, abbonnateur et notaire royal. » CC. 6 *bis*.
Vacquand, chanoine de Saint-Étienne. CC. 6 *bis*.
Vaginal (du). Voy. *Dupeyrat du Vaginal*.
Vergnaud, armurier. CC. 6 *bis*.
Vergnaud, huissier. CC. 6 *bis*.
Vernon (de). Voy. *Gay de Vernon*.
Veyrieras, huissier aux Aides. AA. 9 *ter*.
Villevialles (?) (*Pierre*), chirurgien. AA. 9 *ter*.
Vitrac aîné, prêtre, principal du Collège de Limoges. CC. 6 *bis*.
Vitrac jeune, prêtre. CC. 6 *bis*.

TABLE DES MATIÈRES

A

AIDES (officiers des). AA. 9 *ter*.
ARTOIS-DRAGONS, régiment. FF. 3 *bis*.
ASSEMBLÉE nationale de 1789. AA. 9 *bis*.
AUGUSTINS (les), communauté de Limoges. CC. 6 *bis*.

B

BOULANGERS (bailes des). HH. 3 *bis*.
BOURSE de Limoges. CC. 6 *bis*.
BOURSE de Limoges (officiers de la). CC. 6 *bis*.

C

CARMÉLITES (les), communauté de Limoges. CC. 6 *bis*.
CASERNES et casernements à Limoges. FF. 3 *bis*.
CHEMINS (conducteur des grands). CC. 6 *bis*.
COLLÈGE de Limoges. CC. 6 *bis*.
CONDÉ-CAVALERIE, régiment. FF. 3 *bis*.
CONSEIL d'État. AA. 9 *bis*.
CONSEILLERS politiques de Limoges. AA. 9 *bis*.
CONSULS de Limoges. CC. 6 *bis*.

D

DÉPARTEMENTS (division de la France en 83). AA. 9 *bis*.
DIRECTOIRE du district de Limoges. AA. 9 *ter*.
DISTRICTS du département de la Haute-Vienne. AA. 9 *bis*.
DOMAINE (administration du). CC. 6 *bis*.
DON gratuit (régie du). CC. 15 *bis*.

E

ÉTATS généraux de 1789 (déclarations, assemblées, délibérations, procès-verbaux, etc., relatifs à la convocation des). AA. 9 *bis*.

F

FEUILLANTS (les), communauté de Limoges. CC. 6 *bis*.
FINANCES (bureau des) de Limoges. CC. 6 *bis*.
FOIRES. CC. 15 *bis*.
FORLÉAUX. HH. 3 *bis*.

I

INTENDANCE de Limoges (officiers de l'). CC. 6 *bis*.
INTENDANTS de la Généralité de Limoges. AA. 9 *bis*; — CC. 6 *bis*.

M

MANÈGE (construction d'un) à Limoges. FF. 3 *bis*.
MARTIAL (Saint), chapitre de Limoges. CC. 6 *bis*.
MERCURIALES de Limoges. HH. 3 *bis*.
MUNICIPALITÉ de Limoges (officiers de la). AA. 9 *bis*; — CC. 6 *bis*; — FF. 3 *bis*.

N

NOTABLES de Limoges. AA. 9 *ter*.

O

OCTROIS (régie des). CC. 15 *bis*.
ORDRE de Saint-Louis. CC. 6 *bis*.

P

PAIX (officiers de). AA. 9 *ter*.
POIDS du Roi. CC. 15 *bis*.
POLICE (greffe de la) à Limoges. HH. 3 *bis*.
POLICE (officiers de). HH. 3 *bis*.
PONTS et chaussées. Voy. *Chemins*.
PRÉSIDIAL de Limoges. HH. 3 *bis*.

S

SÉNÉCHAUSSÉE du Limousin. HH. 3 *bis*.
SERMENT civique. AA. 9 *ter*.
SYNDIC de Limoges. CC. 6 *bis*.

T

TAILLES (officiers des). AA. 9 *ter*.
TIERS-ÉTAT à Limoges (corporations, corps et communautés composant le). AA. 9 *bis*.

V

VICAIRES épiscopaux. AA. 9 *ter*.

TABLE SYNOPTIQUE

Introduction.
Série AA. Article 1. Recueil factice du XIIIe siècle.
— — 2. Pièces diverses concernant la ville et cité de Limoges.
— — 3-5. Correspondances.
— — 6-9. États généraux.
— BB. Art. 1-3. Registres consulaires.
— — 4. Registre de délibérations.
— — 5. Pièces diverses concernant les offices municipaux.
— CC. Art. 1-6. Cadastre de Limoges et des environs.
— — 7. Tailles.
— — 8-11. Don gratuit.
— — 12. Droits domaniaux divers.
— — 13. Charges et revenus de la ville.
— — 14-15. Octrois et patrimoniaux.
— — 16. Revenus divers et emprunts.
— — 17. Courtage.
— — 18-25. Comptabilité.
— DD. Art. 1-6. Travaux publics.
— EE. Art. 1-2. Affaires militaires.
— FF. Art. 1-3. Juridiction consulaire ; police et guet.
— GG. Art. 1-68. Registres paroissiaux :
de Saint-Pierre-du-Queyroix. 1585-1792.
— — 69-105. de Saint-Maurice. 1602-1791.
— — 106-130. de Saint-Michel-des-Lions. 1603-1792.
— — 131-116 et 200 *bis*. de Saint-Gérald (alias Saint-Gérard) lez Limoges. 1641-1791.
— — 147-156. de Saint-Michel-de-Pistorie. 1650-1791.
— — 157. de Saint-Cessateur (alias Saint-Cessadre) et Saint-Aurélien. 1668-1791.
— — 158-170. de l'Hôpital général. 1669-1792.
— — 171. de Saint-Paul-Saint-Laurent. 1671-1791.
Série GG. Art. 172-185. de Saint-Domnolet (Saint-Damnolet, Saint-Annolet). 1687-1791.
— — 186. de Saint-Christophe-lez-Limoges. 1692-1792.
— — 187-189. de Saint-Julien-Saint-Affre. 1694-1791.
— — 190-193. de Saint-Jean-en-Saint-Étienne. 1700-1791.
— — 194-196. de Sainte-Claire-de-Soubrevas. 1700-1791.
— — 197-198. de Sainte-Félicité et Saint-Lazare-lez-Limoges. 1729-1791.
— — 199. de Saint-Thomas-d'Aquin. 1791-1792.
— — 200. de Saint-Étienne. 1791-1792.
— — 201. État civil : pièces diverses.
— — 202. Clergé régulier et séculier : pièces diverses.
— — 203-204. Confréries.
— — 205. Instruction publique.
— — 206-230. Assistance publique : aumônes Ste-Croix et pains de Noël.
— HH. Art. 1-2. Agriculture, commerce, industrie.
— — 3. Forléaux.
— II. Art. 1-2. Fragments de manuscrits.
— — 3-4. Anciens inventaires des archives.
Table des noms de lieux.
Table des noms de personnes.
Table des matières.
Errata.

Complément : AA. États généraux; prestations de serment civique.
— CC. Cadastre ; octrois et don gratuit.
— FF. Casernements.
— HH. Forléaux.
Tables du Complément.

Table synoptique du volume.

Limoges, imprimerie CHATRAS et Cie, rue Turgot, 18.

www.ingramcontent.com/pod-product-compliance
Ingram Content Group UK Ltd.
Pitfield, Milton Keynes, MK11 3LW, UK
UKHW012038240726
13965UKWH00003B/891

9 782012 889804